R을 활용한 데이터 과학

데이터 불러오기, 정리하기, 변형하기, 시각화하기, 모델링하기

R for Data Science

by Hadley Wickham and Garrett Grolemund

R을 활용한 데이터 과학:
데이터 불러오기, 정리하기, 변형하기, 시각화하기, 모델링하기

초판 1쇄 발행 2019년 1월 10일 **3쇄 발행** 2023년 3월 21일 **지은이** 해들리 위컴, 개럿 그롤문드 **옮긴이** 김설기, 최혜민 **펴낸이** 한기성 **펴낸곳** (주)도서출판인사이트 **편집** 이지연 **제작·관리** 이유현, 박미경 **용지** 월드페이퍼 **출력·인쇄** 예림인쇄 **제본** 예림바인딩 **등록번호** 제2002-000049호 **등록일자** 2002년 2월 19일 **주소** 서울시 마포구 연남로5길 19-5 **전화** 02-322-5143 **팩스** 02-3143-5579 **이메일** insight@insightbook.co.kr **ISBN** 978-89-6626-235-9 책값은 뒤표지에 있습니다. 이 책의 정오표는 http://blog.insightbook.co.kr 에서 확인하실 수 있습니다.

R을 활용한 데이터 과학

데이터 불러오기, 정리하기, 변형하기, 시각화하기, 모델링하기

R FOR DATA SCIENCE

해들리 위컴, 개럿 그롤문드 지음
김설기, 최혜민 옮김

인사이트

차례

1부 탐색하기   1

1장 데이터 시각화   3

2장 워크플로: 기초   37

3장 데이터 변형   43

4부 모델

5부 의사소통

옮긴이의 글

번역 과정은 즐거웠습니다. 이 책『R을 활용한 데이터 과학(*R for Data Science*)』이 데이터 과학의 바이블과도 같다는 원서 추천 글의 표현만큼이나 내용이 충실하기 때문에 옮긴이로서는 큰 축복이었습니다. 한편 이 책이 깃허브와 트위터 등을 이용하여 오픈 프로젝트로 완성되었다는 사실은 또 다른 흥미로운 부분입니다. 이렇게 잘 쓰인 책을 더 많은 사람이 접하게 되기를 바라는 마음과 더불어 번역이 미진하지는 않았는지 걱정도 됩니다. 어찌 되었건 본 번역서 발간이 R 커뮤니티의 활발한 소통과 데이터 과학의 저변 확대에 기여했으면 하는 바람입니다.

이 책이 발간되기까지 많은 분이 도와주셨습니다. 인사이트 출판사의 한기성 대표님과 이지연 편집자께서는 제가 번역에 집중할 수 있게 특히 애를 많이 쓰셨습니다. 책 번역 작업에 애정을 가지고 베타 리뷰를 해준 동기 박숙경 님과 전 직장동료 김대영 님께 감사드립니다. 흔쾌히 추천의 글을 써 주었으며『따라하며 배우는 데이터 과학』저술 등을 통해 소통하는 데이터 과학자의 모습을 보여주신 권재명 님께도 감사드립니다. 협의할 때마다 제 의견을 경청해 준 공저자 최혜민 님께도 감사드립니다. 마지막으로 저녁마다 번역 작업을 할 수 있게 이해해 준 아내와 시완, 로완에게 사랑과 함께 감사의 글을 남깁니다.

— 김설기

처음 이 책의 번역을 제안받았을 때 망설임 없이 참여를 결정하였습니다. 최근 몇 년간 데이터 과학과 관련된 책들이 많이 출간되었지만, 그중에서도『R을 활용한 데이터 과학』은 데이터 과학의 전반적인 과정을 다루는 동시에 R의 주요 도구들을 상세히 설명해주기 때문입니다. 이 책은 데이터 과학을 처음 접하는 이들에게는 훌륭한 길잡이가 될 것이며, 이미 어느 정도 알고 있는 독자들에게는 그 내용을 체계적으로 정리할 좋은 기회가 될 것으로 생각합니다.

이러한 훌륭한 책을 번역할 기회를 주신 인사이트의 한기성 대표님과 편집자 이지연 님께 감사의 말씀을 전합니다. 번역 과정 내내 다양한 의견을 나누며 함께한 공저자 김설기 님께 감사드립니다. 바쁜 와중에서도 흔쾌히 베타 리뷰에

참여해주신 조민구 님께도 감사드립니다. 마지막으로 곁에서 항상 힘이 되어주
는 가족에게 고마운 마음을 전하고 싶습니다.

— 최혜민

서문

데이터 과학은 원데이터로부터 통찰과 지식을 구하는 흥미로운 분야이다. 이 책의 목표는 R에 있는 주요 도구들을 익혀서 이를 활용해 데이터 과학 작업을 할수 있도록 도와주는 것이다. 이 책을 읽은 후에는 이와 같은 도구들로 다양한 데이터 과학 문제를 해결할 수 있게 될 것이다!

무엇을 배우게 될까

데이터 과학은 광대한 분야이기 때문에, 단 한 권의 책을 읽어서 통달할 수는 없다. 이 책의 목표는 기초를 튼튼히 다져서 주요 도구를 사용할 수 있게 되는 것이다. 일반적인 데이터 과학 프로젝트에 필요한 도구를 도식화해 보면 대략 다음과 같다.

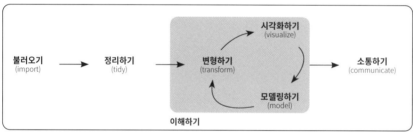

먼저 데이터를 R로 불러와야(import) 한다. 이는 일반적으로 파일, 데이터베이스 또는 웹 API에 저장된 데이터를 불러와서 R의 데이터프레임으로 로드하는 것을 말한다. R로 불러올 수 없는 데이터가 있다면 그 데이터로는 데이터 과학 작업을 할 수 없다!

데이터를 가져온 후에는 정리하는(tidy, 깔끔한) 것이 좋다. 정리한다, 즉 타이디하게 한다[1]는 것은 데이터셋이 의미하는 바와 저장된 방식이 일치하도록 일관된 형식으로 저장한다는 의미이다. 간단히 말해, 데이터가 타이디하다면 각 열은 변수이고 각 행은 관측값이 된다. 타이디한 데이터는 중요하다. 왜냐하면 데

---

1 (옮긴이) 위의 도식에서 원문의 tidy를 '정리하기'로 번역했으나, 이보다 구체적인 의미를 가지고 있으므로 문맥에 따라 '타이디하게 하다'로도 표현했다.

이터 구조가 이렇게 일관되면, 데이터를 여러 함수에 적합한 형태로 만드느라 애쓸 필요 없이, 데이터가 다루는 문제에 집중할 수 있기 때문이다.

타이디한 데이터를 얻었다면 첫 번째 단계는 데이터를 변형하는 것이다. 관심 있는 관측값의 범위를 좁히고(예, 어떤 도시의 모든 사람, 또는 작년부터 모든 데이터), 기존 변수의 함수꼴인 새로운 변수를 작성하고(예, 거리와 시간으로부터 속도를 계산), 요약 통계량들(예, 빈도나 평균)을 계산하는 것 등이 데이터 변형에 속한다. 데이터 정리와 데이터 변형을 묶어서 데이터를 길들인다(wrangling)고 부르는데, 작업하기에 자연스러운 형태로 데이터를 만드는 것이 종종 싸움처럼 느껴지기 때문이다!

필요한 변수들이 있는 타이디 데이터가 된 후에는 시각화와 모델링이라는 두 가지 수단으로 지식을 생성한다. 이 둘은 상호보완적인 강점과 약점이 있기 때문에, 실제 분석에서는 이 둘 사이를 여러 번 왔다갔다하게 될 것이다.

시각화는 근본적으로 인간의 활동이다. 좋은 시각화는 예상치 못한 것을 보여주거나, 주어진 데이터에 대해 새로운 문제를 제기한다. 또한 좋은 시각화는 현재 탐구하고 있는 문제가 잘못되었다거나, 다른 데이터를 수집할 필요가 있다는 것을 알려주기도 한다. 시각화는 여러분을 놀라게 할 수 있지만, 인간이 해석할 수 있는 범위엔 한계가 있어서 확장 적용(scale)이 아주 잘 되지는 않는다.

모델은 시각화를 보완하는 도구이다. 문제가 충분히 정교하다면 모델을 사용하여 그 문제의 답을 확인할 수 있다. 모델은 근본적으로 수학 또는 전산 도구이므로 일반적으로 잘 확장된다. 확장되지 않는 경우에도 두뇌를 더 확보하는 것보다 컴퓨터를 더 확보하는 것이 일반적으로 더 저렴하다! 한편 모든 모델은 가정을 하고 있으므로, 자신의 가정에 의문을 제기하지 않는 게 너무나 당연하다. 이는 모델이 근본적으로 엉뚱한 결과를 내진 않는다는 말이다.

데이터 과학의 마지막 단계는 데이터 분석 프로젝트에서 절대적으로 중요한 부분인 의사소통이다. 결과 내용을 다른 사람들에게 전달할 수 없다면 여러분이 모델과 시각화를 통해 데이터를 얼마나 잘 이해하게 되었는지는 중요하지 않다.

이 모든 도구를 둘러싸고 있는 것이 프로그래밍이다. 프로그래밍은 프로젝트의 모든 부분에서 사용되는 다용도 도구이다. 데이터 과학자가 되기 위해 전문 프로그래머가 될 필요는 없지만, 더 나은 프로그래머가 되면 반복작업을 자동화하고 새로운 문제를 좀 더 쉽게 해결할 수 있다는 점에서 프로그래밍을 배워두면 언제나 도움이 된다.

모든 데이터 과학 프로젝트에서 이 도구들을 사용하겠지만, 대부분의 프로젝트에서 이것들만으로는 충분하지 않다. 실무에서는 대략 80-20 규칙이 있다. 모든 프로젝트의 80% 정도는 이 책에서 배울 도구들을 사용해서 해결할 수 있지만, 남은 20%를 처리하려면 다른 도구가 필요하다. 이 책을 따라가다 보면 더 배울 수 있는 곳들을 안내받을 수 있다.

이 책의 구성

앞에서는 데이터 과학 도구들을 분석에서 사용되는 대략의 순서대로(물론 도구들을 여러 번 반복해 다루겠지만) 구성하여 설명했다. 그러나 우리의 경험에 비추어볼 때, 데이터 과학을 학습하는 데 이것이 최선의 방법은 아니다.

- 데이터 수집 및 정리부터 시작하는 것은 차선책이다. 왜냐하면 80%의 시간은 지루하고, 나머지 20%는 어색하고 힘들기 때문이다. 새로운 주제를 배우는 시작점으로는 좋지 않다! 대신 이미 불러와서 정리된 데이터를 시각화하고 변형하는 작업부터 시작하겠다. 그렇게 하면 여러분이 추후 직접 데이터를 밀어 넣고 정리할 때, 이 작업들이 힘들지만 가치 있다는 것을 알기 때문에, 동기를 잃지 않을 것이다.
- 일부 주제는 다른 도구로 훨씬 더 잘 설명할 수 있다. 예를 들어 시각화, 타이디한 데이터와 프로그래밍에 대해 이미 알고 있다면 모델 작동 방식을 확실히 더 쉽게 이해할 수 있을 것이다.
- 프로그래밍 도구는 그 자체는 흥미로운 것이 아니지만 어려운 문제들을 해결하게 해준다. 책 중간에 나오는 선별된 프로그래밍 도구들이 데이터 과학 도구와 결합하여 흥미로운 모델링 문제를 해결할 수 있음을 보겠다.

이 책의 각 장에서는 가능한 한 다음의 패턴을 사용하려고 한다. 동기를 부여하는 예제로 시작해서 큰 그림을 볼 수 있도록 한 다음, 세부사항으로 들어간다. 각 절에는 학습한 내용을 실습할 수 있는 연습문제가 있다. 연습문제를 건너뛰고 싶겠지만, 실제 문제로 실습하는 것보다 더 좋은 학습 방법은 없다.

배우지 않는 것

이 책에서 다루지 않는 중요한 주제가 몇몇 있다. 우리는 독자들이 가능한 한 빨리 일어서서 달릴 수 있게, 꼭 필요한 내용에만 철저하게 집중하는 것이 중요하다고 믿는다. 즉, 중요한 주제라고 그 모두를 이 책에서 다룰 수는 없다.

빅데이터

이 책은 '자랑스럽게도' 스몰, 인메모리 데이터셋에 초점을 맞추고 있다. 스몰데이터를 다루어 본 경험이 없으면 빅데이터도 처리할 수 없기 때문에, 스몰데이터부터 시작하는 것이 바람직하다. 이 책에서 배우는 도구를 사용해서 수백 메가바이트의 데이터를 쉽게 처리할 수 있으며, 조금만 신경을 쓰면 일반적으로 1-2GB 데이터까지 작업할 수 있다. 더 큰 데이터(말하자면 10-100GB)를 일상적으로 사용한다면 data.table[2]에 대해 자세하게 알아야 한다. 이 책에서는 data.table을 배우지 않는다. data.table은 아주 간결한 인터페이스를 갖고 있고, 이 때문에 더 적은 언어 정보(linguistic cue)를 제공하기에 배우기가 더 어렵다. 그러나 대용량 데이터로 작업하는 경우에는, 따로 노력하여 data.table을 익히면 성능을 개선할 수 있다.

데이터가 이보다 더 크다면, 이 빅데이터 문제가 실제로는 스몰데이터 문제가 둔갑한 것인지 조심스럽게 살펴보라. 전체 데이터는 클 수도 있지만, 특정 문제에 답을 얻는 데 필요한 데이터는 작은 경우가 많다. 관심 있는 문제를 풀기 위해서는, 메모리에 들어가는 데이터셋 일부, 샘플 일부 또는 요약값만 사용해도 충분할 수 있다. 여기에서의 어려운 점은 적절한 스몰데이터를 찾는 것인데, 이는 수없이 반복해야 할 때가 많다.

빅데이터 문제가 실제로 많은 수의 스몰데이터 문제인 때도 있다. 각각의 개별 문제는 메모리에 들어갈지 모르지만 이런 문제가 수백만 개인 경우이다. 예를 들어 데이터셋의 각 사람에게 모델을 적합하고자 할 수 있다. 만약 10명이나 100명이 있다면 문제되지 않겠지만, 백만 명이 있을 수 있다.

다행스럽게도 각 문제는 다른 것들과 독립적이다(이런 상황을 때로는 부끄러운 병렬이라고도 함). 그래서 컴퓨터별로 다른 데이터셋을 보내, 처리할 수 있는 하둡이나 스파크 같은 시스템이 필요하다. 이 책에서 설명하는 도구를 사용하여 부분 데이터셋(subset)에 대해 해결하는 방법을 파악한 후, sparklyr, rhipe, ddr과 같은 새로운 도구를 통해 전체 데이터셋에 대해 해결할 수 있다.

파이썬, 줄리아와 그 친구들

이 책에서는 파이썬(Python), 줄리아(Julia) 또는 데이터 과학에 유용한 어떤 프로그래밍 언어에 대해서도 배우지 않는다. 이 도구가 좋지 않기 때문이 아니다.

---

[2] *https://github.com/Rdatatable/data.table*

이들은 훌륭하다! 실제로 대부분의 데이터 과학팀은 종종 R과 파이썬을 포함한 언어들을 혼합하여 사용한다.

하지만 한 번에 하나의 도구를 완전히 학습하는 것이 확실히 가장 좋다. 많은 주제를 넓고 얕게 살피기보다는 깊게 파면 더 빨리 할 수 있을 것이다. 한 가지만 알면 된다는 말이 아니라, 한 번에 한 가지에 몰두하면 빨리 배우게 된다는 의미이다. 여러분은 경력 과정에서 새로운 것을 배우려고 노력해야 하지만, 재미있는 것으로 넘어가기 전에 확실히 이해했는지 확인하는 것이 좋다.

R은 처음부터 데이터 과학을 지원하도록 설계된 환경이기 때문에 R로 데이터 과학 여정을 시작하는 것이 좋다고 생각한다. R은 프로그래밍 언어일 뿐만 아니라 데이터 과학을 수행하는 대화식 환경이기도 하다. R은 상호작용을 지원하는 데 있어서 다른 것들보다 훨씬 유연하다. 이러한 유연성은 단점이 따라오지만 더 큰 장점은 데이터 과학 과정의 특정 부분에 맞게 맞춤형 문법을 쉽게 전개할 수 있다는 것이다. 이 미니 언어는 두뇌와 컴퓨터 간의 상호작용을 유창하게 지원하여, 문제가 주어졌을 때 데이터 과학자로서 사고할 수 있게 도와준다.

비직사각형 데이터

이 책은 직사각형 데이터(즉, 변수와 관측값이 부여된 값들의 모음)에만 초점을 맞춘다. 이미지, 음성, 트리 및 텍스트와 같이 이 구조에 자연스레 들어맞지 않는 데이터셋도 많다. 그러나 직사각형 데이터프레임은 과학 및 산업 분야에서 극도로 자주 나타나기 때문에 R로 데이터 과학 여정을 시작하는 것이 매우 좋다.

가설 확인

데이터 분석은 가설 생성과 가설 확인(종종 확인 분석이라고 함)의 두 가지 측면으로 나눌 수 있다. 이 책의 초점은 가설 생성 또는 데이터 탐색에 있다. 여기에서는 데이터를 깊이 있게 살펴보고, 주제에 대한 지식을 함께 고려하여, 데이터가 왜 그렇게 생성되었는지 설명하는 데 도움되는 흥미로운 가설을 다수 생성한다. 비판적인 시각으로 데이터를 다각도로 탐색하면서, 가설을 자유롭게 평가한다.

가설 생성에는 가설 확인이 함께 필요하다. 가설 확인은 다음 두 가지 이유로 어렵다.

- 검증할 수 있는 예측값을 생성하려면 정확한 수학 모델이 필요하다. 여기에는 매우 정교한 통계학이 필요한 경우가 많다.

- 가설 확인을 위해서는 관측값을 한 번만 사용할 수 있다. 한 번 이상 사용한 다면 그 즉시 탐색 분석으로 돌아가는 것이다. 이는 가설 확인을 하려면 분석 계획을 '사전 등록'(사전에 기록)해야 한다는 것을 의미하며, 데이터를 보았을 때도 계획에서 벗어나지 않아야 한다. 이를 쉽게 하기 위해 사용할 수 있는 몇 가지 전략에 대해 4부에서 이야기하겠다.

모델링은 가설 확인 도구이고 시각화는 가설 생성 도구로 여기는 것이 일반적이다. 그러나 이는 잘못된 이분법이다. 모델은 종종 탐색에 사용되며, 주의를 약간 기울여 시각화를 가설 확인에 사용할 수 있다. 주요 차이점은 각 관측값을 얼마나 자주 보느냐 하는 것이다. 한 번만 보면 확인이고, 한 번 이상 보면 탐색이다.

준비하기

이 책을 최대한 활용하기 위해, 여러분이 몇 가지는 이미 알고 있다고 가정했다. 독자는 일반적으로 수학을 알고 있을 것이다. 프로그래밍 경험이 있다면 도움이 된다. 프로그래밍을 해본 적이 없다면 개럿의 책인 *Hands-On Programming with R*[3]이 유용한 보조책이 될 것이다.

이 책에 나오는 코드를 실행하는 데는 다음 네 가지가 필요하다. R, RStudio, tidyverse라 불리는 R 패키지 모음 그리고 여타 패키지들이다. 패키지는 재현 가능한 R 코드의 기초 단위이다. 재사용 가능한 함수, 사용법을 설명하는 문서 그리고 샘플 데이터가 패키지에 포함된다.

R

R을 다운로드하려면 CRAN(Comprehensive R archive network, 종합 R 저장소 네트워크)로 가면 된다. CRAN은 전 세계에 분산되어 있는 미러 서버의 집합으로 구성되어 있으며, R 및 R 패키지를 배포하는 데 사용된다. 가장 가까운 미러를 선택하지 말고 자동으로 미러를 찾아주는 클라우드 미러[4]를 사용하라.

새로운 메이저 버전의 R은 일 년에 한 번 나오고, 매년 2-3번의 마이너 릴리스가 있다. 정기적으로 업데이트하는 것이 좋다. 업그레이드는 약간 번거롭다. 메이저 버전의 경우 특히 더 그러한데 모든 패키지를 재설치해야 하기 때문이다. 하지만 그렇다고 미루면 업그레이드가 더 어려워질 뿐이다.

---

3 (옮긴이) 번역서로 『손에 잡히는 R 프로그래밍』(2015, 한빛미디어)이 있다.

4 *https://cloud.r-project.org*

RStudio

RStudio는 R 프로그래밍을 위한 통합개발환경(integrated development environment), 줄여서 IDE이다. *http://www.rstudio.com/download*에서 다운로드하여 설치할 수 있다. RStudio는 1년에 두어 번 업데이트된다. 새 버전이 있으면 RStudio가 알려준다. 최신의 강력한 기능을 활용할 수 있도록 정기적으로 업그레이드하는 것이 좋다. 이 책에서는 최소한 RStudio 1.0.0이 필요하다.

RStudio를 시작하면 인터페이스에 두 개의 주요 영역이 보일 것이다.

지금은 콘솔 창에 R 코드를 입력하고 엔터 키를 눌러 실행시키는 것만 알면 된다. 앞으로 더 배우게 될 것이다!

Tidyverse

R 패키지도 몇 개 설치해야 한다. R 패키지는 베이스 R의 기능을 확장시키는 함수, 데이터, 문서의 집합체를 말한다. R을 성공적으로 사용하려면 패키지 사용이 핵심이다. 이 책에서 배우게 될 패키지의 대부분은 소위 tidyverse라고 하는 패키지 집합에 들어있다. tidyverse의 패키지들은 데이터 및 R 프로그래밍에 관해 공통적인 철학에 기반하고 있으며, 자연스럽게 함께 작동되도록 설계되었다.

다음 한 줄의 코드로 완전한 tidyverse를 설치할 수 있다.

```
install.packages("tidyverse")
```

자신의 컴퓨터에서 콘솔에 해당 코드 줄을 입력한 다음 엔터 키를 눌러 실행하라. R이 CRAN에서 패키지들을 다운로드해서 여러분의 컴퓨터에 설치한다. 설치에 문제가 있으면 인터넷에 연결되어 있는지, 방화벽이나 프락시에 의해 *https://cloud.r-project.org*가 차단되어 있지 않은지 확인하라.

library()를 사용하여 패키지를 로드하기 전에는 해당 패키지의 함수, 객체 및 도움말 파일을 사용할 수 없다. 패키지를 설치하면 library() 함수를 사용하여 로드할 수 있다.

```
library(tidyverse)
#> -- Attaching packages --------------------------------- tidyverse 1.3.0 --
#> √ ggplot2 3.3.2      √ purrr   0.3.4
#> √ tibble  3.0.3      √ dplyr   1.0.2
#> √ tidyr   1.1.2      √ stringr 1.4.0
#> √ readr   1.3.1      √ forcats 0.5.0
#> -- Conflicts --------------------------------- tidyverse_conflicts() --
#> X dplyr::filter() masks stats::filter()
#> X dplyr::lag()    masks stats::lag()
```

이것은 tidyverse가 ggplot2, tibble, tidyr, readr, purrr, dplyr 패키지를 로드하고 있음을 나타낸다. 이 패키지들은 거의 모든 분석에서 사용될 것이기 때문에 tidyverse의 핵심이라 할 수 있다.

tidyverse의 패키지는 상당히 자주 변경된다. tidyverse_update()를 실행하여 업데이트가 가능한지 확인할 수 있다.

기타 패키지

많은 훌륭한 패키지가 도메인이 다르거나 설계된 원칙이 달라서 tidyverse에 포함되지 않았다. 그 패키지들은 더 좋거나 나쁜 것이 아니라 단순히 다른 것뿐이다. 다른 말로 표현하자면 tidyverse가 아닌 패키지는 messyverse(지저분한 패키지)가 아니라, 엄청나게 많은 서로 연관된 패키지들이다. R로 데이터 과학 프로젝트를 수행하다 보면 새로운 패키지와 데이터에 대한 새로운 사고 방식을 배우게 될 것이다.

이 책에서 우리는 tidyverse에 없는 다음의 데이터 패키지 세 개를 사용할 것이다.

```
install.packages(c("nycflights13", "gapminder", "Lahman"))
```

이 패키지들은 각각 항공기, 세계 통계, 야구에 대한 데이터를 제공한다. 이를 이용하여 데이터 과학 아이디어를 설명하겠다.

R 코드 실행하기

이전 절에서 R 코드를 실행하는 몇 가지 예를 보았다. 책의 코드는 다음과 같이 표시된다.

```
1 + 2
#> [1] 3
```

로컬 콘솔에서 동일한 코드를 실행하면 다음과 같이 표시된다.

```
> 1 + 2
[1] 3
```

두 가지 주요 차이점이 있다. 콘솔에서 자판 입력은 프롬프트라고 부르는 > 뒤에 한다. 이 책에서는 프롬프트를 표시하지 않는다. 이 책에서 출력은 #>로 주석 처리한다. 콘솔에서 출력은 코드 바로 뒤에 나타난다. 전자책 버전으로 작업하는 경우, 이 점 때문에 책에서 콘솔로 코드를 쉽게 복사할 수 있다.

이 책 전체에서 우리는 코드를 참조하기 위해 일관된 규칙을 사용한다.

- 함수는 sum() 또는 mean()과 같이 코드 글꼴을 사용하고 괄호가 따라 나온다.
- 다른 R 객체(예: 데이터 또는 함수 인수)는 코드 글꼴로 되어 있으며 flights 혹은 x와 같이 코드 글꼴로 괄호 없이 나타낸다.
- 객체가 어떤 패키지로부터 온 것인지를 보여주고자 할 때는 dplyr::mutate(), nycflights13::flights처럼 패키지 이름과 그 뒤 두 개의 콜론을 사용한다. 이 것도 유효한 R 코드이다.

도움받기와 더 배우기

이 책은 외딴 섬이 아니다. 단 하나의 자료로 R을 완전히 습득할 수는 없다. 이 책에서 설명한 기술을 자신의 데이터에 적용하기 시작할 때, 답을 찾을 수 없는 문제가 곧 나타날 것이다. 이 절에서는 도움을 얻고 학습을 돕는 방법에 대한 몇 가지 팁을 설명한다.

문제가 발생하면 구글 검색부터 시작하라. 일반적으로 검색어에 'R'을 추가하면 관련된 결과로 한정할 수 있다. 검색이 유용하지 않았다면 R에 해당하는 결과가 없다는 의미일 경우가 많다. 구글은 오류 메시지에 특히 유용하다. 오류 메시지가 무슨 뜻인지 잘 모를 경우 구글 검색해보라! 과거에 이미 궁금해 했을 누군가가 있어서, 웹 어딘가에 도움이 될 만한 글이 있을 가능성이 높다. (오류 메시지가 영어가 아니라면 Sys.setenv(LANGUAGE = "en")를 실행하고 코드를 다시 실행하라. 영어 오류 메시지로 검색해야 도움말을 찾을 가능성이 더 높다.)

구글 검색이 도움이 되지 않으면 스택오버플로[5]에 가보라. 기존 답변을 검색하는 데 시간을 조금 투자해보라. 검색어에 [R]을 포함해서 R 사용과 관련된 질문과 답변으로 검색을 제한한다. 유용한 정보가 없으면 최소한의 재현 가능한 예제(reproducible example), 줄임말로 reprex를 준비하라. 좋은 reprex는 다른 사람들이 여러분을 도울 수 있게 해주며, 이를 만드는 과정에서 문제의 답을 스스로 찾는 경우가 많다.

예제를 재현 가능하게 만들기 위해 포함해야 할 세 가지는 필요한 패키지, 데이터, 코드이다.

- 스크립트 맨 위에 패키지를 로드해야 어떤 패키지가 예제에 필요한지 쉽게 볼 수 있다. 각 패키지의 최신 버전을 사용하고 있는지 확인해보자. 즉, 발견한 버그가 패키지 설치 이후 이미 해결되었을 가능성이 있다. tidyverse에 있는 패키지의 경우 tidyverse_update()를 실행하는 것이 가장 쉬운 방법이다.
- 질문에 데이터를 포함시키는 가장 쉬운 방법은 dput()을 사용하여 재현되는 R 코드를 생성하는 것이다. 예를 들어 R에서 mtcars 데이터셋을 다시 만들려면 다음 단계로 수행하라.

  1. R에서 dput(mtcars)를 실행한다.
  2. 출력을 복사한다.
  3. 재현 가능한 스크립트에서 mtcars <-를 입력하고 붙여넣는다.

동일한 문제가 나타나는 데이터의 가장 작은 서브셋을 찾아보라.

- 다른 사람들이 코드를 쉽게 읽을 수 있도록 시간을 조금 투자하라.
  - 공백을 사용했는지, 변수 이름은 간결하고도 정보성이 있는지 확인하라.
  - 주석을 사용하여 문제점이 있는 곳을 표시하라.

5 http://stackoverflox.com

- 문제와 관련 없는 모든 것을 제거하는 데 최선을 다하라. 코드가 짧을수록 이해하기 쉽고 수정하기가 쉽다.

새로운 R 세션을 시작하고 스크립트를 복사하여 붙여넣어서, 실제로 재현할 수 있는 예제를 만들었는지 확인하는 것으로 마무리하라. 문제가 발생하기 전에 문제를 해결할 수 있게 스스로 준비하는 데 시간을 써야 한다. 매일 R을 배우는 데 약간의 시간을 투자하면 결국에는 멋지게 보상받을 것이다. 한 가지 방법은 RStudio 블로그[6]에서 해들리, 개럿과 다른 사람들의 작업을 팔로우하는 것이다. RStudio 블로그는 우리가 새로운 패키지, 새로운 IDE 기능 및 직접 진행하는 수업에 대한 공지사항을 게시하는 곳이다. 트위터에서 해들리(@hadleywickham)[7] 또는 개럿(@statgarrett)[8]을 팔로우하거나 @rstudiotips[9]를 팔로우해서 IDE의 새로운 기능을 계속 전달받을 수 있다.

R 커뮤니티와 좀 더 폭넓게 소통하기 위해서는 *http://www.r-bloggers.com*을 읽는 것이 좋은데 여기에는 전 세계로부터 R에 대한 500개 이상의 블로그가 모여 있다. 트위터 유저인 경우 #rstats 해시태그를 팔로우하라. 트위터는 해들리가 커뮤니티의 새로운 발전을 따라가기 위해 사용하는 핵심 도구이다.

감사의 글

이 책은 해들리와 개럿의 저작물뿐만 아니라 R 커뮤니티의 많은 사람과 가진, 수많은 (직접 및 온라인) 대화의 결과물이다. 많은 시간을 써서 우리의 바보 같은 질문에 답해주고 데이터 과학에 대해 더 잘 생각하도록 도와준 다음의 사람들께 특히 감사드리고 싶다.

- 제니 브라이언(Jenny Bryan), 라이오넬 헨리(Lionel Henry)와 리스트 및 리스트-열에 대해 도움이 되는 논의를 많이 했다.
- 워크플로에 대한 세 개의 장은 제니의 *http://bit.ly/Rbasicsworkflow*에서 (허가를 받고) 차용했다.
- 제네베라 앨런(Genevera Allen)과 모델, 모델링, 통계적 학습 관점 및 가설 생성과 가설 확인 간의 차이에 대해 논의했다.

---

6 *https://blog.rstudio.org*
7 *https://twitter.com/hadleywickham*
8 *https://twitter.com/statgarrett*
9 *https://twitter.com/rstudiotips*

- 이후이 시에(Yihui Xie)는 bookdown[10] 패키지를 위해 작업을 했으며 내가 기능을 요청할 때마다 끊임없이 응답해 주었다.
- 빌 베어먼(Bill Behrman)은 책 전체를 깊이 읽어 주었고, 스탠퍼드에서 자신의 데이터 과학 수업에 이 책을 사용해 보았다.
- #rstats 트위터 커뮤니티는 초안 전체를 검토하고 유용한 피드백을 많이 제공했다.
- 탈 갈릴리(Tal Galili)는 최종 초안에 포함되지는 않았지만 클러스터링에 대한 절을 지원하기 위해 자신의 dendextend 패키지를 보완했다.

이 책은 공개되어 작성되었으며, 많은 사람이 작은 문제를 해결하기 위해 풀 리퀘스트(pull request)로 기여했다. 깃허브를 통해 기고한 모든 사람에게 특별한 감사의 말을 전한다(알파벳순). adi pradhan, Ahmed ElGabbas, Ajay Deonarine, @Alex, Andrew Landgraf, bahadir cankardes, @batpigandme, @behrman, Ben Marwick, Bill Behrman, Brandon Greenwell, Brett Klamer, Christian G. Warden, Christian Mongeau, Colin Gillespie, Cooper Morris, Curtis Alexander, Daniel Gromer, David Clark, Derwin McGeary, Devin Pastoor, Dylan Cashman, Earl Brown, Eric Watt, Etienne B. Racine, Flemming Villalona, Gregory Jefferis, @harrismcgehee, Hengni Cai, Ian Lyttle, Ian Sealy, Jakub Nowosad, Jennifer (Jenny) Bryan, @jennybc, Jeroen Janssens, Jim Hester, @jjchern, Joanne Jang, John Sears, Jon Calder, Jonathan Page, @jonathanflint, Jose Roberto Ayala Solares, Julia Stewart Lowndes, Julian During, Justinas Petuchovas, Kara Woo, @kdpsingh, Kenny Darrell, Kirill Sevastyanenko, @koalabearski, @KyleHumphrey, Lawrence Wu, Matthew Sedaghatfar, Mine Cetinkaya-Rundel, @MJMarshall, Mustafa Ascha, @nate-d-olson, Nelson Areal, Nick Clark, @nickelas, Nirmal Patel, @nwaff, @OaCantona, Patrick Kennedy, @Paul, Peter Hurford, Rademeyer Vermaak, Radu Grosu, @rlzijdeman, Robert Schuessler, @robinlovelace, @robinsones, S'busiso Mkhondwane, @seamus-mckinsey, @seanpwilliams, Shannon Ellis, @shoili, @sibusiso16, @spirgel, Steve Mortimer, @svenski, Terence Teo, Thomas Klebel, TJ Mahr, Tom Prior, Will Beasley, @yahwes, Yihui Xie, @zeal626.

---

10 *https://github.com/rstudio/bookdowm*

온라인 버전

이 책의 온라인 버전은 *http://r4ds.had.co.nz*[11]에서 볼 수 있다. 책이 재판될 때마다 계속 진화될 것이다. 이 책의 소스 코드는 *https://github.com/hadley/r4ds*에서 볼 수 있다. 이 책은 *https://bookdown.org*로 작성되었는데, 이를 이용하면 R 마크다운 파일을 HTML, PDF, EPUB으로 쉽게 변환시킬 수 있다.

이 책은 다음 코드로 만들어졌다.

```
sessioninfo::session_info(c("tidyverse"))
#> - Session info ----------------------------------------------------
#>  setting  value
#>  version  R version 4.0.2 (2020-06-22)
#>  os       Windows 10 x64
#>  system   x86_64, mingw32
#>  ui       RStudio
#>  language (EN)
#>  collate  Korean_Korea.949
#>  ctype    Korean_Korea.949
#>  tz       Asia/Seoul
#>  date     2020-09-22
#>
#> - Packages --------------------------------------------------------
#>  package     * version date       lib source
#>  askpass       1.1     2019-01-13 [1] CRAN (R 4.0.2)
#>  assertthat    0.2.1   2019-03-21 [1] CRAN (R 4.0.2)
#>  backports     1.1.10  2020-09-15 [1] CRAN (R 4.0.2)
#>  base64enc     0.1-3   2015-07-28 [1] CRAN (R 4.0.0)
#>  BH            1.72.0-3 2020-01-08 [1] CRAN (R 4.0.0)
#>  blob          1.2.1   2020-01-20 [1] CRAN (R 4.0.2)
#>  broom         0.7.0   2020-07-09 [1] CRAN (R 4.0.2)
#>  callr         3.4.4   2020-09-07 [1] CRAN (R 4.0.2)
#>  cellranger    1.1.0   2016-07-27 [1] CRAN (R 4.0.2)
#>  cli           2.0.2   2020-02-28 [1] CRAN (R 4.0.2)
#>  clipr         0.7.0   2019-07-23 [1] CRAN (R 4.0.2)
#>  colorspace    1.4-1   2019-03-18 [1] CRAN (R 4.0.2)
#>  cpp11         0.2.1   2020-08-11 [1] CRAN (R 4.0.2)
#>  crayon        1.3.4   2017-09-16 [1] CRAN (R 4.0.2)
#>  curl          4.3     2019-12-02 [1] CRAN (R 4.0.2)
#>  DBI           1.1.0   2019-12-15 [1] CRAN (R 4.0.2)
#>  dbplyr        1.4.4   2020-05-27 [1] CRAN (R 4.0.2)
#>  desc          1.2.0   2018-05-01 [1] CRAN (R 4.0.2)
#>  digest        0.6.25  2020-02-23 [1] CRAN (R 4.0.2)
#>  dplyr       * 1.0.2   2020-08-18 [1] CRAN (R 4.0.2)
#>  ellipsis      0.3.1   2020-05-15 [1] CRAN (R 4.0.2)
#>  evaluate      0.14    2019-05-28 [1] CRAN (R 4.0.2)
#>  fansi         0.4.1   2020-01-08 [1] CRAN (R 4.0.2)
#>  farver        2.0.3   2020-01-16 [1] CRAN (R 4.0.2)
#>  forcats     * 0.5.0   2020-03-01 [1] CRAN (R 4.0.2)
#>  fs            1.5.0   2020-07-31 [1] CRAN (R 4.0.2)
#>  generics      0.0.2   2018-11-29 [1] CRAN (R 4.0.2)
#>  ggplot2     * 3.3.2   2020-06-19 [1] CRAN (R 4.0.2)
#>  glue          1.4.2   2020-08-27 [1] CRAN (R 4.0.2)
#>  gtable        0.3.0   2019-03-25 [1] CRAN (R 4.0.2)
#>  haven         2.3.1   2020-06-01 [1] CRAN (R 4.0.2)
```

---

11 (옮긴이) 우리말 버전으로 된 일부 내용은 *http://sulgik.github.io/r4ds/*에서 볼 수 있다.

```
#>  highr          0.8       2019-03-20 [1] CRAN (R 4.0.2)
#>  hms            0.5.3     2020-01-08 [1] CRAN (R 4.0.2)
#>  htmltools      0.5.0     2020-06-16 [1] CRAN (R 4.0.2)
#>  httr           1.4.2     2020-07-20 [1] CRAN (R 4.0.2)
#>  isoband        0.2.2     2020-06-20 [1] CRAN (R 4.0.2)
#>  jsonlite       1.7.1     2020-09-07 [1] CRAN (R 4.0.2)
#>  knitr          1.29      2020-06-23 [1] CRAN (R 4.0.2)
#>  labeling       0.3       2014-08-23 [1] CRAN (R 4.0.0)
#>  lattice        0.20-41   2020-04-02 [2] CRAN (R 4.0.2)
#>  lifecycle      0.2.0     2020-03-06 [1] CRAN (R 4.0.2)
#>  lubridate      1.7.9     2020-06-08 [1] CRAN (R 4.0.2)
#>  magrittr       1.5       2014-11-22 [1] CRAN (R 4.0.2)
#>  markdown       1.1       2019-08-07 [1] CRAN (R 4.0.2)
#>  MASS           7.3-51.6  2020-04-26 [2] CRAN (R 4.0.2)
#>  Matrix         1.2-18    2019-11-27 [2] CRAN (R 4.0.2)
#>  mgcv           1.8-31    2019-11-09 [2] CRAN (R 4.0.2)
#>  mime           0.9       2020-02-04 [1] CRAN (R 4.0.0)
#>  modelr         0.1.8     2020-05-19 [1] CRAN (R 4.0.2)
#>  munsell        0.5.0     2018-06-12 [1] CRAN (R 4.0.2)
#>  nlme           3.1-148   2020-05-24 [2] CRAN (R 4.0.2)
#>  openssl        1.4.3     2020-09-18 [1] CRAN (R 4.0.2)
#>  pillar         1.4.6     2020-07-10 [1] CRAN (R 4.0.2)
#>  pkgbuild       1.1.0     2020-07-13 [1] CRAN (R 4.0.2)
#>  pkgconfig      2.0.3     2019-09-22 [1] CRAN (R 4.0.2)
#>  pkgload        1.1.0     2020-05-29 [1] CRAN (R 4.0.2)
#>  praise         1.0.0     2015-08-11 [1] CRAN (R 4.0.2)
#>  prettyunits    1.1.1     2020-01-24 [1] CRAN (R 4.0.2)
#>  processx       3.4.4     2020-09-03 [1] CRAN (R 4.0.2)
#>  progress       1.2.2     2019-05-16 [1] CRAN (R 4.0.2)
#>  ps             1.3.4     2020-08-11 [1] CRAN (R 4.0.2)
#>  purrr        * 0.3.4     2020-04-17 [1] CRAN (R 4.0.2)
#>  R6             2.4.1     2019-11-12 [1] CRAN (R 4.0.2)
#>  RColorBrewer   1.1-2     2014-12-07 [1] CRAN (R 4.0.0)
#>  Rcpp           1.0.5     2020-07-06 [1] CRAN (R 4.0.2)
#>  readr        * 1.3.1     2018-12-21 [1] CRAN (R 4.0.2)
#>  readxl         1.3.1     2019-03-13 [1] CRAN (R 4.0.2)
#>  rematch        1.0.1     2016-04-21 [1] CRAN (R 4.0.2)
#>  reprex         0.3.0     2019-05-16 [1] CRAN (R 4.0.2)
#>  rlang          0.4.7     2020-07-09 [1] CRAN (R 4.0.2)
#>  rmarkdown      2.3       2020-06-18 [1] CRAN (R 4.0.2)
#>  rprojroot      1.3-2     2018-01-03 [1] CRAN (R 4.0.2)
#>  rstudioapi     0.11      2020-02-07 [1] CRAN (R 4.0.2)
#>  rvest          0.3.6     2020-07-25 [1] CRAN (R 4.0.2)
#>  scales         1.1.1     2020-05-11 [1] CRAN (R 4.0.2)
#>  selectr        0.4-2     2019-11-20 [1] CRAN (R 4.0.2)
#>  stringi        1.5.3     2020-09-09 [1] CRAN (R 4.0.2)
#>  stringr      * 1.4.0     2019-02-10 [1] CRAN (R 4.0.2)
#>  sys            3.4       2020-07-23 [1] CRAN (R 4.0.2)
#>  testthat       2.3.2     2020-03-02 [1] CRAN (R 4.0.2)
#>  tibble       * 3.0.3     2020-07-10 [1] CRAN (R 4.0.2)
#>  tidyr        * 1.1.2     2020-08-27 [1] CRAN (R 4.0.2)
#>  tidyselect     1.1.0     2020-05-11 [1] CRAN (R 4.0.2)
#>  tidyverse    * 1.3.0     2019-11-21 [1] CRAN (R 4.0.2)
#>  tinytex        0.25      2020-07-24 [1] CRAN (R 4.0.2)
#>  utf8           1.1.4     2018-05-24 [1] CRAN (R 4.0.2)
#>  vctrs          0.3.4     2020-08-29 [1] CRAN (R 4.0.2)
#>  viridisLite    0.3.0     2018-02-01 [1] CRAN (R 4.0.2)
#>  whisker        0.4       2019-08-28 [1] CRAN (R 4.0.2)
#>  withr          2.2.0     2020-04-20 [1] CRAN (R 4.0.2)
#>  xfun           0.17      2020-09-09 [1] CRAN (R 4.0.2)
#>  xml2           1.3.2     2020-04-23 [1] CRAN (R 4.0.2)
#>  yaml           2.2.1     2020-02-01 [1] CRAN (R 4.0.2)
```

```
#> [1] C:/Users/sulgi/Documents/R/win-library/4.0
#> [2] C:/Program Files/R/R-4.0.2/library
```

이 책에서 사용하는 규칙

이 책에서 사용하는 조판 규칙은 다음과 같다.

이탤릭

URL, 이메일 주소를 나타낸다.

코드체

코드에 사용되며, 단락 안에서 변수 이름, 함수 이름, 데이터베이스, 데이터 유형, 환경 변수, 선언문, 키워드 같은 프로그램 요소를 지칭할 때 사용한다.

 이 항목은 팁이나 제안을 나타낸다.

코드 예제 사용

소스 코드는 *https://github.com/hadley/r4ds*에서 내려받을 수 있다. 이 책은 여러분이 업무를 완수할 수 있도록 도와주기 위해 만들어졌다. 일반적으로 이 책과 함께 제공되는 예제 코드는 프로그램 및 도움말 문서에서 사용할 수 있다. 코드의 상당 부분을 복제하지 않는 한 우리에게 허가를 요청할 필요가 없다. 예를 들어 이 책의 여러 코드 청크를 사용하는 프로그램을 작성하는 것에 허가를 요청할 필요가 없다. O'Reilly 서적의 예제 CD-ROM을 판매하거나 배포하려면 허가가 필요하다. 이 책을 인용하거나 예제 코드를 인용하여 질문에 답하는 것에 허가가 필요하지 않다. 이 책의 상당량의 예제 코드를 산출물의 설명서에 통합하려면 허가가 필요하다.

저작권을 표기하면 감사하겠지만 필수는 아니다. 저작권 표기에는 일반적으로 제목, 저자, 발행인, ISBN이 포함된다. 예를 들면 다음과 같다. "*R for Data Science* by Hadley Wickham and Garrett Grolemund(O'Reilly). Copyright 2017 Garrett Grolemund, Hadley Wickham, 978-1-491-91039-9."

코드 예제를 사용할 때, 위의 허가 범위를 벗어난 것 같으면 *permissions@oreilly.com*으로 언제든지 문의하라.

1부

탐색하기

1부의 목표는 기본적인 데이터 탐색 도구를 이용하여 가능한 한 빨리 작업 속도를 높이는 것이다. 데이터 탐색은 데이터를 보고 신속하게 가설을 세우고 신속하게 테스트한 다음 이를 계속해서 반복, 반복, 또 반복하는 기술이다. 데이터 탐색의 목표는 나중에 더 깊게 탐색할 단서를 많이 생성하는 것이다.

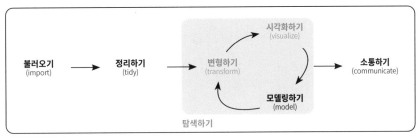

1부에서는 즉각적인 도움을 얻을 수 있는 유용한 도구를 몇 개 배울 것이다.

- 시각화부터 R 프로그래밍을 시작하면 매우 좋은데, 장점이 명확하기 때문이다. 데이터를 이해하는 데 도움이 되는 우아하고 유익한 플롯을 만들 수 있다. 1장에서는 시각화에 대해 깊이 들어가서 ggplot2 플롯의 기본 구조와 데이터를 플롯으로 바꾸는 강력한 기술들을 배울 것이다.
- 일반적으로 시각화만으로는 충분하지 않으므로 3장에서 중요한 변수를 선택

하고, 필터링하고, 새 변수를 만들고, 요약값을 계산하는 주요 동사들을 배울 것이다.

- 마지막으로, 5장에서는 시각화와 변형을 호기심과 비판적으로 엮어 데이터에 대한 흥미로운 질문을 만들고 답할 것이다.

모델링은 탐색 과정에서 중요한 부분이지만 아직은 효과적으로 학습하거나 적용할 정도로 능숙하지 않아도 된다. 데이터 처리와 프로그래밍 도구가 잘 갖춰진 후 4부에서 이를 살펴볼 것이다.

탐색 도구를 가르쳐 주는 이 세 개 장 사이사이에, R 워크플로에 중점을 둔 세 개의 장도 자리잡고 있다. 2장, 4장, 6장에서는 R 코드를 잘 작성하고 조직한 좋은 사례들을 배울 것이다. 이 장들에서는 실제 프로젝트에서 잘 정리할 수 있는 도구들을 배워 장기적으로 성공할 수 있는 틀을 갖추게 될 것이다.

1장

데이터 시각화

1.1 들어가기

> "간단한 그래프는 데이터 분석가에게 다른 어떤 것보다도 많은 정보를 제공한다."
>
> - 존 튜키(John Tukey)

이 장에서는 ggplot2를 이용하여 데이터를 시각화하는 법을 배울 것이다. R에서 그래프를 만드는 몇몇 시스템이 있지만 ggplot2는 가장 우아하고 다재다능한 시스템 중 하나이다. ggplot2는 그래프를 기술하고 구축하는 시스템인 그래픽 문법을 구현한다. ggplot2로 하나의 시스템을 배우고 이를 여러 곳에서 적용하여 빠르게 진행할 수 있다.

시작하기 전 ggplot2의 이론적 토대에 대해 더 자세히 알고 싶다면 *The Layered Grammar of Graphics*[1]를 읽을 것을 추천한다.

1.1.1 준비하기

이 장에서는 tidyverse의 핵심 구성원 중 하나인 ggplot2를 집중적으로 살펴본다. 이 장에서 사용할 데이터셋, 도움말 페이지, 함수에 접근하기 위해 다음의 코드를 실행하여 tidyverse를 로드하라.

---

1 *http://vita.had.co.nz/papers/layered-grammar.pdf*

```
library(tidyverse)
#> -- Attaching packages ------------------------------- tidyverse 1.3.0 --
#> √ ggplot2 3.3.2     √ purrr   0.3.4
#> √ tibble  3.0.3     √ dplyr   1.0.2
#> √ tidyr   1.1.2     √ stringr 1.4.0
#> √ readr   1.3.1     √ forcats 0.5.0
#> -- Conflicts ------------------------------- tidyverse_conflicts() --
#> √ dplyr::filter() masks stats::filter()
#> √ dplyr::lag()    masks stats::lag()
```

이 한 줄의 코드만 입력하면 tidyverse 핵심 패키지들이 로드되는데, 거의 모든 데이터 분석에서 이 패키지들을 사용할 것이다. 또한 이 코드는 tidyverse의 어떤 함수가 베이스 R 함수들(혹은 이미 로드한 다른 패키지의 함수들)과 충돌하는지도 알려준다.

만약 이 코드를 실행하고 "there is no package called 'tidyverse'('tidyverse'라는 패키지가 없습니다)"라는 오류 메시지가 뜨면 먼저 패키지를 설치한 후 library()를 다시 실행해야 한다.

```
install.packages("tidyverse")
library(tidyverse)
```

패키지는 한 번만 설치하면 되지만, 새로운 세션을 시작할 때마다 다시 로드해야 한다.

어떤 함수나 데이터셋이 어느 패키지에서 왔는지 명시해야 할 경우에는 특수 형식인 package::function()을 사용할 것이다. 예를 들어 ggplot2::ggplot()은 ggplot2 패키지의 ggplot() 함수를 사용한다는 것을 명시한다.

1.2 첫 단계

다음의 질문에 답하기 위해 그래프를 이용해 보자. 엔진이 큰 차가 작은 차보다 연료를 더 많이 소비하는가? 이미 답은 알고 있겠지만, 답을 정교하게 만들어보자. 엔진 크기와 연비의 관계는 어떠한가? 양의 관계? 음의 관계? 선형? 비선형?

1.2.1 mpg 데이터프레임

ggplot2에 있는 mpg 데이터프레임(다른 표현으로 ggplot2::mpg)으로 여러분의 답을 확인할 수 있다. 데이터프레임은 변수들(열)과 관측값들(행)의 직사각형 형태 모음이다. mpg에는 미 환경보호당국이 수집한 38개의 차 모델들에 대한 관측값들이 포함되어 있다.

```
mpg
#> # A tibble: 234 x 11
#>   manufacturer model displ  year   cyl trans  drv    cty   hwy    fl class
#>          <chr> <chr> <dbl> <int> <int> <chr> <chr> <int> <int> <chr> <chr>
#> 1         audi    a4   1.8  1999     4 auto…     f    18    29     p comp…
#> 2         audi    a4   1.8  1999     4 manu…     f    21    29     p comp…
#> 3         audi    a4     2  2008     4 manu…     f    20    31     p comp…
#> 4         audi    a4     2  2008     4 auto…     f    21    30     p comp…
#> 5         audi    a4   2.8  1999     6 auto…     f    16    26     p comp…
#> 6         audi    a4   2.8  1999     6 manu…     f    18    26     p comp…
#> # ... with 228 more rows
```

mpg에는 다음과 같은 변수들이 있다.

- displ: 엔진 크기(단위: 리터)
- hwy: 고속도로에서의 자동차 연비(단위: 갤런당 마일, mpg). 같은 거리를 주행할 때, 연비가 낮은 차는 연비가 높은 차보다 연료를 더 많이 소비한다.

mpg에 대해 더 알고자 한다면 ?mpg를 실행하여 해당 도움말 페이지를 이용하라.

1.2.2 ggplot 생성하기

다음 코드를 실행하여 displ을 x축, hwy를 y축에 놓고 플롯을 그려라.

```
ggplot(data = mpg) +
  geom_point(mapping = aes(x = displ, y = hwy))
```

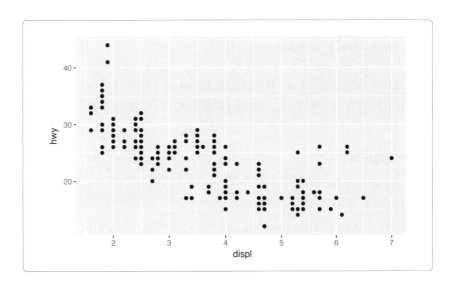

이 플롯은 엔진 크기(displ)와 연비(hwy) 사이에 음의 관계가 있음을 보여준다. 다른 말로 하면 엔진이 큰 차들은 연료를 더 많이 소비한다. 이제 연비와 엔진 크기에 대한 여러분의 가설이 확인되거나 반증되었는가?

ggplot2에서는 ggplot() 함수로 플롯을 시작한다. ggplot()을 하면 좌표 시스템이 생성되고 레이어를 추가할 수 있다. ggplot()의 첫 번째 인수는 그래프에서 사용할 데이터셋이다. 따라서 ggplot(data = mpg)를 하면 빈 그래프가 생성되지만, 그리 흥미로운 것이 아니므로 생략하겠다.

그래프는 ggplot()에 하나 이상의 레이어를 추가해서 완성된다. 함수 geom_point()는 플롯에 점 레이어를 추가하여 산점도를 생성한다. ggplot2에는 여러 지옴(geom) 함수가 있는데, 각각은 플롯에 다른 유형의 레이어를 추가한다. 이 장에서 다양한 함수를 배울 것이다.

ggplot2의 지옴 함수 각각에는 mapping 인수가 있다. 이 인수는 데이터셋의 변수들이 시각적 속성으로 어떻게 매핑될지를 정의한다. 이 인수는 항상 aes()와 쌍을 이루는데 aes()의 x, y 인수는 x, y축으로 매핑될 변수를 지정한다. ggplot2는 매핑된 변수를 데이터 인수(우리 경우엔 mpg)에서 찾는다.

1.2.3 그래프 작성 템플릿

이제 코드를 ggplot2로 그래프를 만드는, 재사용 가능한 템플릿으로 바꿔보자. 그래프를 만들려면 다음의 코드에서 괄호 안의 <>로 둘러쌓인 부분을, 해당되는 데이터셋, 지옴 함수, 매핑모음으로 바꾸어라.

```
ggplot(data = <데이터>) +
   <지옴 함수>(mapping = aes(<매핑모음>))
```

이 장의 나머지 부분에서는 이 템플릿을 완성하고 확장하여 다른 유형의 그래프들을 만드는 법을 살펴볼 것이다. <매핑모음> 부분부터 시작해보자.

1.2.4 연습문제

1. ggplot(data = mpg)을 실행하라. 무엇이 나타나는가?
2. mpg는 행이 몇 개인가? 열은 몇 개인가?
3. drv 변수는 무엇을 나타내는가? ?mpg로 도움말 페이지를 참고하여 알아보자.
4. hwy 대 cyl의 산점도를 만들어라.
5. class 대 drv 산점도를 만들면 어떻게 되는가? 이 플롯이 유용하지 않은 이유는 무엇인가?

1.3 심미성 매핑

"그래프의 가장 큰 가치는 전혀 예상하지 못한 것을 보여줄 때이다."
- 존 튜키

다음의 그래프에서 한 그룹의 점들(빨간색으로 강조)은 선형 추세를 벗어나는 것처럼 보인다. 이 차들은 예상한 것보다 연비가 높다. 이 차들을 어떻게 설명할 수 있을까?

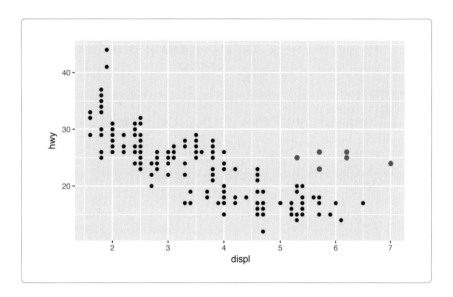

연비가 높은 차들은 하이브리드 차라고 가설을 세워보자. 이 가설을 검정하는 방법으로 각 차의 class 값(차종)을 살펴보는 방법이 있다. mpg 데이터셋의 class 변수는 차를 소형, 중형, SUV 같은 그룹으로 분류한다. 이상값들이 하이브리드 차들이라면 소형이나 경차로 분류되었을 것이다. (이 데이터들은 하이브리드 트럭이나 SUV가 대중화되기 전에 수집되었음을 염두에 두자.)

　class 같은 세 번째 변수를 심미성(aesthetic)에 매핑하여 이차원 산점도에 추가할 수도 있다. 심미성은 플롯 객체들의 시각적 속성이다. 심미성에는 점의 크기, 모양, 색상 같은 것들이 포함된다. 심미성 속성값을 변경하여 점을 (다음 그림처럼) 다른 방법으로 표시할 수 있다. 데이터를 설명할 때 '값'이라는 용어를 이미 사용했으므로 심미성 속성을 설명할 때는 '수준(level)'이라는 용어를 사용하자. 여기에서는 크기, 모양, 색상의 수준을 변경하여 다음과 같이 점을 작게 혹은 삼각형이나 파란색으로 만들었다.

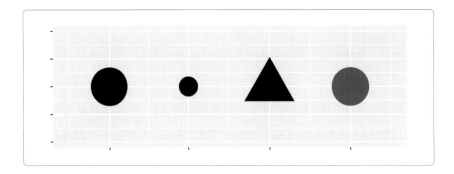

플롯의 심미성을 데이터셋의 변수들에 매핑해서 데이터에 대한 정보를 전달할 수 있다. 예를 들어 점의 색상을 class 변수에 매핑하여 각 차의 차종을 나타낼 수 있다.

```
ggplot(data = mpg) +
  geom_point(mapping = aes(x = displ, y = hwy, color = class))
```

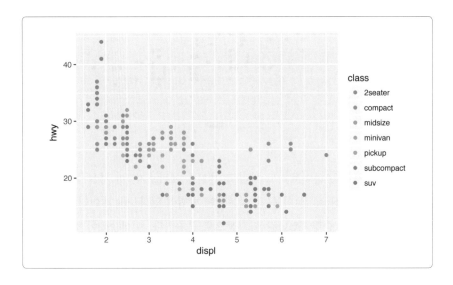

(해들리처럼 영국식 영어를 선호한다면 color 대신 colour를 사용할 수도 있다.)

심미성을 변수에 매핑하기 위해서는 aes() 내부에서 심미성 이름을 변수 이름과 연결해야 한다. ggplot2는 변수의 고유한 값에 심미성의 고유한 수준(여기서는 고유한 색상)을 자동으로 지정하는데, 이 과정을 스케일링(scaling)이라고 한다. ggplot2는 어떤 수준이 어떤 값에 해당하는지를 설명하는 범례도 추가한다.

플롯의 색상들을 보면 이상값 중 다수가 2인승 차임을 보여준다. 이 차들은 하이브리드 차가 아닌 것 같고, 놀랍게도 스포츠카들이다! 스포츠카들은 SUV와 픽

업트럭처럼 엔진이 크지만, 차체가 중형차나 소형차처럼 작아서 연비가 좋다. 다시 생각해보면 이 차들은 엔진 크기가 컸기 때문에 하이브리드일 가능성이 낮다.

앞의 예제에서 class 변수를 색상 심미성에 매핑했지만 이 변수를 같은 방법으로 크기(size) 심미성에 매핑할 수도 있다. 이 경우, 각 점의 크기는 차종을 나타낼 것이다. 여기서 경고가 뜨는데, 순서형이 아닌 변수(class)를 순서형 심미성 (size)으로 매핑하는 것은 바람직하지 않기 때문이다.

```
ggplot(data = mpg) +
  geom_point(mapping = aes(x = displ, y = hwy, size = class))
#> Warning:
#> Using size for a discrete variable is not advised.
```

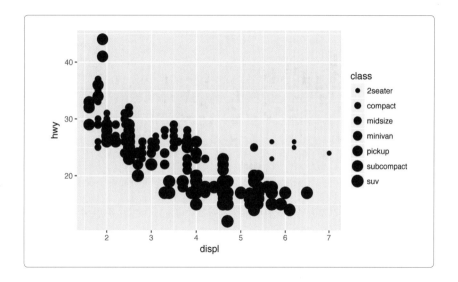

class를 점의 투명도를 제어하는 알파(alpha) 심미성이나 점의 모양을 제어하는 모양(shape) 심미성에 매핑할 수도 있다.

```
# 위
ggplot(data = mpg) +
  geom_point(mapping = aes(x = displ, y = hwy, alpha = class))
# 아래
ggplot(data = mpg) +
  geom_point(mapping = aes(x = displ, y = hwy, shape = class))
```

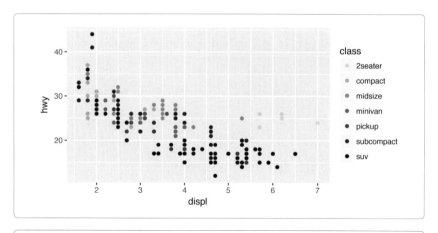

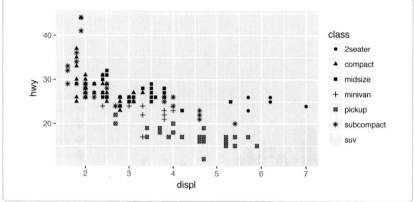

SUV는 어떻게 된 건가? 모양 심미성을 사용할 때 ggplot2는 한번에 여섯 개의
모양만 사용한다. 추가되는 그룹들은 기본적으로 플롯되지 않은 채로 진행된다.

  각 심미성에 대해 aes()를 사용하여 심미성 이름과 표시될 변수를 연결한다.
aes() 함수는 레이어가 사용하는 심미성 매핑들을 모아서 레이어 매핑 인수에 전
달한다. 이 문법에서는 x와 y에 관한 유용한 정보가 강조되는데, 점의 x, y 위치
자체도 심미성(즉, 변수에 매핑하여 데이터에 관한 정보를 표시하는 시각적 속
성)이다.

  심미성을 매핑하면 ggplot2는 나머지를 처리한다. 즉, 주어진 심미성과 함께
사용할 합리적인 스케일을 선택하고, 수준과 값 사이의 매핑을 설명하는 범례를
만든다. x와 y 심미성에 대해서는 ggplot2가 범례를 생성하지 않지만, 축라인을
눈금(tick mark), 라벨과 함께 생성한다. 축라인은 범례 역할을 하는데, 즉 위치
와 값 사이에 매핑을 설명한다.

지옴 심미성의 속성을 수동으로 설정할 수도 있다. 예를 들어 우리 플롯에서 모든 점을 파란색으로 만들 수 있다.

```
ggplot(data = mpg) +
  geom_point(mapping = aes(x = displ, y = hwy), color = "blue")
```

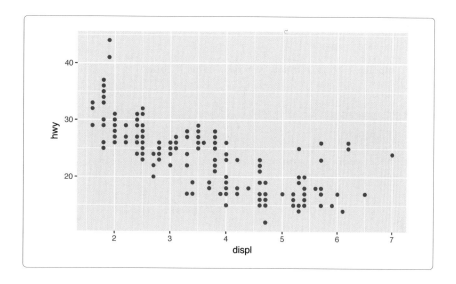

색상 설정을 이와 같이 하면 변수에 대한 정보는 전달되지 않고 플롯 외양만 변경된다. 심미성을 수동으로 설정하려면 심미성 이름을 지옴 함수의 인수로 설정하면 된다. 즉, aes() 외부이다. 해당 심미성에 적절한 수준을 선택해야 한다.

- 문자열 형태의 색상 이름
- mm 단위의 점 크기
- 수치형 형태의 점 모양(그림 1-1).

그림 1-1 R에는 숫자로 식별되는 25개의 모양이 내장되어 있다

중복처럼 보이는 것들이 있다. 예를 들어 0, 15, 22는 모두 정사각형이다. 차이는 color와 fill 심미성의 상호작용이다. 속이 빈 모양(0-14)은 테두리 색

상이 color로 결정되고, 단색 모양(15-18)은 color 색상으로, 속이 찬 모양(21-24)은 테두리 색상이 color로, 내부는 fill 색상으로 채워진다.

1.3.1 연습문제

1. 다음의 코드는 무엇이 문제인가? 점들이 왜 파란색이 아닌가?

```
ggplot(data = mpg) +
  geom_point(
    mapping = aes(x = displ, y = hwy, color = "blue")
  )
```

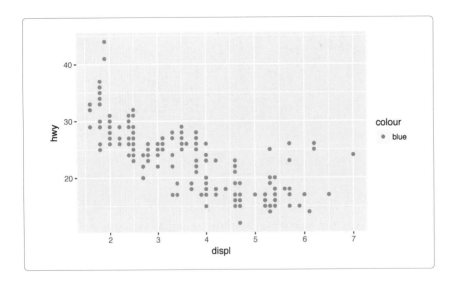

2. mpg의 어느 변수가 범주형인가? 어떤 변수가 연속형인가? (힌트: ?mpg를 타이핑하여 해당 데이터셋에 대한 설명서를 읽어보라.) mpg를 실행할 때 이 정보를 어떻게 볼 수 있는가?
3. 연속형 변수 하나를 color, size, shape로 매핑하라. 이러한 심미성은 범주형, 연속형 변수에 따라 어떻게 다르게 작동하는가?
4. 하나의 변수를 여러 심미성에 매핑하면 어떻게 되는가?
5. stroke 심미성의 역할은 무엇인가? 어떤 모양과 함께 작동하는가?
    (힌트: ?geom_point를 사용하라.)
6. aes(color = displ < 5)처럼 심미성을 변수 이름이 아닌 다른 것에 매핑하면 어떻게 되는가?

1.4 자주 일어나는 문제들

R 코드를 실행하기 시작하면서 문제들에 봉착할 것이다. 걱정하지 말라. 모든 사람에게 일어나는 일이다. 나는 R 코드를 수년간 작성해왔지만, 작성한 코드가 실행되지 않는 일이 매일같이 발생한다.

우선 실행 중인 코드와 이 책의 코드를 차분하게 비교하라. R은 극도로 까다롭고 문자를 잘못 위치시키면 완전히 다르게 될 수 있다. (가 모두)와 짝을 이루고, "가 모두 다른 "와 짝을 이루는지 확인하라. 때론 코드를 실행해도 아무 일도 일어나지 않을 수 있다. 콘솔의 좌측을 체크하라. 즉, +라면 R은 여러분이 표현문을 완성한 것으로 생각하지 않고 마저 끝내기를 기다린다는 의미이다. 보통은 이런 경우 Esc 키를 눌러서 현재 명령 처리를 중단하고 처음부터 다시 시작하는 게 쉽게 처리하는 방법이다.

ggplot2 그래프를 생성할 때 자주 일어나는 일은 +를 잘못된 곳에 입력하는 것이다. 라인의 시작이 아니라 마지막에 와야 한다. 다른 말로, 코드를 다음과 같이 실수로 작성하지 않았는지 확인하라.

```
ggplot(data = mpg)
+ geom_point(mapping = aes(x = displ, y = hwy))
```

여전히 막혀있다면 도움말을 열어보라. 모든 R 함수는 도움말이 있는데, 콘솔에서 ?function_name을 실행하거나 RStudio에서 함수 이름을 선택하고, F1 키를 누르면 된다. 도움말이 도움되지 않아도 걱정하지 말라. 즉, 도움말 대신 예제로 넘어가서 실행하려고 하는 코드에 해당하는 것을 찾아보자.

도움이 되지 않는다면 차분하게 오류 메시지를 읽어보자. 답이 그곳에 묻혀있는 경우가 많다! 그러나 R이 처음이라면 답이 오류 메시지에 있어도, 이해하지 못할 것이다. 다른 훌륭한 도구는 구글이다. 오류 메시지로 구글에서 검색해보라. 같은 문제에 빠졌다가 온라인에서 도움을 얻은 사람들이 있을 수 있다.

1.5 facet

변수를 추가하는 방법으로 심미성을 이용하는 방법을 보았다. 또 다른 방법은 범주형 변수에 특히 유용한 방법인데, 플롯을 면분할(facet, 데이터 각 서브셋을 표시하는 하위 플롯)로 나누는 것이다.

플롯을 하나의 변수에 대해 면분할하기 위해서는, facet_wrap()을 이용하면 된다. facet_wrap()의 첫 번째 인수로는 ~와 뒤에 변수 이름이 따라오는 공식(formula)이어야 한다. (여기서 '공식'은 R 데이터 구조의 한 형태이며 '등식(equation)'과 같은 의미가 아니다.) facet_wrap()에 전달하는 변수는 이산형[2]이어야 한다.

```
ggplot(data = mpg) +
  geom_point(mapping = aes(x = displ, y = hwy)) +
  facet_wrap(~ class, nrow = 2)
```

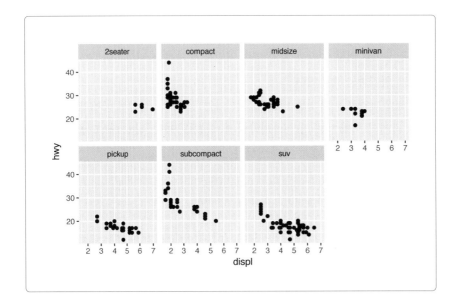

플롯을 두 변수 조합으로 면분할하기 위해서는 facet_grid()를 플롯 호출에 추가하면 된다. facet_grid()의 첫 번째 인수도 정형화되어 있다. 이번에는 공식이 두 개의 변수가 ~로 분리되어 있는 형태이어야 한다.

```
ggplot(data = mpg) +
  geom_point(mapping = aes(x = displ, y = hwy)) +
  facet_grid(drv ~ cyl)
```

2 (옮긴이) 값이 문자형이나 정수형처럼 서로 떨어져 있는 유형을 의미하며, 연속형과 대비되는 용어이다.

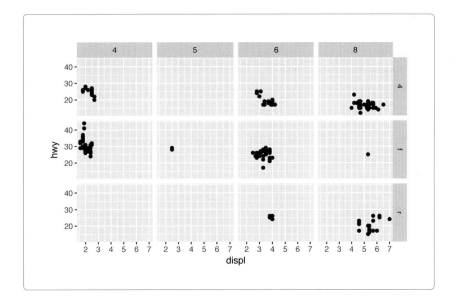

열이나 행으로 면분할하고 싶지 않다면 변수 이름 대신 .를 이용하라. (예: + facet_ grid(. ~ cyl))

1.5.1 연습문제

1. 연속형 변수로 면분할하면 어떻게 되는가?

2. facet_grid(drv ~ cyl)로 만든 플롯에 있는 빈 셀들은 무엇을 의미하는가? 다음의 플롯과 어떻게 연관되는가?

```
ggplot(data = mpg) +
  geom_point(mapping = aes(x = drv, y = cyl))
```

3. 다음의 코드는 어떤 플롯을 만드는가? .은 어떤 역할을 하는가?

```
ggplot(data = mpg) +
  geom_point(mapping = aes(x = displ, y = hwy)) +
  facet_grid(drv ~ .)

ggplot(data = mpg) +
  geom_point(mapping = aes(x = displ, y = hwy)) +
  facet_grid(. ~ cyl)
```

4. 이 절의 면분할된 첫 번째 플롯을 살펴보라.

```
ggplot(data = mpg) +
  geom_point(mapping = aes(x = displ, y = hwy)) +
  facet_wrap(~ class, nrow = 2)
```

색상 심미성을 쓰지 않고 면분할하면 어떤 이점이 있는가? 단점은 무엇인가? 데이터가 더 크다면 이 균형은 어떻게 바뀌겠는가?

5. ?facet_wrap을 읽어라. nrow의 역할은 무엇인가? ncol은 어떤 일을 하는가? 개별 패널의 배치를 조정할 수 있는 다른 방법은 무엇인가? facet_grid()에는 nrow, ncol 인수가 왜 없는가?

6. facet_grid()를 사용할 때, 대개의 경우 고유 수준이 더 많은 변수를 열로 두어야 한다. 왜인가?

1.6 기하 객체

두 플롯은 유사한가?

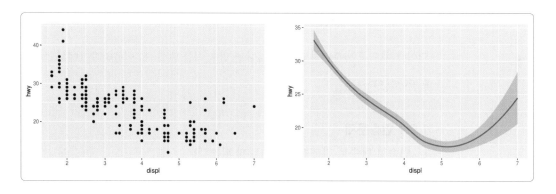

두 플롯은 동일한 x 변수, 동일한 y 변수를 포함하고, 동일한 데이터를 나타낸다. 그러나 둘은 같지 않다. 각 플롯은 데이터를 표현하는 시각 객체가 다르다. ggplot2 문법으로는 두 플롯이 다른 지옴을 사용한다고 말한다.

지옴은 데이터를 나타내기 위해 플롯이 사용하는 기하 객체(geometric object)를 의미한다. 사람들은 플롯이 사용하는 지옴의 유형으로 플롯을 기술한다. 예를 들어 막대 그래프는 막대 지옴을 이용하고, 선 그래프는 라인 지옴을, 박스 플롯은 박스 플롯 지옴을 이용하는 식이다. 산점도는 예외이다. 즉, 포인트 지옴을 사용한다. 위에서 보았듯이, 같은 데이터로 플롯을 그리기 위해 다른 지옴을 사용할 수 있다. 왼쪽의 플롯은 포인트 지옴을 사용했고, 오른쪽의 플롯은 평활(smooth) 지옴, 즉 데이터에 적합된 평활선을 이용했다.

플롯에서 지옴을 바꾸기 위해서는 ggplot()에 추가하는 지옴 함수를 변경하면 된다. 예를 들어 다음의 코드를 사용하여 앞의 플롯들을 만들었다.

```
# 왼쪽
ggplot(data = mpg) +
  geom_point(mapping = aes(x = displ, y = hwy))
# 오른쪽
ggplot(data = mpg) +
  geom_smooth(mapping = aes(x = displ, y = hwy))
```

ggplot2의 모든 지옴 함수는 mapping 인수를 가진다. 그러나 모든 심미성이 모든 지옴과 작동하는 것은 아니다. 점의 shape(모양)을 설정할 수 있지만, 선의 'shape'을 설정할 수는 없다. 반면, 선의 linetype(선 유형)을 설정할 수 있다. geom_smooth()는 linetype으로 매핑된 변수의 고윳값마다 다른 형태의 선을 그린다.

```
ggplot(data = mpg) +
  geom_smooth(mapping = aes(x = displ, y = hwy, linetype = drv))
```

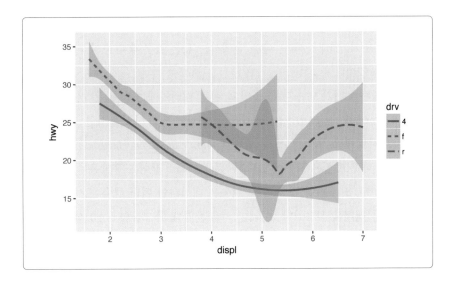

여기서 geom_smooth()는 자동차의 동력전달장치를 의미하는 drv 값에 기초하여 차 모델들을 세 개의 선으로 분리한다. 선 하나는 값이 4인 점들 모두를 표시하고, 다른 선은 f 값을 가진 모든 점을, 또 다른 선은 r 값을 가진 모든 점을 표시한다. 여기서 4는 사륜구동, f는 전륜구동, r은 후륜구동을 나타낸다.

이것이 이상하게 들린다면 원 데이터 위에 선들을 겹쳐 그린 후, 선과 점을 drv에 따라 색상을 입히면 좀 더 명료하게 만들 수 있다.

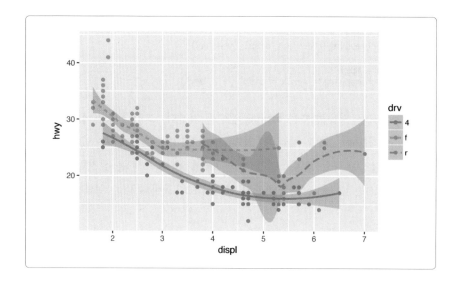

이 플롯은 같은 그래프에 두 개의 지옴을 포함하고 있는 것을 주목하라! 흥미로운가? 그러면 자, 기대하시라. 다음 절에서는 같은 플롯에 다중의 지옴을 놓는 방법을 배울 것이다.

ggplot2에는 40개가 넘는 지옴이 있고, 확장 패키지에는 더 많은 지옴이 있다. (예제는 *https://exts.ggplot2.tidyverse.org/gallery/*에 있다). 포괄적인 개요는 ggplot2 치트시트에서 가장 잘 볼 수 있는데 *http://rstudio.com/cheatsheets*에서 얻을 수 있다. 더 배우고 싶은 지옴이 있다면 ?geom_smooth 같이 도움말을 이용하라.

geom_smooth()을 포함한 많은 수의 지옴은 데이터의 여러 행을 표시하기 위해 하나의 기하 객체를 사용한다. 이러한 지옴들에 대해 그룹(group) 심미성을 설정하여 다중 객체를 그릴 수 있다. ggplot2는 그룹 변수의 각 고윳값에 따라 별도의 객체를 그린다. 실제로 ggplot2는 (linetype 예제에서와 같이) 심미성을 변수에 매핑할 때마다 이 지옴들에 대한 데이터를 자동으로 그룹화한다. 그룹 심미성은 기본적으로 범례를 추가하거나 구별시켜주는 기능들을 추가하지 않기 때문에, 이 기능을 활용하면 편리하다.

```
ggplot(data = mpg) +
  geom_smooth(mapping = aes(x = displ, y = hwy))

ggplot(data = mpg) +
  geom_smooth(mapping = aes(x = displ, y = hwy, group = drv))

ggplot(data = mpg) +
  geom_smooth(
    mapping = aes(x = displ, y = hwy, color = drv),
    show.legend = FALSE
  )
```

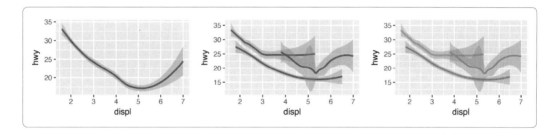

같은 플롯에 여러 지옴을 표시하려면 ggplot()에 여러 지옴 함수를 추가하라.

```
ggplot(data = mpg) +
  geom_point(mapping = aes(x = displ, y = hwy)) +
  geom_smooth(mapping = aes(x = displ, y = hwy))
```

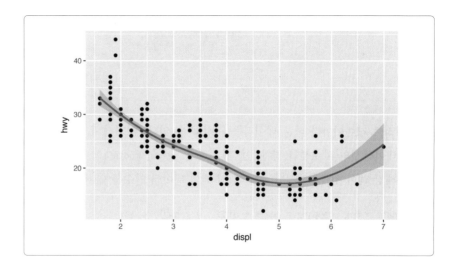

그러나 이렇게 하면 코드에 중복이 생긴다. y-축을 hwy 대신 cty를 표시하도록 변경한다고 해보자. 두 군데에서 변수를 변경해야 하는데, 하나를 업데이트하는 것을 잊어버릴 수 있다. 이러한 종류의 중복을 피하려면 매핑 집합을 ggplot()으로 전달하면 된다. 이렇게 하면 ggplot2는 이 매핑들을 전역 매핑으로 처리하여 그래프의 각 지옴에 적용한다. 다른 말로 하면 다음의 코드는 이전 코드와 동일한 플롯을 생성한다.

```
ggplot(data = mpg, mapping = aes(x = displ, y = hwy)) +
  geom_point() +
  geom_smooth()
```

지옴 함수에 매핑을 넣으면 ggplot2는 해당 레이어에 대한 로컬 매핑으로 처리한다. 이렇게 되면 해당 레이어에만 이 매핑이 추가되거나 전역 매핑을 덮어쓴다. 즉, 다른 레이어마다 다른 심미성을 표시하는 것이 가능하다.

```
ggplot(data = mpg, mapping = aes(x = displ, y = hwy)) +
  geom_point(mapping = aes(color = class)) +
  geom_smooth()
```

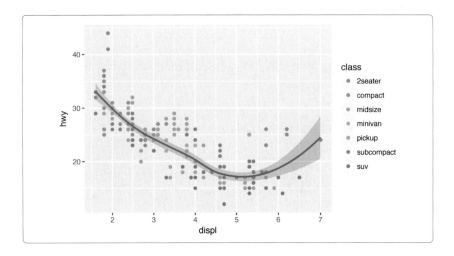

같은 원리로 레이어마다 다른 데이터를 지정할 수 있다. 여기서 우리의 평활선은 mpg 데이터셋의 서브셋인 경차만을 표시한다. geom_smooth()의 로컬 데이터 인수는 해당 레이어에 한해서만 ggplot()의 전역 데이터 인수를 덮어쓴다.

```
ggplot(data = mpg, mapping = aes(x = displ, y = hwy)) +
  geom_point(mapping = aes(color = class)) +
  geom_smooth(
    data = filter(mpg, class == "subcompact"),
    se = FALSE
  )
```

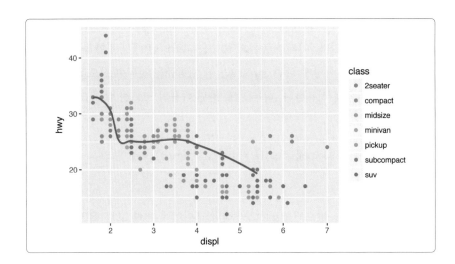

(filter()의 작동 방식에 대해서 다음 장에서 배울 것이다. 이 장에서는 이 명령어가 경차만 선택하라는 것으로 이해하라.)

1.6.1 연습문제

1. 선 그래프를 그리기 위해 어떤 지옴을 사용하겠는가? 박스 플롯을 그리려면? 히스토그램은? 면적(area) 차트는?

2. 머릿속으로 다음의 코드를 실행하고 출력이 어떨지 예측해보라. 그런 다음 R에서 코드를 실행하고 여러분의 예측을 확인하라.

```
ggplot(
  data = mpg,
  mapping = aes(x = displ, y = hwy, color = drv)
) +
  geom_point() +
  geom_smooth(se = FALSE)
```

3. show.legend = FALSE는 어떤 역할을 하는가? 삭제하면 어떻게 되는가? 앞에서 왜 이를 사용했겠는가?

4. geom_smooth()의 se 인수는 어떤 역할을 하는가?

5. 다음의 두 그래프는 다르게 나타나겠는가? 왜 그런가·그렇지 않은가?

```
ggplot(data = mpg, mapping = aes(x = displ, y = hwy)) +
  geom_point() +
  geom_smooth()

ggplot() +
  geom_point(
    data = mpg,
    mapping = aes(x = displ, y = hwy)
  ) +
  geom_smooth(
    data = mpg,
    mapping = aes(x = displ, y = hwy)
  )
```

6. 다음의 그래프들을 생성하는 데 필요한 R 코드를 다시 작성하라.

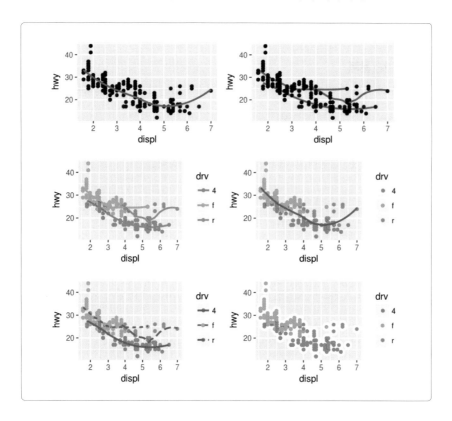

1.7 통계적 변환

다음으로, 막대 그래프(bar chart)를 보자. 막대 그래프는 간단할 것 같지만, 플롯에 대해 미묘한 것을 드러내기 때문에 흥미로운 차트이다. geom_bar()로 그려지는 기본 막대 그래프를 생각해보라. 다음의 차트는 diamond 데이터셋에서 cut으로 그룹한 다이아몬드의 총 개수를 표시한다. diamond 데이터셋은 ggplot2에 있으며 약 54,000개 다이아몬드 각각의 가격(price), 캐럿(carat), 색상(color), 투명도(clarity), 컷(cut)과 같은 정보가 있다. 차트는 저품질 컷보다 고품질 컷의 다이아몬드가 더 많음을 보여준다.

```
ggplot(data = diamonds) +
  geom_bar(mapping = aes(x = cut))
```

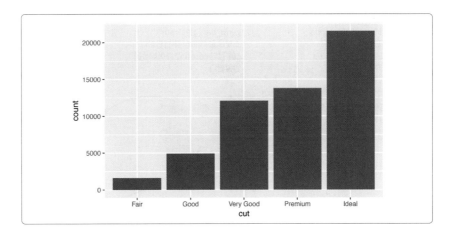

이 차트는 x축으로 diamond의 변수 중 하나인 cut을 표시한다. y축으로 카운트를 표시하는데 카운트는 diamond의 변수가 아니다! 카운트는 어디서 오는가? 산점도와 같은 다수의 그래프는 데이터셋의 원 값을 플롯으로 그린다. 막대 그래프와 같은 다른 그래프는 플롯으로 그릴 새로운 값을 계산한다.

- 막대 그래프, 히스토그램, 빈도 다각형은 데이터를 빈(bin) 계급으로 만든 후, 각 빈에 떨어지는 점들의 개수인 도수를 플롯한다.
- 평활 차트들은 데이터에 모델을 적합한 후 모델을 이용한 예측값을 플롯한다.
- 박스 플롯은 분포의 로버스트(robust)[3]한 요약값을 계산한 후 특수한 형태의 박스로 표시한다.

그래프에 사용할 새로운 값을 계산하는 알고리즘은 통계적 변환의 줄임말인 스탯(stat)이라고 부른다. 다음의 그림은 이 과정이 geom_bar()과 어떻게 작동하는지를 보여준다.

---

3 (옮긴이) '이상값 등에 영향을 덜 받아 변동이 적은'의 의미이다.

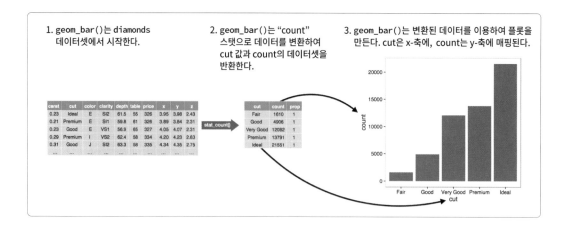

stat 인수의 기본값을 조사하여 한 지옴이 어떤 스탯을 사용하는지 알 수 있다. 예를 들어 ?geom_bar를 하면 stat이 'count'임을 보여주는데, 이는 geom_bar()가 stat_count()를 이용함을 의미한다. stat_count()는 geom_bar()와 같은 페이지에 문서화되어 있으며, 스크롤해서 내려가면 'Computed Variables'이라고 하는 절을 볼 수 있다. 두 개의 새로운 변수인 count, prop을 계산한 방법을 설명한다.

지옴과 스탯을 서로 바꿔서 사용할 수 있다. 예를 들어 이전 플롯을 geom_bar() 대신 stat_count()를 사용하여 생성할 수 있다.

```
ggplot(data = diamonds) +
  stat_count(mapping = aes(x = cut))
```

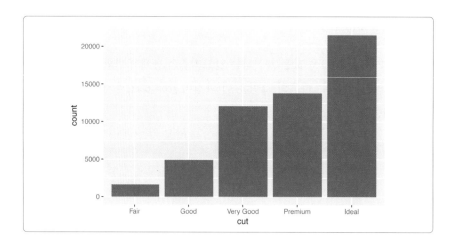

모든 지옴은 기본 스탯이 있고 모든 스탯은 기본 지옴이 있기 때문에 이것이 가능하다. 다시 말하면 일반적으로 내부 통계적 변환에 대해 신경 쓸 필요 없이 지옴을 사용할 수 있다. 명시적으로 스탯을 사용해야 하는 이유는 세 가지이다.

- 기본 스탯을 덮어쓰고 싶을 수 있다. 다음의 코드에서 geom_bar()의 스탯을 count(기본값)에서 identity로 변경했다. 이렇게 하면 막대의 높이를 y 변수의 원 값으로 매핑할 수 있다. 안타깝게도 사람들이 막대 그래프에 대해 이야기 할 때, 막대의 높이가 데이터에 존재하는 그래프를 의미하기도 하고, 또는 행을 세서 생성되는, 앞서 본 막대 그래프를 의미하기도 한다.

```
demo <- tribble(
  ~cut,         ~freq,
  "Fair",        1610,
  "Good",        4906,
  "Very Good",  12082,
  "Premium",    13791,
  "Ideal",      21551
)

ggplot(data = demo) +
  geom_bar(
    mapping = aes(x = cut, y = freq), stat = "identity"
  )
```

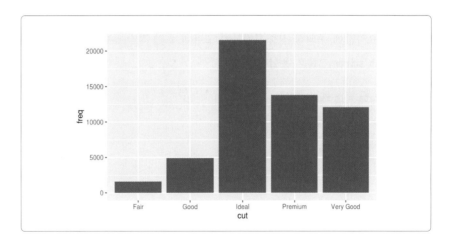

(전에 <-나 tribble()을 보지 못했더라도 걱정하지 말라. 문맥에서 의미를 추론 할 수 있고, 이들의 정확한 역할을 곧 배울 것이다!)

- 변환된 변수에서 심미성으로 기본 매핑을 덮어쓰고자 할 수 있다. 예를 들어 빈도가 아니라 비율의 막대 그래프를 표시하고자 할 수 있다.

```
ggplot(data = diamonds) +
  geom_bar(
    mapping = aes(x = cut, y = stat(prop), group = 1)
  )
```

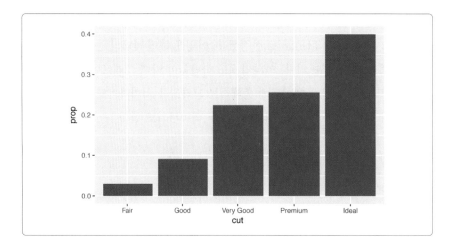

스탯이 계산한 변수를 찾기 위해서는 'Computed Variables' 제목의 도움말 절을 살펴보라.

- 코드에서 통계적 변환에 주의를 많이 집중시키고자 할 수 있다. 예를 들어 계 산하는 요약값에 주의를 집중시키고자 고유한 x 값 각각에 대해 y 값을 요약 하는 stat_summary()를 사용할 수 있다.

```
ggplot(data = diamonds) +
  stat_summary(
    mapping = aes(x = cut, y = depth),
    fun.ymin = min,
    fun.ymax = max,
    fun.y = median
  )
```

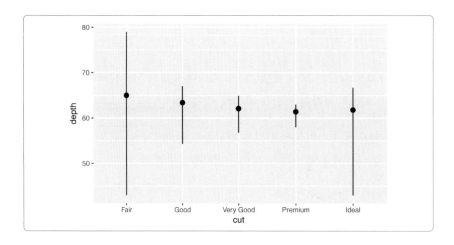

ggplot2에서 20개가 넘는 스탯이 있다. 각 스탯은 함수이므로 평소 하듯이 도움말

을 볼 수 있다(예: ?stat_bin). 스탯 전체 목록을 보려면 ggplot2 치트시트를 보라.

1.7.1 연습문제

1. stat_summary()와 연관된 기본 지옴은 무엇인가? 스탯 함수 대신 이 지옴 함수를 사용하여 어떻게 이전 플롯을 다시 생성하겠는가?

2. geom_col()의 역할은 무엇인가? geom_bar()와 어떻게 다른가?

3. 대부분의 지옴과 스탯은 쌍을 이루어 거의 항상 함께 사용된다. 도움말을 읽고 모든 쌍의 목록을 만들어라. 공통점은 무엇인가?

4. stat_smooth()는 어떤 변수를 계산하는가? 이 동작을 제어하는 파라미터들은 무엇인가?

5. 우리의 비율 막대 그래프에서 group = 1이라고 설정했어야 했다. 왜 그런가? 바꿔 말하면 다음 두 그래프의 문제는 무엇인가?

```
ggplot(data = diamonds) +
  geom_bar(mapping = aes(x = cut, y = ..prop..))
ggplot(data = diamonds) +
  geom_bar(
    mapping = aes(x = cut, fill = color, y = ..prop..)
  )
```

1.8 위치 조정

막대 그래프와 연관된 마법이 하나 더 있다. 막대 그래프에 색상을 입힐 수 있는데, color 심미성을 이용하거나 좀 더 유용하게는 fill을 이용하면 된다.

```
ggplot(data = diamonds) +
  geom_bar(mapping = aes(x = cut, color = cut))
ggplot(data = diamonds) +
  geom_bar(mapping = aes(x = cut, fill = cut))
```

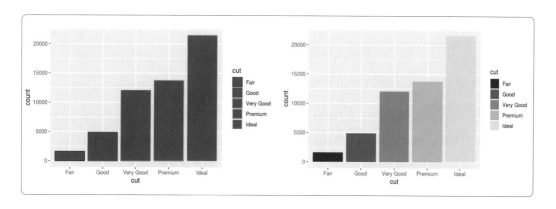

fill 심미성을 다른 변수(예: clarity)에 매핑하면 어떤 일이 일어나는지 잘 보자. 누적 막대 그래프가 생성된다. 각각의 색상이 입혀진 직사각형은 cut과 clarity의 조합을 나타낸다.

```
ggplot(data = diamonds) +
  geom_bar(mapping = aes(x = cut, fill = clarity))
```

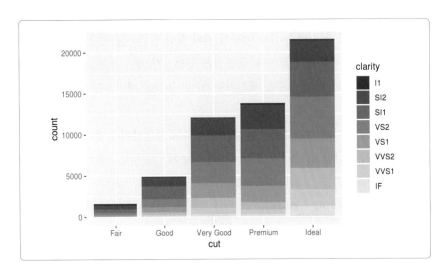

position 인수로 지정하는 위치 조정에 의해 막대 누적이 자동으로 수행된다. 누적 막대 그래프를 원하지 않는다면 다음의 "identity", "dodge", "fill" 세 옵션 중 하나를 선택하면 된다.

- position = "identity"를 하면 각 객체를 그래프 문맥에 해당되는 곳에 정확히 배치한다. 막대와 겹치기 때문에 막대에 대해서는 그다지 유용하지 않다. 겹치는 것을 구별하려면 alpha를 작은 값으로 설정하여 막대들을 약간 투명하게 하거나, fill = NA로 설정하여 완전히 투명하게 해야 한다.

```
ggplot(
  data = diamonds,
  mapping = aes(x = cut, fill = clarity)
) +
  geom_bar(alpha = 1/5, position = "identity")
ggplot(
  data = diamonds,
  mapping = aes(x = cut, color = clarity)
) +
  geom_bar(fill = NA, position = "identity")
```

identity 위치 조정은 포인트와 같은 2차원 지옴에서 더 유용한데 여기에서는 identity가 기본값이다.

- position = "fill"은 누적 막대처럼 동작하지만 누적 막대들이 동일한 높이가 되도록 한다. 이렇게 하면 그룹들 사이에 비율을 비교하기 쉬워진다.

```
ggplot(data = diamonds) +
  geom_bar(
    mapping = aes(x = cut, fill = clarity),
    position = "fill"
  )
```

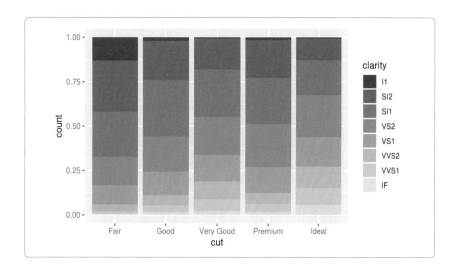

- position = "dodge"를 하면 겹치는 객체가 서로 옆에 배치된다. 이렇게 하면 개별 값들을 비교하기 쉬워진다.

```
ggplot(data = diamonds) +
  geom_bar(
    mapping = aes(x = cut, fill = clarity),
    position = "dodge"
  )
```

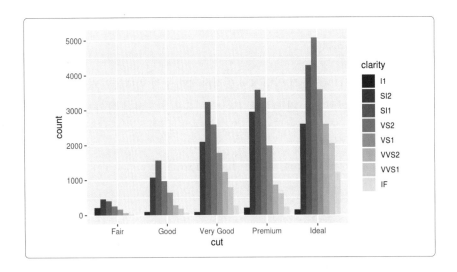

막대 그래프에는 유용하지 않지만 산점도에는 매우 유용한, 다른 형태의 조정도 있다. 우리의 첫 번째 산점도를 떠올려보라. 데이터셋에 234개 관측값이 있는데도 플롯에서 126개 점만 표시하고 있다는 것을 눈치챘는가?

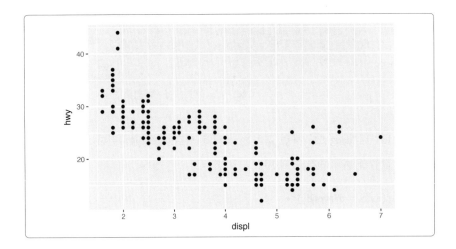

hwy와 displ의 값들이 반올림이 되어서 점들이 격자 위에 나타나 많은 점이 서로 겹쳤다. 이 문제를 오버플롯팅이라고 한다. 이러한 방식은 많은 데이터가 어디에 있는지 보기 힘들게 만든다. 데이터 포인트들이 그래프에 걸쳐 동일하게 퍼져있는가? 아니면 hwy와 displ의 특정 조합이 109개 값을 포함하고 있는가?

위치 조정을 '지터(jitter, 조금씩 움직임)'로 설정하여 이 격자 방법을 피할 수 있다. position = "jitter"를 하면 각 점에 적은 양의 랜덤 노이즈가 추가된다.

이렇게 하면 어느 두 점도 같은 양의 랜덤 노이즈를 받을 가능성이 없기 때문에 포인트가 퍼지게 된다.

```
ggplot(data = mpg) +
  geom_point(
    mapping = aes(x = displ, y = hwy),
    position = "jitter"
  )
```

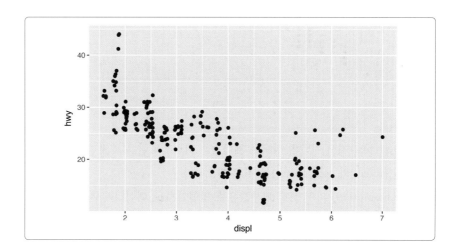

랜덤을 추가해서 그래프를 개선하는 게 이상해 보이지만, 작은 스케일에서는 그래프가 덜 정확해지는 대신, 큰 스케일에서는 더 표현력이 있게 된다. 이 방법은 매우 유용하며 ggplot2에는 geom_point(position = "jitter")를 축약한 geom_jitter()가 있다.

위치 조정에 대해 더 배우고 싶으면 다음과 같이 각 조정과 연관된 도움말 페이지를 찾아보라. ?position_dodge, ?position_fill, ?position_identity, ?position_jitter, ?position_stack

1.8.1 연습문제

1. 다음 플롯의 문제는 무엇인가? 어떻게 고치겠는가?

```
ggplot(data = mpg, mapping = aes(x = cty, y = hwy)) +
  geom_point()
```

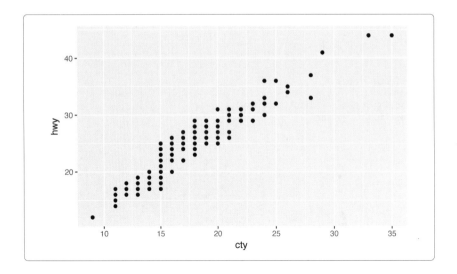

2. geom_jitter()에서 지터의 정도를 제어하는 파라미터들은 무엇인가?

3. geom_jitter()와 geom_count()를 비교 대조하라.

4. geom_boxplot()의 위치 조정 기본값은 무엇인가? mpg 데이터셋 시각화를 생성하여 이를 표시하라.

1.9 좌표계

좌표계는 아마도 ggplot2에서 가장 복잡한 부분일 것이다. 기본 좌표계는 각 점의 위치를 결정할 때 x와 y 위치가 독립적으로 움직이는 데카르트(Cartesian) 좌표계이다. 이것 말고도 도움이 되는 다른 좌표계들이 많다.

- coord_flip()은 x와 y축을 바꾼다. (예를 들어) 수평 박스 플롯이 필요할 때 유용하다. 라벨이 길어서 x축과 겹치지 않고 들어맞게 하기 힘들 경우에도 유용하다.

```
ggplot(data = mpg, mapping = aes(x = class, y = hwy)) +
  geom_boxplot()
ggplot(data = mpg, mapping = aes(x = class, y = hwy)) +
  geom_boxplot() +
  coord_flip()
```

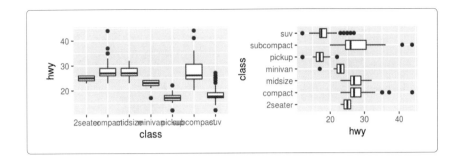

- coord_quickmap()을 하면 지도에 맞게 가로세로 비율이 설정된다. ggplot2로 공간 데이터를 플롯할 때 매우 중요하다(안타깝게도 이 책에서는 다루지는 않는다).

```
nz <- map_data("nz")

ggplot(nz, aes(long, lat, group = group)) +
  geom_polygon(fill = "white", colour = "black")

ggplot(nz, aes(long, lat, group = group)) +
  geom_polygon(fill = "white", colour = "black") +
  coord_quickmap()
```

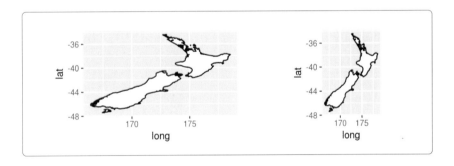

- coord_polar()는 극좌표를 사용한다. 극좌표를 사용하면 막대 그래프와 Cox-comb 차트 사이의 흥미로운 관계를 볼 수 있다.

```
bar <- ggplot(data = diamonds) +
  geom_bar(
    mapping = aes(x = cut, fill = cut),
    show.legend = FALSE,
    width = 1
  ) +
  theme(aspect.ratio = 1) +
  labs(x = NULL, y = NULL)

bar + coord_flip()
bar + coord_polar()
```

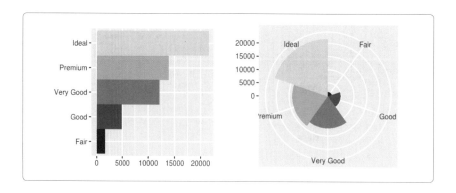

1.9.1 연습문제

1. coord_polar()를 사용하여 누적 막대 그래프를 파이 차트로 바꾸라.

2. labs()는 어떤 동작을 하는가? 설명서를 읽어보자.

3. coord_quickmap()과 coord_map()의 차이점은 무엇인가?

4. 다음 플롯은 도심 연비와 고속도로 연비 사이의 관계에 대해 무엇을 알려주
   는가? coord_fixed()는 왜 중요한가? geom_abline()은 어떤 동작을 하는가?

```
ggplot(data = mpg, mapping = aes(x = cty, y = hwy)) +
  geom_point() +
  geom_abline() +
  coord_fixed()
```

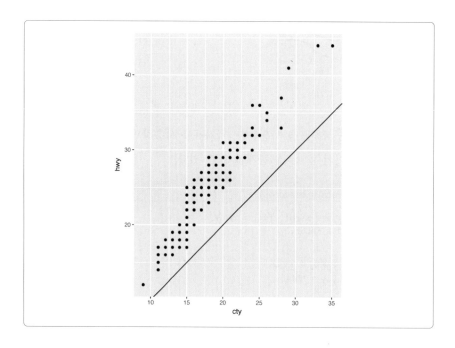

1.10 그래프 레이어 문법

이전 절에서 산점도, 막대 그래프, 박스 플롯을 만드는 법을 포함하여 훨씬 많은 것을 배웠다. ggplot2로 어떤 유형의 플롯도 만들 수 있는 기반을 배웠다. 이를 확인하기 위해 코드 템플릿에 위치 조정, 스탯, 좌표계, 면분할을 추가해보자.

```
ggplot(data = <데이터>) +
  <지옴 함수>(
     mapping = aes(<매핑모음>),
     stat = <스탯>,
     position = <위치>
  ) +
  <좌표계 함수> +
  <면분할 함수>
```

새 템플릿에는 7개의 파라미터가 있는데, 괄호 안에 표시되어 있다. ggplot2가 데이터, 매핑, 지옴 함수를 제외하고는 유용한 기본값들을 제공하기 때문에 실제로는 일곱 파라미터 모두 제공해야 하는 경우는 거의 없다.

템플릿의 일곱 파라미터로 그래프 문법이 구성되는데, 이는 플롯을 작성하는 공식 시스템이다. 이 그래프 문법은, 어떤 플롯도 데이터셋, 지옴, 매핑 집합, 스탯, 위치 조정, 좌표계, 면분할 구성표의 조합으로 고유하게 설명할 수 있다는 직관에 기반하고 있다.

어떻게 작동하는지 보기 위해 맨 처음부터 기본 플롯을 어떻게 만들지를 생각해보라. 데이터셋부터 시작해서 이를 (스탯을 이용하여) 표시하고 싶은 정보로 변환할 것이다.

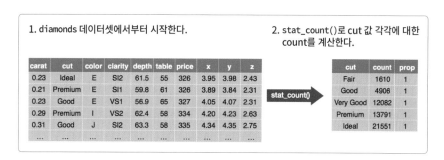

다음으로 변형된 데이터의 각 관측값을 나타낼 기하 객체를 고를 것이다. 데이터의 변수들을 나타내기 위해 지옴의 심미성 속성을 이용할 것이다. 각 변수의 값들을 심미성 수준에 매핑할 것이다.

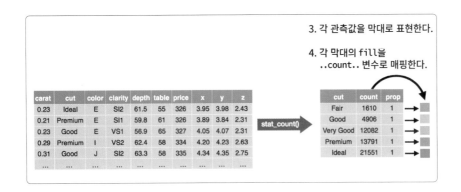

그런 다음 지옴을 위치시킬 좌표계를 선택할 것이다. x와 y 변수들의 값을 표시하기 위해 객체의 위치(그 자체로 심미성 속성)를 사용할 것이다. 이 시점에서 그래프가 완전히 만들어지지만, 좌표계 내에서 지옴의 위치를 더 조정하거나(위치 조정), 그래프를 하위 플롯들로 나눌 수 있다(면분할). 하나 이상의 레이어를 추가하여 플롯을 확장시킬 수도 있다. 추가되는 각 레이어는 데이터셋, 지옴, 매핑 집합, 스탯, 위치 조정을 사용한다.

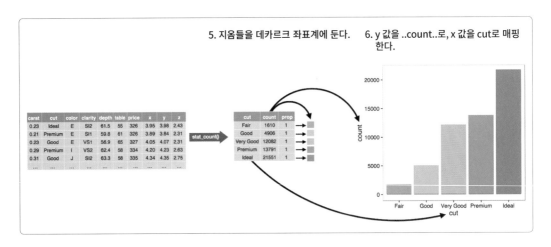

이 방법을 사용하여 상상하는 어떤 플롯도 만들 수 있다. 즉, 이 장에서 배운 코드 템플릿을 사용하여 수십만 종류의 고유한 플롯을 만들 수 있다.

2장

R   f o r   D a t a   S c i e n c e

워크플로: 기초

앞서 우리는 R 코드를 실행해보았다. 세부사항을 충분히 다루지 않았지만, 여러분들은 분명히 기초적인 것들을 알게 되었을 것이다. 그렇지 않았다면 좌절해서 이 책을 던져 버렸을 것이다! R로 프로그래밍을 시작할 때 좌절하는 것은 자연스러운 일인데, R은 구두점이 엄격하고, 문자 하나라도 제자리를 벗어나면 바로 말을 듣지 않는다. 약간 좌절은 되겠지만 이는 일상적이고 일시적이기 때문에 걱정하지 않아도 된다. 모든 사람에게 일어나는 일이며 계속 노력하면 극복할 수 있다.

더 나아가기 전에 R 코딩 기초가 탄탄한지, 매우 도움이 되는 RStudio 기능들을 알고 있는지 확인해보자.

2.1 코딩 기초

플롯을 최대한 빨리 만들어보기 위해 그동안 생략한 몇 가지 기본사항을 살펴보자. R을 계산기로 사용할 수도 있다.

```
1 / 200 * 30
#> [1] 0.15
(59 + 73 + 2) / 3
#> [1] 44.7
sin(pi / 2)
#> [1] 1
```

<-를 사용하면 새 객체가 생성된다.

```
x <- 3 * 4
```

객체를 생성하는 모든 R 명령어, 즉 할당문은 다음의 동일한 형식을 갖는다.

```
객체이름 <- 값
```

이 코드를 읽을 때, 객체 이름이 값을 갖는다(obejct name gets value)라고 마음 속으로 읽어보자.[1]

앞으로 많은 할당문을 만들게 되어 <-를 타이핑하는 게 고통스러울 것이다. 귀찮다고 =를 사용하지 말라. 작동은 하겠지만 나중에 혼란스럽게 될 것이다. 대신 RStudio 키보드 단축키, Alt + -(빼기 기호)를 사용하라. RStudio는 자동으로 <- 주위를 공백으로 둘러싼다. 이는 좋은 코드 포매팅 습관이다. 이렇게 좋은 날에 코드를 읽는다는 것은 고생스러운일이므로두눈을위해서라도 공백을 사용하라.

2.2 이름에 들어갈 것

객체 이름은 문자로 시작해야만 하고 문자, 숫자, _, .만 포함해야 한다. 객체 이름이 설명력이 있으면 좋으므로 여러 단어를 이어쓸 때의 규칙(convention)이 필요하다. 소문자 단어들을 _으로 구분하는 snake_case를 추천한다.

```
i_use_snake_case
otherPeopleUseCamelCase
some.people.use.periods
And_aFew.People_RENOUNCEconvention
```

15장에서 코딩 스타일에 대해 살펴볼 것이다.

객체를 확인하려면 이름을 타이핑하면 된다.

```
x
#> [1] 12
```

다른 할당문을 만들어보자.

```
this_is_a_really_long_name <- 2.5
```

이 객체를 확인하기 위해 RStudio의 완성 기능을 사용해보라. 'this'를 타이핑하고 탭을 누르고 접두어가 고유하게 될 때까지 문자들을 추가한 후 엔터키를 눌러라.

이런, 실수를 저질렀다! this_is_a_really_long_name의 값은 2.5가 아닌 3.5여야 했다. 정정하게 도와주는 다른 키보드 단축어를 사용하라. this를 타이핑한

---

1 (옮긴이) 코드를 자연어로 읽어볼 것을 제안하고 있으나 한국어로는 쉽지 않다.

후 Cmd/Ctrl + ↑를 눌러라. 이렇게 하면 타이핑했던 명령어 중 그 문자로 시작하는 것들을 보여준다. 화살표 키를 사용하여 움직인 후 엔터를 눌러 해당 명령어를 다시 타이핑하라. 2.5를 3.5로 변경하고 다시 실행하라.

또 다른 할당문을 만들어보자.

```
r_rocks <- 2 ^ 3
```

이를 확인해보자.

```
r_rock
#> Error: object 'r_rock' not found
R_rocks
#> Error: object 'R_rocks' not found
```

여러분과 R 사이에 암묵적인 계약이 있다. 즉, R은 지루한 계산을 해주겠지만, 대신 여러분은 완전하고 정확하게 지시를 해야 한다. 오자는 중요하다. 대소문자를 구별한다.

2.3 함수 호출하기

R은 다음과 같이 호출되는 내장 함수가 많이 있다.

```
function_name(arg1 = val1, arg2 = val2, ...)
```

숫자 시퀀스를 만드는 seq()를 이용해보고, 동시에 RStudio의 유용한 기능에 대해 더 배워보자. se를 타이핑하고 탭을 쳐보자. 가능한 완성문을 보여주는 팝업이 나타난다. 헷갈리지 않게 하기 위해 추가로 (즉, "q"를) 타이핑하거나 ↑/↓ 화살표 키로 선택하여 seq()를 지정하라. 팝업되는 툴팁은 해당 함수의 인수와 목적을 알려준다. 도움이 더 필요하면 F1 키를 눌러서 하단 오른쪽 창의 헬프 탭에 있는 세부내용을 모두 참고하라.

원하는 함수를 선택했을 때 탭을 한 번 더 눌러라. RStudio는 여는 괄호(()와 닫는 괄호())) 한 쌍을 추가한다. 인수 1, 10을 타이핑하고 리턴을 쳐보자.

```
seq(1, 10)
#>  [1]  1  2  3  4  5  6  7  8  9 10
```

다음의 코드를 타이핑하고, 짝을 이루는 따옴표로 비슷한 도움을 받아보자.

```
x <- "hello world"
```

따옴표와 괄호는 항상 짝을 이루어야 한다. RStudio는 최선을 다해 도움을 주지만, 엉망이 되어 짝이 맞지 않는 결과를 낳을 가능성도 있다. 이렇게 되면 R은 연속 문자 '+'를 표시한다.

```
> x <- "hello
+
```

+는 R이 입력을 더 기다리고 있음을 표시한다. 즉, 여러분이 완료하지 않았다고 생각한다. 보통 여러분이 " 혹은)를 잊은 경우이다. 누락된 쌍을 추가하거나, ESC 키를 누르고 나가서 다시 해보자.

할당문을 만들었다면 값을 볼 수 없다. 결과를 즉시 확인하고 싶을 것이다.

```
y <- seq(1, 10, length.out = 5)
y
#> [1]  1.00  3.25  5.50  7.75 10.00
```

이런 일반적인 작업은 할당문을 괄호로 묶어 단축할 수 있다. 이렇게 하면 할당이 되고 '스크린에 인쇄'가 된다.

```
(y <- seq(1, 10, length.out = 5))
#> [1]  1.00  3.25  5.50  7.75 10.00
```

이제 상단 오른쪽 창의 Enviroment(환경)를 보자.

여기에서 우리가 생성한 객체를 모두 볼 수 있다.

2.3.1 연습문제

1. 다음의 코드는 왜 작동하지 않는가?

```
my_variable <- 10
my_varıable
#> Error in eval(expr, envir, enclos): object 'my_varıable' not found
```

주의 깊게 살펴보라! (연습문제가 의미가 없는 것처럼 보이지만, 아주 작은 차이도 알아채도록 두뇌를 훈련하면 프로그래밍할 때 큰 도움이 된다.)

2. 다음 각 R 명령어를 올바르게 실행되도록 조정하라.

```
library(tidyverse)

ggplot(dota = mpg) +
  geom_point(mapping = aes(x = displ, y = hwy))

filter(mpg, cyl = 8)
filter(diamond, carat > 3)
```

3. Alt + Shift + K를 눌러라. 어떻게 되는가? 메뉴를 사용하여 어떻게 같은 곳으로 갈 수 있는가?

3장

데이터 변형

3.1 들어가기

시각화는 직관을 얻을 수 있는 중요한 도구이다. 하지만 데이터가 정확히 필요한 형태를 취하는 경우는 거의 없다. 데이터를 좀 더 쉽게 사용할 수 있도록 새로운 변수나 요약값을 만들어야 할 수도 있고, 아니면 변수 이름을 변경하거나 관측값들을 재정렬해야 되는 경우가 종종 있다. 이 장에서 이 모든 것(과 그 이상!)을 배울 것인데, dplyr 패키지와 2013년 뉴욕시 출발 항공편에 대한 새로운 데이터셋을 이용하여 데이터 변형 방법을 배울 것이다.

3.1.1 준비하기

이 장에서 우리는 tidyverse의 또 다른 핵심 구성원인 dplyr 패키지를 사용하는 법에 집중할 것이다. nycflights13 패키지의 데이터를 이용하여 핵심 아이디어를 배우고, ggplot2를 이용하여 데이터를 이해해볼 것이다.

```
library(nycflights13)
library(tidyverse)
```

tidyverse를 로드할 때 출력되는 충돌 메시지를 조심히 살펴보라. dplyr이 베이스 R 함수 몇 개를 덮어쓴다고 알려준다. dplyr를 로딩한 후 이 함수들의 베이스 버전을 사용하고 싶다면 stats::filter() 혹은 stats::lag()와 같이 전체 이름을 사용해야 한다.

3.1.2 nycflights13

dplyr의 기본 데이터 작업(manipulation) 동사를 탐색하기 위해서 nycflights13 ::flights를 사용할 것이다. 이 데이터프레임에는 뉴욕시에서 2013년에 출발한 336,776개의 모든 항공편이 포함되어 있다. 데이터의 출처는 미국 교통통계[1]이 며 ?flights에 문서화되어 있다.

```
flights
#> # A tibble: 336,776 × 19
#>    year month   day dep_time sched_dep_time dep_delay arr_time
#>   <int> <int> <int>    <int>          <int>     <dbl>    <int>
#> 1  2013     1     1      517            515         2      830
#> 2  2013     1     1      533            529         4      850
#> 3  2013     1     1      542            540         2      923
#> 4  2013     1     1      544            545        -1     1004
#> 5  2013     1     1      554            600        -6      812
#> 6  2013     1     1      554            558        -4      740
#> # ... with 3.368e+05 more rows, and 12 more variables:
#> #   sched_arr_time <int>, arr_delay <dbl>, carrier <chr>, flight <int>,
#> #   tailnum <chr>, origin <chr>, dest <chr>, air_time <dbl>,
#> #   distance <dbl>, hour <dbl>, minute <dbl>, time_hour <dttm>
```

이 데이터프레임은 이전에 사용했던 데이터프레임과 조금 다르게 출력되는 것을 알아차렸을 것이다. 즉, 처음 몇 행과 화면에 들어가는 열만 표시되었다. (데이터셋 전체를 보려면 View(flights)를 실행하여 RStudio 뷰어에서 데이터셋을 열 수 있다.) 티블(tibble)이라서 다르게 출력되었다. 티블은 데이터프레임이지만 tidyverse에서 더 잘 작동하도록 약간 조정되었다. 지금은 차이를 알 필요가 없고 2부에서 티블에 대해 더 깊이 살펴볼 것이다.

열 이름 아래의 세 글자(또는 네 글자) 줄임말 행을 봤을 것이다. 이는 각 변수의 유형을 설명한다.

• int는 정수를 의미한다.
• dbl은 더블형, 또는 실수를 의미한다.
• chr은 문자형 벡터, 혹은 문자열을 의미한다.
• dttm은 데이트-타임형(날짜 + 시간)을 의미한다.

이 데이터셋에서 사용되지 않은 세 가지 일반적인 변수 유형이 있는데 이 책 뒤에서 살펴볼 것이다.

• lgl은 TRUE나 FALSE만 포함하는 벡터인 논리형을 의미한다.

---

1 *https://www.transtats.bts.gov/DatabaseInfo.asp?DB_ID=120&Link=0*

- fctr은 팩터형을 의미하는데, R은 이를 이용하여 가능한 값이 미리 정해진 범주형 변수를 나타낸다.
- date는 데이트형을 의미한다.

3.1.3 dplyr 기초

이 장에서 대부분의 데이터 작업 문제를 풀 수 있는 다섯 개의 핵심 dplyr 함수들을 배울 것이다.

- 값을 기준으로 선택하라(filter()).
- 행을 재정렬하라(arrange()).
- 이름으로 변수를 선택하라(select()).
- 기존 변수들의 함수로 새로운 변수를 생성하라(mutate()).
- 많은 값을 하나의 요약값으로 합쳐라(summarize()).

이것들은 모두 group_by()와 함께 사용할 수 있는데, 이는 전체 데이터셋에 동작하지 않고 그룹마다 동작하도록 각 함수의 범위를 변경한다. 이 여섯 함수가 데이터 작업 언어에서 동사가 된다.

모든 동사는 비슷하게 작동한다.

1. 첫 인수는 데이터프레임이다.
2. 그 이후의 인수들은 (따옴표가 없는) 변수 이름을 사용하여 데이터프레임에 무엇을 할지를 설명한다.
3. 결과는 새로운 데이터프레임이다.

이 속성들을 함께 이용하면 여러 단순한 단계를 쉽게 연결하여 복잡한 결과를 얻을 수 있다. 이 동사들이 어떻게 작동하는지 좀 더 살펴보자.

3.2 filter()로 행 필터링하기

filter()를 이용하면 값을 기준으로 데이터를 서브셋 할 수 있다. 첫 번째 인수는 데이터프레임 이름이다. 두 번째 이후의 인수들은 데이터프레임을 필터링하는 표현식들이다. 예를 들어 1월 1일 항공편 모두를 다음과 같이 선택할 수 있다.

```
filter(flights, month == 1, day == 1)
#> # A tibble: 842 × 19
#>    year month  day dep_time sched_dep_time dep_delay arr_time
#>   <int> <int> <int>   <int>          <int>     <dbl>    <int>
#> 1  2013     1    1     517            515         2      830
#> 2  2013     1    1     533            529         4      850
#> 3  2013     1    1     542            540         2      923
#> 4  2013     1    1     544            545        -1     1004
#> 5  2013     1    1     554            600        -6      812
#> 6  2013     1    1     554            558        -4      740
#> # ... with 836 more rows, and 12 more variables: sched_arr_time <int>,
#> #   arr_delay <dbl>, carrier <chr>, flight <int>, tailnum <chr>,
#> #   origin <chr>, dest <chr>, air_time <dbl>, distance <dbl>, hour <dbl>,
#> #   minute <dbl>, time_hour <dttm>
```

해당 코드 라인을 실행하면 dplyr은 필터링 연산을 실행하고 새로운 데이터프레임을 반환한다. dplyr 함수들은 입력을 절대 수정하지 않기 때문에, 결과를 저장하려면 할당 연산자 <-를 사용해야 한다.

```
jan1 <- filter(flights, month == 1, day == 1)
```

R은 결과를 출력하거나 변수에 저장한다. 둘 다 수행되게 하려면 할당문을 괄호로 묶으면 된다.

```
(dec25 <- filter(flights, month == 12, day == 25))
#> # A tibble: 719 × 19
#>    year month  day dep_time sched_dep_time dep_delay arr_time
#>   <int> <int> <int>   <int>          <int>     <dbl>    <int>
#> 1  2013    12   25     456            500        -4      649
#> 2  2013    12   25     524            515         9      805
#> 3  2013    12   25     542            540         2      832
#> 4  2013    12   25     546            550        -4     1022
#> 5  2013    12   25     556            600        -4      730
#> 6  2013    12   25     557            600        -3      743
#> # ... with 713 more rows, and 12 more variables: sched_arr_time <int>,
#> #   arr_delay <dbl>, carrier <chr>, flight <int>, tailnum <chr>,
#> #   origin <chr>, dest <chr>, air_time <dbl>, distance <dbl>, hour <dbl>,
#> #   minute <dbl>, time_hour <dttm>
```

3.2.1 비교 연산

필터링을 효과적으로 사용하려면 비교 연산자를 사용하여 원하는 관측값을 선택하는 방법을 알아야 한다. R에는 표준연산자군이 있다. >, >=, <, <=, != (같지 않음), == (같음).

R을 배우기 시작할 때 가장 범하기 쉬운 실수는, 같음을 테스트할 때 == 대신 =를 사용하는 것이다. 이런 실수를 하면 오류가 발생하면서 해당 내용을 알려준다.

```
filter(flights, month = 1)
#> Error: filter() takes unnamed arguments. Do you need '=='?
```

==를 사용할 때 자주 발생하는 다른 문제는 부동소수점 숫자이다. 다음 결과들에 놀랄 것이다.

```
sqrt(2) ^ 2 == 2
#> [1] FALSE
1/49 * 49 == 1
#> [1] FALSE
```

컴퓨터는 유한 정밀도 산술을 사용하므로(무한대 수를 저장할 수 없는 건 당연하다) 눈앞에 보이는 숫자는 근사값이라는 것을 기억하라. == 대신, near()를 사용하라.

```
near(sqrt(2) ^ 2,  2)
#> [1] TRUE
near(1 / 49 * 49, 1)
#> [1] TRUE
```

3.2.2 논리 연산자

filter()의 인수들은 'and'로 결합된다. 즉, 모든 표현식이 참이어야 행이 출력에 포함된다. 다른 유형의 조합을 만들려면 직접 불(Boolean) 연산자를 사용해야 한다. &는 'and', |는 'or', !는 'not'이다. 다음의 그림은 불 연산자 전체 집합을 보여준다.

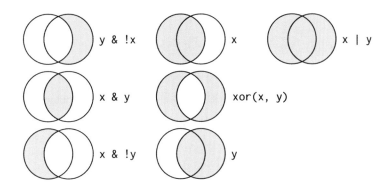

다음 코드는 11월이나 12월에 출발한 항공편 모두를 찾는다.

```
filter(flights, month == 11 | month == 12)
```

연산 순서는 영어에서의 순서와 다르다. filter(flights, month == (11 | 12))로 쓰면 직역으로 'finds all flights that departed in November or December'로 번역

되겠지만 이렇게 쓰면 안 된다. R은 11월이나 12월에 출발한 항공편 대신 11 |
12(이 표현식은 TRUE가 됨)와 같은 달을 모두 찾는다. 수치형 문맥에서 TRUE는 1이
되므로 이는 11월이나 12월이 아닌 1월의 모든 항공편을 찾는다. 꽤 혼란스럽다!

이 문제에 유용한 팁은 x %in% y이다. 이는 x가 y에 있는 값 중 하나인 행을 모
두 선택한다.

```
nov_dec <- filter(flights, month %in% c(11, 12))
```

드 모르간 법칙(De Morgan's law)을 기억에서 불러내어 복잡한 서브셋 동작을
단순화할 수도 있다. !(x & y)는 !x | !y와 같고 !(x | y)는 !x & !y와 같다. 예를
들어 (출발 혹은 도착에서) 두 시간 이상 지연되지 않은 항공편을 모두 찾고 싶
다면 다음의 두 필터 중 하나를 사용해도 된다.

```
filter(flights, !(arr_delay > 120 | dep_delay > 120))
filter(flights, arr_delay <= 120, dep_delay <= 120)
```

R에는 &와 | 외에도 &&와 ||도 있다. 여기서는 사용하지 않는다! 264쪽 '조건부 실
행'에서 이들을 사용해야 할 때 배울 것이다.

filter() 안의 표현식이 복잡하고 여러 개 나열되기 시작하면, 항상 이들을 명
시적 변수들로 만드는 것을 고려하라. 이렇게 하면 작업을 확인하기 훨씬 쉬워
진다. 새 변수를 만드는 법은 곧 배울 것이다.

3.2.3 결측값

R에서 비교를 까다롭게 만드는 중요한 특징은 결측값, 즉 NA(not available, 이용
불가)이다. NA는 모르는 값을 나타내므로 결측값은 '파급된다(contagious)'. 즉,
모르는 값이 연관된 연산의 결과도 대부분 모르는 값이 된다.

```
NA > 5
#> [1] NA
10 == NA
#> [1] NA
NA + 10
#> [1] NA
NA / 2
#> [1] NA
```

다음의 결과가 가장 헷갈린다.

```
NA == NA
#> [1] NA
```

문맥이 더 있으면 왜 이것이 사실인지 이해하기 쉽다.

```
# x를 메리의 나이라고 하자. 우리는 그녀가 몇 살인지 모른다.
x <- NA

# y를 존의 나이라고 하자. 우리는 그가 몇 살인지 모른다.
y <- NA

# 존과 메리는 같은 나이인가?
x == y
#> [1] NA
# 우린 모른다!
```

값이 결측인지를 확인하고 싶으면 is.na()를 사용하라.

```
is.na(x)
#> [1] TRUE
```

filter()는 조건이 TRUE인 열만 포함한다. FALSE와 NA 값들은 제외한다. 결측값들을 남기려면 명시적으로 요청하라.

```
df <- tibble(x = c(1, NA, 3))
filter(df, x > 1)
#> # A tibble: 1 × 1
#>       x
#>   <dbl>
#> 1     3
filter(df, is.na(x) | x > 1)
#> # A tibble: 2 × 1
#>       x
#>   <dbl>
#> 1    NA
#> 2     3
```

3.2.4 연습문제

1. 다음 조건을 만족하는 항공편을 모두 찾아라.

   a. 2시간 이상 도착 지연.

   b. 휴스턴(IAH 혹은 HOU)으로 운항.

   c. 유나이티드항공(United), 아메리칸항공(American), 델타항공(Delta)이 운항.

   d. 여름(7, 8, 9월)에 출발.

   e. 2시간 이상 지연 도착했지만, 지연 출발하지는 않음.

   f. 최소 한 시간 이상 지연 출발했지만 운항 중 30분 이상 단축.

   g. 자정과 6am(포함) 사이에 출발.

2. 다른 유용한 dplyr 필터링 도우미로 between()이 있다. 어떤 일을 하는가? 이 도우미로 이전 문제들을 해결하는 데 사용한 코드들을 단순하게 할 수 있는가?

3. dep_time이 결측인 항공편은 몇 편인가? 어떤 다른 변수들이 결측인가? 이 열들이 나타내는 것은 무엇이겠는가?

4. NA ^ 0은 왜 결측이 아닌가? NA | TRUE는 왜 결측이 아닌가? FALSE & NA는 왜 결측이 아닌가? 일반 규칙을 발견할 수 있는가? (NA * 0은 까다로운 반례이다!)

3.3 arrange()로 행 정렬하기

arrange()는 행을 선택하는 대신, 순서를 바꾼다는 것만 제외하고는 filter()와 유사하게 작동한다. 데이터프레임과 정렬기준으로 지정할 열 이름 집합(혹은 복잡한 표현식)을 입력으로 한다. 하나 이상의 열 이름을 제공하면 각 열은 이전 열의 동점값(tie) 상황을 해결하는 데 사용된다.

```
arrange(flights, year, month, day)
#> # A tibble: 336,776 × 19
#>    year month   day dep_time sched_dep_time dep_delay arr_time
#>   <int> <int> <int>    <int>          <int>     <dbl>    <int>
#> 1  2013     1     1      517            515         2      830
#> 2  2013     1     1      533            529         4      850
#> 3  2013     1     1      542            540         2      923
#> 4  2013     1     1      544            545        -1     1004
#> 5  2013     1     1      554            600        -6      812
#> 6  2013     1     1      554            558        -4      740
#> # ... with 3.368e+05 more rows, and 12 more variables:
#> #   sched_arr_time <int>, arr_delay <dbl>, carrier <chr>, flight <int>,
#> #   tailnum <chr>, origin <chr>, dest <chr>, air_time <dbl>,
#> #   distance <dbl>, hour <dbl>, minute <dbl>, time_hour <dttm>
```

desc()를 사용하여 내림차순으로 열을 재정렬하라.

```
arrange(flights, desc(arr_delay))
#> # A tibble: 336,776 × 19
#>    year month   day dep_time sched_dep_time dep_delay arr_time
#>   <int> <int> <int>    <int>          <int>     <dbl>    <int>
#> 1  2013     1     9      641            900      1301     1242
#> 2  2013     6    15     1432           1935      1137     1607
#> 3  2013     1    10     1121           1635      1126     1239
#> 4  2013     9    20     1139           1845      1014     1457
#> 5  2013     7    22      845           1600      1005     1044
#> 6  2013     4    10     1100           1900       960     1342
#> # ... with 3.368e+05 more rows, and 12 more variables:
#> #   sched_arr_time <int>, arr_delay <dbl>, carrier <chr>, flight <int>,
#> #   tailnum <chr>, origin <chr>, dest <chr>, air_time <dbl>,
#> #   distance <dbl>, hour <dbl>, minute <dbl>, time_hour <dttm>
```

결측값은 항상 마지막에 정렬된다.

```
df <- tibble(x = c(5, 2, NA))
arrange(df, x)
#> # A tibble: 3 × 1
#>       x
#>   <dbl>
#> 1     2
#> 2     5
#> 3    NA
arrange(df, desc(x))
#> # A tibble: 3 × 1
#>       x
#>   <dbl>
#> 1     5
#> 2     2
#> 3    NA
```

3.3.1 연습문제

1. arrange()를 사용하여 모든 결측값을 앞에 오도록 정렬하라(힌트: is.na()를 사용하라).

2. flights를 정렬하여 가장 지연된 항공편을 찾아라. 가장 일찍 출발한 항공편을 찾아라.

3. flights를 정렬하여 가장 속력이 빠른 항공편을 찾아라.

4. 어떤 항공편이 가장 멀리 운항했는가? 가장 짧게 운항한 항공편은?

3.4 select()로 열 선택하기

변수가 수백, 수천 개인 데이터셋을 심심치 않게 만날 것이다. 이 경우 첫 과제는 실제로 관심 있는 변수들로 좁히는 것이다. select()와 변수 이름에 기반한 연산들을 이용하면 유용한 서브셋으로 신속하게 줌인(zoom in)해 볼 수 있다.

변수가 19개밖에 없는 항공편 데이터에서는 select()가 엄청나게 유용하지는 않지만 일반적인 개념을 볼 수는 있다.

```
# 이름으로 열 선택
select(flights, year, month, day)
#> # A tibble: 336,776 × 3
#>    year month   day
#>   <int> <int> <int>
#> 1  2013     1     1
#> 2  2013     1     1
#> 3  2013     1     1
#> 4  2013     1     1
#> 5  2013     1     1
#> 6  2013     1     1
#> # ... with 3.368e+05 more rows
```

```
# year과 day 사이의(경계 포함) 열 모두 선택
select(flights, year:day)
#> # A tibble: 336,776 × 3
#>    year month   day
#>   <int> <int> <int>
#> 1  2013     1     1
#> 2  2013     1     1
#> 3  2013     1     1
#> 4  2013     1     1
#> 5  2013     1     1
#> 6  2013     1     1
#> # ... with 3.368e+05 more rows
# year에서 day까지의(경계 포함) 열들을 제외한 열 모두 선택
select(flights, -(year:day))
#> # A tibble: 336,776 × 16
#>   dep_time sched_dep_time dep_delay arr_time sched_arr_time arr_delay
#>      <int>          <int>     <dbl>    <int>          <int>     <dbl>
#> 1      517            515         2      830            819        11
#> 2      533            529         4      850            830        20
#> 3      542            540         2      923            850        33
#> 4      544            545        -1     1004           1022       -18
#> 5      554            600        -6      812            837       -25
#> 6      554            558        -4      740            728        12
#> # ... with 3.368e+05 more rows, and 10 more variables: carrier <chr>,
#> #   flight <int>, tailnum <chr>, origin <chr>, dest <chr>, air_time <dbl>,
#> #   distance <dbl>, hour <dbl>, minute <dbl>, time_hour <dttm>
```

select() 안에서 사용할 수 있는 도우미 함수들이 많다.

- starts_with("abc"): ‘abc’로 시작하는 이름에 매칭

- ends_with("xyz"): ‘xyz’로 끝나는 이름에 매칭

- contains("ijk"): ‘ijk’를 포함하는 이름에 매칭

- matches("(.)\\1"): 정규표현식에 매칭되는 변수들을 선택. 이 표현식은 반복되는 문자를 포함하는 변수에 매칭된다. 11장에서 정규표현식에 대해 더 배울 것이다.

- num_range("x", 1:3): x1, x2, x3에 매칭

자세한 내용은 ?select를 보자.

변수명 변경에 select()를 이용할 수 있지만, 명시적으로 언급하지 않은 모든 변수를 누락하기 때문에 유용하지 않다. 대신 select()의 변형인 rename()을 사용하면 명시적으로 언급하지 않은 모든 변수를 유지한다.

```
rename(flights, tail_num = tailnum)
#> # A tibble: 336,776 × 19
#>    year month   day dep_time sched_dep_time dep_delay arr_time
#>   <int> <int> <int>    <int>          <int>     <dbl>    <int>
#> 1  2013     1     1      517            515         2      830
#> 2  2013     1     1      533            529         4      850
#> 3  2013     1     1      542            540         2      923
```

```
#> 4  2013    1    1    544    545    -1    1004
#> 5  2013    1    1    554    600    -6    812
#> 6  2013    1    1    554    558    -4    740
#> # ... with 3.368e+05 more rows, and 12 more variables:
#> #   sched_arr_time <int>, arr_delay <dbl>, carrier <chr>, flight <int>,
#> #   tail_num <chr>, origin <chr>, dest <chr>, air_time <dbl>,
#> #   distance <dbl>, hour <dbl>, minute <dbl>, time_hour <dttm>
```

다른 방법은 select()를 도우미 함수인 everything()과 함께 사용하는 것이다. 몇 개의 변수를 데이터프레임의 시작 부분으로 옮기고 싶을 때 유용하다.

```
select(flights, time_hour, air_time, everything())
#> # A tibble: 336,776 × 19
#>            time_hour air_time  year month   day dep_time sched_dep_time
#>               <dttm>    <dbl> <int> <int> <int>    <int>          <int>
#> 1 2013-01-01 05:00:00     227  2013     1     1      517            515
#> 2 2013-01-01 05:00:00     227  2013     1     1      533            529
#> 3 2013-01-01 05:00:00     160  2013     1     1      542            540
#> 4 2013-01-01 05:00:00     183  2013     1     1      544            545
#> 5 2013-01-01 06:00:00     116  2013     1     1      554            600
#> 6 2013-01-01 05:00:00     150  2013     1     1      554            558
#> # ... with 3.368e+05 more rows, and 12 more variables: dep_delay <dbl>,
#> #   arr_time <int>, sched_arr_time <int>, arr_delay <dbl>, carrier <chr>,
#> #   flight <int>, tailnum <chr>, origin <chr>, dest <chr>, distance <dbl>,
#> #   hour <dbl>, minute <dbl>
```

3.4.1 연습문제

1. flights에서 dep_time, dep_delay, arr_time, arr_delay를 선택할 수 있는, 가능한 모든 방법에 대해 브레인스토밍하라.

2. select() 호출에서 한 변수 이름을 여러 번 포함하면 어떻게 되는가?

3. one_of() 함수는 어떤 일을 하는가? 다음의 벡터와 함께 사용하면 도움이 되는 이유는 무엇인가?

```
vars <- c("year", "month", "day", "dep_delay", "arr_delay")
```

4. 다음 코드의 실행 결과는 예상과 같은가? 주어진 선택 도우미(select helpers)는 기본적으로 이 경우를 어떻게 다루는가? 이 기본값 설정을 어떻게 바꾸겠는가?

```
select(flights, contains("TIME"))
```

3.5 mutate()로 새로운 변수 추가하기

기존 열 집합을 선택하는 것 외에도 기존 열들의 함수인 새로운 열을 추가하는 것이 유용한 경우가 많다. mutate()가 바로 이 일을 한다.

mutate()는 새로운 열을 항상 데이터셋 마지막에 추가하기 때문에, 새로운 변수를 보기 편하게 우선 더 좁은 데이터셋을 생성해보자. RStudio에서 모든 열을 볼 수 있는 가장 쉬운 방법은 View()라는 것을 기억하자.

```
flights_sml <- select(flights,
  year:day,
  ends_with("delay"),
  distance,
  air_time
)
mutate(flights_sml,
  gain = arr_delay - dep_delay,
  speed = distance / air_time * 60
)
#> # A tibble: 336,776 × 9
#>    year month   day dep_delay arr_delay distance air_time  gain speed
#>   <int> <int> <int>     <dbl>     <dbl>    <dbl>    <dbl> <dbl> <dbl>
#> 1  2013     1     1         2        11     1400      227     9   370
#> 2  2013     1     1         4        20     1416      227    16   374
#> 3  2013     1     1         2        33     1089      160    31   408
#> 4  2013     1     1        -1       -18     1576      183   -17   517
#> 5  2013     1     1        -6       -25      762      116   -19   394
#> 6  2013     1     1        -4        12      719      150    16   288
#> # ... with 3.368e+05 more rows
```

방금 생성한 열을 참조할 수 있다는 것을 주목하라.

```
mutate(flights_sml,
  gain = arr_delay - dep_delay,
  hours = air_time / 60,
  gain_per_hour = gain / hours
)
#> # A tibble: 336,776 × 10
#>    year month   day dep_delay arr_delay distance air_time  gain hours
#>   <int> <int> <int>     <dbl>     <dbl>    <dbl>    <dbl> <dbl> <dbl>
#> 1  2013     1     1         2        11     1400      227     9  3.78
#> 2  2013     1     1         4        20     1416      227    16  3.78
#> 3  2013     1     1         2        33     1089      160    31  2.67
#> 4  2013     1     1        -1       -18     1576      183   -17  3.05
#> 5  2013     1     1        -6       -25      762      116   -19  1.93
#> 6  2013     1     1        -4        12      719      150    16  2.50
#> # ... with 3.368e+05 more rows, and 1 more variables: gain_per_hour <dbl>
```

새 변수만을 남기고 싶다면 transmute()을 사용하라.

```
transmute(flights,
  gain = arr_delay - dep_delay,
  hours = air_time / 60,
  gain_per_hour = gain / hours
)
#> # A tibble: 336,776 × 3
#>    gain hours gain_per_hour
#>   <dbl> <dbl>         <dbl>
#> 1     9  3.78          2.38
```

```
#> 2     16   3.78        4.23
#> 3     31   2.67       11.62
#> 4    -17   3.05       -5.57
#> 5    -19   1.93       -9.83
#> 6     16   2.50        6.40
#> # ... with 3.368e+05 more rows
```

3.5.1 유용한 생성 함수

mutate()와 사용할 수 있는 변수 생성 함수가 많다. 이 함수들이 벡터화되어야 한다는 것이 핵심이다. 즉, 벡터를 입력으로 하여 같은 개수의 값을 가진 벡터를 출력해야 한다. 사용할 수 있는 함수를 모두 나열할 방법은 없지만 다음은 자주 사용되는 함수 모음이다.

산술 연산자 +, -, *, /, ^

소위 '재활용 규칙'을 이용하여 이들은 모두 벡터화된다. 한 파라미터가 다른 것보다 짧으면 같은 길이로 자동 연장된다. 인수 하나가 단일 숫자인 경우에 가장 유용하다. air_time / 60, hours * 60 + minute 등.

산술 연산자는 나중에 배우게 될 집계 함수(aggregate function)와 함께 사용할 때도 유용하다. 예를 들어 x / sum(x)는 전체 비율을 계산하고, y - mean(y)는 평균으로부터 차이를 계산한다.

모듈러 연산 %/%, %%

%/%(정수 나누기), %%(나머지), 여기서 x == y * (x %/% y) + (x %% y)이다. 모듈러 연산은 정수를 조각으로 분해할 수 있기 때문에 편리한 도구이다. 예를 들어 항공편 데이터셋의 dep_time으로부터 hour와 minute을 다음과 같이 계산할 수 있다.

```
transmute(flights,
  dep_time,
  hour = dep_time %/% 100,
  minute = dep_time %% 100
)
#> # A tibble: 336,776 × 3
#>    dep_time  hour minute
#>       <int> <dbl>  <dbl>
#> 1       517     5     17
#> 2       533     5     33
#> 3       542     5     42
#> 4       544     5     44
#> 5       554     5     54
#> 6       554     5     54
#> # ... with 3.368e+05 more rows
```

로그 log(), log2(), log10()

로그는 여러 차수를 넘나드는 데이터를 처리하는 데 매우 유용한 변환이다. 곱하기 관계를 더하기 관계로도 변환하는데, 이는 4부에서 다시 살펴볼 것 이다.

다른 조건이 같다면 log2()를 사용할 것을 추천하는데 해석이 다음과 같이 쉽기 때문이다. 로그 스케일에서 1 차이는 원 스케일에서 두 배에 해당하고 -1 차이는 절반에 해당한다.

오프셋

lead()와 lag()를 사용하면 벡터를 앞으로 당기거나(leading), 뒤로 미는(lagging) 것을 참조할 수 있다. 또 연속된 차이값(differences)을 계산하거나(예: x - lag(x)) 값들이 변경된 곳을 찾는 데(x != lag(x)) 사용할 수 있다. group_by()와 함께 사용할 때 가장 유용한데, 곧 배울 것이다.

```
(x <- 1:10)
#> [1] 1 2 3 4 5 6 7 8 9 10
lag(x)
#> [1] NA 1 2 3 4 5 6 7 8 9
lead(x)
#> [1] 2 3 4 5 6 7 8 9 10 NA
```

누적 및 롤링 집계

R에는 연속하는 합계, 곱셈, 최솟값, 최댓값 함수[2] cumsum(), cumprod(), cummin(), cummax()가 있다. dplyr에는 누적평균을 구하는 cummean()이 있다. 롤링(rolling) 집계[3]가 필요하면 RcppRoll 패키지를 사용해보라.

```
x
#> [1] 1 2 3 4 5 6 7 8 9 10
cumsum(x)
#> [1] 1 3 6 10 15 21 28 36 45 55
cummean(x)
#> [1] 1.0 1.5 2.0 2.5 3.0 3.5 4.0 4.5 5.0 5.5
```

논리형 비교 연산자 <, <=, >, >=, !=

이에 대해선 앞에서 배웠다. 복잡한 일련의 논리형 연산을 수행한다면 새 변수에 중간 값들을 저장하여 각 단계가 예상대로 작동하는지 확인하는 것이 좋다.

2 (옮긴이) 각 위치에 적용되는 함수의 대상이, 처음에서 시작해서 현재 위치를 끝으로 하는 벡터를 말한다.
3 (옮긴이) 각 위치에 적용되는 함수의 대상이, 현재 위치에서 일정 범위로 이루어진 벡터를 말한다.

랭킹

랭킹 함수들은 많지만, min_rank()부터 시작해야 한다. 가장 평범한 유형의 랭킹을 수행한다(예: 첫 번째, 두 번째, 세 번째, 네 번째). 기본값에선 가장 작은 값이 가장 낮은 순서가 된다. 가장 큰 값을 가장 낮은 순서로 만들고 싶다면 desc(x)를 사용하라.

```
y <- c(1, 2, 2, NA, 3, 4)
min_rank(y)
#> [1]  1  2  2 NA  4  5
min_rank(desc(y))
#> [1]  5  3  3 NA  2  1
```

만약 min_rank()를 사용하여 원하는 작업을 해결하지 못했다면 변형 함수 row_number(), dense_rank(), percent_rank(), cume_dist(), ntile()를 살펴보라. 자세한 내용은 해당 도움말 페이지를 보자.

```
row_number(y)
#> [1]  1  2  3 NA  4  5
dense_rank(y)
#> [1]  1  2  2 NA  3  4
percent_rank(y)
#> [1] 0.00 0.25 0.25   NA 0.75 1.00
cume_dist(y)
#> [1] 0.2 0.6 0.6   NA 0.8 1.0
```

3.5.2 연습문제

1. 현재 dep_time과 sched_dep_time은 보기 편하지만 실제 연속형 숫자가 아니기 때문에 이들을 가지고 계산하기는 쉽지 않다. 이들을 편리한 표현식인 자정 이후 분으로 변환하라.

2. air_time와 arr_time - dep_time을 비교하라. 무엇이 나올지 예상해보라. 무엇이 나왔는가? 문제를 해결하기 위해 어떻게 해야 하는가?

3. dep_time, sched_dep_time, dep_delay를 비교하라. 이 세 숫자가 어떻게 연결되었겠는가?

4. 랭킹 함수를 사용하여 가장 지연된 10개의 항공편을 찾아라. 동점을 어떻게 하고 싶은가? min_rank()의 설명서를 주의 깊게 읽어라.

5. 1:3 + 1:10은 무엇을 반환하는가? 이유는?

6. R에는 어떤 삼각함수들이 있는가?

3.6 summarize()로 그룹화 요약하기

마지막 핵심 동사는 summarize()이다. 이는 데이터프레임을 하나의 행으로 축약한다.

```
summarize(flights, delay = mean(dep_delay, na.rm = TRUE))
#> # A tibble: 1 × 1
#>   delay
#>   <dbl>
#> 1  12.6
```

(na.rm = TRUE의 의미는 곧바로 살펴볼 것이다.)

summarize()는 group_by()와 함께 사용하지 않으면 별로 유용하지 않다. group_by()는 분석의 단위를 전체 데이터셋에서 개별 그룹으로 변경시킨다. 이후 dplyr 동사를 그룹화된 데이터프레임에 사용하면 이 동사가 '그룹마다(by group)' 적용된다. 예를 들어 날짜로 그룹화된 데이터프레임에 정확히 같은 코드를 적용하면 날짜별 평균 지연시간이 나온다.

```
by_day <- group_by(flights, year, month, day)
summarize(by_day, delay = mean(dep_delay, na.rm = TRUE))
#> # A tibble: 365 x 4
#> Groups: year, month [?]
#>    year month   day delay
#>   <int> <int> <int> <dbl>
#> 1  2013     1     1 11.55
#> 2  2013     1     2 13.86
#> 3  2013     1     3 10.99
#> 4  2013     1     4  8.95
#> 5  2013     1     5  5.73
#> 6  2013     1     6  7.15
#> # ... with 359 more rows
```

group_by()와 summarize()를 조합하면 dplyr로 작업할 때 가장 빈번히 사용할 도구들 중 하나가 되는데, 바로 그룹화 요약이 된다. 그런데 이에 대해 더 살펴보기 전에 강력한 새로운 개념인 파이프를 알아보아야 한다.

3.6.1 파이프로 여러 작업 결합하기

각 위치에 대해 거리와 평균 지연 사이에 관계를 탐색하고 싶다고 해보자. dplyr에 대해 배운 것들을 사용하면 다음과 같이 코드를 작성할 것이다.

```
by_dest <- group_by(flights, dest)
delay <- summarize(by_dest,
  count = n(),
  dist = mean(distance, na.rm = TRUE),
  delay = mean(arr_delay, na.rm = TRUE)
```

```
)
delay <- filter(delay, count > 20, dest != "HNL")

# 지연시간은 거리에 따라 750마일까지는 증가하다가 감소하는 것 같다.
# 항로가 길수록 비행 중에 지연시간을 만회할 여력이 더 있는 것인가?
ggplot(data = delay, mapping = aes(x = dist, y = delay)) +
  geom_point(aes(size = count), alpha = 1/3) +
  geom_smooth(se = FALSE)
#> 'geom_smooth()' using method = 'loess'
```

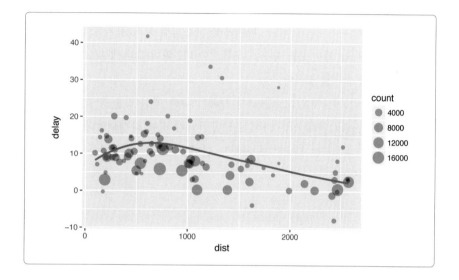

세 단계로 이 데이터를 전처리한다.

1. 목적지별로 항공편을 그룹화.
2. 거리, 평균 지연시간, 항공편 수를 계산하여 요약.
3. 잡음이 많은 점과 호놀룰루 공항(다음으로 먼 공항보다 거의 두 배가 먼 공항)을 제거하는 필터링.

이 코드는 작성하기 조금 내키지 않는데, 크게 상관없는 중간 데이터프레임들에 이름을 모두 지어 주어야 하기 때문이다. 이름 짓는 것은 쉽지 않아서 분석 속도가 늦어진다.

이 문제를 파이프, %>%로 해결하는 방법이 있다.

```
delays <- flights %>%
  group_by(dest) %>%
  summarize(
    count = n(),
    dist = mean(distance, na.rm = TRUE),
    delay = mean(arr_delay, na.rm = TRUE)
  ) %>%
  filter(count > 20, dest != "HNL")
```

이 방법은 변형되는 것이 아닌 변형 자체에 초점을 맞춰서, 코드를 더 읽기 쉽게 만든다. 다음과 같이 연속된 명령문으로 읽을 수 있다. 그룹화하고, 그다음 요약하고, 그다음 필터링하라. 여기에서 제안된 것처럼 코드를 읽을 때 %>%를 '그다음'으로 읽는 것이 좋다.

기저에서는 x %>% f(y)는 f(x, y)로 바뀌고, x %>% f(y) %>% g(z)는 g(f(x, y), z)로 바뀐다. 파이프를 사용하여 다중 작업을 왼쪽에서 오른쪽으로, 위에서 아래로 읽을 수 있게 다시 쓸 수 있다. 파이프를 사용하면 코드 가독성이 훨씬 좋아지므로 지금부터는 파이프를 자주 사용할 것이다. 파이프의 세부사항에 대해서는 나중에 다시 살펴볼 것이다.

파이프로 작업하는 것은 tidyverse에 속하기 위한 핵심 기준 중 하나이다. 유일한 예외는 ggplot2인데 이는 파이프가 발견되기 전에 작성되었다. ggplot2의 다음 버전이며 파이프를 사용하는 ggvis도 안타깝게도 무대에 나오기에는 아직 준비가 되지 않았다.

3.6.2 결측값

앞에서 우리가 사용한 na.rm 인수에 대해 궁금했을 것이다. 이를 설정하지 않으면 어떻게 될까?

```
flights %>%
  group_by(year, month, day) %>%
  summarize(mean = mean(dep_delay))
#> # A tibble: 365 x 4
#> Groups: year, month [?]
#>     year month   day  mean
#>    <int> <int> <int> <dbl>
#> 1  2013     1     1    NA
#> 2  2013     1     2    NA
#> 3  2013     1     3    NA
#> 4  2013     1     4    NA
#> 5  2013     1     5    NA
#> 6  2013     1     6    NA
#> # ... with 359 more rows
```

결측값이 많이 생긴다. 집계 함수는 결측값에 관한 일반적인 법칙(즉, 입력에 결측값이 있으면 출력도 결측값이 된다)을 따르기 때문이다. 다행스럽게도, 모든 집계 함수에는 na.rm 인수가 있어서 계산 전에 결측값들을 제거할 수 있다.

```
flights %>%
  group_by(year, month, day) %>%
  summarize(mean = mean(dep_delay, na.rm = TRUE))
#> # A tibble: 365 x 4
#> Groups: year, month [?]
```

```
#>      year month   day  mean
#>     <int> <int> <int> <dbl>
#> 1    2013     1     1 11.55
#> 2    2013     1     2 13.86
#> 3    2013     1     3 10.99
#> 4    2013     1     4  8.95
#> 5    2013     1     5  5.73
#> 6    2013     1     6  7.15
#> # ... with 359 more rows
```

이 경우에서 결측값은 취소된 항공편을 나타내므로, 취소된 항공편을 제거하여 문제를 해결할 수 있다. 이 데이터셋을 저장하여 다음 몇 가지 예제에서 재사용할 것이다.

```
not_cancelled <- flights %>%
   filter(!is.na(dep_delay), !is.na(arr_delay))

not_cancelled %>%
  group_by(year, month, day) %>%
    summarize(mean = mean(dep_delay))
#> # A tibble: 365 x 4
#> Groups: year, month [?]
#>      year month   day  mean
#>     <int> <int> <int> <dbl>
#> 1    2013     1     1 11.44
#> 2    2013     1     2 13.68
#> 3    2013     1     3 10.91
#> 4    2013     1     4  8.97
#> 5    2013     1     5  5.73
#> 6    2013     1     6  7.15
#> # ... with 359 more rows
```

3.6.3 카운트

집계를 수행할 때마다 카운트 (n()) 혹은, 결측이 아닌 값의 카운트 (sum(!is.na(x)))를 포함하는 것이 좋다. 이렇게 하면 매우 적은 양의 데이터를 기반으로 결론을 도출하지 않는지 확인할 수 있다. 예를 들어 평균 지연시간이 가장 긴 항공기(꼬리 번호(tail number)로 식별)를 보자.

```
delays <- not_cancelled %>%
  group_by(tailnum) %>%
  summarize(
    delay = mean(arr_delay)
  )

ggplot(data = delays, mapping = aes(x = delay)) +
  geom_freqpoly(binwidth = 10)
```

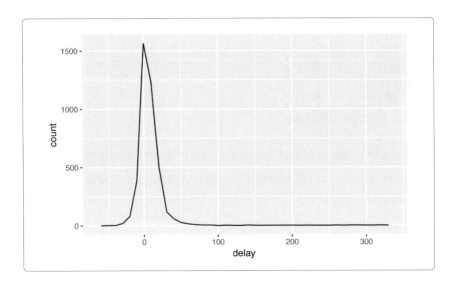

우와, 어떤 항공기들은 평균 5시간(300분)이 지연되었다!

이 이야기는 사실 좀 더 미묘한 문제이다. 비행 횟수 대 평균 지연시간의 산점도를 그리면 더 많은 통찰력을 얻을 수 있다.

```
delays <- not_cancelled %>%
  group_by(tailnum) %>%
  summarize(
    delay = mean(arr_delay, na.rm = TRUE),
    n = n()
  )

ggplot(data = delays, mapping = aes(x = n, y = delay)) +
  geom_point(alpha = 1/10)
```

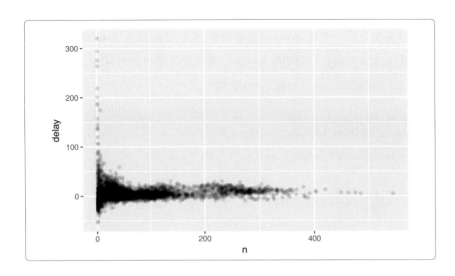

당연히 비행이 적을 때 평균 지연시간에 변동이 훨씬 더 크다. 이 플롯의 모양은 매우 특징적이다. 평균(혹은 다른 요약값) 대 그룹 크기의 플롯을 그리면 표본 크기가 커짐에 따라 변동이 줄어드는 것을 볼 수 있다.

이런 종류의 플롯을 살펴볼 때는, 관측값 개수가 가장 적은 그룹을 필터링하는 것이 좋은 경우가 많다. 심한 변동이 아닌 패턴이 더 잘 보이기 때문이다. 이를 수행하는 다음 코드는 ggplot2를 dplyr 플로(flow)에 통합하는 편리한 패턴도 보여준다. %>%에서 +로 전환해야 한다는 것은 조금 고통스러운 일이지만, 일단 요령을 터득하면 꽤 편리하다.

```
delays %>%
  filter(n > 25) %>%
  ggplot(mapping = aes(x = n, y = delay)) +
    geom_point(alpha = 1/10)
```

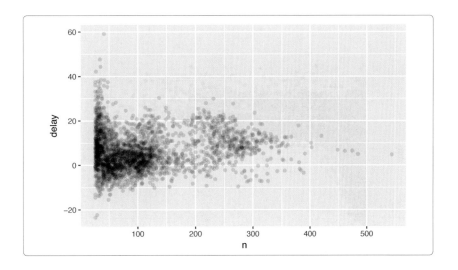

✓ RStudio 팁: 유용한 키보드 단축키는 Cmd/Ctrl + Shift + P이다. 이 단축키는 이전에 보낸 청크를 편집기에서 콘솔로 다시 보낸다. 이는 (예를 들어) 위의 예에서 n 값을 탐색할 때 매우 편리하다. Cmd/Ctrl + Enter로 전체 블록을 한 번 보내고, n 값을 수정한 후 Cmd/Ctrl + Shift + P를 눌러 전체 블록을 다시 보낼 수 있다.

이와 비슷한 유형도 자주 볼 수 있다. 야구에서 타자의 평균 능력치가 타석 수와 어떻게 관련되었는지 살펴보자. 여기에서 Lahman 패키지 데이터를 사용하여 메이저리그의 모든 야구 선수의 타율(안타수/유효타석수)을 계산한다.

타자의 기술(타율, ba로 측정)을 안타 기회 횟수에 대해 플롯을 그리면 두 가지 패턴이 보인다.

- 앞에서와 같이 집계값의 변동량은 데이터 포인트가 많아짐에 따라 감소한다.
- 기술 수준(ba)과 볼을 칠 기회(ab) 사이에 양의 상관관계가 있다. 팀이 누구를 타석에 내보낼지 선택할 때 당연히 최고의 선수를 선택할 것이기 때문이다.

```
# 보기 좋게 화면 출력되도록 티블로 변형
batting <- as_tibble(Lahman::Batting)

batters <- batting %>%
  group_by(playerID) %>%
  summarize(
    ba = sum(H, na.rm = TRUE) / sum(AB, na.rm = TRUE),
    ab = sum(AB, na.rm = TRUE)
  )

batters %>%
  filter(ab > 100) %>%
  ggplot(mapping = aes(x = ab, y = ba)) +
    geom_point() +
    geom_smooth(se = FALSE)
#> 'geom_smooth()' using method = 'gam'  and formula 'y ~ s(x, bs = "cs")'
```

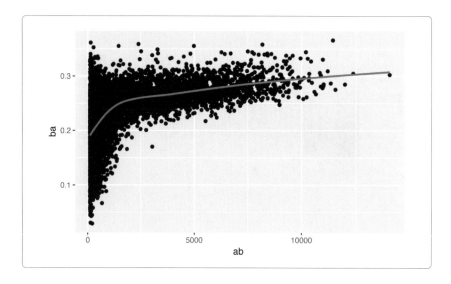

이 사실은 순위에 중요한 영향을 준다. 단순히 desc(ba)로 정렬하면 평균 타율이 가장 높은 선수는 능력치가 좋은 것이 아니라 단순히 운이 좋은 선수들이다.

```
batters %>%
  arrange(desc(ba))
#> # A tibble: 18,915 x 3
#>   playerID    ba    ab
#>   <chr>    <dbl> <int>
#> 1 abramge01    1     1
#> 2 banisje01    1     1
#> 3 bartocl01    1     1
#> 4 bassdo01     1     1
#> 5 berrijo01    1     1
```

```
#> 6 birasst01    1    2
#> # ... with 1.891e+04 more rows
```

이 문제에 자세한 설명은 *http://bit.ly/Bayesbbal*과 *http://bit.ly/notsortavg*에서 확인할 수 있다.

3.6.4 유용한 요약 함수

mean, count, sum을 사용하면 많은 이점이 있지만, R에는 다른 유용한 요약 함수들이 많다.

위치 측정값

앞서 mean(x)를 사용했지만, median(x)도 유용하다. 평균(mean)은 총합 나누기 길이이고 중앙값(median)은 x의 50%가 위에 위치하고, 50%는 아래에 위치하게 되는 값이다.

집계와 논리형 서브셋을 조합하는 것이 유용할 때가 있다. 이러한 종류의 서브셋하기를 아직 우리가 다루지는 않았지만, 290쪽의 '서브셋하기'에서 더 배울 것이다.

```
not_cancelled %>%
  group_by(year, month, day) %>%
summarize(
    avg_delay1 = mean(arr_delay),
    # 지연시간의 평균:
    avg_delay2 = mean(arr_delay[arr_delay > 0])
  )
#> # A tibble: 365 x 5
#> Groups: year, month [?]
#>    year month   day avg_delay1 avg_delay2
#>   <int> <int> <int>      <dbl>      <dbl>
#> 1  2013     1     1      12.65       32.5
#> 2  2013     1     2      12.69       32.0
#> 3  2013     1     3       5.73       27.7
#> 4  2013     1     4      -1.93       28.3
#> 5  2013     1     5      -1.53       22.6
#> 6  2013     1     6       4.24       24.4
#> # ... with 359 more rows
```

산포 측정값 sd(x), IQR(x), mad(x)

평균제곱편차, 혹은 표준편차(standard deviation)인 sd(x)는 산포의 표준 측정값이다. 사분위범위(interquartile range), IQR()과 중위절대편차(median absolute deviation), mad(x)는 이상값이 있을 때 더 유용할 수 있는 로버스트한 대체값들이다.

```
# 왜 어떤 목적지는 그곳까지의 거리가 다른 곳보다 더 변동성이 있는가?
not_cancelled %>%
  group_by(dest) %>%
  summarize(distance_sd = sd(distance)) %>%
  arrange(desc(distance_sd))
#> # A tibble: 104 × 2
#>    dest distance_sd
#>    <chr>       <dbl>
#> 1  EGE         10.54
#> 2  SAN         10.35
#> 3  SFO         10.22
#> 4  HNL         10.00
#> 5  SEA          9.98
#> 6  LAS          9.91
#> # ... with 98 more rows
```

순위 측정값 min(x), quntile(x, 0.25), max(x)

분위수는 중앙값의 일반화이다. 예를 들어 quantile(x, 0.25)는 25%보다는 크고 나머지 75%보다는 작은 값을 찾는다.

```
# 각 날짜의 처음과 마지막 항공편은 언제 출발하는가?
not_cancelled %>%
  group_by(year, month, day) %>%
  summarize(
    first = min(dep_time),
    last = max(dep_time)
  )
#> # A tibble: 365 x 5
#> Groups: year, month [?]
#>    year month   day first  last
#>   <int> <int> <int> <int> <int>
#> 1  2013     1     1   517  2356
#> 2  2013     1     2    42  2354
#> 3  2013     1     3    32  2349
#> 4  2013     1     4    25  2358
#> 5  2013     1     5    14  2357
#> 6  2013     1     6    16  2355
#> # ... with 359 more rows
```

자리(position) 측정값 first(x), nth(x, 2), last(x)

x[1], x[2], x[length(x)]와 유사하게 동작하지만 자리가 존재하지 않을 때(예를 들어 두 개의 요소만 있는 그룹에서 세 번째 요소를 접근하려고 할 때) 기본값을 설정할 수 있다. 예를 들어 각 날짜에 처음과 마지막 출발을 찾을 수 있다.

```
not_cancelled %>%
  group_by(year, month, day) %>%
  summarize(
    first_dep = first(dep_time),
    last_dep = last(dep_time)
  )
#> # A tibble: 365 x 5
#> Groups: year, month [?]
```

```
#>    year month   day first_dep last_dep
#>   <int> <int> <int>     <int>    <int>
#> 1  2013     1     1       517     2356
#> 2  2013     1     2        42     2354
#> 3  2013     1     3        32     2349
#> 4  2013     1     4        25     2358
#> 5  2013     1     5        14     2357
#> 6  2013     1     6        16     2355
#> # ... with 359 more rows
```

이 함수들은 순위로 필터링하는 데 사용할 수 있다. 필터링하면 모든 변수를 얻을 수 있는데, 각 관측값을 별도의 행으로 얻을 수 있다.

```
not_cancelled %>%
  group_by(year, month, day) %>%
  mutate(r = min_rank(desc(dep_time))) %>%
  filter(r %in% range(r))
#> # A tibble: 770 x 20
#> Groups: year, month, day [365]
#>    year month   day dep_time sched_dep_time dep_delay arr_time
#>   <int> <int> <int>    <int>          <int>     <dbl>    <int>
#> 1  2013     1     1      517            515         2      830
#> 2  2013     1     1     2356           2359        -3      425
#> 3  2013     1     2       42           2359        43      518
#> 4  2013     1     2     2354           2359        -5      413
#> 5  2013     1     3       32           2359        33      504
#> 6  2013     1     3     2349           2359       -10      434
#> # ... with 764 more rows, and 13 more variables: sched_arr_time <int>,
#> #   arr_delay <dbl>, carrier <chr>, flight <int>, tailnum <chr>,
#> #   origin <chr>, dest <chr>, air_time <dbl>, distance <dbl>, hour <dbl>,
#> #   minute <dbl>, time_hour <dttm>, r <int>
```

카운트

인수가 없고 현재 그룹의 크기를 반환하는 n()을 이미 보았다. 결측이 아닌 값의 수를 카운트하려면 sum(!is.na(x))를 사용하라. 유일값 개수를 카운트하려면 n_distinct(x)를 사용하라.

```
# 어느 목적지에 항공사가 가장 많은가?
not_cancelled %>%
  group_by(dest) %>%
  summarize(carriers = n_distinct(carrier)) %>%
  arrange(desc(carriers))
#> # A tibble: 104 × 2
#>    dest carriers
#>   <chr>    <int>
#> 1  ATL         7
#> 2  BOS         7
#> 3  CLT         7
#> 4  ORD         7
#> 5  TPA         7
#> 6  AUS         6
#> # ... with 98 more rows
```

카운트는 유용하기 때문에 dplyr에는 단순히 카운트만 원할 경우 사용할 수 있는 단순한 도우미 함수가 있다.

```
not_cancelled %>%
  count(dest)
#> # A tibble: 104 × 2
#>    dest       n
#>    <chr> <int>
#> 1   ABQ    254
#> 2   ACK    264
#> 3   ALB    418
#> 4   ANC      8
#> 5   ATL  16837
#> 6   AUS   2411
#> # ... with 98 more rows
```

가중치 변수를 선택적으로 지정할 수 있다. 예를 들어 이를 사용하여 항공기가 비행한 마일 수를 '카운트'(합)할 수 있다.

```
not_cancelled %>%
  count(tailnum, wt = distance)
#> # A tibble: 4,037 × 2
#>    tailnum      n
#>    <chr>    <dbl>
#> 1  D942DN    3418
#> 2  N0EGMQ  239143
#> 3  N10156  109664
#> 4  N102UW   25722
#> 5  N103US   24619
#> 6  N104UW   24616
#> # ... with 4,031 more rows
```

논리형 값의 카운트와 비율 sum(x > 10), mean(y == 0)

수치형 함수와 사용할 경우 TRUE는 1로 FALSE는 0으로 바뀐다. 이렇게 되면 sum()과 mean()이 매우 유용해진다. sum(x)는 TRUE의 개수를, mean(x)은 비율을 제공한다.

```
# 아침 5시 이전 항공편은 몇 편인가?
# (보통 전날 지연된 경우임)
not_cancelled %>%
  group_by(year, month, day) %>%
  summarize(n_early = sum(dep_time < 500))
#> # A tibble: 365 x 4
#> Groups: year, month [?]
#>    year month   day n_early
#>   <int> <int> <int>   <int>
#> 1  2013     1     1       0
#> 2  2013     1     2       3
#> 3  2013     1     3       4
#> 4  2013     1     4       3
#> 5  2013     1     5       3
#> 6  2013     1     6       2
```

```
#> # ... with 359 more rows

# 한 시간 이상 지연된 항공편의 비율은?
not_cancelled %>%
  group_by(year, month, day) %>%
  summarize(hour_prop = mean(arr_delay > 60))
#> # A tibble: 365 x 4
#> Groups: year, month [?]
#>    year month   day hour_perc
#>   <int> <int> <int>     <dbl>
#> 1  2013     1     1    0.0722
#> 2  2013     1     2    0.0851
#> 3  2013     1     3    0.0567
#> 4  2013     1     4    0.0396
#> 5  2013     1     5    0.0349
#> 6  2013     1     6    0.0470
#> # ... with 359 more rows
```

3.6.5 여러 변수로 그룹화

여러 변수로 그룹화하면 각 요약값은 그룹화의 한 수준씩 벗겨낸다. 이를 이용
하면 데이터셋을 점진적으로 쉽게 요약할 수 있다.

```
daily <- group_by(flights, year, month, day)
(per_day   <- summarize(daily, flights = n()))
#> # A tibble: 365 x 4
#> Groups: year, month [?]
#>    year month   day flights
#>   <int> <int> <int>   <int>
#> 1  2013     1     1     842
#> 2  2013     1     2     943
#> 3  2013     1     3     914
#> 4  2013     1     4     915
#> 5  2013     1     5     720
#> 6  2013     1     6     832
#> # ... with 359 more rows
(per_month <- summarize(per_day, flights = sum(flights)))
#> # A tibble: 12 x 3
#> Groups: year [?]
#>    year month flights
#>   <int> <int>   <int>
#> 1  2013     1   27004
#> 2  2013     2   24951
#> 3  2013     3   28834
#> 4  2013     4   28330
#> 5  2013     5   28796
#> 6  2013     6   28243
#> # ... with 6 more rows
(per_year  <- summarize(per_month, flights = sum(flights)))
#> # A tibble: 1 × 2
#>    year flights
#>   <int>   <int>
#> 1  2013  336776
```

점진적으로 요약할 때 조심해야 한다. 합계와 카운트는 괜찮지만 가중평균과 가
중분산에 대해서는 한번 생각해봐야 한다. 중앙값 같은 순위기반 통계량에 대해

정확히 점진적으로 요약하는 것은 가능하지 않다. 쉬운 예를 들면 그룹별 합계의 합계는 전체 합계이지만 그룹별 중앙값의 중앙값은 전체 중앙값이 아니다.

3.6.6 그룹화 해제

그룹화를 제거하고 그룹화되지 않은 데이터 작업으로 돌아가려면 ungroup()을 사용하라.

```
daily %>%
  ungroup() %>%              # date 기반 그룹화 해제
  summarize(flights = n())   # 모든 항공편
#> # A tibble: 1 × 1
#>   flights
#>     <int>
#> 1  336776
```

3.6.7 연습문제

1. 한 그룹의 항공편의 일반적인 지연 특성들을 평가하는 방법으로 최소 5개를 브레인스토밍하라. 다음의 시나리오를 고려하라.

   - 항공편은 50% 경우 15분 단축, 50% 경우 15분 늦는다.
   - 항공편은 항상 10분 늦는다.
   - 항공편은 50% 경우 30분 단축, 50% 경우 30분 늦는다.
   - 99% 경우 항공편은 정시 도착한다. 1% 경우 2시간 늦는다.

   다음 중 무엇이 더 중요한가, 지연 도착 혹은 지연 출발?

2. count()를 사용하지 않고 not_cancelled %>% count(dest)와 not_cancelled %>% count(tailnum, wt = distance)와 같은 출력을 주는 다른 접근법을 생각해보라.

3. 취소된 항공편에 대한 우리의 정의(is.na(dep_delay) | is.na(arr_delay))는 최선이 아니다. 왜 그런가? 가장 중요한 열은 무엇인가?

4. 일간 취소된 항공편의 수를 살펴보라. 패턴이 있는가? 취소된 항공편 비율이 평균 지연시간과 관련이 있는가?

5. 가장 심한 지연시간을 보인 항공사는 어디인가? 도전 과제: 나쁜 공항 효과와 나쁜 항공사 효과를 분리할 수 있겠는가? 왜 그런가?(힌트: flights %>% group_by(carrier, dest) %>% summarize(n())에 관해 생각해보라.)

6. count()의 sort 인수의 역할은 무엇인가? 언제 사용하겠는가?

3.7 그룹화 뮤테이트(와 필터링)

그룹화는 summarize()와 조합하여 사용하면 가장 유용하지만 mutate()와 filter()
로 편리한 작업을 할 수도 있다.

각 그룹에서 최악의 멤버들을 찾아보자.

```
flights_sml %>%
  group_by(year, month, day) %>%
  filter(rank(desc(arr_delay)) < 10)
#> # A tibble: 3,306 x 7
#> Groups: year, month, day [365]
#>    year month   day dep_delay arr_delay distance air_time
#>   <int> <int> <int>     <dbl>     <dbl>    <dbl>    <dbl>
#> 1  2013     1     1       853       851      184       41
#> 2  2013     1     1       290       338     1134      213
#> 3  2013     1     1       260       263      266       46
#> 4  2013     1     1       157       174      213       60
#> 5  2013     1     1       216       222      708      121
#> 6  2013     1     1       255       250      589      115
#> # ... with 3,300 more rows
```

기준값보다 큰 그룹을 모두 찾아보자.

```
popular_dests <- flights %>%
  group_by(dest) %>%
  filter(n() > 365)
popular_dests
#> # A tibble: 332,577 x 19
#> Groups: dest [77]
#>    year month   day dep_time sched_dep_time dep_delay arr_time
#>   <int> <int> <int>    <int>          <int>     <dbl>    <int>
#> 1  2013     1     1      517            515         2      830
#> 2  2013     1     1      533            529         4      850
#> 3  2013     1     1      542            540         2      923
#> 4  2013     1     1      544            545        -1     1004
#> 5  2013     1     1      554            600        -6      812
#> 6  2013     1     1      554            558        -4      740
#> # ... with 3.326e+05 more rows, and 12 more variables:
#> #   sched_arr_time <int>, arr_delay <dbl>, carrier <chr>, flight <int>,
#> #   tailnum <chr>, origin <chr>, dest <chr>, air_time <dbl>,
#> #   distance <dbl>, hour <dbl>, minute <dbl>, time_hour <dttm>
```

그룹별 척도를 위해 표준화해보자.

```
popular_dests %>%
  filter(arr_delay > 0) %>%
  mutate(prop_delay = arr_delay / sum(arr_delay)) %>%
  select(year:day, dest, arr_delay, prop_delay)
#> # A tibble: 131,106 x 6
#> Groups: dest [77]
#>    year month   day dest  arr_delay prop_delay
#>   <int> <int> <int> <chr>     <dbl>      <dbl>
#> 1  2013     1     1 IAH          11   1.11e-04
#> 2  2013     1     1 IAH          20   2.01e-04
#> 3  2013     1     1 MIA          33   2.35e-04
```

```
#> 4  2013    1    1   ORD      12   4.24e-05
#> 5  2013    1    1   FLL      19   9.38e-05
#> 6  2013    1    1   ORD       8   2.83e-05
#> # ... with 1.311e+05 more rows
```

그룹화 필터링은 그룹화 뮤테이트 이후 그룹화하지 않은 필터링이다. 나는 데이터 응급 작업의 경우가 아니면 일반적으로 이를 사용하지 않는다. 작업을 올바르게 했는지 확인하기 어렵기 때문이다.

그룹화 뮤테이트와 필터링에서 가장 자연스럽게 작동하는 함수는 (요약값을 내는 요약 함수들 대비) 윈도 함수들로 알려져 있다. 유용한 윈도 함수들의 세부 사항에 대해서는 해당되는 비그넷(vignette("window-functions"))에서 알아보라.

3.7.1 연습문제

1. 유용한 뮤테이트와 필터링 함수들 목록을 다시 참조하라. 이들의 작업들은 그룹화와 결합하면 어떻게 바뀌는지 설명하라.

2. 어떤 항공기(tailnum)가 최악의 정시 기록을 가지고 있는가?

3. 지연을 최대한 피하려면 몇 시에 비행해야 하는가?

4. 각 목적지별로 총 지연시간을 분으로 계산하라. 각 항공편별로 목적지까지의 총 지연시간의 비율을 계산하라.

5. 지연시간은 일반적으로 시간축을 따라 상관되어 있다. 즉, 처음 지연을 야기한 문제가 해결되었어도 이전 항공편이 출발하도록 이후 항공편들이 지연된다. lag()을 사용하면 항공편 지연시간이 바로 직전 항공편의 지연시간과 어떻게 연관되었는지 탐색할 수 있다.

6. 각 목적지를 살펴보라. 의심스럽게 빠른 항공편들을 찾을 수 있는가? (즉, 데이터 입력 오류가 있는 것 같은 항공편). 동일 목적지까지 가장 짧은 비행을 기준으로, 상대 비행 시간을 계산하라. 어떤 항공편이 비행 중 가장 지연되었는가?

7. 적어도 두 항공사 이상이 비행한 목적지를 모두 찾아라. 이 정보를 이용하여 항공사들의 순위를 매겨보자.

8. 각 항공기에 대해 처음으로 1시간 이상 지연 이전의 비행 횟수를 카운트하라.

4장

워크플로: 스크립트

지금까지는 코드를 실행하기 위해 콘솔을 사용해왔다. 처음 시작하기에는 콘솔에서 작업하는 것이 좋지만, 복잡한 ggplot2 그래프나 dplyr 파이프를 생성하면 콘솔 창이 금세 비좁아진다는 사실을 확인할 수 있다. 따라서 더 많은 작업 공간을 확보하기 위해서는 스크립트 편집기를 사용하는 것이 좋다. 파일 메뉴를 클릭하고 새 파일에서 R 스크립트를 선택하거나 키보드 단축키 Cmd/Ctrl + Shift + N을 사용하여 스크립트 파일을 열어보자. 그러면 다음과 같이 네 개의 영역을 볼 수 있을 것이다.

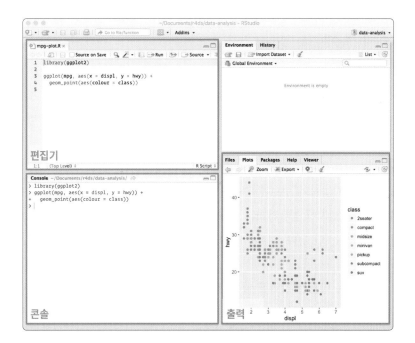

스크립트 편집기에는 신경 쓰는 코드를 두기에 좋다. 콘솔에서 작업하다가 원하는 작업을 오류 없이 수행하는 코드를 작성하게 되면 스크립트 편집기에 넣는다. RStudio는 종료 시 편집기의 내용을 자동으로 저장하고, RStudio를 다시 열 때 자동으로 불러온다. 하지만 그렇다 해도 스크립트는 정기적으로 저장하고 백업하는 것이 좋다.

4.1 코드 실행하기

스크립트 편집기는 복잡한 ggplot2 플롯이나 dplyr 작업의 긴 시퀀스를 생성하기에 좋다. 스크립트 편집기를 효율적으로 사용하기 위한 열쇠는 가장 중요한 단축키 중 하나인 Cmd/Ctrl + Enter를 기억하는 것이다. 이 단축키는 콘솔에서 커서가 위치한 줄의 R 코드를 실행한다. 예를 들어 다음의 코드를 실행한다고 하자. 커서가 █에 있을 때 Cmd/Ctrl + Enter를 누르면 not_cancelled로 시작하는 완전한 명령문이 실행되며 커서가 (not_cancelled %>%으로 시작하는) 다음 문장으로 이동한다. 이렇게 Cmd/Ctrl + Enter를 반복적으로 입력하면 전체 스크립트를 쉽게 실행할 수 있다.

```
library(dplyr)
library(nycflights13)

not_cancelled <- flights %>%
  filter(!is.na(dep_delay)█, !is.na(arr_delay))

not_cancelled %>%
  group_by(year, month, day) %>%
  summarize(mean = mean(dep_delay))
```

코드를 순차적으로 실행하는 대신 Cmd/Ctrl + Shift + S를 사용하여 전체 스크립트를 한 번에 실행할 수도 있다. 이 작업을 규칙적으로 수행하면 코드의 중요한 부분을 모두 입력하였는지 스크립트 내에서 확인할 수 있다.

스크립트에는 항상 필요한 패키지들을 먼저 작성하는 것을 추천한다. 그렇게 하면 다른 사람들과 코드를 공유할 때, 어떤 패키지를 설치해야 하는지 쉽게 알 수 있다. 그렇지만 공유하려는 스크립트에 install.packages() 또는 setwd()를 절대 포함해서는 안 된다. 다른 사람의 컴퓨터 설정을 변경하게 하는 것은 옳지 않다.

이 책의 다음 장들을 실행할 때는 편집기에서 작업을 시작하고, 키보드 단축키 연습을 적극 권장한다. 시간이 지남에 따라 콘솔로 코드를 보내는 것에 익숙해져서 이전의 방식은 전혀 생각나지 않을 것이다.

4.2 RStudio 진단

스크립트 편집기에서는 구불구불한 빨간색 선과 사이드바의 X자 표시로 구문
오류를 강조 표시한다.

X자 위로 마우스를 가져가면 문제가 무엇인지 알 수 있다.

```
⊗ 4   x y <- 10
      unexpected token 'y'
      unexpected token '<-'
```

또한, RStudio는 잠재적인 문제에 내해서도 알려준다.

```
⚠ 17   3 == NA
  1    use 'is.na' to check whether expression evaluates to
  1    NA
  20
```

4.2.1 연습문제

1. RStudio Tips 트위터 계정인 *@rstudiotips*에서 흥미로운 팁을 찾아 연습해
   보자.
2. RStudio 진단으로 알 수 있는 일반적인 다른 실수들은 무엇인가? *http://bit.ly/
   RStudiocodediag*를 읽고 찾아보자.

5장

R   f o r   D a t a   S c i e n c e

탐색적 데이터 분석

5.1 들어가기

이 장에서는 데이터를 체계적으로 탐색하기 위해 시각화 및 탐색을 활용하는 과정을 보여준다. 통계학자들은 이 작업을 탐색적 데이터 분석 또는 간단히 EDA (Exploratory Data Analysis)라고 부르며, EDA는 다음과 같은 반복적인 작업으로 이루어져 있다.

1. 데이터에 대한 질문을 만든다.
2. 데이터를 시각화, 변형 및 모델링하여 질문에 대한 답을 찾는다.
3. 질문을 개선하거나 새로운 질문을 만들기 위해 학습한 방법을 사용한다.

EDA는 엄격한 규칙을 가진 형식적인 과정이 아니다. 무엇보다도 EDA는 사고하는 상태이다. EDA의 초기 단계에서는 떠오르는 모든 아이디어를 마음껏 탐색해야 한다. 아이디어 중 일부는 진행될 것이고, 일부는 난관에 부딪힐 것이다. 이러한 탐색을 지속하면 결국에는 스스로 작성한 것 중 사람들과 소통할 수 있는 몇 가지 생산적인 영역으로 집중하게 될 것이다.

 질문이 주어진다고 해도 데이터의 품질은 항상 조사해야 하므로 EDA는 모든 데이터 분석에서 중요한 부분을 차지한다. 데이터 정제는 EDA의 한 가지 적용일 뿐이며 데이터가 여러분의 기대를 충족하는지 질문한다. 데이터를 정제하기 위해서는 EDA의 모든 도구(시각화, 변형 및 모델링)를 사용해야 한다.

5.1.1 준비하기

이 장에서는 dplyr과 ggplot2에 대해 배운 내용을 질문하기, 데이터로 답하기 및 새롭게 질문하는 과정과 결합할 것이다.

```
library(tidyverse)
```

5.2 질문하기

> 판에 박힌 통계적 질문은 없으며 오직 의심스러운 통계적 질문만이 있다.
>
> - 데이빗 콕스(Sir David Cox)

> 꼼꼼하게 만들어진 잘못된 질문에 대해 정확한 대답을 하는 것보다, 모호하지만 올바른 질문에 근사적인 대답을 하는 것이 훨씬 낫다.
>
> - 존 튜키

EDA의 목표는 데이터를 이해하는 것이다. 이를 위한 가장 쉬운 방법은 탐색을 위한 도구로 질문을 사용하는 것이다. 질문을 하면 데이터셋의 특정 부분에 집중하며 어떤 그래프, 어떤 모델을 만들지 또는 어떻게 변형을 할지 결정하는 데 도움을 준다.

EDA는 근본적으로 창의적인 과정이다. 대부분의 창의적인 과정과 유사하게 좋은 질문을 하는 핵심은 많은 양의 질문을 생성하는 것이다. 분석의 시작 단계에서는 데이터셋에 어떤 통찰력이 포함되어 있는지 알 수 없기 때문에 흥미로운 질문을 하는 것은 어렵다. 그렇지만 각각의 새로운 질문들은 자신을 데이터의 새로운 측면에 노출시키고 발견할 기회를 증가시킨다. 스스로 발견한 것을 토대로 만든 새로운 질문들을 따라가다 보면, 데이터의 가장 흥미로운 부분을 신속하게 분석하고, 시사하는 바가 큰 질문을 발굴할 수 있다.

탐색을 위해 어떤 질문을 해야 하는가에 대한 규칙은 없다. 그렇지만 데이터에서 발굴할 수 있는 언제나 유용한 두 가지 유형의 질문이 있으며, 다음과 같은 질문들을 시도해볼 수 있다.

1. 변수 내에서 어떤 유형의 변동이 발생하는가?
2. 변수 간에 어떤 유형의 공변동이 발생하는가?

이 장의 남은 부분에서는 이 두 가지 질문에 대해 살펴볼 것이다. 변동과 공변동에 대해 설명하고 각 질문에 대한 몇 가지 답변을 제시할 것이다. 논의를 쉽게 하기 위해 몇 가지 용어를 정의하고자 한다.

- 변수(variable)는 측정할 수 있는 양, 질 또는 속성이다.
- 값(value)은 변수가 측정될 때의 상태이다. 변수의 값은 측정에 따라 변할 수 있다.
- 관측값(observation)(또는 사례(case))은 유사한 조건에서 측정된 값들의 집합이다(일반적으로 동시에 같은 대상에 대해 모든 관측된 값을 사용한다.). 관측값은 서로 다른 변수가 조합된 다양한 값을 포함한다. 관측값을 데이터 포인트라고 부르기도 한다.
- 테이블 형식의 데이터(Tabular data)는 각 변수들과 관측값의 조합인 값들의 집합이다. 테이블 형식의 데이터는 각 값은 '셀'에, 변수들은 열에, 관측값은 행에 있을 때 타이디(tidy)하다고 한다.

지금까지 보았던 모든 데이터는 타이디 데이터였다. 실제로 데이터 대부분은 타이디하지 않기 때문에 9장에서는 이 부분에 대해 다시 다룰 것이다.

5.3 변동

변동(variation)은 변수의 측정값이 변하는 경향을 말한다. 실생활에서 변동을 쉽게 볼 수 있다. 예를 들어 연속형 변수를 두 번 측정하면 두 개의 다른 결과가 나온다. 이것은 광속과 같은 일정한 양을 측정하더라도 사실이다. 각각의 측정값은 서로 다른 약간의 오차를 포함한다. 범주형 변수도 서로 다른 피실험자(예, 다른 사람들의 눈동자색 차이) 또는 다른 시간(예, 다른 순간의 전자의 에너지 수준)을 측정하는 경우, 다를 수 있다. 모든 변수는 흥미로운 정보를 나타낼 수 있는 고유한 변동 패턴을 가지고 있으며, 이러한 패턴을 이해하는 가장 좋은 방법은 변수들 값의 분포를 시각화하는 것이다.

5.3.1 분포 시각화
변수의 분포를 시각화하는 방법은 그 변수가 범주형인지 연속형인지에 따라 다르다. 범주형(categorical) 변수는 유한개의 집합에서 하나의 값만 가질 수 있는 경우를 말한다. R에서 범주형 변수는 일반적으로 팩터형이나 문자형 벡터로 저장된다. 범주형 변수의 분포를 확인하기 위해서는 막대 그래프를 사용한다.

```
ggplot(data = diamonds) +
  geom_bar(mapping = aes(x = cut))
```

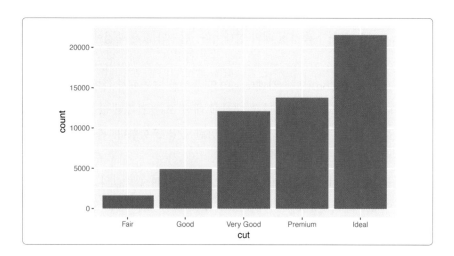

막대의 높이는 각 x값에 대한 관측값의 수를 나타낸다. dplyr::count()를 사용하여 관측값의 수를 수동으로 계산할 수 있다.

```
diamonds %>%
  count(cut)
#> # A tibble: 5 × 2
#>        cut     n
#>      <ord> <int>
#> 1     Fair  1610
#> 2     Good  4906
#> 3 Very Good 12082
#> 4  Premium 13791
#> 5    Ideal 21551
```

연속형(continuous) 변수는 순서가 있는 무한 집합에서 임의의 값을 가질 수 있는 변수를 말하며, 숫자와 시간은 연속형 변수의 두 가지 예시이다. 연속형 변수의 분포를 확인하기 위해서는 히스토그램을 사용한다.

```
ggplot(data = diamonds) +
  geom_histogram(mapping = aes(x = carat), binwidth = 0.5)
```

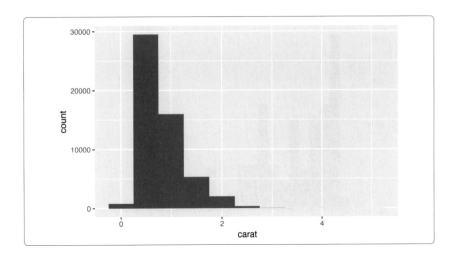

dplyr::count()와 ggplot2::cut_width()를 결합하면 값을 직접 계산할 수 있다.

```
diamonds %>%
  count(cut_width(carat, 0.5))
#> # A tibble: 11 × 2
#>   'cut_width(carat, 0.5)'     n
#>                    <fctr> <int>
#> 1          [-0.25,0.25]     785
#> 2           (0.25,0.75]   29498
#> 3           (0.75,1.25]   15977
#> 4           (1.25,1.75]    5313
#> 5           (1.75,2.25]    2002
#> 6           (2.25,2.75]     322
#> # ... with 5 more rows
```

히스토그램은 x축을 동일 간격의 빈(bin)으로 나누고, 각각의 빈에 해당하는 관측값의 수를 표시하기 위해 막대의 높이를 사용한다. 위 그래프에서 가장 긴 막대는 대략 30,000개의 관측값이 0.25에서 0.75 사이(가장 긴 막대의 왼쪽 끝에서 오른쪽 끝에 해당)의 carat 값에 해당하는 것을 보여준다.

x 변수의 단위로 측정된 binwidth 인수로 히스토그램 간격의 폭을 설정할 수 있다. 빈 너비에 따라 패턴이 달라질 수 있으므로 히스토그램을 사용하여 작업할 때는 항상 다양한 빈 너비를 탐색해야 한다. 예를 들어 3캐럿 미만의 다이아몬드로 범위를 줄이고 더 작은 빈 너비를 선택하는 경우, 앞의 그래프가 어떻게 나타나는지 다음의 그래프에서 확인할 수 있다.

```
smaller <- diamonds %>%
  filter(carat < 3)

ggplot(data = smaller, mapping = aes(x = carat)) +
  geom_histogram(binwidth = 0.1)
```

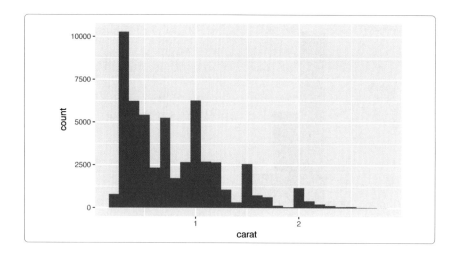

같은 플롯에서 여러 개의 히스토그램을 겹쳐서 그리고 싶다면 geom_histogram() 보다 geom_freqpoly()를 사용하는 것이 좋다. geom_freqpoly()는 geom_histogram() 과 연산은 동일하지만 빈도수를 나타내기 위해 막대가 아닌 선을 사용한다. 다음과 같이 막대보다 겹쳐진 선으로 파악하는 것이 훨씬 쉽다.

```
ggplot(data = smaller, mapping = aes(x = carat, color = cut)) +
  geom_freqpoly(binwidth = 0.1)
```

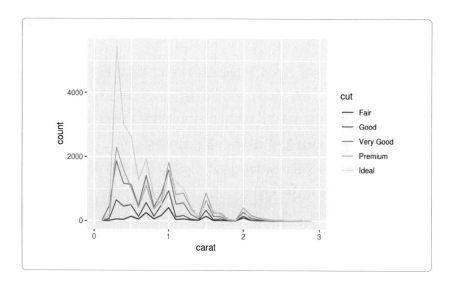

이런 유형의 플롯에는 몇 가지 해결해야 할 과제가 있으므로 89쪽의 '범주형 변수와 연속형 변수'에서 다시 살펴볼 것이다.

5.3.2 일반적인 값

막대 그래프와 히스토그램 모두 길이가 긴 막대는 빈도가 높은 값을 나타내고, 짧은 막대는 빈도가 낮은 값을 나타낸다. 막대가 생기지 않은 부분은 해당 값의 데이터가 존재하지 않는다는 것을 의미한다. 이런 정보를 유용한 질문으로 전환하기 위해 예상하지 못한 부분을 찾아보자.

- 어떤 값이 가장 일반적인가? 그 이유는 무엇인가?
- 드물게 나타나는 값은 무엇인가? 그 이유는 무엇인가? 여러분의 예상과 일치하는가?
- 비정상적인 패턴을 볼 수 있는가? 그 패턴을 설명할 수 있는가?

예를 들어 다음의 히스토그램은 몇 가지 흥미로운 질문을 제시한다.

- 전체 캐럿 중 일부 캐럿에 해당하는 다이아몬드가 많은 이유는 무엇인가?
- 각 최고점의 오른쪽 부분에 왼쪽 부분보다 더 많은 다이아몬드가 있는 이유는 무엇인가?
- 3캐럿보다 큰 다이아몬드가 없는 이유는 무엇인가?

```
ggplot(data = smaller, mapping = aes(x = carat)) +
  geom_histogram(binwidth = 0.01)
```

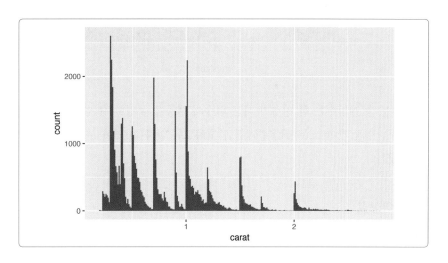

일반적으로 유사한 값들의 군집은 데이터 내에 하위집단이 있다는 것을 의미한다. 하위집단을 이해하기 위하여 다음과 같은 질문을 해보자.

- 각 군집 내의 관측값은 서로 유사한가?
- 각 군집은 서로 다른 클러스터의 관측값과 다른가?
- 군집은 어떻게 설명하거나 묘사할 수 있는가?
- 군집의 모양이 오해의 소지가 있는 이유는 무엇인가?

아래 히스토그램은 Yellowstone 국립공원의 Old Faithful Geyser(올드 페이스풀 간헐 온천)에서 발생한 272번의 화산 분출을 분 단위로 나타낸 것이다. 짧은 분출(약 2분)과 긴 분출(4-5분)이 있고, 그 중간에는 값이 거의 없기 때문에 분출 시간은 2개의 그룹으로 묶인 것처럼 보인다.

```
ggplot(data = faithful, mapping = aes(x = eruptions)) +
  geom_histogram(binwidth = 0.25)
```

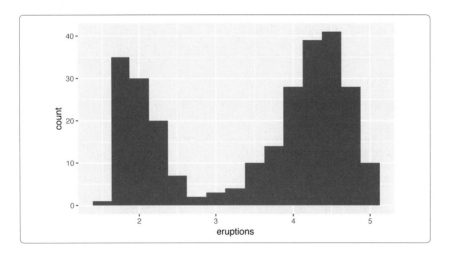

앞의 질문 중 상당수는 한 변수가 다른 변수의 행동을 설명할 수 있는지 확인하기 위해 변수들 간의(between) 관계를 탐색하도록 한다. 이러한 부분은 곧 다루게 될 것이다.

5.3.3 이상값

이상값은 패턴과 맞지 않는 데이터 값으로 비정상적인 관측값을 일컫는다. 때에 따라 이상값은 데이터 입력 오류이거나 중요하면서 새로운 정보를 제시한다. 많은 양의 데이터가 있을 때 히스토그램에서 이상값을 발견하는 것은 어렵다. 예를 들어 다이아몬드 데이터셋에서 y 변수의 분포를 그리는 경우, 이상값의 유일한 단서는 x축의 범위가 매우 넓다는 것이다.

```
ggplot(diamonds) +
  geom_histogram(mapping = aes(x = y), binwidth = 0.5)
```

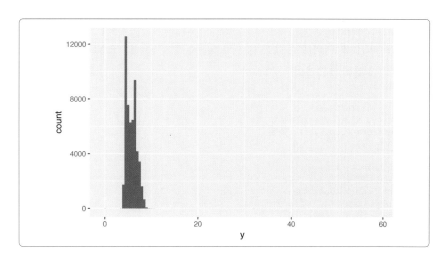

대부분의 빈에는 많은 관측값이 포함되어 있고, 일부 빈은 길이가 너무 짧아 (0 기준선을 골똘히 쳐다보고 무언가를 발견한다 할지라도) 눈으로 확인하기 어렵다. 이상값들을 쉽게 확인하기 위해서는 coord_cartesian()을 사용하여 y축의 작은 값들을 확대해야 한다.

```
ggplot(diamonds) +
  geom_histogram(mapping = aes(x = y), binwidth = 0.5) +
  coord_cartesian(ylim = c(0, 50))
```

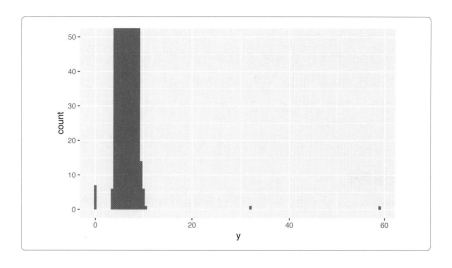

(또, x축을 확대하고자 할 때는 coord_cartesian()에 xlim() 인수가 있다. ggplot2에도 약간 다른 기능의 xlim(), ylim() 함수가 있다. 이 함수들은 범위 밖의 데이터들을 제외시킨다.)

이렇게 하면 세 개의 이상값은 0, ~30 및 ~60인 것을 알 수 있다. 이 값들은 dplyr을 사용하여 추출한다.

```
unusual <- diamonds %>%
    filter(y < 3 | y > 20) %>%
    select(price, x, y, z) %>%
    arrange(y)
unusual
#> # A tibble: 9 x 4
#>    price     x     y     z
#>    <int> <dbl> <dbl> <dbl>
#> 1  5139     0     0     0
#> 2  6381     0     0     0
#> 3 12800     0     0     0
#> 4 15686     0     0     0
#> 5 18034     0     0     0
#> 6  2130     0     0     0
#> 7  2130     0     0     0
#> 8  2075  5.15  31.8  5.12
#> 9 12210  8.09  58.9  8.06
```

y 변수는 다이아몬드의 3차원 중 하나를 mm 단위로 측정한 값이다. 다이아몬드는 폭이 0mm가 될 수 없으므로 0mm 값들은 잘못된 값이다. 또 32mm와 59mm 값들도 타당해 보이지 않는다고 추측해볼 수 있다. 이 다이아몬드는 크기가 1인치 이상이지만 가격은 수십만 달러에 지나지 않는다.

이상값을 포함하거나 제외하여 분석을 반복하는 것은 좋은 연습이다. 이상값이 결과에 최소한의 영향을 미치고 왜 이상값이 발생했는지 그 이유를 알 수 없다면 결측값으로 대체한 후 계속 진행하는 것이 합리적이다. 그러나 이상값이 결과에 상당한 영향을 미치는 경우, 타당한 이유 없이 제외해서는 안 된다. 문제의 원인(예, 데이터 입력 오류)을 파악하고 이상값을 제거한 사실을 밝혀야 한다.

5.3.4 연습문제

1. diamonds의 x, y 및 z 변수의 분포를 탐색해보자. 어떤 것을 알게 되는가? 다이아몬드에 대해 생각해보고 어떤 치수가 길이, 너비, 깊이인지 결정해보자.

2. price의 분포를 탐색해보자. 뭔가 특이하거나 놀랄 만한 것이 보이는가? (힌트: binwidth에 대해 주의 깊게 생각해보고 다양한 값을 시도해보자.)

3. 0.99캐럿인 다이아몬드는 몇 개이고, 1캐럿은 몇 개인가? 개수의 차이에 대한 원인은 무엇이라고 생각하는가?

4. 히스토그램을 확대할 때, coord_cartesian()을 사용하는 것과 xlim(), ylim()을 사용하는 것을 비교해보자. binwidth를 설정하지 않으면 어떻게 되는가? 막대의 절반만 확대하여 보여주려고 하면 어떻게 되는가?

5.4 결측값

데이터셋에서 이상값을 발견하고 다음 분석으로 넘어가고자 할 때, 다음의 두 가지 옵션이 있다.

- 이상값이 포함된 행 전체를 삭제한다.

```
diamonds2 <- diamonds %>%
  filter(between(y, 3, 20))
```

하나의 측정값이 유효하지 않다고 해서 모든 측정값이 유효하지 않은 것은 아니므로 이 옵션은 권장하지 않는다. 또한, 저품질의 데이터가 있을 때마다 모든 변수에 대해서 이 방법을 적용하게 된다면 어떤 데이터도 남아있지 않게 될 것이다.

- 대신 이상값을 결측값으로 변경하는 방법을 권장한다. 가장 쉬운 방법으로는 mutate()를 사용하여 변수를 수정된 복사값으로 대체하는 것이다. ifelse() 함수를 사용하여 이상값을 NA로 바꿀 수 있다.

```
diamonds2 <- diamonds %>%
  mutate(y = ifelse(y < 3 | y > 20, NA, y))
```

ifelse()는 세 개의 인수를 가진다. 첫 번째 인수인 test는 논리형 벡터이어야 한다. test 값이 TRUE이면(즉, yes인 경우) 두 번째 인수가, 거짓이면(즉, no인 경우) 세 번째 인수가 결과값이 된다.

R과 동일하게 ggplot2는 결측값이 묵시적으로 사라져서는 안 된다는 방침에 동의한다. 결측값을 어디에 나타낼지 명확하지 않으므로 ggplot2는 결측값을 플롯에 포함하지는 않지만 결측값이 제거되었음을 경고한다.

```
ggplot(data = diamonds2, mapping = aes(x = x, y = y)) +
  geom_point()
#> Warning: Removed 9 rows containing missing values
#> (geom_point).
```

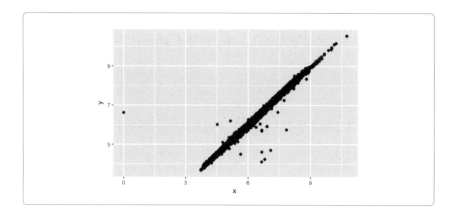

경고 표시를 숨기려면 na.rm = TRUE로 설정하면 된다.

```
ggplot(data = diamonds2, mapping = aes(x = x, y = y)) +
  geom_point(na.rm = TRUE)
```

때로는 결측값과 기록된 값의 차이를 만드는 것이 무엇인지 알고 싶은 경우가 있다. 예를 들어 nycflights13::flights에서 dep_time 변수의 결측값은 항공기의 운항이 취소되었다는 것을 나타낸다. 이때 취소된 비행기의 예정 출발 시각과 취소되지 않은 비행기의 출발 시각을 비교하고자 한다. is.na()를 사용하여 새로운 변수를 생성하면 이를 수행할 수 있다.

```
nycflights13::flights %>%
  mutate(
    cancelled = is.na(dep_time),
    sched_hour = sched_dep_time %/% 100,
    sched_min = sched_dep_time %% 100,
    sched_dep_time = sched_hour + sched_min / 60
  ) %>%
  ggplot(mapping = aes(sched_dep_time)) +
    geom_freqpoly(
      mapping = aes(color = cancelled),
      binwidth = 1/4
    )
```

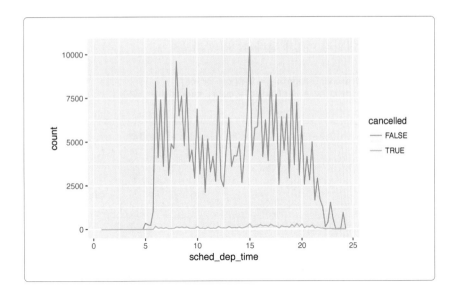

그러나 취소된 항공편보다 취소되지 않은 항공편이 더 많으므로 이 플롯은 유용하지 않다. 다음 절에서는 이러한 비교를 개선하기 위해 몇 가지 기법을 살펴볼 것이다.

5.4.1 연습문제

1. 히스토그램에서 결측값을 어떻게 처리하는가? 막대 그래프에서는 어떻게 처리하는가? 처리 방법이 서로 다른 이유는 무엇인가?

2. mean()과 sum() 함수에서 na.rm = TRUE는 무슨 역할을 하는가?

5.5 공변동

변동이 변수 내의 움직임을 설명한다면 공변동(covariation)은 변수들 간의 움직임을 설명한다. 공변동은 둘 이상의 변숫값이 연관되어 동시에 변하는 경향을 말한다. 공변동을 발견하는 가장 좋은 방법은 두 개 이상의 변수 사이의 관계를 시각화하는 것이다. 시각화하는 방법은 관련된 변수의 유형에 따라 달라진다.

5.5.1 범주형 변수와 연속형 변수
이전의 빈도 다각형과 같이 범주형 변수로 구분된 연속형 변수의 분포를 탐색하고자 하는 것이 일반적이다. geom_freqpoly()의 기본 모양은 높이가 빈도수를 나타내기 때문에 그러한 종류의 비교에는 유용하지 않다. 즉, 그룹 중 하나가 다른 값들보다 월등히 작으면 형태의 차이를 파악하기 어렵다. 예를 들어 다이아몬드의 가격이 품질에 따라 어떻게 달라지는지 살펴보자.

```
ggplot(data = diamonds, mapping = aes(x = price)) +
  geom_freqpoly(mapping = aes(color = cut), binwidth = 500)
```

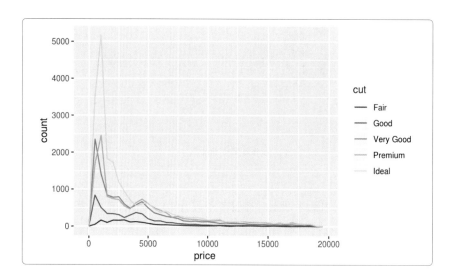

전체적인 빈도수가 많이 다르므로 분포의 차이를 파악하기 어렵다.

```
ggplot(diamonds) +
  geom_bar(mapping = aes(x = cut))
```

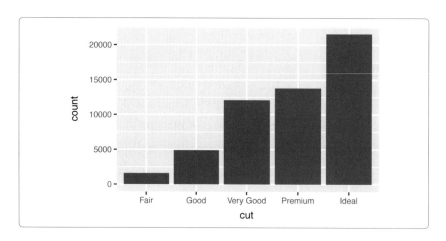

비교를 쉽게 하기 위해서 y축에 표시된 내용을 변경할 필요가 있다. 빈도수로 나타내는 대신 빈도 다각형 아래의 영역이 1이 되도록 빈도수를 표준화한 밀도로 나타낼 수 있다.

```
ggplot(
    data = diamonds,
      mapping = aes(x = price, y = ..density..)
    ) +
    geom_freqpoly(mapping = aes(color = cut), binwidth = 500)
```

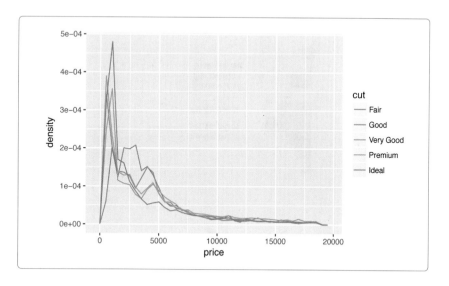

이 플롯에는 꽤 놀라운 점이 있다. 그것은 fair인 다이아몬드(가장 낮은 품질)가 가장 높은 평균 가격을 가진다는 것이다. 그건 아마도 이 빈도 다각형에는 작업 해야 하는 부분이 아직 남아 있어서, 당장은 해석하기가 어렵기 때문일 것이다.

범주형 변수로 구분된 연속형 변수의 분포를 나타내는 또 다른 방법은 박스 플롯(boxplot)이다. 박스 플롯은 값의 분포를 시각적으로 간편하게 보여줄 수 있는 형태로 많은 통계학자가 사용하는 방법이다. 상자 플롯은 다음의 것들로 구성된다.

- 사분위 수 범위(IQR)라고 알려진 길이의 25번째 백분위 수에서 75번째 백분위 수까지 이어진 상자. 분포의 중앙값(즉, 50번째 백분위 수)을 표시하는 상자의 가운데 위치한 선. 이 세 개의 선은 분포의 대략적인 범위와 분포의 중앙값이 대칭인지 또는 한쪽으로 치우쳤는지를 나타낸다.
- 상자의 가장자리에서 1.5배 이상 떨어진 관측값을 나타내는 점. 이렇게 멀리 떨어진 점들은 일반적이지 않기 때문에 개별적으로 표시된다.
- 상자의 양끝에서 뻗어 나와 가장 멀리 떨어진 이상값이 아닌 점까지 이어진 선.

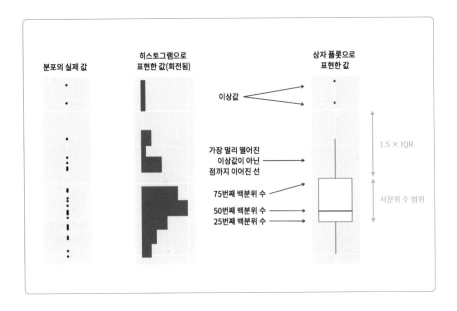

geom_boxplot()을 사용하여 컷팅에 따른 가격의 분포를 살펴보자.

```
ggplot(data = diamonds, mapping = aes(x = cut, y = price)) +
  geom_boxplot()
```

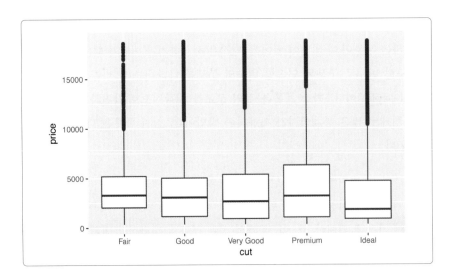

박스 플롯은 분포에 대해 더 적은 정보를 확인할 수 있지만, 간단하므로 쉽게 비교할 수 있다. (또한, 한 개의 플롯에 더 적합하다.) 이 플롯은 '더 좋은 품질의 다이아몬드가 평균적으로 더 저렴하다'는 직관에 반하는 사실을 뒷받침한다. 그이유는 연습문제에서 파악해볼 것이다.

cut은 순서가 있는 팩터형 변수이다. fair는 good보다 좋지 않고, good은 very good보다 좋지 않으며 그 이후도 동일한 순서를 따른다. 대부분의 범주형 변수에는 이러한 고유한 순서가 없으므로 순서를 변경하여 더 유용한 정보를 주도록 표현할 수 있다. 이를 위한 한 가지 방법은 reorder() 함수를 사용하는 것이다.

예를 들어 mpg 데이터셋의 class 변수를 살펴보자. 자동차 종류에 따라 고속도로 주행 거리가 어떻게 달라지는지 알아보고자 한다.

```
ggplot(data = mpg, mapping = aes(x = class, y = hwy)) +
  geom_boxplot()
```

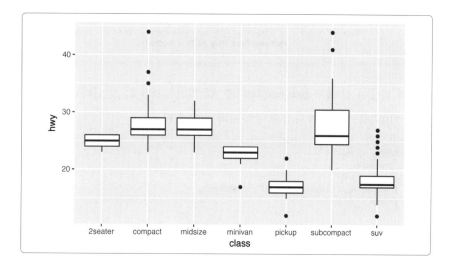

추세를 더욱 쉽게 파악하기 위해 hwy 변수의 중간값을 기준으로 class 변수의 순서를 변경할 수 있다.

```
ggplot(data = mpg) +
  geom_boxplot(
    mapping = aes(
      x = reorder(class, hwy, FUN = median),
      y=hwy
    )
  )
```

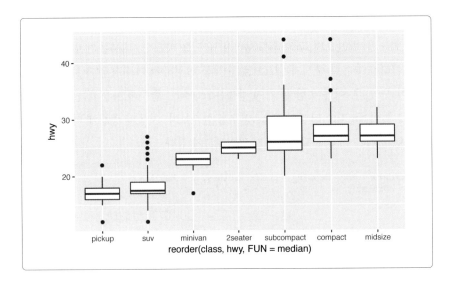

변수의 이름이 긴 경우 geom_boxplot()을 90° 회전시키면 더 잘 나타낼 수 있다.
coord_flip()을 사용하여 다음과 같이 나타낼 수 있다.

```
ggplot(data = mpg) +
  geom_boxplot(
    mapping = aes(
      x = reorder(class, hwy, FUN = median),
      y=hwy
    )
  )+
  coord_flip()
```

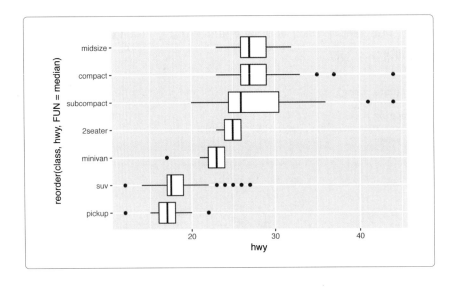

5.5.2 연습문제

1. 취소된 항공편과 취소되지 않은 항공편의 출발 시각을 시각화했던 플롯을 개선하기 위해 배운 내용을 사용해보자.

2. 다이아몬드 데이터셋의 어떤 변수가 다이아몬드의 가격을 예측하는 데 가장 중요한가? 그 변수가 cut 변수와 상관관계가 있는가? 이러한 상관관계의 조합은 품질이 낮은 다이아몬드를 왜 더 비싸게 만드는가?

3. ggstance 패키지를 설치하고 가로 박스 플롯을 만들어보자. coord_flip()을 사용하는 것과 어떤 점이 다른가?

4. 상자 플롯은 데이터셋의 크기가 매우 작았던 시대에 개발되었기 때문에, '이 상값'들을 너무 많이 표시하게 된다는 단점이 있다. 이 문제를 해결하기 위한 한 가지 방법은 문자 값 플롯이다. lvplot 패키지를 설치하고 geom_lv()를 사용하여 컷팅에 따른 가격의 분포를 나타내보자. 무엇을 배울 수 있는가? 이 플롯을 어떻게 해석하겠는가?

5. geom_violin()과 면분할된 geom_histogram() 또는 색상이 있는 geom_freqpoly()를 비교 대조해보자. 각 방법의 장단점은 무엇인가?

6. 데이터셋의 크기가 작은 경우 연속형 변수와 범주형 변수의 관계를 보기에 geom_jitter()를 사용하는 것이 유용할 수 있다. ggbeeswarm 패키지는 geom_jitter()와 유사한 다수의 방법을 제공한다. 그 방법들의 리스트를 작성해보고 각 기능에 대해 간략하게 설명해보자.

5.5.3 두 개의 범주형 변수

범주형 변수들의 공변동을 시각화하려면 각 조합에 대한 관측값의 수를 세어야 한다. 이를 위한 한 가지 방법은 내장된 함수인 geom_count()를 이용하는 것이다.

```
ggplot(data = diamonds) +
  geom_count(mapping = aes(x = cut, y = color))
```

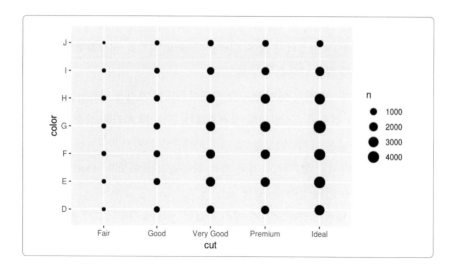

플롯에서 원의 크기는 각 값의 조합에서 발생한 관측값의 수를 나타낸다. 공변동은 특정 x 값과 y 값 사이에 강한 상관관계로 나타날 것이다.

또 다른 방법은 dplyr로 빈도수를 계산하는 것이다.

```
diamonds %>%
  count(color, cut)
#> # A tibble: 35 x 3
#> Groups: color [?]
#>   color       cut     n
#>   <ord>     <ord> <int>
#> 1     D      Fair   163
#> 2     D      Good   662
#> 3     D Very Good  1513
#> 4     D   Premium  1603
#> 5     D     Ideal  2834
#> 6     E      Fair   224
#> # ... with 29 more rows
```

그런 다음 geom_tile() 함수와 fill 심미성으로 시각화한다.

```
diamonds %>%
  count(color, cut) %>%
  ggplot(mapping = aes(x = color, y = cut)) +
    geom_tile(mapping = aes(fill = n))
```

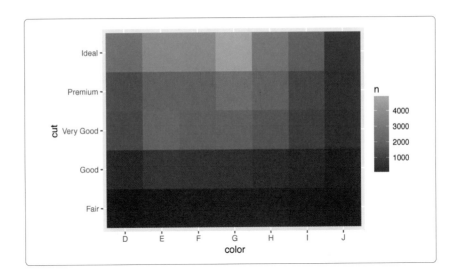

범주형 변수에서 순서가 없는 경우 흥미로운 패턴을 좀 더 명확하게 나타내기 위해 seriation 패키지를 사용하여 행과 열을 동시에 재정렬할 수 있다. 더 큰 플롯의 경우 대화형 플롯을 만드는 d3heatmap 또는 heatmaply 패키지를 사용해 볼 수 있다.

5.5.4 연습문제

1. 색상 내에서의 컷팅의 분포 또는 컷팅 내에서 색상의 분포를 좀 더 명확하게 보여주기 위해서 데이터셋의 count 값을 어떻게 조정할 수 있는가?

2. geom_tile()과 dplyr를 함께 사용해서 목적지와 월에 따라 달라지는 비행기의 평균 지연 횟수를 탐색해보자. 이 플롯을 해석하기 힘든 이유는 무엇인가? 어떻게 하면 개선할 수 있겠는가?

3. 앞의 예제에서 aes(x = cut, y = color)보다 aes(x = color, y = cut)를 사용하는 것이 더 나은 이유는 무엇인가?

5.5.5 두 개의 연속형 변수

두 개의 연속형 변수 사이의 공변동을 시각화하는 좋은 방법 중 하나(geom_point()로 산점도를 그리는 것)는 앞서 배웠다. 점들의 패턴으로 공변동을 확인할 수 있다. 예를 들어 캐럿의 크기와 다이아몬드의 가격 사이에 기하급수적인 관계가 있다는 것을 확인할 수 있다.

```
ggplot(data = diamonds) +
  geom_point(mapping = aes(x = carat, y = price))
```

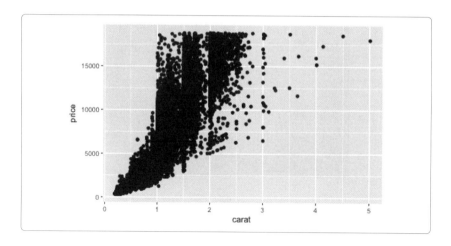

산점도는 데이터셋의 크기가 커지면 (앞의 산점도처럼) 점들이 겹치고 획일적인 검은색 영역으로 쌓이기 때문에 덜 유용해진다. 이러한 문제를 해결하기 위해 alpha 심미성을 사용하여 투명도를 추가하는 방법에 대해서는 앞서 살펴보았다.

```
ggplot(data = diamonds) +
  geom_point(
    mapping = aes(x = carat, y = price),
    alpha=1/100
  )
```

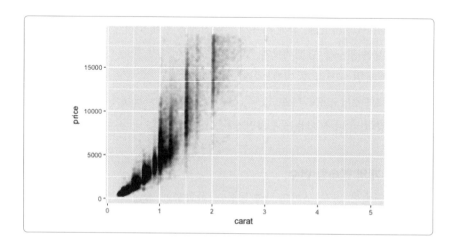

그러나 매우 큰 데이터셋에서 투명도 사용은 어려울 수 있다. 또 다른 해결 방법은 빈(bin)을 사용하는 것이다. 이전에는 geom_histogram()과 geom_freqpoly()에서 1차원의 빈을 사용했다. 이제 geom_bin2d()와 geom_hex() 함수에서 2차원의 빈을 사용하는 방법을 배울 것이다.

geom_bin2d()와 geom_hex()는 좌표 평면을 2D 빈으로 나눈 후, 각 빈에 몇 개의 점이 해당하는지 나타내기 위해 색상 채우기를 사용한다. geom_bin2d()는 직사각형 빈을 만들고, geom_hex()는 육각형 빈을 만든다. geom_hex()를 사용하기 위해서는 hexbin 패키지를 설치해야 한다.

```
ggplot(data = smaller) +
  geom_bin2d(mapping = aes(x = carat, y = price))

# install.packages("hexbin")
ggplot(data = smaller) +
  geom_hex(mapping = aes(x = carat, y = price))
```

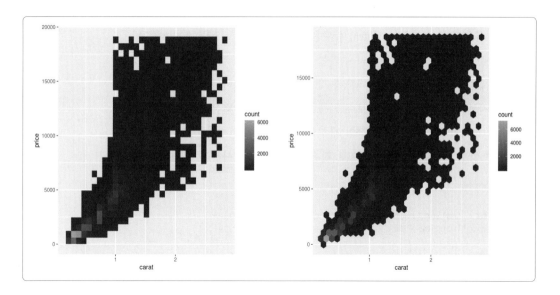

또 다른 옵션은 하나의 연속 변수를 그룹화하여 범주형 변수처럼 만드는 것이다. 그렇게 하면 이전에 배웠던 범주형 변수와 연속형 변수의 조합을 시각화하는 방법 중 한 가지를 사용할 수 있다. 예를 들어 carat 변수를 그룹화한 후, 각 그룹에 대해 박스 플롯을 그릴 수 있다.

```
ggplot(data = smaller, mapping = aes(x = carat, y = price)) +
  geom_boxplot(mapping = aes(group = cut_width(carat, 0.1)))
```

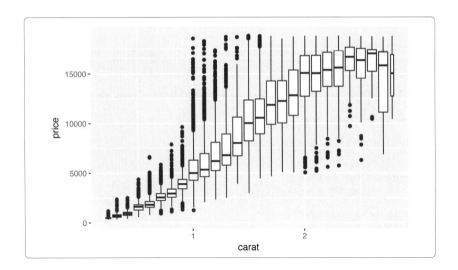

여기에서 사용된 cut_width(x, width) 함수는 x를 빈 너비인 width로 나누어준다. 기본적으로 박스 플롯은 (이상값의 수와는 별개로) 얼마나 많은 관측값이 있는지와 관계없이 동일하게 보이기 때문에 각 박스 플롯이 얼마나 많은 수의 점을 요약하는지는 알기 어렵다. 이를 보여줄 수 있는 한 가지 방법은 varwidth = TRUE를 사용하여 박스 플롯의 너비를 점의 개수와 비례하도록 설정하는 것이다.

또 다른 방법은 각 빈에 대략적으로 같은 수의 점을 표시하는 것이다. 이는 cut_number()를 사용하면 된다.

```
ggplot(data = smaller, mapping = aes(x = carat, y = price)) +
  geom_boxplot(mapping = aes(group = cut_number(carat, 20)))
```

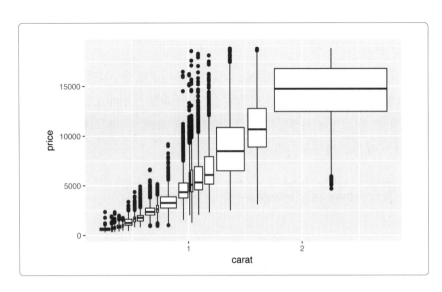

5.5.6 연습문제

1. 박스 플롯으로 조건부 분포를 요약하는 대신 빈도 다각형을 사용할 수 있다. cut_width() 또는 cut_number()를 사용할 때 고려해야 할 사항은 무엇인가? 이것이 carat과 price의 2차원 분포를 시각화하는 데 어떤 영향을 주는가?

2. price로 구분된 carat의 분포를 시각화해보자.

3. 작은 크기의 다이아몬드와 비교했을 때, 매우 큰 다이아몬드의 가격 분포는 어떤가? 예상대로인가 아니면 놀라운 결과인가?

4. cut, carat 및 price를 결합한 분포를 시각화하기 위해 이 책에서 배운 기법 중 두 가지를 결합해보자.

5. 2차원 플롯은 1차원 플롯에서 볼 수 없는 이상값을 보여준다. 예를 들어 다음 플롯을 보면 x와 y 값을 각각 탐색할 때는 정상으로 보일지라도 x와 y 값을 조합하면 일부 비정상적인 이상값들이 보인다.

```
ggplot(data = diamonds) +
  geom_point(mapping = aes(x = x, y = y)) +
  coord_cartesian(xlim = c(4, 11), ylim = c(4, 11))
```

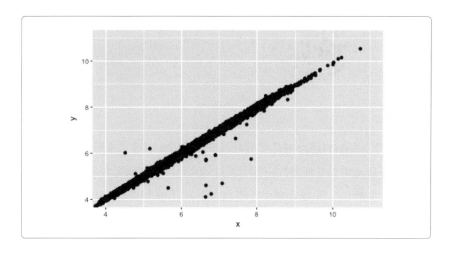

이런 경우 그룹화한 플롯보다 산점도가 더 나은 이유는 무엇인가?

5.6 패턴과 모델

데이터의 패턴은 상관관계에 대한 단서를 제공한다. 두 변수 사이에 규칙적인 관계가 존재하면 데이터의 패턴으로 나타난다. 패턴을 발견하게 되면 스스로 질문해보자.

- 이 패턴은 우연의 일치(즉, 랜덤한 가능성) 때문인가?
- 패턴이 내포하는 상관관계를 어떻게 설명할 수 있는가?
- 패턴이 내포하는 상관관계는 얼마나 강한가?
- 다른 변수가 그 상관관계에 영향을 줄 수 있는가?
- 데이터의 개별 하위집단을 살펴보면 상관관계가 변경되는가?

Old Faithful 분출 시간과 분출 사이의 시간 사이의 산점도는 분출 사이의 대기 시간이 길수록 분출 시간도 길어지는 패턴을 보인다.

```
ggplot(data = faithful) +
  geom_point(mapping = aes(x = eruptions, y = waiting))
```

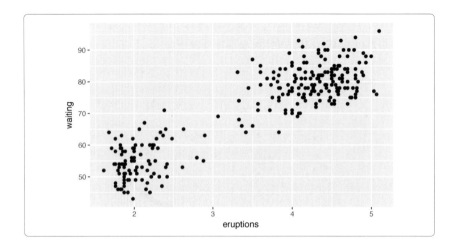

패턴은 공변동을 나타내기 때문에 데이터 과학자에게 가장 유용한 도구 중 하나이다. 변동을 불확실성이 만드는 현상으로 생각한다면 공변동은 불확실성을 감소시키는 현상이다. 두 개의 변수가 함께 변동하면 한 변수의 값을 사용하여 다른 변수의 값을 잘 예측할 수 있다. 인과관계(특별한 경우)로 인해 공변동이 생기는 경우, 한 변수의 값을 다른 변수의 값을 통제하는 데 사용할 수 있다.

모델은 데이터에서 패턴을 추출하는 도구이다. 예를 들어 다이아몬드 데이터를 생각해보자. 컷팅과 캐럿 그리고 캐럿과 가격은 밀접하게 관련되어 있으므로 컷팅과 가격의 상관관계를 이해하기 어렵다. 모델을 활용하여 가격과 캐럿 간의 매우 강력한 상관관계를 제거하면 남아있는 중요한 세부 요소들을 탐색할 수 있다. 다음 코드에서는 carat으로 price를 예측하는 모델을 적합시킨 다음, 잔차(예측값과 실제값의 차이)를 계산한다. 캐럿의 효과가 제거되면 잔차는 다이아몬드의 가격에 대한 관점을 제공한다.

```
library(modelr)

mod <- lm(log(price) ~ log(carat), data = diamonds)

diamonds2 <- diamonds %>%
  add_residuals(mod) %>%
  mutate(resid = exp(resid))

ggplot(data = diamonds2) +
  geom_point(mapping = aes(x = carat, y = resid))
```

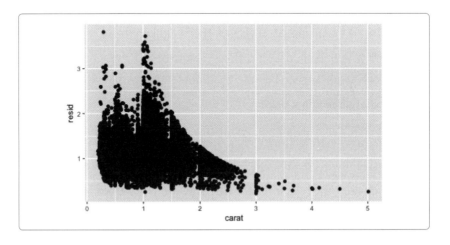

캐럿과 가격의 강한 상관관계를 제거하면 예상할 수 있는 커팅과 가격의 상관관계(다이아몬드의 크기에 비례하여 우수한 품질의 다이아몬드가 더 비싸다)를 파악할 수 있다.

```
ggplot(data = diamonds2) +
  geom_boxplot(mapping = aes(x = cut, y = resid))
```

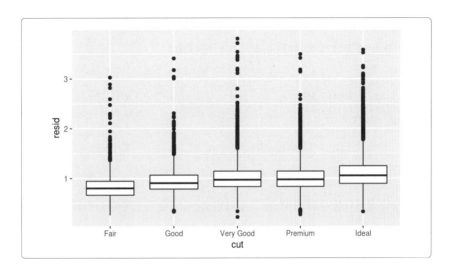

이 책의 마지막 부분인 4부에서 모델과 modelr 패키지가 어떻게 작동하는지 배우게 된다. 일단 데이터 처리와 프로그래밍 도구가 익숙해지면 모델이 무엇인지, 어떻게 작동하는지 이해하기 쉬워지므로 모델링에 대해서는 다음에 다루게 될 것이다.

5.7 ggplot2 표현

이 장을 넘어가면 ggplot2 코드 표현을 더 간결하게 바꿀 것이다. 지금까지는 배우는 과정에 도움이 될 수 있도록 명시적인 코드를 사용하였다.

```
ggplot(data = faithful, mapping = aes(x = eruptions)) +
  geom_freqpoly(binwidth = 0.25)
```

일반적으로 함수의 첫 번째, 두 번째 인수는 매우 중요하므로 기억해두어야 한다. ggplot()에서 처음 두 개의 인수는 data와 mapping 인수이며, aes()의 처음 두 개의 인수는 x와 y이다. 이 책의 나머지 부분에서는 이 이름들을 쓰지 않을 것이다. 이렇게 하면 타이핑이 줄어들고 상용구의 양이 줄어들어 플롯 간에 다른 점을 쉽게 알 수 있다. 이는 15장에서 다루게 될 매우 중요한 프로그래밍 문제이다.

위의 플롯을 좀 더 간결하게 작성하면 다음과 같다.

```
ggplot(faithful, aes(eruptions)) +
  geom_freqpoly(binwidth = 0.25)
```

때때로 데이터를 변환하는 파이프라인의 끝을 플롯으로 전환할 것이다. %>%에서 +로 전환되는 것을 유의하자. 이 전환이 필요하지 않기를 바라지만 유감스럽게도 파이프를 발굴하기 이전에 ggplot2가 만들어졌다.

```
diamonds %>%
  count(cut, clarity) %>%
  ggplot(aes(clarity, cut, fill = n)) +
    geom_tile()
```

5.8 더 배우기

ggplot2의 메커니즘에 대해 더 알고 싶다면 *ggplot2*[1]를 추천한다. 이 책은 최근에

---

1   (옮긴이) 번역서로 『ggplot2: R로 분석한 데이터를 멋진 그래픽으로』(2017, 프리렉)가 있다.

업데이트되어 dplyr과 tidyr 코드가 포함되어 있으며 시각화의 모든 측면을 탐색할 수 있는 부분이 많이 포함되어 있다. 유감스럽게도 이 책은 무료로 제공되지 않지만, 학교 계정이 있다면 SpringerLink를 통해 무료로 전자 버전을 얻을 수 있다.

또 다른 유용한 자료는 윈스턴 챙(Winston Chang)의 *R Graphics Cookbook*[2]이다. 대부분의 내용은 *http://www.cookbook-r.com/Graphs/*에서 이용 가능하다.

또한, 안토니 언윈(Antony Unwin)의 *Graphical Data Analysis with R*을 추천한다. 이 책은 이 장에서 다룬 내용과 유사하지만 더 깊이 있게 다룬다.

---

2 (옮긴이) 번역서로 『R Graphics Cookbook: 데이터 시각화를 위한 실용 레시피』(2013, 인사이트)가 있다.

6장

R f o r D a t a S c i e n c e

워크플로: 프로젝트

R을 중지하고 다른 작업을 한 뒤, 그다음 날 분석 작업으로 돌아가야 하는 경우가 있다. R을 활용한 여러 분석 작업을 동시에 진행하며 각 작업을 분리해야 하는 경우도 있다. 외부 데이터를 R로 불러오고 R의 수치적인 결과와 그림을 외부로 내보내야 하는 경우도 있다. 이러한 실제 상황을 처리하려면 두 가지 결정을 내려야 한다.

1. 분석은 '실제로 존재'하는가? 즉, 분석한 내용을 지속적으로 기록하기 위해 어떤 것을 저장할 것인가?
2. 분석 결과는 어디에 '남아'있는가?

6.1 무엇이 진짜인가?

초급 R 사용자의 경우, 환경(즉, 환경 영역의 목록에 있는 객체)을 '실재'로 간주해도 좋다. 그러나 장기적으로 볼 때 R 스크립트를 '실재'로 생각하는 것이 더 좋다.

R 스크립트(및 데이터 파일)로 분석 환경을 다시 만들 수 있지만, 분석 환경에서 R 스크립트를 다시 만드는 것은 훨씬 어렵다. (실수한 경우에는) 기억을 더듬어 많은 양의 코드를 다시 입력하거나 R 이력에서 불러와야 한다.

이를 위해 세션 간에 작업 공간을 공유하지 않도록 RStudio를 설정하는 것이 좋다.

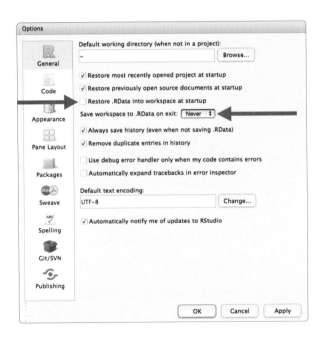

이렇게 하면 Rstudio를 다시 시작할 때, 마지막으로 실행한 코드의 결과가 남아 있지 않기 때문에 단기적으로 귀찮게 느껴질 수 있다. 그렇지만 코드의 모든 중요한 관계를 포착해야 하는 장기적인 괴로움은 덜어준다. 중요한 작업의 코드 자체를 저장하지 않고, 작업 공간에만 저장했다는 사실을 3개월 만에 발견한 것보다 더 심각한 일은 없을 것이다.

편집기에서 코드의 중요한 부분을 포착했는지 확인할 수 있는 좋은 단축키 조합이 있다.

- RStudio를 다시 시작하려면 Cmd/Ctrl + Shift + F10을 누른다.
- 지금의 스크립트를 다시 실행하려면 Cmd/Ctrl + Shift + S를 누른다.

나는 이러한 패턴을 일주일에 수백 번 사용하고 있다.

6.2 분석 작업이 어디에 남아있는가?

R은 작업 디렉터리와 강력하게 연결되어 있다. R에서 파일을 불러오고자 할 때 작업 디렉터리에서 찾으며, 파일을 저장할 때에도 작업 디렉터리에 저장한다. RStudio에서는 현재 작업 디렉터리를 콘솔 상단에 표시한다.

또한, getwd()를 실행하면 R 코드로 작업 디렉터리를 출력할 수 있다.

```
getwd()
#> [1] "/Users/hadley/Documents/r4ds/r4ds"
```

초급 R 사용자의 경우 홈 디렉터리, 문서 디렉터리 또는 기타 등등의 디렉터리를 R의 작업 디렉터리로 두어도 괜찮다. 그러나 1장부터 6장까지 차례대로 따라 왔다면 더는 초급자가 아니다. 이제는 구성한 분석 프로젝트를 디렉터리로 설정하고, 프로젝트 작업 시 세팅한 R 작업 디렉터리를 관련된 디렉터리로 설정해야 한다.

　권장하지는 않지만 R 내에서 작업 디렉터리를 설정할 수도 있다.

```
setwd("/path/to/my/CoolProject")
```

그렇지만 더 좋은 방법이 있으므로 이를 실행하지는 말라. 다음에 설명할 방법 이 R 작업을 관리하는 전문가로서의 길로 이끌어 줄 것이다.

6.3 경로와 디렉터리

경로에는 2가지의 기본 스타일(Mac/Linux와 Windows)이 존재하므로 경로와 디렉터리는 약간 복잡하다. 서로 다른 세 가지 주요 방식이 있다.

- 가장 중요한 차이점은 경로의 구성요소를 분리하는 방법이다. Mac과 Linux 는 슬래시(예, plots/diamonds.pdf)를 사용하고, Windows는 역슬래시(예, plots\diamonds.pdf)를 사용한다. (현재 사용하고 있는 플랫폼과 관계없이) R 은 2개의 타입에 모두 동작하지만, 역슬래시는 R에서 특별한 의미가 있으므로 경로에 1개의 역슬래시를 사용하기 위해서는 2개의 역슬래시를 입력해야 한다. 이는 불편하기 때문에 슬래시를 쓰는 Linux/Max 스타일을 사용하는 것 이 좋다.
- 절대 경로(즉, 작업 디렉터리와 관계없이 같은 위치를 가리키는 경로)의 표현 이 다르다. Windows에서는 드라이브 문자(예, C:) 또는 2개의 역슬래시(예, \\servername)로 시작하고, Mac/Linux에서는 슬래시 '/'(예, /users/hadley)로 시 작한다. 절대 경로는 공유가 불가하므로 절대로 스크립트에서 사용해서는 안

된다. 서로 똑같은 디렉터리로 구성한 사람은 아무도 없을 것이기 때문이다.

- 미지막으로 사소한 차이점은 ~(물결표)가 가리키는 위치이다. ~는 홈 디렉터리로 가는 편리한 방법이다. Windows는 홈 디렉터리 개념을 가지고 있지 않으므로 Windows에서는 홈 디렉터리 대신 문서 디렉터리를 가리킨다.

6.4 RStudio 프로젝트

R 전문가는 프로젝트와 관련된 모든 파일(입력 데이터, R 스크립트, 분석 결과, 그림)을 함께 남겨둔다. 이것은 RStudio가 프로젝트를 통해 기본으로 제공하는 유용하고 일반적인 방식이다.

이 책의 나머지 부분을 작업하는 동안 사용할 프로젝트를 만들어보자. File → New Project를 클릭한 후, 다음의 작업을 수행해보자.

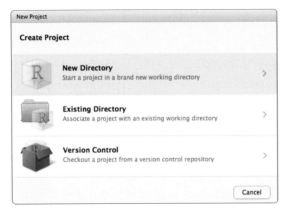

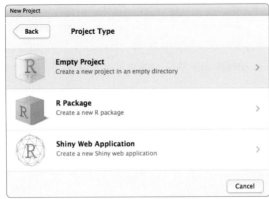

프로젝트 이름을 r4ds라고 짓고, 어떤 하위 디렉터리를 프로젝트에 넣을지 신중하게 생각해보자. 합리적인 장소에 두지 않으면 나중에 찾기 어려워질 것이다.

이 과정이 완료되면 이 책을 위한 새로운 RStudio 프로젝트를 얻을 수 있다. 프로젝트의 '홈' 디렉터리가 현재 작업 중인 디렉터리인지 확인해보자.

```
getwd()
#> [1] /Users/hadley/Documents/r4ds/r4ds
```

상대 경로로 된 파일을 참조할 때마다 앞의 코드에서 찾게 될 것이다.

이제 스크립트 편집기에서 다음 명령어를 입력하고 'diamonds.R' 이름으로 파일을 저장해보자. 그런 다음 완전한 스크립트를 실행하면 프로젝트 디렉터리에 PDF 및 CSV 파일로 저장될 것이다. 코드의 세부사항은 나중에 배우게 될 것이므로 신경 쓰지 않아도 된다.

```
library(tidyverse)

ggplot(diamonds, aes(carat, price)) +
  geom_hex()
  ggsave("diamonds.pdf")

write_csv(diamonds, "diamonds.csv")
```

RStudio를 종료하고, 프로젝트와 관련된 폴더(.Rproj로 명시된 파일)를 살펴보자. 해당 파일을 더블 클릭하여 프로젝트를 다시 열어보자. 중단한 부분으로 돌아갔는지 확인해보자. 이는 동일한 작업 디렉터리와 명령어 이력 그리고 작업 중이었던 모든 파일이 여전히 열려있는지 확인하는 것을 의미한다. 그렇지만 백지의 상태에서 시작한다는 위의 설정을 따랐으므로 완전히 새로운 환경으로 시작했을 것이다.

본인이 선호하는 OS 방식으로 `diamonds.pdf`를 검색하면 PDF 파일과 함께 작성한 스크립트(`diamonds.r`)도 찾을 수 있다. 이것은 굉장한 장점이다. 언젠가 그림을 다시 만들고 싶거나 그림이 어떻게 만들어졌는지 이해하고 싶을 것이다. R 코드와 함께 그림을 파일로 모두 저장했다면 마우스나 클립보드를 사용하지 않아도 이전 작업을 쉽게 재현할 수 있다.

6.5 요약

요약하면 RStudio 프로젝트는 미래에 자신을 잘 지원할 수 있는 견고한 워크플로를 제공한다.

- 각 데이터 분석 프로젝트에 대해 RStudio 프로젝트를 만든다.
- 8장에서는 데이터를 불러오려는 위치에 데이터 파일을 보관한다.
- 스크립트도 같은 곳에 보관한다(스크립트를 편집하고 줄 단위 또는 전체 단위로 실행한다).
- 결과물(플롯 또는 정제된 데이터)도 같은 곳에 저장한다.
- 상대 경로만 사용하고 절대 경로는 사용하지 않는다.

여러분이 필요로 하는 모든 것은 한곳에 위치하여, 작업 중인 다른 프로젝트와 완전히 분리된다.

2부

데이터 길들이기

2부에서는 시각화 및 모델링하기 편한 형태로 데이터를 R로 불러오는 기술인 데이터 길들이기(wrangling)에 대해 배운다. 이 단계 없이는 데이터 작업을 할 수 없기 때문에 매우 중요한 부분이다. 그림과 같이 '데이터 길들이기'에는 세 가지 주요 파트가 있다.

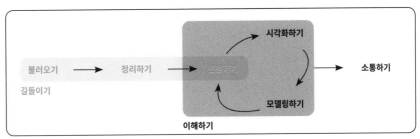

2부는 다음과 같이 진행된다.

- 7장에서는 이 책에서 사용하는 데이터프레임의 변형인 티블(tibble)에 대해 학습한다. 일반 데이터프레임과 어떻게 다른지를 배우고 '직접' 생성하는 법을 배울 것이다.
- 8장에서는 디스크에서 데이터를 R로 불러오는 법을 배운다. 일반 직사각형 텍스트 형식에 초점을 맞추겠지만, 다른 유형의 데이터를 지원하는 패키지도

알아본다.

- 9장에서는 타이디 데이터에 대해 배운다. 일관성 있는 데이터 저장 방법인 이 것을 사용하면 변형, 시각화 및 모델링을 쉽게 할 수 있다. 기본 원칙을 배우고, 데이터를 타이디 형식으로 불러오는 방법을 배우게 된다.

데이터 길들이기에는 우리가 이미 조금 알고 있는 데이터 변형도 포함된다. 실무에서 자주 접하게 될 세 가지 유형의 데이터에 대한 새로운 기술에 중점을 둘 것이다.

- 10장에서는 여러 개의 상호 연관된 데이터셋으로 작업하기 위한 도구를 제공한다.
- 11장에서는 문자열 조작을 위한 강력한 도구인 정규표현식을 소개한다.
- 12장에서는 어떻게 R이 범주형 자료를 저장하는지를 배운다. 이 방법은 변수가 가질 수 있는 값이 고정된 집합일 때, 또는 문자열에 대해 알파벳순이 아닌 순서를 사용하려는 경우에 사용할 수 있다.
- 13장에서는 데이트형과 데이트-타임형을 다루는 핵심 도구를 배울 것이다.

7장

tibble로 하는 티블

7.1 들어가기

이 책 전체에서 우리는 전통적인 data.frame(데이터프레임) 대신 '티블(tibble)' 을 가지고 작업한다. 티블도 사실은 데이터프레임이지만, 좀 더 편리하게 사용 할 수 있도록 오래된 동작들을 수정한 것이다. R은 오래된 언어이며, 10년 또는 20년 전에 유용했던 동작들이 이제는 그렇지 않은 경우가 있다. 기존 코드를 손 상시키지 않으면서 베이스 R을 변경하기가 어렵기 때문에 대부분의 혁신은 패 키지로 나타난다. 여기서 우리는 tibble 패키지에 대해서 설명할 것인데, 이는 tidyverse의 작업을 약간 쉽게 만들어주는 고집 있는 데이터프레임을 제공한다. 대개 티블과 데이터프레임을 같은 의미로 사용하지만, 특별히 R의 내장 데이터 프레임에 대해 이야기할 때는 data.frame으로 호칭할 것이다.

티블에 대해 이 장의 내용보다 더 자세히 배우고 싶으면 vignette("tibble")을 이용하면 된다.

7.1.1 준비하기

이 장에서는 tidyverse 패키지의 핵심 중 하나인 tibble 패키지를 살펴본다.

```
library(tidyverse)
```

7.2 티블 생성하기

이 책에서 사용하는 대부분의 함수는 tidyverse의 통합 특성 중 하나인 티블을 생성한다. 대부분의 다른 R 패키지는 일반적인 데이터프레임을 사용하므로, 데이터프레임을 티블로 강제 변형해야 할 경우가 있다. as_tibblc()을 사용하면 된다.

```
as_tibble(iris)
#> # A tibble: 150 × 5
#>   Sepal.Length Sepal.Width Petal.Length Petal.Width Species
#>          <dbl>       <dbl>        <dbl>       <dbl> <fctr>
#> 1          5.1         3.5          1.4         0.2 setosa
#> 2          4.9         3.0          1.4         0.2 setosa
#> 3          4.7         3.2          1.3         0.2 setosa
#> 4          4.6         3.1          1.5         0.2 setosa
#> 5          5.0         3.6          1.4         0.2 setosa
#> 6          5.4         3.9          1.7         0.4 setosa
#> # ... with 144 more rows
```

tibble()을 사용하여 개별 벡터로부터 새로운 티블을 만들 수 있다. tibble()은 길이가 1인 입력을 자동으로 재사용하며, 여기에서 보이는 것처럼 방금 만든 변수를 참조할 수도 있다.

```
tibble(
  x = 1:5,
  y = 1,
  z = x ^ 2 + y
)
#> # A tibble: 5 × 3
#>       x     y     z
#>   <int> <dbl> <dbl>
#> 1     1     1     2
#> 2     2     1     5
#> 3     3     1    10
#> 4     4     1    17
#> 5     5     1    26
```

data.frame()에 이미 익숙하다면 tibble()은 동작의 규모가 훨씬 작다는 것에 주의해야 한다. 즉, 입력의 유형을 절대로 변경하지 않고(예를 들어, 문자열을 팩터형으로 변환하지 않는다!), 변수의 이름을 바꾸거나 행 이름을 생성하지 않는다.

티블은 R 변수명으로는 유효하지 않은 이름(비구문론적 이름)도 열 이름으로 가질 수 있다. 예를 들어 문자로 시작하지 않거나 공백과 같은 비정상적인 문자가 포함될 수 있다. 이 변수들을 참조하려면 역따옴표(backtick, `)로 감싸야 한다.

```
tb <- tibble(
  `:)` = "스마일",
  ` ` = "스페이스",
  `2000` = "숫자"
```

```
)
tb
#> # A tibble: 1 × 3
#> `:)`  ` `  `2000`
#> <chr> <chr> <chr>
#> 1 스마일 스페이스 숫자
```

ggplot2, dplyr 및 tidyr과 같은 패키지에서 이러한 변수로 작업할 때도 역따옴표가 필요하다.

티블을 만드는 또 다른 방법은 tribble() (전치된(transposed) 티블의 줄임말)을 사용하는 것이다. tribble()은 코드로 데이터를 입력하기 위해 고안되었다. 열 헤더는 공식으로 정의되고(즉, ~로 시작), 입력은 쉼표로 구분된다. 이렇게 하면 적은 양의 데이터를 읽기 쉬운 형태로 배치할 수 있다.

```
tribble(
  ~x, ~y, ~z,
  #--|--|----
  "a", 2, 3.6,
  "b", 1, 8.5
)
#> # A tibble: 2 × 3
#>       x     y     z
#>   <chr> <dbl> <dbl>
#> 1     a     2   3.6
#> 2     b     1   8.5
```

나는 헤더가 있는 곳을 매우 명확하게 하기 위해 종종 주석(#으로 시작하는 라인)을 추가한다.

7.3 티블 vs 데이터프레임

티블과 전통적인 data.frame의 용법에 두 가지 주요 차이점이 있는데, 화면 출력과 서브셋하기다.

7.3.1 화면 출력

티블에는 처음 10개의 행과, 화면에 들어가는 열 모두를 보여주는 정교한 화면 출력 방법이 있다. 이를 이용하면 대용량 데이터 작업을 훨씬 쉽게 할 수 있다. 또한 str()에서 가져온 기능으로 각 열의 유형을 열 이름과 더불어 표시한다.

```
tibble(
  a = lubridate::now() + runif(1e3) * 86400,
  b = lubridate::today() + runif(1e3) * 30,
  c = 1:1e3,
  d = runif(1e3),
```

```
    e = sample(letters, 1e3, replace = TRUE)
)
#> # A tibble: 1,000 × 5
#>                     a          b     c     d     e
#>                 <dttm>     <date> <int> <dbl> <chr>
#> 1 2016-10-10 17:14:14 2016-10-17     1 0.368     h
#> 2 2016-10-11 11:19:24 2016-10-22     2 0.612     n
#> 3 2016-10-11 05:43:03 2016-11-01     3 0.415     l
#> 4 2016-10-10 19:04:20 2016-10-31     4 0.212     x
#> 5 2016-10-10 15:28:37 2016-10-28     5 0.733     a
#> 6 2016-10-11 02:29:34 2016-10-24     6 0.460     v
#> # ... with 994 more rows
```

티블은 큰 데이터프레임을 화면 출력할 때 실수로 콘솔을 넘어가지 않도록 설계되었다. 그러나 때로는 기본 디스플레이보다 더 많은 출력이 필요하곤 한다. 도움이 될 수 있는 몇 가지 옵션이 있다.

먼저 데이터프레임을 명시적으로 print()로 화면 출력하고 디스플레이의 행 수(n)와 너비(width)를 제어할 수 있다. width = Inf를 하면 모든 열을 표시한다.

```
nycflights13::flights %>%
  print(n = 10, width = Inf)
```

옵션을 설정하여 기본 출력 동작을 제어할 수도 있다.

- options(tibble.print_max = n, tibble.print_min = m): m행 이상인 경우, n행만 출력한다. 모든 행을 항상 표시하려면 options(dplyr.print_min = Inf)을 사용하라.
- options(tibble.width = Inf): 화면 너비와 상관없이 항상 모든 열을 출력한다.

package?tibble로 패키지 도움말을 찾아보면 옵션의 전체 목록을 볼 수 있다.

마지막 방법은 전체 데이터셋을 스크롤하여 볼 수 있도록 RStudio의 내장 데이터 뷰어를 사용하는 것이다. 긴 데이터 연쇄 작업의 마지막에도 이 방법은 유용하다.

```
nycflights13::flights %>%
  View()
```

7.3.2 서브셋하기

지금까지 배운 모든 도구를 완전한 데이터프레임에 사용했었다. 변수 하나를 추출하려면 새로운 도구인 $ 및 [[이 필요하다. [[는 이름이나 위치로 추출할 수 있다. $는 이름으로만 추출할 수 있지만 타이핑을 조금 덜 해도 된다.

```
df <- tibble(
  x = runif(5),
  y = rnorm(5)
)

# 이름으로 추출
df$x
#> [1] 0.434 0.395 0.548 0.762 0.254
df[["x"]]
#> [1] 0.434 0.395 0.548 0.762 0.254

# 위치로 추출
df[[1]]
#> [1] 0.434 0.395 0.548 0.762 0.254
```

파이프에서 이것들을 사용하려면 특별한 플레이스홀더(placeholder)인 .을 사용해야 한다.

```
df %>% .$x
#> [1] 0.434 0.395 0.548 0.762 0.254
df %>% .[["x"]]
#> [1] 0.434 0.395 0.548 0.762 0.254
```

티블은 data.frame보다 좀 더 엄격하다. 절대로 부분 매칭을 사용하지 않으며, 접근하려는 열이 존재하지 않는 경우에는 경고를 생성한다.

7.4 이전 코드와 상호작용

일부 오래된 함수는 티블에서 동작하지 않는다. 이러한 함수를 사용하려면 as.data.frame()을 사용하여 티블을 data.frame으로 되돌려야 한다.

```
class(as.data.frame(tb))
#> [1] "data.frame"
```

오래된 함수 중 일부가 티블에서 작동하지 않는 주된 이유는 [함수 때문이다. 이 책에서는 [를 별로 사용하지 않는데, dplyr::filter()와 dplyr::select()가 같은 문제를 더 명확한 코드로 해결할 수 있기 때문이다 (단, 300쪽의 '서브셋하기'에서 좀 더 자세히 알 수 있다). 베이스 R의 데이터프레임을 사용하면 [는 어떨 때는 데이터프레임을 반환하고, 또 어떨 때는 벡터를 반환한다. 티블에서 [는 항상 다른 티블을 반환한다.

7.4.1 연습문제

1. 어떤 객체가 티블인지 알 수 있는 방법은 무엇인가? (힌트: 일반적인 데이터

프레임인 mtcars를 화면 출력 해보라.)

2. data.frame과 이에 해당하는 티블에서 다음 연산들을 비교하고 차이를 밝혀보라. 차이점은 무엇인가? 데이터프레임의 기본 동작이 혼란스러운 점은 무엇인가?

```
df <- data.frame(abc = 1, xyz = "a")
df$x
df[, "xyz"]
df[, c("abc", "xyz")]
```

3. 객체에 변수 이름을 저장하고 있는 경우(예: var <- "mpg"), 티블에서 이 참조 변수를 어떻게 추출할 수 있는가?

4. 다음의 데이터프레임에서 비구문론적 이름을 참조하는 방법을 연습해보라.

   a. 1이라는 이름의 변수를 추출하기.

   b. 1 대 2의 산점도를 플롯팅하기.

   c. 열 2를 열 1로 나누어 3이라는 새로운 열을 생성하기.

   d. 열의 이름을 one, two, three로 변경하기.

```
annoying <- tibble(
  `1` = 1:10,
  `2` = `1` * 2 + rnorm(length(`1`))
)
```

5. tibble::enframe()은 어떤 동작을 하는가? 언제 사용하겠는가?

6. 티블의 바닥글(footer)에 화면 출력되는 열 이름의 개수를 제어하는 옵션은 무엇인가?

8장

readr로 하는 데이터 불러오기

8.1 들어가기

R 패키지가 제공하는 데이터를 이용하여 데이터 과학 도구를 익히는 것은 좋은 방법이다. 그렇지만 어느 시점에 이르러서는 학습을 중단하고 자신의 데이터로 작업해보고 싶어질 것이다. 이 장에서는 일반 텍스트 직사각형 파일을 R로 불러오는 방법을 배운다. 데이터 불러오기 맛보기만 할 뿐이지만, 여기에서 배우는 많은 원칙을 다른 형태의 데이터에도 적용할 수 있다. 이 장의 마무리에서 다른 유형의 데이터에 유용한 패키지 몇 가지를 소개한다.

8.1.1 준비하기

이 장에서는 tidyverse의 핵심인 readr 패키지를 사용하여 플랫 파일[1]을 불러오는 방법을 학습한다.

```
library(tidyverse)
```

8.2 시작하기

readr 함수 대부분은 플랫 파일을 데이터프레임으로 바꾸는 것과 연관이 있다.

- read_csv()는 쉼표로 구분된 파일을 읽고, read_csv2()는 세미콜론으로 구분된 파일(,가 소수점 자리로 사용되는 국가에 일반적임)을 읽으며, read_tsv()는

---

1 (옮긴이) 플랫(flat) 파일은 구조화되어 있지 않은 파일을 말한다.

탭-구분 파일을 읽는다. read_delim()은 임의의 구분자로 된 파일을 읽는다.

- read_fwf()는 고정 너비 파일을 읽는다. 필드 너비는 fwf_widths()를 이용하여, 필드 위치는 fwf_positions()를 이용하여 지정할 수 있다. read_table()은 고정 너비 파일의 일반적 변형 형태인 열이 공백으로 구분된 파일을 읽는다.
- read_log()는 Apache 스타일의 로그 파일을 읽는다. (하지만 read_log() 위에 구축되어 더 많은 유용한 도구를 제공하는 webreadr[2]도 확인하라.)

이 함수들은 문법이 모두 비슷하다. 하나를 익히면 나머지는 쉽게 사용할 수 있다. 이 장의 나머지 부분에서는 read_csv()에 초점을 맞출 것이다. CSV 파일은 가장 일반적인 형태의 데이터 저장 형태일 뿐 아니라 read_csv()를 이해하면 readr의 다른 모든 함수에 쉽게 적용할 수 있다.

read_csv()의 첫 번째 인수가 가장 중요한데 바로 읽으려고 하는 파일의 경로다.

```
heights <- read_csv("data/heights.csv")
#> Parsed with column specification:
#> cols(
#> earn = col_double(),
#> height = col_double(),
#> sex = col_character(),
#> ed = col_integer(),
#> age = col_integer(),
#> race = col_character()
#> )
```

read_csv()를 실행하면 각 열의 이름과 유형을 제공하는 열 사양이 화면 출력된다. 이는 readr에서 중요한 부분이다. 137쪽의 '파일 파싱하기'에서 다시 살펴보겠다.

인라인 CSV 파일[3]을 넣을 수도 있다. 이것은 readr로 실험해볼 때와 다른 사람들과 공유할 재현 가능한 예제를 만들 때 유용하다.

```
read_csv("a,b,c
1,2,3
4,5,6")
#> # A tibble: 2 × 3
#>       a     b     c
#>   <int> <int> <int>
#> 1     1     2     3
#> 2     4     5     6
```

2 *https://github.com/Ironholds/webreadr*
3 (옮긴이) 예시와 같이 코드 안에 위치한 CSV 형식의 데이터.

두 경우 모두 read_csv()는 데이터의 첫 번째 줄을 열 이름으로 사용한다. 이는 매우 일반적인 규칙이다. 이 동작을 조정해야 하는 경우는 두 가지이다.

- 파일 앞 부분에 메타 데이터 몇 줄이 있는 경우가 있다. skip = n을 사용하여 첫 n줄을 건너 뛸 수 있다. 또는 comment = "#"을 사용하여 #으로 시작하는 모든 줄을 무시할 수 있다.

```
read_csv("메타 데이터 첫 번째 행
  메타 데이터 두 번째 행
  x,y,z
  1,2,3", skip = 2)
#> # A tibble: 1 × 3
#>       x     y     z
#>   <int> <int> <int>
#> 1     1     2     3

read_csv("# 건너뛰고 싶은 주석
x,y,z
1,2,3", comment = "#")
#> # A tibble: 1 × 3
#>       x     y     z
#>   <int> <int> <int>
#> 1     1     2     3
```

- 데이터에 열 이름이 없을 수 있다. col_names = FALSE를 사용하면 read_csv() 가 첫 행을 헤드로 취급하지 않고 대신 X1에서 Xn까지 순차적으로 이름을 붙인다.

```
read_csv("1,2,3\n4,5,6", col_names = FALSE)
#> # A tibble: 2 × 3
#>      X1    X2    X3
#>   <int> <int> <int>
#> 1     1     2     3
#> 2     4     5     6
```

("\n"은 새 줄을 추가하는 편리한 단축키이다. 195쪽의 '문자열 기초'에서 이 단축어와 문자열 이스케이프의 다른 유형에 대해 자세히 배운다.)

다른 방법으로는 col_names에 열 이름으로 사용할 문자형 벡터를 전달할 수도 있다.

```
read_csv("1,2,3\n4,5,6", col_names = c("x", "y", "z"))
#> # A tibble: 2 × 3
#>       x     y     z
#>   <int> <int> <int>
#> 1     1     2     3
#> 2     4     5     6
```

일반적으로 조정이 필요한 또 다른 옵션은 na이다. 파일에서 결측값을 나타내는 데 사용되는 값(들)을 지정한다.

```
read_csv("a,b,c\n1,2,.", na = ".")
#> # A tibble: 1 × 3
#>       a     b c
#>   <int> <int> <chr>
#> 1     1     2 <NA>
```

여기까지 배운 것들로 실제로 마주하게 될 CSV 파일의 75% 정도를 불러올 수 있다. 또한 탭으로 구분된 파일을 read_tsv()를 사용하여, 혹은 고정간격 파일을 read_fwf()를 사용하여 불러오는 데도 쉽게 적용할 수 있다. 더 복잡한 파일을 읽으려면 readr이 각 열을 파싱하여 R 벡터로 바꾸는 방법에 대해 자세히 배워야 한다.

8.2.1 베이스 R과 비교

R을 이전부터 사용한 사람은 우리가 read.csv()를 사용하지 않는 이유가 궁금할 것이다. 다음과 같은 몇 가지 타당한 이유로 베이스 함수보다 readr 함수를 선호한다.

- 일반적으로 베이스 함수보다 훨씬 더(~10배) 빠르다. 오래 걸리는 작업은 진행 표시줄을 통해 상황을 알 수 있다. 원시 속도(raw speed)로 작업하려면 data.table::fread()를 사용해보라. 이 함수는 tidyverse에 잘 어울리지는 않지만, 훨씬 더 빠를 수 있다.
- 티블을 생성한다. 문자 벡터를 팩터형으로 변환하지도, 행 이름을 사용하거나 열 이름을 변경하지도 않는다. 베이스 R 함수는 변환, 변경하기 때문에 불편하다.
- 좀 더 재현 가능하다. 베이스 R 함수는 운영체제 및 환경 변수의 일부 동작을 상속하므로 자신의 컴퓨터에서 작동하는 불러오기 코드가 다른 사람의 컴퓨터에서 작동하지 않을 수 있다.

8.2.2 연습문제

1. 필드가 "|"로 분리된 파일을 읽으려면 어떤 함수를 사용하겠는가?
2. file, skip, comment 외에 read_csv()와 read_tsv()가 공통으로 가진 인수는 무엇인가?

3. read_fwf()에서 가장 중요한 인수는 무엇인가?

4. CSV 파일의 문자열에 쉼표가 포함되는 경우가 있다. 그것들이 문제를 일으키지 않게 하려면 " 혹은 '와 같은 인용 문자로 둘러쌀 필요가 있다. read_csv()는 인용 문자가 "라고 가정한다. 다음 텍스트를 데이터프레임으로 읽으려면 read_csv()의 어떤 인수를 설정해야하는가?

```
"x,y\n1,'a,b'"
```

5. 다음 각 인라인 CSV 파일에 어떤 문제가 있는지 확인하라. 코드를 실행하면 어떻게 되는가?

```
read_csv("a,b\n1,2,3\n4,5,6")
read_csv("a,b,c\n1,2\n1,2,3,4")
read_csv("a,b\n\"1")
read_csv("a,b\n1,2\na,b")
read_csv("a;b\n1;3")
```

8.3 벡터 파싱하기

readr이 디스크에서 파일을 읽는 방법에 대해 깊이 알아보기 전에, 잠깐 벗어나서 parse_*() 함수에 대해 살펴볼 필요가 있다. 이 함수들은 문자형 벡터를 입력으로 하여 논리형, 정수형 또는 날짜형과 같은 좀 더 특수화된 벡터를 반환한다.

```
str(parse_logical(c("TRUE", "FALSE", "NA")))
#> logi [1:3] TRUE FALSE NA
str(parse_integer(c("1", "2", "3")))
#> int [1:3] 1 2 3
str(parse_date(c("2010-01-01", "1979-10-14")))
#> Date[1:2], format: "2010-01-01" "1979-10-14"
```

이 함수들은 독립적으로도 유용하지만, readr의 중요한 구성요소이기도 하다. 이 절에서는 개별 파서(parser)가 어떻게 동작하는지를 우선 배우고, 다음 절에서 개별 파서들이 어떻게 구성되어 파일 전체를 파싱하는지 살펴볼 것이다

tidyverse의 모든 함수와 마찬가지로, parse_*() 함수는 동일한 형태이다. 즉, 첫 번째 인수는 파싱할 문자형 벡터이며 na 인수는 결측으로 처리되어야 하는 문자열을 지정한다.

```
parse_integer(c("1", "231", ".", "456"), na = ".")
#> [1] 1 231 NA 456
```

파싱에 실패하면 경고 메시지가 나타난다.

```
x <- parse_integer(c("123", "345", "abc", "123.45"))
#> Warning: 2 parsing failures.
#> row col               expected actual
#>   3 -- an integer                abc
#>   4 -- no trailing characters    .45
```

이런 경우에는 출력에서 누락될 것이다.

```
x
#> [1] 123 345 NA NA
#> attr(,"problems")
#> # A tibble: 2 × 4
#>   row   col               expected actual
#>   <int> <int>                <chr>  <chr>
#> 1   3    NA            an integer    abc
#> 2   4    NA no trailing characters   .45
```

파싱에 실패한 경우가 많으면 problems()를 사용하여 실패 전체를 가져와야 한다. problems()는 티블을 반환하면, dplyr로 작업할 수 있다.

```
problems(x)
#> # A tibble: 2 x 4
#>   row   col               expected actual
#>   <int> <int>                <chr>  <chr>
#> 1   3    NA            an integer    abc
#> 2   4    NA no trailing characters   .45
```

파서를 잘 활용하려면 어떤 종류가 있는지, 각종 입력 유형을 어떻게 다루는지를 잘 이해해야 한다. 특별히 중요한 8개의 파서가 있다.

- parse_logical()과 parse_integer()는 각각 논리형 및 정수형을 파싱한다. 기본적으로 이 파서에 잘못될 수 있는 것은 없으므로 여기서 더 설명하지 않겠다.
- parse_double()은 엄격한 수치형 파서이고, parse_number()는 유연한 수치형 파서이다. 이들은 예상보다 더 복잡하다. 왜냐하면 세계 여러 지역이 각자 다른 방식으로 숫자를 쓰기 때문이다.
- parse_character()는 너무 단순해서 필요 없을 것 같다고 생각할지도 모른다. 그러나 어떤 복잡성 때문에 이 파서가 매우 중요하다. 바로 문자 인코딩이 그것이다.
- parse_factor()는 팩터형을 생성하는데, 팩터형은 R이 미리 정해지고 알려진 값으로 범주형 변수를 나타내기 위해 사용하는 데이터 구조이다.
- parse_datetime(), parse_date(), parse_time()을 사용하면 다양한 날짜와 시각

데이터를 파싱할 수 있다. 날짜를 쓰는 방법은 다양하기 때문에 이 함수들이 가장 복잡하다. 다음 절들에서 더 자세히 살펴보기로 하자.

8.3.1 숫자

숫자 파싱은 간단해 보이지만, 다음의 세 가지 문제 때문에 까다롭다.

- 세계 여러 지역에서 사람들은 숫자를 다르게 쓴다. 예를 들어 어떤 국가에서는 실수의 정수 부분과 소수 부분 사이에 .를 쓰고 다른 국가에서는 ,를 쓴다.
- 숫자는 '$1000', '10%'와 같이 단위를 나타내는 다른 문자가 붙어있을 때가 많다.
- 숫자는 '1,000,000'과 같이 쉽게 읽을 수 있도록 '그룹화' 문자가 포함되는 경우가 많다. 이러한 그룹화 문자는 국가마다 다르다.

첫 번째 문제를 해결하기 위해서 readr은 지역에 따라 파싱 옵션을 지정하는 객체인 '로캘(locale)'이라는 개념을 사용한다. 숫자를 파싱할 때 가장 중요한 옵션은 소수점으로 사용하는 문자이다. 새로운 로캘을 생성하고 decimal_mark 인수를 설정하여 기본값인 .를 다른 값으로 재정의할 수 있다.

```
parse_double("1.23")
#> [1] 1.23
parse_double("1,23", locale = locale(decimal_mark = ","))
#> [1] 1.23
```

readr의 기본 로캘은 미국 중심인데, 왜냐하면 일반적으로 R은 미국 중심이기 때문이다(즉, 베이스 R의 문서가 미국식 영어로 작성되었다). 다른 방법은 운영체제의 기본값을 추측하여 시도하는 것이다. 이러한 방법은 잘 동작하지 않고, 더 중요한 것은 코드가 취약하게 된다. 자신의 컴퓨터에서 동작하더라도 코드를 다른 국가의 동료에게 이메일로 보낼 때 오류가 발생할 수 있다.

두 번째 문제를 처리하는 parse_number()는 숫자 앞뒤의 비수치 문자(non-numeric character)를 무시한다. 통화 및 백분율에 특히 유용하지만, 텍스트에 포함된 숫자를 추출하는 데도 효과적이다.

```
parse_number("$100")
#> [1] 100
parse_number("20%")
#> [1] 20
parse_number("It cost $123.45")
#> [1] 123.45
```

마지막 문제는 parse_number()와 로캘을 조합하여 parse_number()가 '그룹화 마크'를 무시하도록 함으로써 해결할 수 있다.

```
# 미주 방식
parse_number("$123,456,789")
#> [1] 1.23e+08

# 유럽의 많은 국가 방식
parse_number(
  "123.456.789",
  locale = locale(grouping_mark = ".")
)
#> [1] 1.23e+08

# 스위스 방식
parse_number(
  "123'456'789",
  locale = locale(grouping_mark = "'")
)
#> [1] 1.23e+08
```

8.3.2 문자열

parse_character()는 정말 단순해 보인다. 입력을 단순히 반환하는 것 아닌가. 그런데 불행하게도 삶은 그렇게 호락호락하지 않다. 같은 문자열을 나타내는 방법은 여러 가지이다. 이게 무슨 이야기인지 이해하려면 컴퓨터가 문자열을 표시하는 방법에 대해 깊고 상세하게 들어가야 한다. R에서는 charToRaw()를 사용하여 문자열의 기본 표현을 볼 수 있다.

```
charToRaw("Hadley")
#> [1] 48 61 64 6c 65 79
```

각 16진수 값은 정보 바이트를 나타낸다. 예를 들면 48은 H를 나타내고, 61은 a를 나타낸다. 16진수 수치를 문자로 매핑하는 것을 인코딩이라고 하며, 앞의 인코딩은 ASCII(아스키)라고 한다. ASCII는 정보 교환을 위한 미국 표준 코드(American Standard Code for Information Interchange)의 줄임말이며 따라서 영문자를 잘 표현한다.

영어가 아닌 다른 언어의 경우 더욱 복잡해진다. 컴퓨터 시대 초창기에는 비영어권 문자 인코딩을 위한 여러 표준 규격이 있었다. 문자열을 정확하게 해석하기 위해서는 값과 인코딩을 모두 알아야했다.

예를 들어 두 가지 일반적인 인코딩은 Latin1(ISO-8859-1, 서유럽 언어들에서 사용)과 Latin2(ISO-8859-2, 동유럽 언어들에서 사용)이다. Latin1에서 바이트 b1은 '±'이지만, Latin2에서는 'ą'이다. 다행히 오늘날에는 거의 모든 곳에서 지원되는 하나의 표준인 UTF-8이 있다. UTF-8은 오늘날 인간이 사용하는 거의 모든 문자와 기타 기호들(예: 이모티콘)을 인코딩할 수 있다.

readr은 모든 곳에서 UTF-8을 사용한다. 데이터를 읽을 때 UTF-8이라고 가정하며, 쓸 때는 항상 사용한다. UTF-8은 좋은 기본값이지만, 이를 인식하지 못하는 구형 시스템에서 생성된 데이터에 사용할 수 없다. 이런 상황이면 문자열을 화면 출력할 때 이상하게 보인다. 한두 개의 문자만 엉망이 될 수도 있고, 완전히 외계어들을 볼 수도 있다. 다음의 예를 보자.

```
x1 <- "El Ni\xf1o was particularly bad this year"
x2 <- "\x82\xb1\x82\xf1\x82\xc9\x82\xbf\x82\xcd"

x1
#> [1] "El Ni\xf1o was particularly bad this year"
x2
#> [1] "\x82\xb1\x82\xf1\x82\xbf\x82\xcd"
```

문제를 해결하려면 parse_character()에서 인코딩을 지정해야 한다.

```
parse_character(x1, locale = locale(encoding = "Latin1"))
#> [1] "El Nino was particularly bad this year"
parse_character(x2, locale = locale(encoding = "Shift-JIS"))
#> [1] "こんにちは"
```

올바른 인코딩을 어떻게 찾을 수 있을까? 운이 좋다면 데이터 문서의 어딘가에 포함되었을 것이다. 하지만 불행하게도 그런 경우는 거의 없으므로, readr는 guess_encoding()을 제공하여 사용자가 알아낼 수 있도록 도와준다. 이것은 완벽하지도 않고, (앞의 사례와 달리) 텍스트가 많아야 더 잘 작동하지만, 한번 시도해볼 만한 방법이다. 올바른 인코딩을 찾기 전에 몇 가지 다른 인코딩을 시도해보라.

```
guess_encoding(charToRaw(x1))
#>      encoding confidence

#> 1 ISO-8859-1      0.46
#> 2 ISO-8859-9      0.23
guess_encoding(charToRaw(x2))
#>      encoding confidence

#> 1    KOI8-R       0.42
```

guess_encoding()의 첫 번째 인수로는 파일의 경로 혹은, 이 예제와 같이 원시 벡터(문자열이 이미 R에 있는 경우 유용함)가 될 수 있다.

인코딩은 방대하고 복잡한 주제이며, 여기서 우리는 단지 겉핥기만 한 것이다. 더 배우고 싶으면 *http://kunststube.net/encoding*에서 자세한 설명을 읽어보길
추천한다.

8.3.3 팩터형

R은 팩터형을 사용하여, 가질 수 있는 값을 미리 알고 있는 범주형 변수를 나타
낸다. 예상치 못한 값이 있을 때마다 경고를 생성하려면 parse_factor()에 가질
수 있는 레벨의 벡터를 제공하면 된다.

```
fruit <- c("apple", "banana")
parse_factor(c("apple", "banana", "bananana"), levels = fruit)
#> Warning: 1 parsing failure.
#> row col      expected         actual
#>   3 --   value in level set bananana
#> [1] apple banana <NA>
#> attr(,"problems")
#> # A tibble: 1 × 4
#>     row   col               expected   actual
#>   <int> <int>                  <chr>    <chr>
#> 1     3    NA  value in level set bananana
#> Levels: apple banana
```

그러나 입력값에 문제가 많이 있는 경우에는, 그 입력값을 우선 문자형 벡터로
남겨두고 11장과 12장에서 배울 도구를 사용하여 정리하는 것이 쉬울 때가 많다.

8.3.4 데이트형, 데이트-타임형, 타임형

원하는 것이 날짜(1970-01-01 이후의 일 수), 날짜-시간(1970-01-01 자정 이후의
초 수), 시간(자정 이후의 초 수)인지에 따라 세 가지 파서 중에서 선택하면 된
다. 추가 인수 없는 각 파서의 동작은 다음과 같다.

- parse_datetime()은 ISO 8601 날짜-시간을 입력으로 한다. ISO 8601은 국제 표
  준인데 날짜가 가장 큰 것부터 가장 작은 것(즉, 년, 월, 일, 시, 분, 초)으로 구
  성된다.

  ```
  parse_datetime("2010-10-01T2010")
  #> [1] "2010-10-01 20:10:00 UTC"
  # 시간이 생략된 경우엔 자정으로 설정됨
  parse_datetime("20101010")
  #> [1] "2010-10-10 UTC"
  ```

  ISO 8601은 가장 중요한 날짜/시간 표준이며, 날짜와 시간을 자주 다루는 경
  우 *https://en.wikipedia.org/wiki/ISO_8601*을 읽어볼 것을 추천한다.

- parse_date()는 네 자리 연도, - 또는 /, 월, - 또는 /, 날짜를 입력으로 한다.

```
parse_date("2010-10-01")
#> [1] "2010-10-01"
```

- parse_time()은 시, :, 분 그리고 선택적으로 :, 초, 선택적 a.m./p.m 표시를 입력으로 한다.

```
library(hms)
parse_time("01:10 am")
#> 01:10:00
parse_time("20:10:01")
#> 20:10:01
```

베이스 R에는 시간 데이터를 위한 훌륭한 내장 클래스가 없기 때문에, 우리는 hms 패키지에서 제공되는 클래스를 사용한다.

이러한 기본 설정으로 주어진 데이터를 처리하지 못한다면 다음의 요소들로 이루어진 자신만의 날짜-시간 형식(format)을 만들어 쓸 수 있다.

연

%Y (4 자리).

%y (2 자리, 00-69 → 2000-2069, 70-99 → 1970-1999).

월

%m (2 자리).

%b ("Jan"과 같이 축약된 명칭).

%B (전체 명칭, "January").

일

%d (2 자리).

%e (선택적 선행 공백)

시간

%H (0-23 시간 형식).

%I (0-12, %p와 함께 사용해야 함).

%p (a.m./p.m 표시).

%M (분).

%S (정수 초).

%OS (실수 초).

%Z (시간대 [이름, 예, America/Chicago]). 참고: 줄임말에 주의하라. 'EST'는 일광 절약 시간제가 없는 캐나다 표준 시간대임을 주의하라. 그것은 동부 표준시가 아니다! 254쪽의 '시간대'에서 이를 다시 살펴보겠다.

%z (UTC와의 오프셋, 예: +0800).

숫자가 아닌 문자

%. (숫자가 아닌 문자 하나를 건너뛴다).

%* (숫자가 아닌 문자 모두를 건너뛴다).

올바른 포맷을 파악하는 가장 좋은 방법은 문자형 벡터로 몇 가지 예제를 만들고, 파싱 함수 중 하나로 테스트하는 것이다.

```
parse_date("01/02/15", "%m/%d/%y")
#> [1] "2015-01-02"
parse_date("01/02/15", "%d/%m/%y")
#> [1] "2015-02-01"
parse_date("01/02/15", "%y/%m/%d")
#> [1] "2001-02-15"
```

비영어권의 월 이름에 %b 또는 %B를 사용하는 경우, locale()의 date_names 인수를 설정해야 한다. date_names_langs()에 내장된 언어 목록을 보라. 자신의 언어가 아직 포함되어 있지 않았으면 date_names()를 사용하여 생성하라.

```
parse_date("1 janvier 2015", "%d %B %Y", locale = locale("fr"))
#> [1] "2015-01-01"
```

8.3.5 연습문제

1. locale()에서 가장 중요한 인수들은 무엇인가?

2. decimal_mark와 grouping_mark를 동일 문자로 설정하려고 하면 어떻게 되는가? decimal_mark를 ','로 설정하면 grouping_mark의 기본값은 어떻게 되는가? grouping_mark를 '.'로 설정하면 decimal_mark의 기본값은 어떻게 되는가?

3. locale()의 date_format 및 time_format 옵션에 대해서는 논의하지 않았다. 이들이 하는 일은 무엇인가? 이들이 유용할 수 있는 경우를 보여주는 예제를 작성해보라.

4. 가장 많이 읽는 파일 형식에 대한 설정을 압축한 새로운 로캘 객체를 만들어보라.

5. read_csv()와 read_csv2()의 차이점은 무엇인가?

6. 유럽에서 사용되는 가장 일반적인 인코딩은 무엇인가? 아시아에서 가장 많이 사용되는 인코딩은 무엇인가? 구글 검색해서 알아보라.

7. 올바른 형식 문자열을 생성하여 다음 날짜와 시간을 파싱하라.

```
d1 <- "January 1, 2010"
d2 <- "2015-Mar-07"
d3 <- "06-Jun-2017"
d4 <- c("August 19 (2015)", "July 1 (2015)")
d5 <- "12/30/14" # Dec 30, 2014
t1 <- "1705"
t2 <- "11:15:10.12 PM"
```

8.4 파일 파싱하기

이제까지 개별 벡터를 파싱하는 방법을 배웠으므로, 처음으로 돌아가서 readr이 파일을 파싱하는 방법을 알아볼 차례이다. 이 절에서는 다음의 두 방법을 배운다.

• readr이 각 열의 유형을 자동으로 추측하는 방법.
• 기본 사양을 재정의하는 방법.

8.4.1 전략

readr은 휴리스틱 방법을 사용하여 각 열의 유형을 파악한다. 첫 번째 1000행을 읽고 (적절히 보수적인) 휴리스틱 방법을 사용하여 각 열의 유형을 찾는다.

guess_parser()(readr의 추정을 반환)와 parse_guess()(앞의 추정을 사용하여 열을 파싱)를 사용하여 문자형 벡터에 이 과정을 재현해볼 수 있다.

```
guess_parser("2010-10-01")
#> [1] "date"
guess_parser("15:01")
#> [1] "time"
guess_parser(c("TRUE", "FALSE"))
#> [1] "logical"
guess_parser(c("1", "5", "9"))
#> [1] "integer"
guess_parser(c("12,352,561"))
#> [1] "number"

str(parse_guess("2010-10-10"))
#> Date[1:1], format: "2010-10-10"
```

이 휴리스틱 방법은 다음 유형들을 각각 시도하여 일치하는 항목을 찾으면 멈춘다.

논리형

'F', 'T', 'FALSE', 'TRUE'만 포함.

정수형

수치형 문자(와 -)만 포함.

더블형

(4.5e-5와 같은 숫자를 포함하는) 유효한 더블형만 포함.

수치형

내부에 그룹화 마크가 있는 유효한 더블형을 포함.

타임형

기본 time_format과 일치.

데이트형

기본 date_format과 일치.

데이트-타임형

ISO 8601 날짜.

이러한 규칙 중 어느 것도 적용되지 않으면 해당 열은 문자열 벡터로 그대로 남는다.

8.4.2 문제점

큰 파일의 경우 이러한 기본값이 항상 잘 작동하지는 않는다. 두 가지 문제가 있다.

- 처음 1,000행이 특수한 경우이어서 readr이 충분히 일반적이지 않은 유형으로 추측할 수 있다. 예를 들어 첫 번째 1,000개의 행에 정수만 있는 더블형 열이 있을 수 있다.
- 열에 결측값이 많이 있을 수 있다. 첫 번째 1,000개의 행에 NA만 있는 경우 readr이 논리형 벡터로 추측할 것이지만, 여러분은 좀 더 구체적으로 파싱하고 싶을 수 있다.

readr에는 이러한 두 가지 문제를 모두 보여주는 까다로운 CSV가 포함되어 있다.

```
challenge <- read_csv(readr_example("challenge.csv"))
#> Parsed with column specification:
#> cols(
#>   x = col_double(),
#>   y = col_logical()
#> )
#> Warning: 1000 parsing failures.
#>  row col               expected    actual
#> 1001   y 1/0/T/F/TRUE/FALSE 2015-01-16
#> 1002   y 1/0/T/F/TRUE/FALSE 2018-05-18
#> 1003   y 1/0/T/F/TRUE/FALSE 2015-09-05
#> 1004   y 1/0/T/F/TRUE/FALSE 2012-11-28
#> 1005   y 1/0/T/F/TRUE/FALSE 2020-01-13
#> .... ... .................. ..........
#> See problems(...) for more details.
```

(패키지에 포함된 파일의 경로를 찾아 주는 readr_example()을 사용한 것에 주목하라.)

두 가지가 출력되었다. 첫 번째 1,000개의 행을 보고 생성된 열 상세 내용과 첫 다섯 개의 파싱 오류가 그것이다. 발생한 문제들을 probelms()로 명시적으로 추출하여 더 깊이 탐색하는 것은 언제나 좋은 방법이다.

```
problems(challenge)
#> # A tibble: 1,000 x 5
#>     row col   expected           actual
#>   <int> <chr> <chr>              <chr>
#> 1  1001 y     1/0/T/F/TRUE/FA... 2015-01-...
#> 2  1002 y     1/0/T/F/TRUE/FA... 2018-05-...
#> 3  1003 y     1/0/T/F/TRUE/FA... 2015-09-...
#> 4  1004 y     1/0/T/F/TRUE/FA... 2012-11-...
#> 5  1005 y     1/0/T/F/TRUE/FA... 2020-01-...
#> 6  1006 y     1/0/T/F/TRUE/FA... 2016-04-...
#> # ... with 994 more rows
```

문제가 남아있지 않을 때까지 열 단위로 작업하는 것은 좋은 전략이다. y 열에 파싱 문제가 많다는 것을 알 수 있다. 마지막 행 몇 개를 보면, 날짜가 논리형 벡터로 저장되어 있는 것을 알 수 있다.

```
tail(challenge)
#> # A tibble: 6 x 2
#>       x y
#>   <dbl> <lgl>
#> 1 0.805 NA
#> 2 0.164 NA
#> 3 0.472 NA
#> 4 0.718 NA
#> 5 0.270 NA
#> 6 0.608 NA
```

따라서 우리는 데이트형 파서를 사용해야 한다. 원래의 함수 호출에 열 명세를 복사하여 붙여넣기부터 해보자.

```
challenge <- read_csv(
  readr_example("challenge.csv"),
  col_types = cols(
    x = col_double(),
    y = col_logical()
  )
)
```

이제 y를 데이트형 열로 설정하여, y열의 유형을 수정할 수 있다.

```
challenge <- read_csv(
  readr_example("challenge.csv"),
  col_types = cols(
    x = col_double(),
    y = col_date()
  )
)
tail(challenge)
#> # A tibble: 6 × 2
#>        x          y
#>    <dbl>      <date>
#> 1 0.805 2019-11-21
#> 2 0.164 2018-03-29
#> 3 0.472 2014-08-04
#> 4 0.718 2015-08-16
#> 5 0.270 2020-02-04
#> 6 0.608 2019-01-06
```

모든 parse_xyz() 함수는 해당하는 col_xyz() 함수를 가지고 있다. 데이터가 이미 R의 문자형 벡터인 경우에는 parse_xyz()를 사용하면 되고, readr이 데이터를 불러오는 방법을 설정할 경우에는 col_xyz()를 사용하면 된다.

col_types를 항상 설정하여 readr이 생성하는 출력물로부터 만들어 나가는 것을 강력히 추천한다. 이렇게 하면 일관되고 재현할 수 있는 데이터 불러오기 스크립트를 갖게 된다. 기본값으로 추측하여 데이터를 읽는다면 데이터 변경 시 readr은 과거 설정으로 읽게 될 것이다. 정말로 엄격하게 하고 싶다면 stop_for_problems()를 사용하라. 파싱 문제가 생기면 오류를 내며 스크립트를 중단할 것이다.

8.4.3 기타 전략

파일을 파싱하는 데 도움이 되는 몇 가지 일반적인 전략이 있다.

- 앞의 예제에서 우리는 단지 운이 없었다. 즉, 기본값보다 한 행만 더 살펴보면 한 번에 정확하게 파싱할 수 있다.

```
challenge2 <- read_csv(
                readr_example("challenge.csv"),
                guess_max = 1001
              )
#> Parsed with column specification:
#> cols(
#>   x = col_double(),
#>   y = col_date(format = "")
#> )
challenge2
#> # A tibble: 2,000 x 2
#>       x      y
#>   <dbl> <date>
#> 1   404     NA
#> 2  4172     NA
#> 3  3004     NA
#> 4   787     NA
#> 5    37     NA
#> 6  2332     NA
#> # ... with 1,994 more rows
```

• 모든 열을 문자형 벡터로 읽으면 문제를 쉽게 진단할 수 있는 경우가 많다.

```
challenge2 <- read_csv(readr_example("challenge.csv"),
  col_types = cols(.default = col_character())
)
```

이 방법은 type_convert()와 함께 사용하면 특히 유용한데, 이 함수는 휴리스틱한 파싱 방법을 데이터프레임의 문자형 열에 적용한다.

```
df <- tribble(
  ~x, ~y,
  "1", "1.21",
  "2", "2.32",
  "3", "4.56"
)
df
#> # A tibble: 3 × 2
#>       x     y
#>   <chr> <chr>
#> 1     1  1.21
#> 2     2  2.32
#> 3     3  4.56

# 열 유형을 주의
type_convert(df)
#> Parsed with column specification:
#> cols(
#>   x = col_integer(),
#>   y = col_double()
#> )
#> # A tibble: 3 × 2
#>       x    y
#>   <int> <dbl>
#> 1     1 1.21
#> 2     2 2.32
#> 3     3 4.56
```

- 매우 큰 파일을 읽는 경우, n_max를 10,000 또는 100,000과 같이 작은 숫자로 설정할 수 있다. 이렇게 하면 일반적인 문제를 해결하는 동시에 반복작업을 가속화할 수 있다.
- 파싱에 중대한 문제가 있는 경우에는 read_lines()을 이용하여 라인으로 이루어진 문자형 벡터로 읽거나 read_file()을 이용하여 길이가 1인 문자형 벡터로 읽는 것이 더 쉬울 수 있다. 그런 다음 나중에 배울 문자열 파싱 방법을 사용하여 좀 더 특이한 포맷을 파싱하면 된다.

8.5 파일에 쓰기

readr에는 디스크에 데이터를 다시 기록하는 데 유용한 함수, write_csv()와 write_tsv()가 있다. 두 함수 모두 다음 동작을 통해 출력 파일이 올바르게 다시 읽힐 수 있게 한다.

- 항상 UTF-8로 문자열을 인코딩한다.
- 데이트형과 데이터-타임형을 ISO 8601 형식으로 저장하여 어디에서든 쉽게 파싱될 수 있게 한다.

CSV 파일을 엑셀로 내보내려면 write_excel_csv()를 사용하라. 이는 파일의 시작 부분에 특수 문자('byte order mark')를 작성하여, UTF-8 인코딩을 사용하고 있음을 엑셀에 전달한다.

가장 중요한 인수는 x(저장할 데이터프레임)와 path(그 데이터프레임을 저장할 위치)이다. 결측값을 지정하는 방법을 위한 인수, na와 기존 파일에 첨부할지를 지정하는 인수, append도 있다.

```
write_csv(challenge, "challenge.csv")
```

CSV로 저장하면 유형 정보가 없어진다는 것에 유의하라.

```
challenge
#> # A tibble: 2,000 x 2
#>       x    y
#>   <dbl> <date>
#> 1   404    NA
#> 2  4172    NA
#> 3  3004    NA
#> 4   787    NA
#> 5    37    NA
#> 6  2332    NA
#> # ... with 1,994 more rows
```

```
write_csv(challenge, "challenge-2.csv")
read_csv("challenge-2.csv")
#> Parsed with column specification:
#> cols(
#>   x = col_double(),
#>   y = col_character()
#> )
#> # A tibble: 2,000 × 2
#>       x     y
#>   <dbl> <chr>
#> 1   404  <NA>
#> 2  4172  <NA>
#> 3  3004  <NA>
#> 4   787  <NA>
#> 5    37  <NA>
#> 6  2332  <NA>
#> # ... with 1,994 more rows
```

이런 이유로 중간 결과를 캐싱하기에 CSV를 아주 신뢰할 수 없다. 불러올 때마다 열 사양을 다시 만들어야 한다. 두 가지 대안이 있다.

- write_rds()와 read_rds()는 베이스 함수인 readRDS()와 saveRDS()의 래퍼 함수들이다. 이들은 RDS라는 R의 커스텀 바이너리 형식으로 데이터를 저장한다.

```
write_rds(challenge, "challenge.rds")
read_rds("challenge.rds")
#> # A tibble: 2,000 × 2
#>       x      y
#>   <dbl> <date>
#> 1   404   <NA>
#> 2  4172   <NA>
#> 3  3004   <NA>
#> 4   787   <NA>
#> 5    37   <NA>
#> 6  2332   <NA>
#> # ... with 1,994 more rows
```

- feather 패키지는 다른 프로그래밍 언어와 공유할 수 있는 빠른 바이너리 파일 형식을 구현한다.

```
library(feather)
write_feather(challenge, "challenge.feather")
read_feather("challenge.feather")
#> # A tibble: 2,000 x 2
#>   x y
#>   <dbl> <date>
#> 1 404 <NA>
#> 2 4172 <NA>
#> 3 3004 <NA>
#> 4 787 <NA>
#> 5 37 <NA>
#> 6 2332 <NA>
#> # ... with 1,994 more rows
```

feather는 RDS보다 대체적으로 빠르며 R 외부에서도 사용할 수 있다. RDS는 리스트-열(20장에서 배울 것이다)을 지원하지만 feather는 현재 지원하지 않는다.

8.6 기타 데이터 유형

다른 유형의 데이터를 R로 불러오려면 다음에 나열된 tidyverse 패키지로 시작하는 것이 좋다. 이 패키지들은 완벽하지는 않지만 이들부터 시작하면 좋다. 직사각형 데이터에 대해 다음 패키지들이 있다.

- haven은 SPSS, Stata, SAS 파일을 읽을 수 있다.
- readxl은 엑셀 파일(.xls와 .xlsx)을 읽을 수 있다.
- DBI를 데이터베이스 특화 백엔드(예: RMySQL, RSQLite, RPostgreSQL 등)와 함께 사용하면 데이터베이스에 대해 SQL 쿼리를 실행하고 데이터프레임을 반환할 수 있다.

계층적 데이터의 경우, JSON에는 예룬 움스(Jeroen Ooms)가 개발한 jsonlite를 사용하고 XML에는 xml2를 사용하면 된다. 이에 관한 좋은 예제는 제니 브라이언(Jenny Bryan)의 *https://jennybc.github.io/purrr-tutorial*에서 볼 수 있다.

다른 파일 유형의 경우, R 데이터 불러오기/내보내기 매뉴얼[4]과 rio 패키지[5]를 참고해보라.

---

4   *https://cran.r-project.org/doc/manuals/r-release/R-data.html*
5   *https://github.com/leeper/rio*

9장

tidyr로 하는 타이디 데이터

9.1 들어가기

> 행복한 가정은 모두 비슷하다. 모든 불행한 가족은 자기 멋대로 불행하다.
>
> - 레프 톨스토이(Leo Tolstoy)

> 깔끔한 데이터셋은 모두 비슷하지만 모든 엉망인 데이터셋은 자기 멋대로 엉망이다.
>
> - 해들리 위컴(Hadley Wickham)

이 장에서는 R에서 데이터를 일관성 있게 정리하는 법을 학습한다. 이는 타이디(tidy, 깔끔한) 데이터라는 구조이다. 타이디 데이터 형식으로 만들기 위해서는 일부 선행되는 작업이 필요하지만, 장기적으로 이러한 작업이 큰 도움이 된다. tidyverse의 패키지들에 있는 타이디 데이터와 도구를 사용하면 데이터를 기존 표현법에서 다른 표현법으로 훨씬 짧은 시간 안에 처리할 수 있고, 따라서 분석 문제를 다루는 일에 더 많은 시간을 쓸 수 있게 된다.

이 장에서는 타이디 데이터에 대해 실무적으로 소개하고, tidyr 패키지에 포함된 도구를 살펴본다. 기본 이론에 대해 더 자세히 알고 싶다면 *Journal of Statistical Software*에 실린 *Tidy Data* 논문[1]을 읽어라.

9.1.1 준비하기

이 장에서는 지저분한 데이터셋을 정리하는 도구가 있는 tidyr 패키지에 중점을

---

1 *http://www.jstatsoft.org/v59/i10/paper*

둘 것이다. tidyr은 tidyverse의 핵심 구성원이다.

```
library(tidyverse)
```

9.2 타이디 데이터

하나의 기본 데이터를 표현하는 방식은 다양하다. 다음 예는 같은 데이터를 다른 네 가지 방식으로 구성하여 보여준다. 각 데이터셋은 네 개의 변수, country(국가), year(연도), population(인구) 및 cases(사례 수)의 값을 동일하게 보여주지만 다른 방식으로 구성한다.

```
table1
#> # A tibble: 6 × 4
#>       country  year  cases population
#>         <chr> <int>  <int>      <int>
#> 1 Afghanistan  1999    745   19987071
#> 2 Afghanistan  2000   2666   20595360
#> 3      Brazil  1999  37737  172006362
#> 4      Brazil  2000  80488  174504898
#> 5       China  1999 212258 1272915272
#> 6       China  2000 213766 1280428583
table2
#> # A tibble: 12 × 4
#>       country  year       type     count
#>         <chr> <int>      <chr>     <int>
#> 1 Afghanistan  1999      cases       745
#> 2 Afghanistan  1999 population  19987071
#> 3 Afghanistan  2000      cases      2666
#> 4 Afghanistan  2000 population  20595360
#> 5      Brazil  1999      cases     37737
#> 6      Brazil  1999 population 172006362
#> # ... with 6 more rows
table3
#> # A tibble: 6 × 3
#>       country  year              rate
#>         <chr> <int>             <chr>
#> 1 Afghanistan  1999      745/19987071
#> 2 Afghanistan  2000     2666/20595360
#> 3      Brazil  1999   37737/172006362
#> 4      Brazil  2000   80488/174504898
#> 5       China  1999 212258/1272915272
#> 6       China  2000 213766/1280428583

# 티블 두 개로 펼쳐짐
table4a  # 사례수
#> # A tibble: 3 × 3
#>       country `1999` `2000`
#> *       <chr>  <int>  <int>
#> 1 Afghanistan    745   2666
#> 2      Brazil  37737  80488
#> 3       China 212258 213766
table4b  # 인구
#> # A tibble: 3 × 3
#>       country     `1999`     `2000`
#> *       <chr>      <int>      <int>
```

```
#> 1 Afghanistan   19987071    20595360
#> 2       Brazil  172006362  174504898
#> 3        China 1272915272 1280428583
```

이들은 모두 같은 데이터를 표현했지만, 사용성이 같지는 않다. 타이디 데이터 셋만이 tidyverse 내부에서 작업하기 훨씬 쉬울 것이다.

데이터셋을 타이디하게 만드는, 서로 연관된 세 가지 규칙은 다음과 같다.

1. 변수마다 해당되는 열이 있어야 한다.
2. 관측값마다 해당되는 행이 있어야 한다.
3. 값마다 해당하는 하나의 셀이 있어야 한다.

그림 9-1은 이러한 규칙을 시각적으로 보여준다.

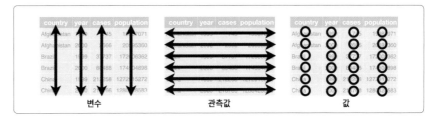

그림 9-1 데이터셋을 타이디하게 만드는 세 가지 규칙: 변수는 열에 있고, 관측값은 행에 있고, 값은 셀에 있다.

이 세 가지 규칙은 서로 연관되어 있다. 이 셋 중 두 가지만 충족시키는 것은 불가능하기 때문이다. 이 상호관계 때문에 다음의 더 간단하고 실용적인 지침이 도출된다.

1. 데이터셋을 티블에 각각 넣어라.
2. 변수를 열에 각각 넣어라.

위의 예에서는 table1만 타이디하다. 이 테이블만 유일하게 각 열이 변수인 표현이다.

데이터가 타이디해야 하는 이유는 무엇인가? 주요 장점은 두 가지이다.

• 데이터를 일관된 방식으로 저장하면 보편적인 장점이 있다. 일관된 데이터 구조를 사용하면 이에 적용할 도구들이 공통성을 가지게 되어, 이들을 배우기가 더 쉬워진다.
• 변수를 열에 배치하면 R의 벡터화 속성이 가장 잘 발휘된다는 점에서 구체적인 장점이 생긴다. 55쪽의 '유용한 생성 함수' 및 65쪽의 '유용한 요약 함수'에

서 배우겠지만, 대부분의 내장 R 함수는 벡터에 작동한다. 이러한 성질 때문에 타이디 데이터로 작업하는 것이 더 자연스럽게 된다.

dplyr, ggplot2를 비롯한 tidyverse의 모든 패키지는 타이디 데이터로 동작하도록 설계되었다. 다음은 table1을 사용하여 작업하는 방법을 보여주는 몇 가지 간단한 예제이다.

```
# 10,000명 당 비율 계산
table1 %>%
  mutate(rate = cases / population * 10000)
#> # A tibble: 6 × 5
#>       country  year   cases population  rate
#>         <chr> <int>   <int>      <int> <dbl>
#> 1 Afghanistan  1999     745   19987071 0.373
#> 2 Afghanistan  2000    2666   20595360 1.294
#> 3      Brazil  1999   37737  172006362 2.194
#> 4      Brazil  2000   80488  174504898 4.612
#> 5       China  1999  212258 1272915272 1.667
#> 6       China  2000  213766 1280428583 1.669

# 연간 사례 수 계산
table1 %>%
  count(year, wt = cases)
#> # A tibble: 2 x 2
#>    year      n
#>   <int>  <int>
#> 1  1999 250740
#> 2  2000 296920

# 시간에 따른 변화 시각화
library(ggplot2)
ggplot(table1, aes(year, cases)) +
  geom_line(aes(group = country), color = "grey50") +
  geom_point(aes(color = country))
```

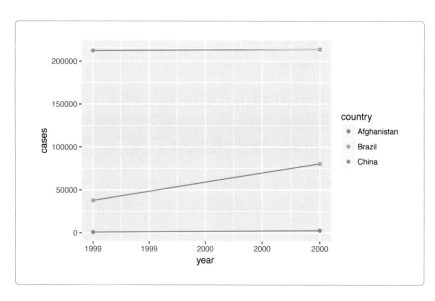

9.2.1 연습문제

1. 변수와 관측값이 각 샘플 테이블에서 어떻게 구성되어 있는지 설명하라.

2. table2와 table4a + table4b에서 비율(rate)을 계산하라. 다음의 네 가지 작업을 수행해야 한다.

   a. 연도별, 국가별로 결핵 사례 수(case)를 추출하라.

   b. 연도별, 국가별로 해당하는 인구를 추출하라.

   c. 사례 수를 인구로 나누고 10,000을 곱하라.

   d. 적절한 곳에 다시 저장하라.

   가장 쉬운 표현법은 무엇인가? 어느 것이 가장 어려운가? 이유는?

3. table1 대신 table2를 사용하여 시간 경과에 따른 사례 수의 변화를 보여주는 플롯을 재생성하라. 먼저 무엇을 해야 하는가?

9.3 피봇하기

타이디 데이터의 원리는 너무 당연해 보여서, 과연 타이디하지 않은 데이터셋을 볼 일은 있을지 의문이 들 것이다. 하지만 불행하게도 여러분이 마주치게 될 대부분의 데이터는 타이디하지 않을 것이다. 크게 두 가지 이유 때문이다.

- 대부분의 사람들은 타이디 데이터의 원리에 익숙하지 않으며, 데이터 작업에 많은 시간을 써야만 타이디 데이터로 만들 수 있다.
- 데이터는 분석보다는 다른 용도에 편리하도록 구성되는 경우가 많다. 예를 들어 데이터는 가능한 한 쉽게 입력할 수 있도록 구성되기도 한다.

따라서 대부분의 실제 분석에서는 타이디하게 만드는 작업이 필요하다. 첫 번째 단계는 항상 변수와 관측값이 무엇인지 파악하는 것이다. 이 작업이 쉬울 때도 있지만, 어떤 경우에는 데이터를 처음 생성한 사람들과 상의해야 할 수도 있다. 두 번째 단계는 자주 일어나는 다음의 두 가지 문제 중 하나를 해결하는 것이다.

- 하나의 변수가 여러 열에 분산되어 있을 수 있다.
- 하나의 관측값이 여러 행에 흩어져 있을 수 있다.

일반적으로 한 데이터셋은 이 문제들 중 하나로 인해 어려움을 겪게 된다. 정말 운이 없는 경우만, 두 문제 모두로 고생하게 될 것이다! 이러한 문제를 해결하려면 tidyr에서 가장 중요한 함수인 pivot_longer()와 pivot_wider()가 필요하다.

9.3.1 더 길게 만들기

자주 생기는 문제는 데이터셋의 일부 열 이름이 변수 이름이 아니라 변수 값인 경우이다. table4a를 보면 열 이름 1999와 2000은 year 변수 값을 나타내며, 각 행은 하나가 아닌 두 개의 관측값을 나타낸다.

```
table4a
#> # A tibble: 3 × 3
#>       country `1999` `2000`
#> *       <chr>  <int>  <int>
#> 1 Afghanistan    745   2666
#> 2      Brazil  37737  80488
#> 3       China 212258 213766
```

이와 같은 데이터셋을 타이디하게 만들려면 해당 열을 새로운 두 변수로 피봇 (pivot)해야 한다. 이 작업을 설명하기 위해 세 가지 파라미터가 필요하다.

• 변수가 아니라 값을 나타내는 열 집합. 이 예에서는 열 1999와 열 2000이다.
• 열 이름 자리에 나타난 값의 변수 이름. 여기에서는 year이다.
• 셀에 값이 분산되어 있는 변수의 이름. 여기에서는 cases이다.

이러한 파라미터와 함께 pivot_longer() 호출을 생성할 수 있다.

```
table4a %>%
  pivot_longer(c(`1999`, `2000`), names_to = "year", values_to = "cases")
#> # A tibble: 6 x 3
#>   country      year  cases
#>   <chr>        <chr> <int>
#> 1 Afghanistan 1999     745
#> 2 Afghanistan 2000    2666
#> 3 Brazil      1999   37737
#> 4 Brazil      2000   80488
#> 5 China       1999  212258
#> 6 China       2000  213766
```

수집하고자 하는 열을 지정하는 법은 dplyr::select() 스타일 표기법을 따른다. 여기에는 두 개의 열만 있으므로 개별적으로 나열한다. '1999'와 '2000'은 구문론적 이름이 아니므로 역따옴표로 둘러싸야 함을 주목하라. 열을 선택하는 다른 방법에 대해 기억이 나지 않는다면 51쪽의 'select()로 열 선택하기'를 참조하라.

year와 cases에 table4a가 없으므로 인용 부호와 함께 입력했다.

최종 결과에서, 피봇된 열은 삭제되고 year와 cases 열이 생성된다. 한편, 원래 변수 간의 관계는 보존된다. 그림 9-2에 시각적으로 표현되어 있다. pivot_longer() 를 사용하면 행 개수를 늘리고 열 개수를 줄여서 데이터셋을 길게 만든다. 나는 데이터셋이 "긴 형식 (long form)"이라고 표현하는 것이 맞지 않는다고 믿는

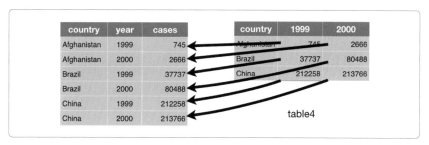

그림 9-2 table4를 타이디 형태로 피봇하기

다. 길이는 상대적인 용어이고, (예를 들어) 데이터셋 A가 데이터셋 B보다 더 길다고만 이야기할 수 있는 것이다. table4b를 비슷한 방법으로 타이디하게 할 때 pivot_longer()를 사용할 수 있다. 유일한 차이점은 셀 값에 저장된 변수이다.

```
table4b %>%
  pivot_longer(c(`1999`, `2000`), names_to = "year", values_to = "population")
#> # A tibble: 6 x 3
#>   country     year  population
#>   <chr>       <chr>      <int>
#> 1 Afghanistan 1999    19987071
#> 2 Afghanistan 2000    20595360
#> 3 Brazil      1999   172006362
#> 4 Brazil      2000   174504898
#> 5 China       1999  1272915272
#> 6 China       2000  1280428583
```

table4a와 table4b의 타이디하게 된 버전을 하나의 티블로 결합하려면 dplyr:: left_join()을 사용해야 한다. 이 내용은 10장에서 다룰 것이다.

```
tidy4a <- table4a %>%
  pivot_longer(c(`1999`, `2000`), names_to = "year", values_to = "cases")
tidy4b <- table4b %>%
  pivot_longer(c(`1999`, `2000`), names_to = "year", values_to = "population")
left_join(tidy4a, tidy4b)
#> Joining, by = c("country", "year")
#> # A tibble: 6 × 4
#>   country     year  cases  population
#>   <chr>       <chr> <int>       <int>
#> 1 Afghanistan 1999    745    19987071
#> 2 Afghanistan 2000   2666    20595360
#> 3 Brazil      1999  37737   172006362
#> 4 Brazil      2000  80488   174504898
#> 5 China       1999 212258  1272915272
#> 6 China       2000 213766  1280428583
```

9.3.2 더 넓게 만들기

pivot_wider()는 pivot_longer()의 반대이다. 관측값이 여러 행에 흩어져 있을 때 사용한다. 예를 들어 table2를 보자. 하나의 관측값은 한 해, 한 국가에 대한 것이지만 각 관측값이 두 행에 흩어져 있다.

```
table2
#> # A tibble: 12 × 4
#>      country year      type     count
#>        <chr> <int>     <chr>     <int>
#> 1 Afghanistan 1999       cases       745
#> 2 Afghanistan 1999 population  19987071
#> 3 Afghanistan 2000       cases      2666
#> 4 Afghanistan 2000 population  20595360
#> 5      Brazil 1999       cases     37737
#> 6      Brazil 1999 population 172006362
#> # ... with 6 more rows
```

이것을 타이디하게 하기 위해, 먼저 pivot_longer()와 비슷한 방식으로 표현 방법을 분석한다. 그러나 이번에는 파라미터가 두 개만 필요하다.

- 변수 이름을 포함하는 열, 여기에서는 type이다.
- 값을 포함하는 열, 여기에서는 count이다.

이 파라미터들을 정하면 pivot_wider()를 사용할 수 있다. 코드로는 아래에서 보여주고, 시각적으로는 그림 9-3에서 보여주고 있다.

```
table2 %>%
pivot_wider(names_from = type, values_from = count)
#> # A tibble: 6 × 4
#>      country year  cases population
#>        <chr> <int> <int>      <int>
#> 1 Afghanistan 1999    745   19987071
#> 2 Afghanistan 2000   2666   20595360
#> 3      Brazil 1999  37737  172006362
#> 4      Brazil 2000  80488  174504898
#> 5       China 1999 212258 1272915272
#> 6       China 2000 213766 1280428583
```

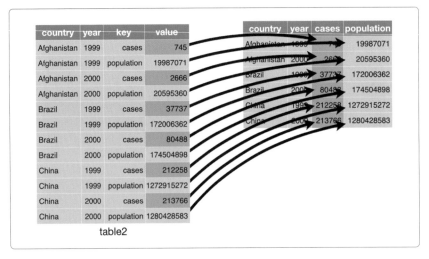

그림 9-3 table2를 더 넓은 타이디 형식으로 피봇하기

공통의 key와 value 인수를 통해 추측해 본 사람도 있겠지만 pivot_longer()와 pivot_wider()는 보완 관계이다. pivot_longer()는 넓은 테이블을 더 좁고 길게, pivot_wider()는 긴 테이블을 더 짧고 넓게 만든다.

9.3.3 연습문제

1. pivot_longer()와 pivot_wider()가 완벽하게 대칭이 아닌 이유는 무엇인가? 다음 예제를 주의 깊게 살펴보라.

```
stocks <- tibble(
  year = c(2015, 2015, 2016, 2016),
  half = c( 1, 2, 1, 2),
  return = c(1.88, 0.59, 0.92, 0.17)
)
stocks %>%
  pivot_wider(names_from = year, values_from = return) %>%
  pivot_longer(`2015`:`2016`, names_to = "year", values_to = "return")
```

(힌트: 변수 유형을 보고 열 이름에 대해 생각해보라.)

pivot_longer()에는 names_ptype 인수가 있다(예: names_ptype = list(year = double())). 어떤 역할을 하는가?

2. 이 코드가 작동하지 않는 이유는 무엇인가?

```
table4a %>%
  pivot_longer(c(1999, 2000), names_to = "year", values_to = "cases")
#> Error: Can't subset columns that don't exist.
#> ✗ The locations 1999 and 2000 don't exist.
#> ℹ There are only 3 columns.
```

3. 다음의 티블을 넓게 만들면 왜 에러가 나는가? 새로운 열을 추가해서 어떻게 문제를 해결할 수 있는가?

```
people <- tribble(
  ~name,             ~key,     ~value,
  #-----------------|--------|------
  "Phillip Woods",   "age",      45,
  "Phillip Woods",   "height", 186,
  "Phillip Woods",   "age",      50,
  "Jessica Cordero", "age",      37,
  "Jessica Cordero", "height", 156
)
```

4. 다음의 간단한 티블을 타이디하게 하라. 더 넓게 혹은 더 길게 만들 필요가 있는가? 변수들은 무엇인가?

```
preg <- tribble(
  ~pregnant, ~male, ~female,
  "yes",     NA,    10,
  "no",      20,    12
)
```

9.4 Separate와 Unite

지금까지 table2와 table4를 타이디하게 하는 방법을 배웠지만 table3은 하지 않았다. table3에는 다른 문제가 있다. 두 개의 변수(cases 및 population)가 포함된 한 개의 열(rate)이 있다. 이 문제를 해결하려면 separate() 함수가 필요하다. 또한 하나의 변수가 여러 열에 분산되어 있는 경우에 사용하는, separate()의 보완 함수인 unite()에 대해서도 학습한다.

9.4.1 separate()로 분리하기

separate()는 구분 문자가 나타나는 곳마다 쪼개서 하나의 열을 여러 열로 분리한다. table3을 보자.

```
table3
#> # A tibble: 6 × 3
#>       country year        rate
#> *       <chr> <int>       <chr>
#> 1 Afghanistan  1999    745/19987071
#> 2 Afghanistan  2000   2666/20595360
#> 3      Brazil  1999  37737/172006362
#> 4      Brazil  2000  80488/174504898
#> 5       China  1999 212258/1272915272
#> 6       China  2000 213766/1280428583
```

rate 열은 cases와 population 변수를 모두 포함하므로 두 변수로 쪼개야 한다. separate()는 분리할 열 이름과, 분리하여 만들 열 이름을 필요로 한다. 그림 9-4와 다음 코드에서 이를 확인하자.

```
table3 %>%
  separate(rate, into = c("cases", "population"))
#> # A tibble: 6 × 4
#>       country year  cases population
#> *       <chr> <int>  <chr>      <chr>
#> 1 Afghanistan  1999    745   19987071
#> 2 Afghanistan  2000   2666   20595360
#> 3      Brazil  1999  37737  172006362
#> 4      Brazil  2000  80488  174504898
#> 5       China  1999 212258 1272915272
#> 6       China  2000 213766 1280428583
```

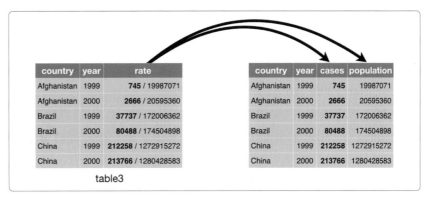

그림 9-4 Table3을 분리하여 타이디하게 만들기

기본적으로 separate()는 숫자나 글자가 아닌 문자를 볼 때마다 값을 쪼갠다. 예를 들어 앞의 코드에서 separate()는 슬래시 문자로 rate 값을 쪼갠다. 특정 문자를 사용하여 열을 구분하려면 이를 separate()의 sep 인수로 전달하면 된다. 예를 들어 이전 코드를 다음과 같이 다시 작성할 수 있다.

```
table3 %>%
  separate(rate, into = c("cases", "population"), sep = "/")
```

(공식적으로 말하면 sep은 정규표현식이며 11장에서 자세히 배울 것이다.)

열 유형을 주의 깊게 살펴보라. cases와 population은 문자형 열이라는 것을 알아챘을 것이다. 이는 separate()의 기본 동작이다. 즉, 열의 유형을 그대로 유지한다. 그러나 이들이 사실은 숫자이므로 기본 동작이 유용하지는 않다. convert = TRUE를 하면 separate()이 더 나은 유형으로 변형을 시도한다.

```
table3 %>%
  separate(
    rate,
    into = c("cases", "population"),
    convert = TRUE
  )
#> # A tibble: 6 × 4
#>       country  year   cases population
#> *       <chr> <int>   <int>      <int>
#> 1 Afghanistan  1999     745   19987071
#> 2 Afghanistan  2000    2666   20595360
#> 3      Brazil  1999   37737  172006362
#> 4      Brazil  2000   80488  174504898
#> 5       China  1999  212258 1272915272
#> 6       China  2000  213766 1280428583
```

sep에 정수 벡터를 전달할 수도 있다. separate()는 이 정수를 쪼갤 위치로 해석한 것이다. 양수 값은 문자열의 가장 왼쪽에서 1부터 시작한다. 음수 값은 문자열의 맨 오른쪽에서 -1부터 시작한다. 정수를 사용하여 문자열을 분리할 때 sep의 길이는 into의 이름 개수보다 하나 작아야 한다.

이 배열을 사용하여 각 연도의 마지막 두 자리를 분리할 수 있다. 이렇게 하면 이 데이터가 덜 깔끔하게 되지만, 어떤 경우에는 유용하다. 잠시 뒤에 보게 될 것이다.

```
table3 %>%
  separate(year, into = c("century", "year"), sep = 2)
#> # A tibble: 6 × 4
#>       country century year                 rate
#> *       <chr>   <chr> <chr>                <chr>
#> 1 Afghanistan      19    99          745/19987071
#> 2 Afghanistan      20    00         2666/20595360
#> 3      Brazil      19    99        37737/172006362
#> 4      Brazil      20    00        80488/174504898
#> 5       China      19    99     212258/1272915272
#> 6       China      20    00     213766/1280428583
```

9.4.2 unite()로 결합하기

unite()는 separate()의 반대이다. 여러 열을 하나의 열로 결합한다. separate()보다 훨씬 드물게 필요하겠지만, 포켓에 가지고 다닐 만큼 유용한 도구이다.

unite()를 사용하여 마지막 예제에서 만든 century 열과 year 열을 다시 결합할 수 있다. 이 데이터는 tidyr::table5로 저장되어 있다. unite()는 데이터프레임, 생성할 새 변수의 이름 및 결합할 열 집합(이번에도 dplyr::select() 방식으로 표현)을 필요로 한다. 결과는 그림 9-5와 다음 코드에 나와 있다.

```
table5 %>%
  unite(new, century, year)
#> # A tibble: 6 × 3
#>       country   new                 rate
#> *       <chr> <chr>                <chr>
#> 1 Afghanistan 19_99          745/19987071
#> 2 Afghanistan 20_00         2666/20595360
#> 3      Brazil 19_99        37737/172006362
#> 4      Brazil 20_00        80488/174504898
#> 5       China 19_99     212258/1272915272
#> 6       China 20_00     213766/1280428583
```

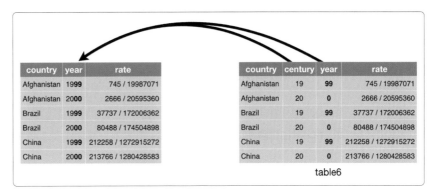

그림 9-5 table5를 결합하여 타이디하게 만들기

이 경우 sep 인수도 사용해야 한다. 기본 설정은 다른 열의 값 사이에 언더스코어(_)를 붙이는 것이다. 여기서는 분리 기호를 원하지 않으므로 ""을 사용한다.

```
table5 %>%
  unite(new, century, year, sep = "")
#> # A tibble: 6 × 3
#>       country   new                rate
#>         <chr> <chr>               <chr>
#> 1 Afghanistan  1999        745/19987071
#> 2 Afghanistan  2000       2666/20595360
#> 3      Brazil  1999      37737/172006362
#> 4      Brazil  2000      80488/174504898
#> 5       China  1999   212258/1272915272
#> 6       China  2000   213766/1280428583
```

9.4.3 연습문제

1. separate()의 extra 인수와 fill 인수의 역할은 무엇인가? 다음 두 개의 토이 데이터셋에 다양한 옵션을 실험해보라.

   ```
   tibble(x = c("a,b,c", "d,e,f,g", "h,i,j")) %>%
     separate(x, c("one", "two", "three"))

   tibble(x = c("a,b,c", "d,e", "f,g,i")) %>%
     separate(x, c("one", "two", "three"))
   ```

2. unite()와 separate()에는 모두 remove 인수가 있다. 이 인수의 역할은 무엇인가? 왜 FALSE로 설정하겠는가?

3. separate()와 extract()를 비교 대조하라. 분리 방법은 세 가지(위치, 구분 기호, 그룹별)가 있지만 결합하는 방법(unite)은 한 가지인 이유는 무엇인가?

9.5 결측값

데이터셋의 표현 방식을 변경하면 결측값에 중요하고도 미묘한 이슈가 나타난다. 놀랍게도 데이터값은 다음 두 가지 방식으로 결측될 수 있다.

- 명시적으로, 즉 NA로 표시된다.
- 암묵적으로, 즉 단순히 데이터에 존재하지 않는다.

아주 간단한 데이터셋으로 이를 설명해보자.

```
stocks <- tibble(
  year   = c(2015, 2015, 2015, 2015, 2016, 2016, 2016),
  qtr    = c(   1,    2,    3,    4,    2,    3,    4),
  return = c(1.88, 0.59, 0.35,   NA, 0.92, 0.17, 2.66)
)
```

이 데이터셋에는 다음 두 가지 결측값이 있다.

- 2015년 4분기 수익(return)은 명백하게 결측되어 있다. 그 값이 있어야 할 셀에 NA가 있기 때문이다.
- 2016년 1분기 수익은 암묵적으로 결측되었다. 수익이 데이터셋에 없기 때문이다.

다음의 선문답으로 둘의 차이를 생각해볼 수 있다. 명시적 결측값은 결측의 존재이다. 암묵적 결측값은 존재의 결측이다.

데이터셋 표현법으로 암묵적 값을 명시적으로 만들 수 있다. 예를 들어 연도를 열로 넣어 암묵적 결측값을 명시적으로 만들 수 있다.

```
stocks %>%
  pivot_wider(names_from = year, values_from = return)
#> # A tibble: 4 × 3
#>     qtr `2015` `2016`
#>   <dbl>  <dbl>  <dbl>
#> 1     1   1.88     NA
#> 2     2   0.59   0.92
#> 3     3   0.35   0.17
#> 4     4     NA   2.66
```

이러한 명시적인 결측값은 어떤 데이터 표현에서는 중요하지 않을 수 있으므로 pivot_longer()에서 values_drop_na = TRUE로 설정하여 명시적 결측값을 암묵적으로 전환할 수 있다.

```
stocks %>%
  pivot_wider(names_from = year, values_from = return) %>%
  pivot_longer(
    cols = c(`2015`, `2016`),
    names_to = "year",
    values_to = "return",
    values_drop_na = TRUE
  )
#> # A tibble: 6 × 3
#>     qtr  year  return
#> * <dbl> <chr>  <dbl>
#> 1     1  2015    1.88
#> 2     2  2015    0.59
#> 3     3  2015    0.35
#> 4     2  2016    0.92
#> 5     3  2016    0.17
#> 6     4  2016    2.66
```

타이디 데이터에서 결측값을 명시적으로 표현하는 중요한 도구로 complete()도 있다.

```
stocks %>%
  complete(year, qtr)
#> # A tibble: 8 × 3
#>    year   qtr  return
#>   <dbl> <dbl>  <dbl>
#> 1  2015     1   1.88
#> 2  2015     2   0.59
#> 3  2015     3   0.35
#> 4  2015     4     NA
#> 5  2016     1     NA
#> 6  2016     2   0.92
#> # ... with 2 more rows
```

complete()은 열 집합을 입력으로 하여, 고유한 조합을 모두 찾는다. 그런 다음 원본 데이터셋에 모든 값이 포함되도록 필요한 곳에 명시적 NA를 채운다.

결측값 작업할 때 알아야 할 중요한 도구가 하나 더 있다. 데이터 소스가 주로 데이터 입력에 사용된 경우 결측값은 이전 값이 전달되어야 함을 나타낸다.

```
treatment <- tribble(
  ~ person,           ~ treatment, ~response,
  "Derrick Whitmore", 1,            7,
  NA,                 2,           10,
  NA,                 3,            9,
  "Katherine Burke",  1,            4
)
```

이러한 결측값을 fill()을 사용하여 채울 수 있다. 이 함수는 결측값을 가장 최근의 비결측값으로 치환하고자 하는 열(집합)을 입력으로 한다. (이를 마지막 관측값 이월이라고도 한다.)

```
treatment %>%
  fill(person)
#> # A tibble: 4 × 3
#>            person treatment response
#>             <chr>     <dbl>    <dbl>
#> 1 Derrick Whitmore         1        7
#> 2 Derrick Whitmore         2       10
#> 3 Derrick Whitmore         3        9
#> 4  Katherine Burke         1        4
```

9.5.1 연습문제

1. spread()와 complete()의 fill 인수를 비교 대조하라.

2. fill()의 direction 인수는 무엇을 하는가?

9.6 사례연구

데이터를 타이디하게 만들기 위해 배운 것을 모두 정리하면서 이 장을 끝내자. tidyr::who 데이터셋에는 결핵(TB) 사례가 연도, 국가, 나이, 성별 및 진단 방법별로 세분화되어 있다. 이 데이터는 2014년 세계보건기구 전 세계 결핵 보고서에 실렸으며 *http://www.who.int/tb/country/data/download/en*에서 얻을 수 있다.

이 데이터셋에는 역학 정보가 풍부하게 있지만, 제공된 데이터 형식으로 작업하는 것은 쉽지 않다.

```
who
#> # A tibble: 7,240 × 60
#>        country  iso2  iso3  year new_sp_m014 new_sp_m1524 new_sp_m2534
#>          <chr> <chr> <chr> <int>       <int>        <int>        <int>
#> 1 Afghanistan    AF   AFG  1980          NA           NA           NA
#> 2 Afghanistan    AF   AFG  1981          NA           NA           NA
#> 3 Afghanistan    AF   AFG  1982          NA           NA           NA
#> 4 Afghanistan    AF   AFG  1983          NA           NA           NA
#> 5 Afghanistan    AF   AFG  1984          NA           NA           NA
#> 6 Afghanistan    AF   AFG  1985          NA           NA           NA
#> # ... with 7,234 more rows, and 53 more variables: new_sp_m3544 <int>,
#> #   new_sp_m4554 <int>, new_sp_m5564 <int>, new_sp_m65 <int>,
#> #   new_sp_f014 <int>, new_sp_f1524 <int>, new_sp_f2534 <int>,
#> #   new_sp_f3544 <int>, new_sp_f4554 <int>, new_sp_f5564 <int>,
#> #   new_sp_f65 <int>, new_sn_m014 <int>, new_sn_m1524 <int>,
#> #   new_sn_m2534 <int>, new_sn_m3544 <int>, new_sn_m4554 <int>,
#> #   new_sn_m5564 <int>, new_sn_m65 <int>, new_sn_f014 <int>,
#> #   new_sn_f1524 <int>, new_sn_f2534 <int>, new_sn_f3544 <int>,
#> #   new_sn_f4554 <int>, new_sn_f5564 <int>, new_sn_f65 <int>,
#> #   new_ep_m014 <int>, new_ep_m1524 <int>, new_ep_m2534 <int>,
#> #   new_ep_m3544 <int>, new_ep_m4554 <int>, new_ep_m5564 <int>,
#> #   new_ep_m65 <int>, new_ep_f014 <int>, new_ep_f1524 <int>,
#> #   new_ep_f2534 <int>, new_ep_f3544 <int>, new_ep_f4554 <int>,
#> #   new_ep_f5564 <int>, new_ep_f65 <int>, newrel_m014 <int>,
#> #   newrel_m1524 <int>, newrel_m2534 <int>, newrel_m3544 <int>,
#> #   newrel_m4554 <int>, newrel_m5564 <int>, newrel_m65 <int>,
#> #   newrel_f014 <int>, newrel_f1524 <int>, newrel_f2534 <int>,
```

```
#> #    newrel_f3544 <int>, newrel_f4554 <int>, newrel_f5564 <int>,
#> #    newrel_f65 <int>
```

이 데이터셋은 매우 전형적인 실 데이터이다. 여기에는 열 중복, 이상한 가변 코드 및 다수의 결측값이 있다. 즉, who 데이터는 지저분해서 여러 단계를 통해 타이디하게 만들어야 한다. dplyr처럼, tidyr은 각 함수가 한 가지를 잘하도록 설계되었다. 따라서, 일반적으로 실제 상황에서는 여러 동사를 파이프라인으로 함께 연결해야 한다.

변수가 아닌 열을 모으는 것부터 시작하는 것이 대개 가장 좋다. 다음을 살펴보자.

- country, iso2와 iso3는 국가를 중복해서 지정하는 세 개의 변수이다.
- year 또한 분명히 변수이다.
- 다른 모든 열은 아직 무엇인지 알 수 없지만 변수 이름 (예: new_sp_m014, new_ep_m014, new_ep_f014)의 구조를 보면 이들은 변수가 아니라 값인 것 같다.

따라서 new_sp_m014에서 newrel_f65까지의 모든 열을 모을 필요가 있다. 그 값이 무엇을 나타내는지 아직 알지 못하기 때문에 "key"라는 일반적인 이름을 붙일 것이다. 셀이 사례 수를 나타내는 것을 알고 있으므로 변수 cases를 사용한다. 현재 표현에는 많은 결측값이 있으므로 na.rm을 사용하여 있는 값에만 집중할 것이다.

```
who1 <- who %>%
  pivot_longer(
    cols = new_sp_m014:newrel_f65,
    names_to = "key",
    values_to = "cases",
    values_drop_na = TRUE
  )
who1
#> # A tibble: 76,046 x 6
#>    country     iso2  iso3  year key        cases
#>    <chr>       <chr> <chr> <int> <chr>      <int>
#> 1 Afghanistan AF    AFG    1997 new_sp_m014     0
#> 2 Afghanistan AF    AFG    1997 new_sp_m1524   10
#> 3 Afghanistan AF    AFG    1997 new_sp_m2534    6
#> 4 Afghanistan AF    AFG    1997 new_sp_m3544    3
#> 5 Afghanistan AF    AFG    1997 new_sp_m4554    5
#> 6 Afghanistan AF    AFG    1997 new_sp_m5564    2
#> # ... with 76,040 more rows
```

새로운 key 열의 값을 세어서 값의 구조에 대한 힌트를 얻을 수 있다.

```
who1 %>%
  count(key)
#> # A tibble: 56 × 2
```

```
#>           key       n
#>         <chr> <int>
#> 1 new_ep_f014  1032
#> 2 new_ep_f1524 1021
#> 3 new_ep_f2534 1021
#> 4 new_ep_f3544 1021
#> 5 new_ep_f4554 1017
#> 6 new_ep_f5564 1017
#> # ... with 50 more rows
```

머리를 굴려보고 몇 가지를 시도하면 나름대로 값의 구조를 분석할 수 있을 것
이다. 하지만 다행스럽게도 우리는 데이터 사전을 써먹을 수 있다. 데이터 사전
은 다음을 알려준다.

1. 각 열의 처음 세 글자는 해당 열이 포함하는 결핵 사례가, 새로운 사례인지 과
    거 사례인지를 나타낸다. 이 데이터셋에서 각 열은 새로운 사례를 포함한다.
2. 그다음 두 글자는 다음의 결핵의 유형을 기술한다.

    -   rel은 재발 사례를 의미한다.
    -   ep는 폐외(extrapulmonary) 결핵 사례를 의미한다.
    -   sn은 폐 얼룩으로 보이지 않는 폐결핵의 사례를 의미한다(smear negative).
    -   sp는 폐 얼룩으로 보이는 폐결핵 사례를 의미한다(smear positive).

3. 여섯 번째 글자는 결핵 환자의 성별을 나타낸다. 남성(m)과 여성(f)으로 사례
    를 분류한다.
4. 나머지 숫자는 연령대를 나타낸다. 다음의 7개 연령대로 사례를 분류한다.

    -   014 = 0-14세
    -   1524 = 15-24세
    -   2534 = 25-34세
    -   3544 = 35-44세
    -   4554 = 45-54세
    -   5564 = 55-64세
    -   65 = 65세 이상

열 이름의 형식을 약간 수정해야 한다. 열 이름이 new_rel이 아니라 newrel이기
때문에 불행하게도 이름에 일관성이 없다. (여기에서 이를 발견해내기는 쉽지
않지만, 수정하지 않으면 이후에 에러가 발생한다.) 11장에서 str_replace()에
대해 배우겠지만, 기본적인 아이디어는 간단하다. 'newrel' 문자를 'new_rel' 문

자로 바꾼다. 이렇게 하면 모든 변수 이름에서 일관성이 유지된다.

```
who2 <- who1 %>%
  mutate(key = stringr::str_replace(key, "newrel", "new_rel"))
who2
#> # A tibble: 76,046 × 6
#>       country iso2  iso3  year          key cases
#>         <chr> <chr> <chr> <int>        <chr> <int>
#> 1 Afghanistan AF    AFG   1997 new_sp_m014      0
#> 2 Afghanistan AF    AFG   1997 new_sp_m1524    10
#> 3 Afghanistan AF    AFG   1997 new_sp_m2534     6
#> 4 Afghanistan AF    AFG   1997 new_sp_m3544     3
#> 5 Afghanistan AF    AFG   1997 new_sp_m4554     5
#> 6 Afghanistan AF    AFG   1997 new_sp_m5564     2
#> # ... with 76,040 more rows
```

각 코드의 값을 separate() 2회 실행하여 분리할 수 있다. 첫 번째 실행은 각 언더스코어마다 코드를 쪼갠다.

```
who3 <- who2 %>%
  separate(key, c("new", "type", "sexage"), sep = "_")
who3
#> # A tibble: 76,046 × 8
#>       country iso2  iso3  year new   type  sexage cases
#>         <chr> <chr> <chr> <int> <chr> <chr>  <chr> <int>
#> 1 Afghanistan AF    AFG   1997 new   sp     m014      0
#> 2 Afghanistan AF    AFG   1997 new   sp     m1524    10
#> 3 Afghanistan AF    AFG   1997 new   sp     m2534     6
#> 4 Afghanistan AF    AFG   1997 new   sp     m3544     3
#> 5 Afghanistan AF    AFG   1997 new   sp     m4554     5
#> 6 Afghanistan AF    AFG   1997 new   sp     m5564     2
#> # ... with 76,040 more rows
```

그런 다음, new 열은 이 데이터셋에서 상수이므로 제거할 수 있다. 이참에 iso2와 iso3도 중복이므로 함께 제거하자.

```
who3 %>%
  count(new)
#> # A tibble: 1 × 2
#>      new     n
#>    <chr> <int>
#> 1 new    73466
#> 2 newrel  2580
who4 <- who3 %>%
  select(-new, -iso2, -iso3)
```

다음으로 sexage를 첫 번째 문자 뒤 부분을 쪼개서 sex와 age로 분리할 것이다.

```
who5 <- who4 %>%
  separate(sexage, c("sex", "age"), sep = 1)
who5
#> # A tibble: 76,046 × 6
#>       country year  type  sex   age cases
#>         <chr> <int> <chr> <chr> <chr> <int>
```

```
#> 1 Afghanistan  1997 sp    m      014       0
#> 2 Afghanistan  1997 sp    m      1524     10
#> 3 Afghanistan  1997 sp    m      2534      6
#> 4 Afghanistan  1997 sp    m      3544      3
#> 5 Afghanistan  1997 sp    m      4554      5
#> 6 Afghanistan  1997 sp    m      5564      2
#> # ... with 76,040 more rows
```

자, 이제 who 데이터셋은 타이디해졌다!

여기에서 중간 결과를 새로운 변수에 할당하며, 코드를 한 번에 한 조각씩 보았었다. 이는 일반적인 대화식 작업 방식이 아니다. 대신 앞으로 다음과 같이 점차 복잡한 파이프를 만들게 될 것이다.

```
who %>%
  pivot_longer(
    cols = new_sp_m014:newrel_f65,
    names_to = "key",
    values_to = "cases",
    values_drop_na = TRUE
  ) %>%
  mutate(
    key = stringr::str_replace(key, "newrel", "new_rel")
  ) %>%
  separate(key, c("new", "var", "sexage")) %>%
  select(-new, -iso2, -iso3) %>%
  separate(sexage, c("sex", "age"), sep = 1)
```

9.6.1 연습문제

1. 이 사례연구에서 올바른 값을 가지고 있는지 쉽게 확인하기 위해 values_drop_na = TRUE로 설정했다. 이것은 합리적인가? 이 데이터셋에서 결측값은 어떻게 표현될지 생각해보라. 암묵적인 결측값이 있는가? NA와 0의 차이점은 무엇인가?

2. mutate() 단계를 무시하면 어떻게 되는가? (mutate(key = stringr::str_replace (key, "newrel", "new_rel"))).

3. iso2와 iso3이 country와 중복된다는 앞의 주장을 확인하라.

4. 각 country, year과 sex에 대해 총 결핵 사례 수를 계산하라. 정보를 시각적으로 보여라.

9.7 타이디하지 않은 데이터

다른 주제로 넘어가기 전에 타이디하지 않은 데이터에 대해 간단히 이야기 해보자. 이 장의 앞부분에서 타이디하지 않은 데이터를 표현하기 위해 부정적인 용어인 '지저분한'을 사용했다. 이는 과도하게 단순화한 것이다. 타이디 데이터가 아니더라도 유용하고 잘 구성된, 많은 데이터 구조가 있다. 다른 데이터 구조를 사용하는 데는 주된 이유가 두 가지이다.

- 다른 표현 방식이 성능상, 저장용량상 장점이 클 수 있다.
- 전문 분야에서 독자적으로 진화시킨 데이터 저장 규칙이 타이디 데이터의 규칙과는 꽤 다를 수 있다.

이런 이유로 인해 티블(또는 데이터프레임)이 아닌 다른 것이 필요해진다. 데이터가 관측값과 변수로 구성된 직사각형 구조에 자연스럽게 맞아떨어진다면 타이디 데이터가 기본 선택이어야 한다고 생각한다. 그러나 다른 구조를 사용하는 데도 그럴 만한 충분한 이유가 있다. 타이디 데이터만이 유일한 방법은 아니다. 타이디하지 않은 데이터에 대해 더 자세히 알고 싶다면 제프 릭(Jeff Leek)의 깊이 있는 블로그 게시물[2]을 적극 추천한다.

---

2 http://simplystatistics.org/2016/02/17/non-tidy-data

10장

R f o r D a t a S c i e n c e

dplyr로 하는 관계형 데이터

10.1 들어가기

데이터 분석에서 데이터 테이블이 단 하나만 관련된 경우는 거의 없다. 일반적으로 데이터 테이블이 많이 있고, 관심 있는 질문에 대답하기 위해 이들을 결합해야 한다. 여러 데이터 테이블을 총칭하여 관계형 데이터라고 한다. 이렇게 부르는 이유는 중요한 것이 개별 데이터셋이 아니라 이들의 관계이기 때문이다.

관계라는 것은 항상 두 개의 테이블 사이에서 정의된다. 이 간단한 개념으로부터 다른 모든 관계가 구성된다. 테이블 3개 이상 사이의 관계는 항상 각 쌍 사이의 관계들을 이용하여 나타낼 수 있다. 때로는 쌍을 이루는 두 요소가 같은 테이블이 될 수도 있다! 예를 들어 사람에 대한 데이터 테이블을 가지고 있고, 각 사람이 부모에 대한 참조 정보를 가지고 있다면 이런 경우가 생긴다.

관계형 데이터로 작업하려면 두 개의 테이블에 작동하는 동사가 필요하다. 관계형 데이터에 동작하도록 설계된 세 가지 계열의 동사가 있다.

- 뮤테이팅(mutating, 변형) 조인: 다른 데이터프레임에 있는 해당 관측값에서 가져와 새로운 변수로 생성하여 추가
- 필터링 조인: 다른 테이블의 관측값과 일치하는지에 따라 관측값을 걸러냄
- 집합 연산: 관측값을 집합 원소로 취급

관계형 데이터가 있는 가장 일반적인 장소는 관계형 데이터베이스 관리 시스템 (RDBMS)이다. 이 용어는 현대의 거의 모든 데이터베이스를 포괄한다. 여러분이 이전에 데이터베이스를 사용했다면 SQL을 사용했을 것이 거의 확실하다. 그

렇다면 dplyr에서의 표현이 조금 다르긴 하지만, 이 장에 나오는 개념이 익숙할 것이다. 일반적으로 dplyr은 SQL보다 약간 사용하기 쉽다. dplyr은 데이터 분석에 특화되었기 때문이다. 즉, 일반적인 데이터 분석 작업을 하기는 더 쉽게 만들었지만, 대신 데이터 분석에서 일반적으로 필요하지 않은 작업을 수행하기는 더 어렵게 되었다.

10.1.1 준비하기

우리는 dplyr의 2-테이블 동사[1]를 사용하여 nycflights13에 있는 관계형 데이터를 탐색할 것이다.

```
library(tidyverse)
library(nycflights13)
```

10.2 nycflights13

관계형 데이터에 대해 배우기 위해 nycflights13 패키지를 사용할 것이다. nycflights13 패키지에는 3장에서 사용한 flights 테이블과 관련된 4개의 티블이 있다.

- airlines를 사용하면 해당 약어 코드로 전체 항공사명을 찾아볼 수 있다.

```
airlines
#> # A tibble: 16 x 2
#>   carrier name
#>   <chr>   <chr>
#> 1 9E      Endeavor Air Inc.
#> 2 AA      American Airlines Inc.
#> 3 AS      Alaska Airlines Inc.
#> 4 B6      JetBlue Airways
#> 5 DL      Delta Air Lines Inc.
#> 6 EV      ExpressJet Airlines Inc.
#> # ... with 10 more rows
```

- airports에는 각 공항에 대한 정보가 faa 공항 코드로 식별되어 있다.

```
airports
#> # A tibble: 1,458 x 8
#>   faa   name                   lat   lon   alt   tz dst   tzone
#>   <chr> <chr>                <dbl> <dbl> <int> <dbl> <chr> <chr>
#> 1 04G   Lansdowne Airport     41.1 -80.6  1044    -5 A     America/New…
#> 2 06A   Moton Field Municipal … 32.5 -85.7   264    -6 A     America/Chi…
#> 3 06C   Schaumburg Regional   42.0 -88.1   801    -6 A     America/Chi…
```

---

1 (옮긴이) 테이블 두 개에 동작하는 동사.

```
#> 4 06N    Randall Airport          41.4 -74.4   523    -5 A    America/New…
#> 5 09J    Jekyll Island Airport    31.1 -81.4    11    -5 A    America/New…
#> 6 0A9    Elizabethton Municipal…  36.4 -82.2  1593    -5 A    America/New…
#> # … with 1,452 more rows
```

- planes에는 각 여객기에 대한 정보가 tailnum으로 식별되어 있다.

```
planes
#> # A tibble: 3,322 x 9
#>    tailnum year type        manufacturer    model   engines seats speed engine
#>    <chr>   <int> <chr>       <chr>           <chr>     <int> <int> <int> <chr>
#> 1 N10156  2004 Fixed win…   EMBRAER         EMB-1…       2    55    NA Turbo…
#> 2 N102UW  1998 Fixed win…   AIRBUS INDUS…   A320-…       2   182    NA Turbo…
#> 3 N103US  1999 Fixed win…   AIRBUS INDUS…   A320-…       2   182    NA Turbo…
#> 4 N104UW  1999 Fixed win…   AIRBUS INDUS…   A320-…       2   182    NA Turbo…
#> 5 N10575  2002 Fixed win…   EMBRAER         EMB-1…       2    55    NA Turbo…
#> 6 N105UW  1999 Fixed win…   AIRBUS INDUS…   A320-…       2   182    NA Turbo…
#> # … with 3,316 more rows
```

- weather에는 각 NYC 공항의 매 시각 날씨 정보가 있다.

```
weather
#> # A tibble: 26,115 x 15
#>    origin year month   day  hour  temp  dewp humid wind_dir wind_speed
#>    <chr>  <dbl> <dbl> <int> <int> <dbl> <dbl> <dbl>    <dbl>      <dbl>
#> 1 EWR     2013     1     1     1  39.0  26.1  59.4      270       10.4
#> 2 EWR     2013     1     1     2  39.0  27.0  61.6      250       8.06
#> 3 EWR     2013     1     1     3  39.0  28.0  64.4      240       11.5
#> 4 EWR     2013     1     1     4  39.9  28.0  62.2      250       12.7
#> 5 EWR     2013     1     1     5  39.0  28.0  64.4      260       12.7
#> 6 EWR     2013     1     1     6  37.9  28.0  67.2      240       11.5
#> # … with 2.611e+04 more rows, and 5 more variables: wind_gust <dbl>,
#> #   precip <dbl>, pressure <dbl>, visib <dbl>, time_hour <dttm>
```

그림을 사용하여 서로 다른 테이블 간의 관계를 볼 수 있다.

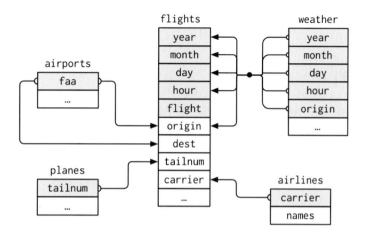

이 다이어그램은 꽤 복잡해 보이지만, 실전에서 보게 될 것과 비교하면 간단한 것이다! 이와 같은 다이어그램을 이해하는 데 핵심은 각 관계가 항상 한 쌍의 테이블과 관련되어 있음을 기억하는 것이다. 여러분이 모든 것을 이해할 필요는 없다. 관심 있는 테이블 사이의 연쇄적인 관계를 이해하면 된다.

nycflights13에서 관계는 다음과 같다.

- flights는 단 하나의 변수 tailnum을 통해 planes에 연결된다.
- flights는 carrier 변수를 통해 airlines에 연결된다.
- flights는 origin(위치)과 dest(목적지) 변수를 통해 두 가지 방법으로 airports에 연결된다.
- fligths는 origin, year, month, day, hour(시간)를 통해 weather에 연결된다.

10.2.1 연습문제

1. 각 여객기가 출발지에서 목적지까지 날아가는 경로를 대략 그려보고 싶다. 어떤 변수가 필요한가? 어떤 테이블을 결합해야 하는가?

2. 우리는 앞에서 weather와 airports 사이의 관계를 그리는 것을 잊어버렸다. 어떻게 관계되며, 다이어그램을 이용하여 어떻게 그려야 하는가?

3. weather는 출발지 (NYC) 공항에 대한 정보만 포함한다. 미국의 모든 공항에 대한 날씨 기록이 포함되어 있다면 flights와 어떤 관계가 추가되는가?

4. 우리는 일 년 중 어떤 날이 '특별하다'는 것을 알고 있으며, 이 날에는 평소보다 적은 수의 사람들이 항공여행을 한다는 것을 알고 있다. 이 데이터를 데이터프레임으로 어떻게 표현하겠는가? 이 테이블의 기본키는 무엇이겠는가? 기존 테이블에 어떻게 연결되는가?

10.3 키

각 테이블 쌍을 연결하는 데 사용되는 변수를 키라고 한다. 키는 관측값을 고유하게 식별하는 변수(또는 변수 집합)이다. 간단한 경우 단일 변수만으로 관측값을 식별할 수 있다. 예를 들어 각 여객기는 tailnum으로 고유하게 식별된다. 어떤 경우에는 여러 변수가 필요할 수 있다. 예를 들어 weather의 관측값을 식별하려면 year, month, day, hour, origin의 다섯 가지 변수가 필요하다.

두 가지 유형의 키가 있다.

- **기본키**(primary key)는 자신의 테이블에서 관측값을 고유하게 식별한다. 예를 들어 planes$tailnum은 planes 테이블의 각 여객기를 고유하게 식별하므로 기본키이다.
- **외래키**(foreign key)는 다른 테이블의 관측값을 고유하게 식별한다. 예를 들어 flight$tailnum은 flights 테이블에서 각 항공편을 고유한 여객기와 매칭시키기 때문에 외래키이다.

한 변수가 동시에 기본키이며 외래키일 수 있다. 예를 들어 출발지는 weather 기본키의 일부이며 airport 테이블의 외래키이기도 하다.

테이블에서 기본키를 확인한 후에는 실제로 기본키가 각 관측값을 고유하게 식별하는지 확인하는 것이 좋다. 이를 수행하는 한 가지 방법은 기본키를 count()하고 n이 1보다 큰 항목을 찾는 것이다.

```
planes %>%
  count(tailnum) %>%
  filter(n > 1)
#> # A tibble: 0 × 2
#> # ... with 2 variables: tailnum <chr>, n <int>

weather %>%
  count(year, month, day, hour, origin) %>%
  filter(n > 1)
#> # A tibble: 3 x 6
#>    year month   day  hour origin     n
#>   <dbl> <dbl> <int> <int>  <chr> <int>
#> 1  2013    11     3     1    EWR     2
#> 2  2013    11     3     1    JFK     2
#> 3  2013    11     3     1    LGA     2
```

때로 테이블에 명시적인 기본키가 없는 경우가 있다. 모든 행은 관측값이지만 어떤 변수를 조합해도 각 행을 신뢰성 있게 구분하지 못하는 경우이다. 예를 들어 flight 테이블의 기본키는 무엇인가? 여러분은 date에 flight 혹은 tailnum을 더한 것으로 생각하겠지만 이들 중 어느 것도 고유하지 않다.

```
flights %>%
  count(year, month, day, flight) %>%
  filter(n > 1)
#> # A tibble: 29,768 x 5
#>    year month   day flight     n
#>   <int> <int> <int>  <int> <int>
#> 1  2013     1     1      1     2
#> 2  2013     1     1      3     2
#> 3  2013     1     1      4     2
#> 4  2013     1     1     11     3
#> 5  2013     1     1     15     2
#> 6  2013     1     1     21     2
#> # ... with 2.976e+04 more rows
```

```
flights %>%
  count(year, month, day, tailnum) %>%
  filter(n > 1)
#> # A tibble: 64,928 x 5
#>    year month   day tailnum     n
#>   <int> <int> <int>   <chr> <int>
#> 1  2013     1     1  N0EGMQ     2
#> 2  2013     1     1  N11189     2
#> 3  2013     1     1  N11536     2
#> 4  2013     1     1  N11544     3
#> 5  2013     1     1  N11551     2
#> 6  2013     1     1  N12540     2
#> # ... with 6.492e+04 more rows
```

이 데이터로 작업을 시작할 때 나는 각 항공기가 하루에 한 번만 사용된다고 순진하게 추측했다. 그런 경우라면 특정 항공편의 문제에 대해 훨씬 쉽게 의사소통할 수 있었을 것이었다. 불행히도 그것은 사실이 아니다! 테이블에 기본키가 없으면 mutate()와 row_number()를 이용하여 기본키를 추가해보라. 이렇게 하면 필터링을 수행하고 난 후 원래 데이터와 다시 점검할 때 관측값을 쉽게 일치시킬 수 있다. 이를 대체키(surrogate key)라고 한다.

기본키와 이와 대응되는 다른 테이블의 외래키는 관계를 형성한다. 관계는 대개 일대다(one-to-many) 관계이다. 예를 들어 각 항공편에는 여객기가 하나 있지만, 각 여객기에는 여러 항공편이 있다. 다른 데이터에서는 가끔 일대일(1-to-1) 관계를 보게 된다. 이것을 일대다 관계의 특별한 경우라고 생각할 수 있다. 다대일(many-to-1) 관계와 일대다 관계를 사용하여 다대다(many-to-many) 관계를 모델링할 수 있다. 예를 들어 이 데이터에는 항공사(airline)와 공항(airport) 간 다대다 관계가 있다. 즉, 각 항공사는 많은 공항으로 운항하고, 각 공항에는 많은 항공사가 있다.

10.3.1 연습문제

1. flights에 대체키를 추가하라.

2. 다음 데이터셋의 키를 식별하라.

   a. Lahman::Batting

   b. babynames::babynames

   c. nasaweather::atmos

   d. fueleconomy::vehicles

   e. ggplot2::diamonds

(이를 위해 패키지를 설치하고 설명서를 읽어야 할 수도 있다.)

3. Lahman 패키지의 Batting, Master, Salaries 테이블 간의 연결을 나타내는 다이어그램을 그려라. Master, Managers, AwardsManagers 사이의 관계를 보여주는 또 다른 다이어그램을 그려라.

   Batting, Pitching, Fielding 테이블 간의 관계를 어떻게 규정하겠는가?

10.4 뮤테이팅 조인

한 쌍의 테이블을 결합하기 위해 살펴볼 첫 번째 도구는 뮤테이팅 조인(mutating join)이다. 뮤테이팅 조인을 사용하면 두 테이블의 변수를 결합할 수 있다. 먼저 관측값을 키로 매칭시킨 다음 한 테이블에서 다른 테이블로 변수들을 복사한다.

mutate()와 마찬가지로 조인 함수는 오른쪽에 변수를 추가하므로 이미 많은 변수가 있는 경우 새 변수가 출력되지 않는다. 이 예제에서는 어떤 일이 일어나는지 더 쉽게 보기 위해 더 좁은 데이터셋을 작성한다.

```
flights2 <- flights %>%
  select(year:day, hour, origin, dest, tailnum, carrier)
flights2
#> # A tibble: 336,776 × 8
#>    year month   day  hour origin dest  tailnum carrier
#>   <int> <int> <int> <dbl> <chr>  <chr> <chr>   <chr>
#> 1  2013     1     1     5 EWR    IAH   N14228       UA
#> 2  2013     1     1     5 LGA    IAH   N24211       UA
#> 3  2013     1     1     5 JFK    MIA   N619AA       AA
#> 4  2013     1     1     5 JFK    BQN   N804JB       B6
#> 5  2013     1     1     6 LGA    ATL   N668DN       DL
#> 6  2013     1     1     5 EWR    ORD   N39463       UA
#> # ... with 3.368e+05 more rows
```

(RStudio에서는 View()를 사용하여 이 문제를 피할 수도 있음을 기억하라.)

flight2 데이터에 항공사 전체 이름을 추가하려고 한다고 가정하자. left_join()으로 airlines와 flights2 데이터프레임을 결합할 수 있다.

```
flights2 %>%
  select(-origin, -dest) %>%
  left_join(airlines, by = "carrier")
#> # A tibble: 336,776 × 7
#>    year month   day  hour tailnum carrier                name
#>   <int> <int> <int> <dbl> <chr>   <chr>                 <chr>
#> 1  2013     1     1     5 N14228       UA United Air Lines Inc.
#> 2  2013     1     1     5 N24211       UA United Air Lines Inc.
#> 3  2013     1     1     5 N619AA       AA American Airlines Inc.
#> 4  2013     1     1     5 N804JB       B6       JetBlue Airways
#> 5  2013     1     1     6 N668DN       DL     Delta Air Lines Inc.
#> 6  2013     1     1     5 N39463       UA United Air Lines Inc.
#> # ... with 3.368e+05 more rows
```

flights2은 airlines와 결합하여 새로운 변수 name이 추가되었다. 이것이 내가 이 유형의 조인을 뮤테이팅 조인이라고 부르는 이유이다. 이 경우 mutate()와 R의 베이스 서브셋 작업을 사용하여 같은 작업을 할 수 있다.

```
flights2 %>%
  select(-origin, -dest) %>%
  mutate(name = airlines$name[match(carrier, airlines$carrier)])
#> # A tibble: 336,776 × 7
#>    year month   day  hour tailnum carrier                    name
#>   <int> <int> <int> <dbl>   <chr>   <chr>                   <chr>
#> 1  2013     1     1     5  N14228      UA  United Air Lines Inc.
#> 2  2013     1     1     5  N24211      UA  United Air Lines Inc.
#> 3  2013     1     1     5  N619AA      AA  American Airlines Inc.
#> 4  2013     1     1     5  N804JB      B6         JetBlue Airways
#> 5  2013     1     1     6  N668DN      DL     Delta Air Lines Inc.
#> 6  2013     1     1     5  N39463      UA  United Air Lines Inc.
#> # ... with 3.368e+05 more rows
```

그러나 이 방법은 여러 변수를 매치시켜야 할 경우 일반화하기 어렵고, 또 전체적인 의도를 파악하기 위해서는 코드를 자세히 읽어야 한다는 단점이 있다.

다음 절에서는 뮤테이팅 조인의 작동 방식에 대해 자세히 설명한다. 우선 조인을 어떻게 시각적으로 표현하는지부터 배운다. 그런 다음 이를 사용하여 4개의 뮤테이팅 조인 함수, 즉 1개의 내부 조인(inner join)과 3개의 외부 조인(outer join)을 설명한다. 실제 데이터로 작업할 때 키가 항상 관측값을 고유하게 식별하지는 않기 때문에 다음으로는 고유한 매치가 없을 때 발생하는 상황에 대해 이야기하겠다. 마지막으로 조인이 정해졌을 때 어떤 변수가 이 조인의 키인지 dplyr에 전달하는 방법을 배운다.

10.4.1 조인 이해하기

조인이 어떻게 작동하는지 배우기 위해 시각적 표현을 사용해보자.

```
x <- tribble(
  ~key, ~val_x,
     1, "x1",
     2, "x2",
     3, "x3"
)
y <- tribble(
  ~key, ~val_y,
     1, "y1",
```

```
    2, "y2",
    4, "y3"
)
```

색상이 있는 열은 '키' 변수를 나타내며 테이블 사이의 행을 일치시키는 데 사용된다. 회색 열은 함께 따라가는 '값' 열을 나타낸다. 이 예제에서는 단일 키 변수와 단일 값 변수가 있지만, 다중 키와 다중 값으로 자연스럽게 일반화된다.

조인은 x의 각 행을 y의 0, 1개 또는 여러 행에 연결하는 방법이다. 다음 다이어그램은 각각의 매칭 후보를 한 쌍의 선의 교차점으로 보여준다.

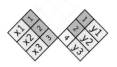

(주의 깊게 살펴보면 x의 키 열과 값 열의 순서가 바뀐 걸 알 수 있다. 이는 조인이 키를 기반으로 매칭하며 값은 단지 따라간다는 점을 강조하려는 것이다.)

실제 조인에서는 매치 항목이 점으로 표시된다. 점 수 = 매치 수 = 출력의 행 수이다.

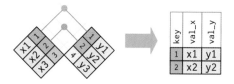

10.4.2 내부 조인

가장 간단한 조인 유형은 내부 조인(inner join)이다. 내부 조인은 키가 같을 때마다 두 관측값을 매칭한다.

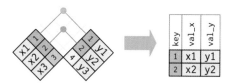

(정확하게 말하면 같음연산자(equality operator)를 사용하여 키가 매치되기 때문에 내부 동등 조인(equijoin)이다. 대부분의 조인은 동등 조인이므로 우리는 일반적으로 이러한 상세한 내용을 생략한다.)

내부 조인의 출력은 키, x 값과 y 값을 포함하는 새로운 데이터프레임이다. by
를 사용하여 어떤 변수가 키인지를 지정한다.

```
x %>%
  inner_join(y, by = "key")
#> # A tibble: 2 × 3
#>     key val_x val_y
#>   <dbl> <chr> <chr>
#> 1     1    x1    y1
#> 2     2    x2    y2
```

내부 조인의 가장 중요한 특성은 매칭되지 않는 행은 결과에 포함되지 않는다는
점이다. 즉, 내부 조인은 관측값을 잃어버리기 쉽기 때문에 일반적으로 분석 목
적으로 사용하기에 적합하지 않다.

10.4.3 외부 조인

내부 조인에서는 두 테이블 모두에 나타나는 관측값이 보존된다. 외부 조인에서
는 적어도 하나의 테이블에 있는 관측값은 보존된다. 외부 조인에는 세 가지 유
형이 있다.

- 왼쪽 조인(left join)은 x의 모든 관측값을 보존한다.
- 오른쪽 조인(right join)은 y의 모든 관측값을 보존한다.
- 전체 조인(full join)은 x와 y의 모든 관측값을 보존한다.

이러한 조인은 각 테이블에 '가상' 관측값을 추가하여 작동한다. 이 관측값에는
항상 매칭되는 키(다른 키가 매칭되지 않는 경우)와 NA로 채워진 값이 있다.

그림으로 보면 다음과 같다.

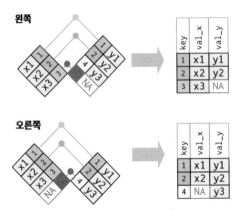

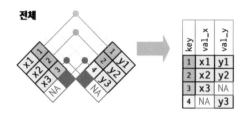

가장 일반적으로 사용되는 조인은 왼쪽 조인이다. 매칭되지 않는 경우에도 원본 관측값을 보존하므로 다른 테이블에서 추가 데이터를 조회할 때마다 이 작업을 사용한다. 왼쪽 조인이, 작업 시 기본 조인이 되어야 한다. 다른 조인을 선호해야 하는 명백한 이유가 없다면 왼쪽 조인을 사용하라.

서로 다른 유형의 조인을 묘사하는 또 다른 방법은 벤 다이어그램을 사용하는 것이다.

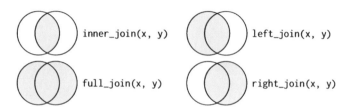

그러나 이 표현법은 완벽하지 않다. 조인 유형들이 각각 어떤 테이블의 관측값을 보존하는지 알려주긴 하지만, 커다란 제약사항이 있다. 벤 다이어그램은 키가 고유하게 관측값을 식별하지 못할 때 어떤 일이 발생하는지를 표현할 수 없다.

10.4.4 중복키

지금까지 모든 테이블은 키가 고유하다고 가정했다. 하지만 항상 그런 것은 아니다. 이 절에서는 키가 고유하지 않은 경우 어떻게 되는지 설명한다. 두 가지 경우가 있다.

- 하나의 테이블에 중복키가 있다. 중복키는 추가적인 정보를 넣을 때 유용한데 일반적으로 일대다 관계가 있기 때문이다.

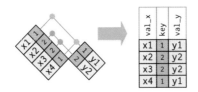

출력에서 키 열을 조금 다른 위치에 놓은 것을 확인하라. 이것은 키가 y의 기본키이고 x의 외래키임을 보여준다.

```
x <- tribble(
  ~key, ~val_x,
     1, "x1",
     2, "x2",
     2, "x3",
     1, "x4"
)
y <- tribble(
  ~key, ~val_y,
     1, "y1",
     2, "y2"
)
left_join(x, y, by = "key")
#> # A tibble: 4 × 3
#>     key val_x val_y
#>   <dbl> <chr> <chr>
#> 1     1    x1    y1
#> 2     2    x2    y2
#> 3     2    x3    y2
#> 4     1    x4    y1
```

- 두 테이블 모두 중복키가 있다. 키가 어느 테이블에서도 고유하게 관측값을 식별하지 않기 때문에 이것은 일반적 오류이다. 중복키로 조인하면 가능한 모든 조합인 데카르트곱(Cartesian product)을 얻을 수 있다.

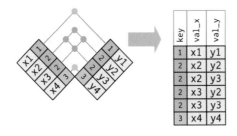

```
x <- tribble(
  ~key, ~val_x,
     1, "x1",
     2, "x2",
     2, "x3",
     3, "x4"
)
```

```
y <- tribble(
  ~key, ~val_y,
     1, "y1",
     2, "y2",
     2, "y3",
     3, "y4"
)
left_join(x, y, by = "key")
#> # A tibble: 6 × 3
#>     key val_x val_y
#>   <dbl> <chr> <chr>
#> 1     1    x1    y1
#> 2     2    x2    y2
#> 3     2    x2    y3
#> 4     2    x3    y2
#> 5     2    x3    y3
#> 6     3    x4    y4
```

10.4.5 키 열 정의하기

지금까지 테이블 쌍은 항상 하나의 변수에 의해 조인되었으며 그 변수는 두 테이블에서 같은 이름을 가졌다. 그 제약사항은 by = "key"로 코드화되었다. by에 다른 값을 사용하여 다른 방법으로 테이블을 연결할 수 있다.

• 기본값 by = NULL을 사용하면 두 테이블에 있는 모든 변수를 사용하며 이는 자연 조인(natural join)이라 부른다. 예를 들어 flights와 weather 테이블은 공통 변수인 year, month, day, hour, origin으로 매치된다.

```
flights2 %>%
  left_join(weather)
#> Joining, by = c("year", "month", "day", "hour", "origin")
#> # A tibble: 336,776 × 18
#>    year month   day  hour origin  dest tailnum carrier  temp  dewp humid
#>   <dbl> <dbl> <int> <dbl>  <chr> <chr>   <chr>   <chr> <dbl> <dbl> <dbl>
#> 1  2013     1     1     5    EWR   IAH N14228      UA    NA    NA    NA
#> 2  2013     1     1     5    LGA   IAH N24211      UA    NA    NA    NA
#> 3  2013     1     1     5    JFK   MIA N619AA      AA    NA    NA    NA
#> 4  2013     1     1     5    JFK   BQN N804JB      B6    NA    NA    NA
#> 5  2013     1     1     6    LGA   ATL N668DN      DL  39.9  26.1  57.3
#> 6  2013     1     1     6    EWR   ORD N39463      UA    NA    NA    NA
#> # ... with 3.368e+05 more rows, and 7 more variables: wind_dir <dbl>,
#> #   wind_speed <dbl>, wind_gust <dbl>, precip <dbl>, pressure <dbl>,
#> #   visib <dbl>, time_hour <dttm>
```

• 문자형 벡터 by = "x". 이것은 자연 조인과 같지만 일부 공통 변수만 사용한다. 예를 들어 flights와 planes에는 year 변수가 있지만 서로 다른 의미이므로 tailnum으로만 조인하고 싶다.

```
flights2 %>%
  left_join(planes, by = "tailnum")
#> # A tibble: 336,776 × 16
#>   year.x month  day  hour origin  dest tailnum carrier year.y
#>    <int> <int> <int> <dbl>  <chr> <chr>   <chr>   <chr>  <int>
#> 1   2013     1     1     5    EWR   IAH  N14228      UA   1999
#> 2   2013     1     1     5    LGA   IAH  N24211      UA   1998
#> 3   2013     1     1     5    JFK   MIA  N619AA      AA   1990
#> 4   2013     1     1     5    JFK   BQN  N804JB      B6   2012
#> 5   2013     1     1     6    LGA   ATL  N668DN      DL   1991
#> 6   2013     1     1     5    EWR   ORD  N39463      UA   2012
#> # ... with 3.368e+05 more rows, and 7 more variables: type <chr>,
#> #   manufacturer <chr>, model <chr>, engines <int>, seats <int>,
#> #   speed <int>, engine <chr>
```

year 변수(두 입력 데이터프레임 모두에 나타나지만 같도록 설정되지 않음)는 접미사가 붙어서 출력에서 헷갈리지 않게 된 것을 확인하라.

- 이름 있는 문자 벡터, by = c("a" = "b"). 테이블 x의 변수 a와 테이블 y의 변수 b를 매칭시킨다. x의 변수가 출력에 사용된다.

  예를 들어 지도를 그리려면 flights 데이터를 각 공항의 위치(lat과 lon)[2]가 포함된 airports 데이터와 결합해야 한다. 각 항공편에는 출발 공항과 도착 공항이 있으므로 어떤 것에 조인할지 지정해야 한다.

```
flights2 %>%
  left_join(airports, c("dest" = "faa"))
#> # A tibble: 336,776 × 15
#>    year month   day  hour origin  dest tailnum carrier
#>   <int> <int> <int> <dbl>  <chr> <chr>   <chr>   <chr>
#> 1  2013     1     1     5    EWR   IAH  N14228      UA
#> 2  2013     1     1     5    LGA   IAH  N24211      UA
#> 3  2013     1     1     5    JFK   MIA  N619AA      AA
#> 4  2013     1     1     5    JFK   BQN  N804JB      B6
#> 5  2013     1     1     6    LGA   ATL  N668DN      DL
#> 6  2013     1     1     5    EWR   ORD  N39463      UA
#> # ... with 3.368e+05 more rows, and 7 more variables: name <chr>,
#> #   lat <dbl>, lon <dbl>, alt <int>, tz <dbl>, dst <chr>, tzone <chr>
```

```
flights2 %>%
  left_join(airports, c("origin" = "faa"))
#> # A tibble: 336,776 × 15
#>    year month   day  hour origin  dest tailnum carrier               name
#>   <int> <int> <int> <dbl>  <chr> <chr>   <chr>   <chr>              <chr>
#> 1  2013     1     1     5    EWR   IAH  N14228      UA Newark Liberty Intl
#> 2  2013     1     1     5    LGA   IAH  N24211      UA          La Guardia
#> 3  2013     1     1     5    JFK   MIA  N619AA      AA John F Kennedy Intl
#> 4  2013     1     1     5    JFK   BQN  N804JB      B6 John F Kennedy Intl
#> 5  2013     1     1     6    LGA   ATL  N668DN      DL          La Guardia
#> 6  2013     1     1     5    EWR   ORD  N39463      UA Newark Liberty Intl
#> # ... with 3.368e+05 more rows, and 6 more variables: lat <dbl>,
#> #   lon <dbl>, alt <int>, tz <dbl>, dst <chr>, tzone <chr>
```

2 (옮긴이) 위도와 경도

10.4.6 연습문제

1. 목적지별 평균 지연 시간을 계산한 다음, airports 데이터프레임에 조인하여 지연의 공간 분포를 표시하라. 다음을 이용하여 미국 지도를 쉽게 그릴 수 있다.

```
airports %>%
  semi_join(flights, c("faa" = "dest")) %>%
  ggplot(aes(lon, lat)) +
    borders("state") +
    geom_point() +
    coord_quickmap()
```

(semi_join()이 무엇인지 몰라도 걱정하지 말라. 다음에 배울 것이다.)

점의 크기 또는 색깔로 각 공항의 평균 지연 시간을 표시할 수 있다.

2. flights에 출발지와 목적지의 위치(즉, lat과 lon)를 추가하라.

3. 여객기의 나이와 지연 시간 사이에 관계가 있는가?

4. 어떤 기상 조건이 지연 가능성을 더 높이는가?

5. 2013년 6월 13일에 무슨 일이 일어났는가? 지연의 공간 패턴을 표시한 다음 구글을 사용하여 날씨와 상호참조하라.

10.4.7 기타 구현

base::merge()는 네 가지 유형의 뮤테이팅 조인을 모두 수행할 수 있다.

dplyr	merge
inner_join(x, y)	merge(x, y)
left_join(x, y)	merge(x, y, all.x = TRUE)
right_join(x, y)	merge(x, y, all.y = TRUE)
full_join(x, y)	merge(x, y, all.x = TRUE, all.y = TRUE)

특정 dplyr 동사의 장점은 코드의 의도를 좀 더 명확하게 전달한다는 것이다. 즉, 조인 간의 차이는 실제로 중요하지만 merge() 인수에 숨어 있다. dplyr의 조인은 상당히 빠르며 행 순서를 어지럽히지 않는다.

dplyr의 규칙은 SQL에 기반을 두므로 서로 옮겨쓰는 것은 복잡하지 않다.

dplyr	SQL
inner_join(x, y, by = "z")	SELECT * FROM x INNER JOIN y USING (z)
left_join(x, y, by = "z")	SELECT * FROM x LEFT OUTER JOIN y USING (z)
right_join(x, y, by = "z")	SELECT * FROM x RIGHT OUTER JOIN y USING (z)
full_join(x, y, by = "z")	SELECT * FROM x FULL OUTER JOIN y USING (z)

'INNER'및 'OUTER'는 선택사항이며 종종 생략된다.

inner_join(x, y, by = c("a" = "b"))과 같이 테이블 간에 다른 변수를 결합하는 것은, SQL에서 약간 다른 문법을 사용한다. SELECT * FROM x INNER JOIN y ON x.a = y.b. 이 구문에서 알 수 있듯이, SQL은 dplyr보다 폭넓은 조인 유형을 지원하는데 등식이 아닌 다른 제약 조건을 사용하여 테이블을 연결할 수도 있다(비동등 조인(non-equisjoin)라고도 함).

10.5 필터링 조인

필터링 조인은 뮤테이팅 조인과 같은 방식으로 관측값을 매칭하지만 변수가 아닌 관측값에 영향을 준다. 두 가지 유형이 있다.

- semi_join(x, y)는 y와 매치되는 x의 모든 관측값을 보존한다.
- anti_join(x, y)는 y와 매치되는 x의 모든 관측값을 삭제한다.

세미 조인(semi-join)은 필터링된 요약 테이블을 다시 원래 행과 매치시키는 데 유용하다. 예를 들어 가장 인기 있는 상위 10개 도착지를 구했다고 가정해보자.

```
top_dest <- flights %>%
  count(dest, sort = TRUE) %>%
  head(10)
top_dest
#> # A tibble: 10 × 2
#>    dest      n
#>    <chr> <int>
#> 1   ORD 17283
#> 2   ATL 17215
#> 3   LAX 16174
#> 4   BOS 15508
#> 5   MCO 14082
#> 6   CLT 14064
#> # ... with 4 more rows
```

이제 그 목적지 중 한 곳으로 운행한 항공편을 찾고 싶다면 직접 필터를 만들 수 있다.

```
flights %>%
  filter(dest %in% top_dest$dest)
#> # A tibble: 141,145 × 19
#>    year month   day dep_time sched_dep_time dep_delay arr_time
#>    <int> <int> <int>   <int>          <int>     <dbl>    <int>
#> 1  2013     1     1     542            540         2      923
#> 2  2013     1     1     554            600        -6      812
#> 3  2013     1     1     554            558        -4      740
#> 4  2013     1     1     555            600        -5      913
#> 5  2013     1     1     557            600        -3      838
#> 6  2013     1     1     558            600        -2      753
#> # ... with 1.411e+05 more rows, and 12 more variables:
#> #   sched_arr_time <int>, arr_delay <dbl>, carrier <chr>, flight <int>,
#> #   tailnum <chr>, origin <chr>, dest <chr>, air_time <dbl>,
#> #   distance <dbl>, hour <dbl>, minute <dbl>, time_hour <dttm>
```

그러나 이러한 접근 방식을 여러 변수로 확장하는 것은 어렵다. 예를 들어 평균 지연 시간이 가장 길었던 날, 10일을 골라냈다고 상상해보라. year, month, day 를 사용하여 다시 항공편과 일치시키는 필터 구문을 어떻게 작성할 수 있는가?

한편 뮤테이팅 조인과 같이 두 테이블을 연결하는 세미 조인을 사용할 수 있 지만 새 열을 추가하는 대신 y에서 일치하는 x의 행만 보존한다.

```
flights %>%
  semi_join(top_dest)
#> Joining, by = "dest"
#> # A tibble: 141,145 × 19
#>    year month   day dep_time sched_dep_time dep_delay arr_time
#>    <int> <int> <int>   <int>          <int>     <dbl>    <int>
#> 1  2013     1     1     542            540         2      923
#> 2  2013     1     1     554            600        -6      812
#> 3  2013     1     1     554            558        -4      740
#> 4  2013     1     1     555            600        -5      913
#> 5  2013     1     1     557            600        -3      838
#> 6  2013     1     1     558            600        -2      753
#> # ... with 1.411e+05 more rows, and 12 more variables:
#> #   sched_arr_time <int>, arr_delay <dbl>, carrier <chr>, flight <int>,
#> #   tailnum <chr>, origin <chr>, dest <chr>, air_time <dbl>,
#> #   distance <dbl>, hour <dbl>, minute <dbl>, time_hour <dttm>
```

세미 조인을 그래픽으로 표현하면 다음과 같다.

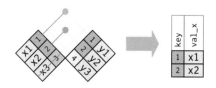

매칭되었는지 여부만이 중요하다. 즉, 어떤 관측값이 매칭되는지는 중요하지 않 다. 이것은 필터링 조인이 뮤테이팅 조인처럼 행을 복제하지는 않는다는 것을 의미한다.

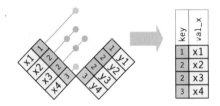

세미 조인의 반대는 안티 조인(anti-join)이다. 안티 조인은 매칭되지 않는 행을 보존한다.

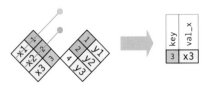

안티 조인은 조인 불일치를 진단하는 데 유용하다. 예를 들어 항공편과 여객기를 연결하는 경우, 여객기에 매치되지 않는 항공편이 많다는 것을 알고 싶을 수 있다.

```
flights %>%
  anti_join(planes, by = "tailnum") %>%
  count(tailnum, sort = TRUE)
#> # A tibble: 722 × 2
#>   tailnum     n
#>    <chr> <int>
#> 1    <NA>  2512
#> 2  N725MQ   575
#> 3  N722MQ   513
#> 4  N723MQ   507
#> 5  N713MQ   483
#> 6  N735MQ   396
#> # ... with 716 more rows
```

10.5.1 연습문제

1. 항공편에 tailnum이 없는 것은 무엇을 의미하는가? planes에 매치되는 관측값이 없는 tailnum 관측값들의 공통점은 무엇인가? (힌트: 한 변수가 문제의 약 90%를 설명한다.)

2. flights를 필터링하여 최소 100편을 운행한 여객기의 항공편만 표시하라.

3. fueleconomy::vehicles와 fueleconomy::common을 조인하여 가장 많은 차량 모델의 레코드만 찾아라.

4. 최악의 지연 시간을 가진 (1년 중) 48시간을 찾아라. 날씨 데이터와 교차 참조하라. 어떤 패턴을 볼 수 있는가?

5. anti_join(flights, airports, by = c("dest" = "faa"))을 보고 무엇을 알 수 있는가? anti_join(airports, flights, by = c("faa" = "dest"))는 어떤가?

6. 각 항공기는 단일 항공사에 의해 운항되므로 항공기와 항공사 간에 암묵적인 관계가 있을 것으로 예상할 수 있다. 이전 절에서 배운 도구를 사용하여 이 가설을 확인하거나 기각하라.

10.6 조인 문제

이 장에서 작업하고 있는 데이터는 문제가 거의 발생하지 않도록 미리 정제되었다. 여러분의 데이터는 그리 깨끗하지 않을 것이므로 조인을 원활하게 하기 위해서 주어진 데이터에 수행해야 하는 몇 가지 작업이 있다.

1. 우선 각 테이블에서 기본키를 구성하는 변수들을 식별하라. 경험적이 아니라 데이터 이해를 바탕으로, 고유한 식별자가 되는 변수의 조합을 찾아야 한다. 변수가 의미하는 바를 고려하지 않고 찾는다면 우연히도 현재의 데이터에서는 고유한 조합이지만 일반적으로는 그렇지 않을 수 있다.

   예를 들어 고도(altitude)와 경도는 각 공항을 고유하게 식별하지만 좋은 식별자는 아니다!

   ```
   airports %>% count(alt, lon) %>% filter(n > 1)
   #> # A tibble: 0 x 3
   #> # ... with 3 variables: alt <int>, lon <dbl>, n <int>
   ```

2. 기본키의 변수들에 결측값이 없는지 확인하라. 값이 결측된 경우에는 관측값을 식별할 수 없다!

3. 외래키가 다른 테이블의 기본키와 매칭되는지 확인하라. 가장 좋은 방법은 anti_join()을 사용하는 것이다. 데이터 입력 에러로 인해 키가 매칭되지 않는 경우는 흔하다. 이를 고치는 것이 큰 작업일 때가 많다.

   이 경우에는 매칭되지 않는 행을 삭제할 것인지를 충분히 생각하고, 내부 조인과 외부 조인 사이에서 신중히 고려해야 한다.

조인이 원활하게 진행되었는지 확인하기 위해 조인 전후의 행 수만 살피는 것은 충분하지 않다. 두 테이블 모두에 중복키가 있는 내부 조인의 경우, 불행히도 삭제된 행 수가 복제된 행 수와 정확히 같을 수 있다!

10.7 집합 연산

2-테이블 동사의 마지막 유형은 집합 연산이다. 일반적으로 이 필터는 가장 드물게 사용하지만, 복잡한 필터를 단순한 필터들로 분해하려는 경우에 종종 유용하다. 이 모든 연산은 행 전체에 동작하는데 모든 변수의 값을 비교한다. 이 집합 연산은 x와 y 입력이 같은 변수를 가지는 것으로 간주하며 관측값을 집합으로 취급한다.

- intersect(x, y)

    x, y 모두에 있는 관측값만 반환.

- union(x, y)

    x와 y의 고유한 관측값을 반환.

- setdiff(x, y)

    x에 있지만, y에 없는 관측값을 반환.

아래의 간단한 데이터에 대해서,

```
df1 <- tribble(
  ~x, ~y,
   1,  1,
   2,  1
)
df2 <- tribble(
  ~x, ~y,
   1,  1,
   1,  2
)
```

네 가지 연산은 다음과 같다.

```
intersect(df1, df2)
#> # A tibble: 1 × 2
#>       x     y
#>   <dbl> <dbl>
#> 1     1     1

# 행이 4개가 아니라 3개임을 주목
union(df1, df2)
#> # A tibble: 3 × 2
#>       x     y
#>   <dbl> <dbl>
#> 1     1     2
#> 2     2     1
#> 3     1     1

setdiff(df1, df2)
#> # A tibble: 1 × 2
#>       x     y
```

```
#>     <dbl> <dbl>
#> 1      2     1

setdiff(df2, df1)
#> # A tibble: 1 × 2
#>         x     y
#>     <dbl> <dbl>
#> 1      1     2
```

11장

stringr로 하는 문자열

11.1 들어가기

이 장에서는 R에서의 문자열 조작(string manipulation)을 소개한다. 문자열이 동작하는 방식을 보고 문자열을 직접 생성하는 방법을 배우겠지만, 이 장의 초점은 정규표현식(regular expression), 줄여서 regexp이다. 문자열은 일반적으로 비정형 및 반정형 데이터를 포함하는데, 정규표현식은 문자열의 패턴을 간결하게 기술하는 언어라는 점에서 유용하다. 정규표현식을 처음 보면 고양이가 키보드를 밟고 간 것처럼 보이겠지만, 이해도가 높아질수록 의미가 눈에 들어올 것이다.

11.1.1 준비하기

이 장에서는 문자열 조작을 할 수 있는 stringr 패키지에 초점을 맞출 것인데, 이는 tidyverse의 핵심 구성요소이다.

```
library(tidyverse)
```

11.2 문자열 기초

작은따옴표나 큰따옴표로 문자열을 생성할 수 있다. 다른 언어와는 달리 두 동작에 차이가 없다. 여러 개의 "를 포함하는 문자열을 생성하려는 것이 아니라면 항상 "를 사용할 것을 추천한다.

```
string1 <- "문자열입니다"
string2 <- '문자열 내에 "인용문"이 포함된 경우, 나는 작은 따옴표를 사용한다'
```

따옴표 닫는 것을 잊어 버린 경우, 명령문이 계속되고 있음을 뜻하는 문자인 +가
나타난다.

```
> "닫는 따옴표가 없는 문자열이다
+
+
+ 도와줘요 갇혔어요
```

이 같은 일이 발생했다면 ESC 키를 누르고 다시 시도하라!
작은따옴표 문자나 큰따옴표 문자를 문자열에 포함하려면 '벗어나기(escape)'
를 뜻하는 역슬래시(\)를 사용하면 된다.

```
double_quote <- "\"" # 또는 '"'
single_quote <- '\'' # 또는 "'"
```

같은 원리로 역슬래시 문자를 포함하려면 "\\"과 같이 두 번 입력해야 한다.
문자열의 출력 표시는 문자열 자체와 같지 않다는 것에 주의하라. 출력에선
이스케이프가 보이기 때문이다. 문자열의 원시 형태를 보려면 writeLines()를 사
용하라.

```
x <- c("\"", "\\")
x
#> [1] "\"" "\\"
writeLines(x)
#> "
#> \
```

이 외의 특수 문자들도 매우 많다. "\n"(줄바꿈), "\t"(탭)은 가장 일반적인 것들
이다. ?'"', 혹은 ?"""를 입력하면 나오는 도움말을 통해 전체 목록을 볼 수 있다.
또한 "\u00b5"와 같은 문자열을 간혹 볼 수도 있는데, 이는 비영어 문자를 모든
플랫폼에서 동작하도록 작성한 것이다.

```
x <- "\u00b5"
x
#> [1] "µ"
```

c()로 만들 수 있는 문자형 벡터를 이용하면 복수의 문자열을 나타낼 수 있다.

```
c("one", "two", "three")
#> [1] "one" "two" "three"
```

11.2.1 문자열 길이

베이스 R에는 문자열을 다루는 함수가 많이 있지만 일관성이 없고, 따라서 기억해내기 어렵기 때문에 여기에서는 사용하지 않을 것이다. 대신 우리는 stringr의 함수를 사용할 것이다. 이 함수들의 이름은 더 직관적이며 모두 str_로 시작한다. 예를 들어 str_length()는 문자열의 문자 개수를 알려준다.

```
str_length(c("a", "R for data science", NA))
#> [1]  1 18 NA
```

공통된 str_ 접두사는 RStudio 이용자에게 특히 유용하다. str_을 타이핑하면 자동완성을 불러와서 모든 stringr 함수를 볼 수 있기 때문이다.

11.2.2 문자열 결합

둘 이상의 문자열을 결합할 때는 str_c()를 사용하라.

```
str_c("x", "y")
#> [1] "xy"
str_c("x", "y", "z")
#> [1] "xyz"
```

구분 방식을 조정할 때는 sep 인수를 사용하라.

```
str_c("x", "y", sep = ", ")
#> [1] "x, y"
```

대부분의 R 함수들에서 그렇듯 결측값은 설정된 것이 이후로 계속 파급된다. 결측값을 "NA"로 출력하길 원하면 str_replace_na()를 사용하라.

```
x <- c("abc", NA)
str_c("|-", x, "-|")
#> [1] "|-abc-|" NA
str_c("|-", str_replace_na(x), "-|")
#> [1] "|-abc-|" "|-NA-|"
```

앞의 코드에서 본 것처럼 str_c()는 벡터화되고 짧은 벡터가 긴 벡터와 길이가 같도록 자동으로 재사용한다.

```
str_c("prefix-", c("a", "b", "c"), "-suffix")
#> [1] "prefix-a-suffix" "prefix-b-suffix" "prefix-c-suffix"
```

길이가 0인 객체는 조용히 삭제된다. 이 특성은 if와 함께 쓰면 특히 유용하다.

```
name <- "Hadley"
time_of_day <- "morning"
birthday <- FALSE

str_c(
  "Good ", time_of_day, " ", name,
  if (birthday) " and HAPPY BIRTHDAY",
  "."
)
#> [1] "Good morning Hadley."
```

문자열 벡터를 하나의 문자열로 합치려면 collapse를 사용하라.

```
str_c(c("x", "y", "z"), collapse = ", ")
#> [1] "x, y, z"
```

11.2.3 문자열 서브셋하기

문자열의 일부는 str_sub()를 사용하여 추출할 수 있다. 이 함수는 문자열과 더불어 부분문자열의 위치를 지정하는 start와 end 인수를 취한다.

```
x <- c("Apple", "Banana", "Pear")
str_sub(x, 1, 3)
#> [1] "App" "Ban" "Pea"
# 음수는 끝에서부터 반대 방향으로 센다
str_sub(x, -3, -1)
#> [1] "ple" "ana" "ear"
```

str_sub()는 문자열이 너무 짧은 경우에도 오류가 발생하지 않고 가능한 만큼 반환한다는 것을 주목하라.

```
str_sub("a", 1, 5)
#> [1] "a"
```

str_sub()의 할당 형식을 사용하여 문자열을 수정할 수도 있다.

```
str_sub(x, 1, 1) <- str_to_lower(str_sub(x, 1, 1))
x
#> [1] "apple" "banana" "pear"
```

11.2.4 로캘

앞서 str_to_lower()를 사용하여 텍스트를 소문자로 변경했다. str_to_upper() 또는 str_to_title()을 사용할 수도 있다. 그러나 각각의 언어는 대소문자 규칙이 다르므로 대소문자 변경은 생각보다 더 복잡하다. 이럴 때는 로캘(locale)을 지정하여 어떤 규칙 집합을 사용할지 정할 수 있다.

```
# 터키어는 i가 점이 있는 것과 없는 것 두 개이다
# 또한 대문자도 다르다
str_to_upper(c("i", "ı"))
#> [1] "I" "I"
str_to_upper(c("i", "ı"), locale = "tr")
#> [1] "İ" "I"
```

로캘은 두 글자 또는 세 글자 줄임말인 ISO 639 언어 코드로 지정된다. 설정하고자 하는 언어의 ISO 639 코드를 모르는 경우, 위키백과[1]에 잘 정리되어 있다. 로캘을 비워 둘 경우에는 운영체제에서 제공한 현재 로캘을 사용한다.

로캘의 영향을 받는 또 다른 중요한 작업은 정렬이다. 베이스 R의 order()와 sort() 함수는 현재 로캘을 사용하여 정렬한다. 다른 컴퓨터에서도 변함없는 동작을 원한다면 로캘을 명시할 수 있는 str_sort()와 str_order()를 사용하면 된다.

```
x <- c("apple", "eggplant", "banana")

str_sort(x, locale = "en") # 영어
#> [1] "apple"    "banana"    "eggplant"

str_sort(x, locale = "haw") # 하와이어
#> [1] "apple" "eggplant" "banana"
```

11.2.5 연습문제

1. stringr을 사용하지 않는 코드에서 paste()와 paste0()을 종종 볼 것이다. 두 함수의 차이점은 무엇인가? 이들에 상응하는 stringr 함수는 무엇인가? 이 함수들은 NA를 다룰 때 어떻게 다른가?

2. str_c()의 sep 인수와 collapse 인수의 차이를 자신의 말로 기술하라.

3. str_length()와 str_sub()을 이용하여 문자열 중앙 문자를 추출하라. 문자열에 짝수 개의 문자가 있다면 어떻게 하겠는가?

4. str_wrap()의 기능은 무엇인가? 어떤 경우에 이 함수를 사용하겠는가?

---

1 *http://bit.ly/ISO639-1*

5. str_trim()의 기능은 무엇인가? str_trim()의 반대는 무엇인가?

6. 에를 들어 벡터 c("a", "b", "c")를 문자열 a, b, c로 변환하는 함수를 작성하라. 길이가 0, 1, 2인 벡터일 경우 어떻게 해야 하는지에 대해 생각해보라.

11.3 정규표현식을 이용한 패턴 매칭

정규표현식은 문자열의 패턴을 기술하는 매우 간결한 언어이다. 이해하는 데 다소 시간이 걸리지만 한번 이해하면 매우 유용함을 알 수 있을 것이다.

정규표현식을 배우기 위해 우리는 str_view()와 str_view_all()을 사용할 것이다. 이 두 함수는 문자 벡터와 정규표현식을 입력으로, 이들이 어떻게 매칭되는지를 보여준다. 우리는 매우 단순한 정규표현식부터 시작해서 점진적으로 복잡한 형태를 볼 것이다. 패턴 매칭을 충분히 익힌 후에는 다양한 stringr 함수로 적용하는 법을 배울 것이다.

11.3.1 기초 매칭

가장 간단한 패턴은 문자열 전체(exact) 매칭이다.

```
x <- c("apple", "banana", "pear")
str_view(x, "an")
```

apple
banana
pear

다음으로 간단한 단계는 (줄바꿈을 제외한) 임의의 문자와 매칭하는 .이다.

```
str_view(x, ".a.")
```

apple
banana
pear

그런데 "."이 임의의 문자와 매칭된다면, 문자 "."은 어떻게 매칭하겠는가? '이스케이프'를 사용하여 우리가 특별 동작을 사용하려는 것이 아니라, 정확하게 매칭하고 싶다는 것을 정규표현식에 표현해야 한다. 정규표현식도 문자열과 마찬가지로 특별한 동작을 이스케이프하기 위해 역슬래시(\)를 사용한다. 따라서 .을 매칭하기 위해서는 정규표현식 \.을 써야 한다. 그런데 이렇게 하면 문제가 생긴다. 정규표현식을 나타내기 위해 문자열을 사용했고 \도 문자열에서 이스케이프

상징어로 사용하였다. 따라서 정규표현식 \.를 작성하기 위해서는 문자열 "\\."
이 필요하다.

```
# 정규표현식을 생성하기 위해 \\이 필요함
dot <- "\\."
```

```
# 그러나 이 정규표현식 자체는 역슬래시를 하나만 갖게 됨
writeLines(dot)
#> \.
```

```
# R에서 .을 정확하게 찾는 방법
str_view(c("abc", "a.c", "bef"), "a\\.c")
```

> abc
> a.c
> bef

정규표현식에서 \를 이스케이프 문자로 사용한다면 문자 \는 도대체 어떻게 매
칭하겠는가? 정규표현식 \\를 만들어 이스케이프해야 한다. 정규표현식은 당연
히 문자열로 표현해야 하는데, 문자열에서도 \를 표현하려면 이스케이프가 필요
하다. 즉, 문자 \를 매칭하기 위해서 "\\\\"라고 작성해야 한다. 즉, 하나를 매칭
하기 위해 네 개의 역슬래시가 필요하다!

```
x <- "a\\b"
writeLines(x)
#> a\b
```

```
str_view(x, "\\\\")
```

> a\b

이 책에서 정규표현식은 \.과 같이 쓰고 정규표현식을 나타내는 문자열은 "\\."
과 같이 쓸 것이다.

11.3.2 연습문제

1. 다음의 각 문자열 "\", "\\", "\\\"가 \와 매칭되지 않는 이유를 설명하라.

2. 시퀀스 "'\를 어떻게 매칭하겠는가?

3. 정규표현식 \..\..\..은 어떤 패턴과 매칭되겠는가? 문자열로 어떻게 표현하
   겠는가?

11.3.3 앵커

기본적으로 정규표현식은 문자열의 어떤 부분과도 매칭될 수 있다. 하지만 정규
표현식을 앵커로 고정(anchor)하여 문자열의 시작 또는 끝과 매칭하면 유용한

경우가 많다. 이럴 때는 다음 문자를 사용할 수 있다.

- ^: 문자열의 시작과 매칭
- $: 문자열의 끝과 매칭

```
x <- c("apple", "banana", "pear")
str_view(x, "^a")
```

```
apple
banana
pear
```

```
str_view(x, "a$")
```

```
apple
banana
pear
```

두 기호를 올바로 기억하기 위해, 에반 미슐라(Evan Misshula)가 알려준 다음의 연상 구문을 시도해보자. 파워(^)로 시작하면, 돈($)으로 끝나게 된다.

정규표현식을 문자열 전체와 강제로 매칭하도록 하려면 ^와 $로 고정하라.

```
x <- c("apple pie", "apple", "apple cake")
str_view(x, "apple")
```

```
apple pie
apple
apple cake
```

```
str_view(x, "^apple$")
```

```
apple pie
apple
apple cake
```

단어 사이의 경계(boundary)를 매칭시키려면 \b를 사용하면 된다. 나는 R에서 이 방법을 자주 사용하지는 않지만 RStudio에서 다른 함수의 구성요소 함수의 이름을 찾고자 할 때 한 번씩 사용한다. 예를 들어 \bsum\b를 사용하여 summarize, summary, rowsum 등이 매칭되는 것을 피할 수 있다.

11.3.4 연습문제

1. 문자열 "$^$"를 어떻게 매칭하겠는가?
2. stringr::words에 담긴 평범한 말뭉치(corpus)에서 다음에 해당하는 단어들을 찾는 정규표현식을 구하라.

a. 'y'로 시작.

b. 'x'로 끝남.

c. 정확히 세 글자. (str_length()를 사용하는 부정행위를 하지 말 것!)

d. 7개 이상의 글자.

이 리스트는 길기 때문에 str_view()의 match 인수를 이용하여 매칭되는 단어들만, 혹은 매칭되지 않는 단어들만 볼 수 있다.

11.3.5 문자 클래스와 대체 구문

하나 이상의 문자를 매칭하는 특별한 패턴들이 많이 있다. 우린 이미 하나를 보았는데, 줄바꿈을 제외한 임의의 문자를 매칭하는 .이다. 이 밖에도 네 개의 유용한 도구가 있다.

- \d는 임의의 숫자와 매치한다.
- \s는 임의의 여백 문자(whitespace, 예를 들어 공백, 탭, 줄바꿈)와 매치한다.
- [abc]는 a, b 또는 c와 매치한다.
- [^abc]는 a, b 또는 c를 제외한 임의의 문자와 매치한다.

\d나 \s를 포함하는 정규표현식을 만들기 위해서는 해당 문자열에서 \를 이스케이프 해야 하므로 "\\d"나 "\\s"로 입력해야 한다는 것을 기억하라.

대체 구문을 이용하여 하나 이상의 대체 패턴 사이에서 선택하도록 할 수 있다. 예를 들어 abc|d..f는 "abc" 또는 "deaf" 중 하나와 매치한다. |는 우선순위가 낮다. 따라서 abc|xyz는 abc 혹은 xyz와 매칭하라는 의미이지 abcyz나 abxyz와 매칭하라는 의미가 아니다. 수식 표현에서와 같이 연산 우선순위가 조금이라도 헷갈린다면 의도한 바를 분명히 하기 위해 괄호를 사용하라.

```
str_view(c("grey", "gray"), "gr(e|a)y")
```

```
grey
gray
```

11.3.6 연습문제

1. 다음에 해당하는 모든 단어를 찾는 정규표현식을 작성하라.

a. 모음으로 시작함.

b. 자음만 포함함(힌트: '비'-자음 매칭에 대해 생각해보라).

    c. ed로 끝나지만 eed로 끝나지는 않음.

    d. ing 혹은 ize로 끝남.

2. 다음의 규칙을 데이터 기반으로 증명하라. 'c 뒤를 제외하고는 i가 e 앞에 온다'[2]

3. 'q' 다음은 항상 'u'인가?

4. 미국 영어가 아닌 영국 영어로 쓰여진 단어를 매칭하는 정규표현식을 작성하라.

5. 여러분의 나라에서 일반적으로 쓰이는 전화번호를 매칭하는 정규표현식을 작성하라.

11.3.7 반복

다음 단계는 패턴이 몇 회 매칭하는지를 조정하는 것이다.

- ?: 0 또는 1회

- +: 1회 이상

- *: 0회 이상

```
x <- "1888 is the longest year in Roman numerals: MDCCCLXXXVIII"
str_view(x, "CC?")
```

> 1998 is the longest year in Roman numerals: MDCCCLXXXVIII

```
str_view(x, "CC+")
```

> 1998 is the longest year in Roman numerals: MDCCCLXXXVIII

```
str_view(x, 'C[LX]+')
```

> 1998 is the longest year in Roman numerals: MDCCCLXXXVIII

이 연산자의 우선순위는 높음을 주목하라. 예를 들어 colou?r을 사용하여 미국식이나 영국식 스펠링을 매치할 수 있다. 따라서 bana(na)+에서와 같이 대부분의 경우 괄호가 필요하다.

또한 매칭 횟수를 정확하게 지정할 수 있다.

- {n}: 정확히 n회

- {n,}: n회 이상

- {,m}: 최대 m회

---

2 (옮긴이) 영어 스펠링에서 ei와 ie가 헷갈릴 경우 이 두 글자 앞에 c가 나온 경우를 제외하고는 ei가 맞다는 규칙.

- {n,m}: n과 m회 사이

```
str_view(x, "C{2}")
```

> 1998 is the longest year in Roman numerals: MD<mark>CC</mark>CLXXXVIII

```
str_view(x, "C{2,}")
```

> 1998 is the longest year in Roman numerals: MD<mark>CCC</mark>LXXXVIII

```
str_view(x, "C{2,3}")
```

> 1998 is the longest year in Roman numerals: MD<mark>CCC</mark>LXXXVIII

기본값으로 이러한 매칭은 '그리디(greedy)' 매칭이다. 즉, 가능한 한 가장 긴 문자열과 매칭한다. 이를 '게으르게(lazy)' 만들 수 있다. 뒤에 ?를 넣으면 가장 짧은 문자열과 매칭된다. 정규표현식의 고급 기능이지만 이런 것도 있다는 것을 알아놓으면 유용하다.

```
str_view(x, 'C{2,3}?')
```

> 1998 is the longest year in Roman numerals: MD<mark>CC</mark>CLXXXVIII

```
str_view(x, 'C[LX]+?')
```

> 1998 is the longest year in Roman numerals: MDCC<mark>C</mark>LXXXVIII

11.3.8 연습문제

1. ?, +, *와 같은 의미의 정규표현식을 {m,n} 형식을 사용해 기술하라.
2. 다음의 정규표현식이 어떤 것과 매칭하는지를 말로 설명하라. (사용하는 것이 정규표현식인지 아니면 그것을 정의하는 문자열인지 주의 깊게 읽고 확인하라.)

   a. ^.*$
   b. "\\\{.+\\\}"
   c. \d{4}-\d{2}-\d{2}
   d. "\\\\\{4}"

3. 다음의 모든 단어를 찾는 정규표현식을 작성하라.

   a. 세 개의 자음으로 시작.

b. 세 개 이상의 모음이 연달아 있음.

c. 두 개 이상의 모음-자음 쌍이 연달아 있음.

4. 다음의 초보자 정규표현식 십자말풀이를 풀어보라. *https://regexcrossword. com/challenges/beginner*

11.3.9 그룹화와 역참조

앞서 괄호를 사용하여 복잡한 표현을 명확하게 하는 법을 배웠다. 괄호는 또한 \1, \2 등과 같이 번호를 사용해 역참조(backreference)할 수 있는 '그룹'을 정의 하기도 한다. 예를 들어 다음의 정규표현식은 두 글자가 반복되는 과일 이름과 매칭한다.

```
str_view(fruit, "(..)\\1", match = TRUE)
```

```
banana
coconut
cucumber
jujube
papaya
salal berry
```

(str_match()와 함께 쓰면 왜 유용한지 곧 알게 될 것이다.)

11.3.10 연습문제

1. 다음의 표현식이 어떤 것과 매칭할지 말로 설명하라.

a. (.)\1\1

b. "(.)(.)\\2\\1"

c. (..)\1

d. "(.).\\1.\\1"

e. "(.)(.)(.).*\\3\\2\\1"

2. 다음의 단어와 매칭하는 정규표현식을 작성하라.

a. 같은 문자로 시작하고 끝남.

b. 두 문자 반복이 있음(예를 들어 'church'는 'ch'를 두 번 반복).

c. 적어도 세 곳에서 반복되는 문자가 있음(예컨대, 'eleven'은 'e'가 세 개).

11.4 도구

이제 정규표현식의 기초를 배웠으므로 실제 문제에 적용하는 법에 대해 알아보자. 이 절에서는 다음을 수행하는 다양한 stringr 함수들을 배울 것이다.

- 어떤 문자열이 패턴과 매칭하는지 결정.
- 매칭의 위치 찾기.
- 매칭의 내용 추출.
- 매칭된 것을 새 값으로 교체.
- 매칭 기반으로 문자열 분할.

계속 진행하기 전에 주의할 점은, 정규표현식은 너무 강력해서 모든 문제를 정규표현식 하나로 접근하려고 하기 쉽다는 것이다. 제이미 자윈스키(Jamie Zawinski)의 말을 들어보자.

> 문제에 직면했을 때 어떤 사람들은 '풀 수 있어. 정규표현식을 사용하면 돼'라고 생각한다. 이제 그들에겐 풀어야 할 문제가 두 개이다.

조심하라는 뜻으로 이메일 주소가 유효한지를 검사하는 다음의 정규표현식을 살펴보라.

```
(?:(?:\r\n)?[ \t=])*(?:(?:(?:[^()<>@,;:\\".\[\] \000-\031]+(?:(?:(?:\r\n)?[ \t]
)+|\Z|(?=[\["()<>@,;:\\".\[\]]))|"(?:[^\"\r\\]|\\.|(?:(?:\r\n)?[ \t]))*"(?:(?:
\r\n)?[ \t])*)(?:\.(?:(?:\r\n)?[ \t])*(?:[^()<>@,;:\\".\[\] \000-\031]+(?:(?:(
?:\r\n)?[ \t])+|\Z|(?=[\["()<>@,;:\\".\[\]]))|"(?:[^\"\r\\]|\\.|(?:(?:\r\n)?[
\t]))*"(?:(?:\r\n)?[ \t])*))*@(?:(?:\r\n)?[ \t])*(?:[^()<>@,;:\\".\[\] \000-\0
31]+(?:(?:(?:\r\n)?[ \t])+|\Z|(?=[\["()<>@,;:\\".\[\]]))|\[([^\[\]\r\\]|\\.)*\
](?:(?:\r\n)?[ \t])*)(?:\.(?:(?:\r\n)?[ \t])*(?:[^()<>@,;:\\".\[\] \000-\031]+
(?:(?:(?:\r\n)?[ \t])+|\Z|(?=[\["()<>@,;:\\".\[\]]))|\[([^\[\]\r\\]|\\.)*\](?:
(?:\r\n)?[ \t])*))*|(?:[^()<>@,;:\\".\[\] \000-\031]+(?:(?:(?:\r\n)?[ \t])+|\Z
|(?=[\["()<>@,;:\\".\[\]]))|"(?:[^\"\r\\]|\\.|(?:(?:\r\n)?[ \t]))*"(?:(?:\r\n)
?[ \t])*)*\<(?:(?:\r\n)?[ \t])*(?:@(?:[^()<>@,;:\\".\[\] \000-\031]+(?:(?:(?:\
r\n)?[ \t])+|\Z|(?=[\["()<>@,;:\\".\[\]]))|\[([^\[\]\r\\]|\\.)*\](?:(?:\r\n)?[
\t])*)(?:\.(?:(?:\r\n)?[ \t])*(?:[^()<>@,;:\\".\[\] \000-\031]+(?:(?:(?:\r\n)
?[ \t])+|\Z|(?=[\["()<>@,;:\\".\[\]]))|\[([^\[\]\r\\]|\\.)*\](?:(?:\r\n)?[ \t]
)*))*(?:,@(?:(?:\r\n)?[ \t])*(?:[^()<>@,;:\\".\[\] \000-\031]+(?:(?:(?:\r\n)?[
 \t])+|\Z|(?=[\["()<>@,;:\\".\[\]]))|\[([^\[\]\r\\]|\\.)*\](?:(?:\r\n)?[ \t])*
)(?:\.(?:(?:\r\n)?[ \t])*(?:[^()<>@,;:\\".\[\] \000-\031]+(?:(?:(?:\r\n)?[ \t]
)+|\Z|(?=[\["()<>@,;:\\".\[\]]))|\[([^\[\]\r\\]|\\.)*\](?:(?:\r\n)?[ \t])*))*)*
*:(?:(?:\r\n)?[ \t])*)?(?:[^()<>@,;:\\".\[\] \000-\031]+(?:(?:(?:\r\n)?[ \t])+
|\Z|(?=[\["()<>@,;:\\".\[\]]))|"(?:[^\"\r\\]|\\.|(?:(?:\r\n)?[ \t]))*"(?:(?:\r
\n)?[ \t])*)(?:\.(?:(?:\r\n)?[ \t])*(?:[^()<>@,;:\\".\[\] \000-\031]+(?:(?:(?:
\r\n)?[ \t])+|\Z|(?=[\["()<>@,;:\\".\[\]]))|"(?:[^\"\r\\]|\\.|(?:(?:\r\n)?[ \t
]))*"(?:(?:\r\n)?[ \t])*))*@(?:(?:\r\n)?[ \t])*(?:[^()<>@,;:\\".\[\] \000-\031
]+(?:(?:(?:\r\n)?[ \t])+|\Z|(?=[\["()<>@,;:\\".\[\]]))|\[([^\[\]\r\\]|\\.)*\](
?:(?:\r\n)?[ \t])*)(?:\.(?:(?:\r\n)?[ \t])*(?:[^()<>@,;:\\".\[\] \000-\031]+(?
:(?:(?:\r\n)?[ \t])+|\Z|(?=[\["()<>@,;:\\".\[\]]))|\[([^\[\]\r\\]|\\.)*\](?:(?
:\r\n)?[ \t])*))*\>(?:(?:\r\n)?[ \t])*)|(?:[^()<>@,;:\\".\[\] \000-\031]+(?:(?
:(?:\r\n)?[ \t])+|\Z|(?=[\["()<>@,;:\\".\[\]]))|"(?:[^\"\r\\]|\\.|(?:(?:\r\n)?
```

```
[ \t]))*"(?:(?:\r\n)?[ \t])*)*:(?:(?:\r\n)?[ \t])*(?:(?:(?:[^()<>@,;:\\".\[\]
\000-\031]+(?:(?:(?:\r\n)?[ \t])+|\Z|(?=[\["()<>@,;:\\".\[\]]))|"(?:[^\"\r\\]|
\\.|(?:(?:\r\n)?[ \t]))*"(?:(?:\r\n)?[ \t])*)(?:\.(?:(?:\r\n)?[ \t])*(?:[^()<>
@,;:\\".\[\] \000-\031]+(?:(?:(?:\r\n)?[ \t])+|\Z|(?=[\["()<>@,;:\\".\[\]]))|"
(?:[^\"\r\\]|\\.|(?:(?:\r\n)?[ \t]))*"(?:(?:\r\n)?[ \t])*))*@(?:(?:\r\n)?[ \t]
)*(?:[^()<>@,;:\\".\[\] \000-\031]+(?:(?:(?:\r\n)?[ \t])+|\Z|(?=[\["()<>@,;:\\
".\[\]]))|\[([^\[\]\r\\]|\\.)*\](?:(?:\r\n)?[ \t])*)(?:\.(?:(?:\r\n)?[ \t])*(?
:[^()<>@,;:\\".\[\] \000-\031]+(?:(?:(?:\r\n)?[ \t])+|\Z|(?=[\["()<>@,;:\\".\[
\]]))|\[([^\[\]\r\\]|\\.)*\](?:(?:\r\n)?[ \t])*))*|(?:[^()<>@,;:\\".\[\] \000-
\031]+(?:(?:(?:\r\n)?[ \t])+|\Z|(?=[\["()<>@,;:\\".\[\]]))|"(?:[^\"\r\\]|\\.|(
?:(?:\r\n)?[ \t]))*"(?:(?:\r\n)?[ \t])*)*<(?:(?:\r\n)?[ \t])*(?:@(?:[^()<>@,;
:\\".\[\] \000-\031]+(?:(?:(?:\r\n)?[ \t])+|\Z|(?=[\["()<>@,;:\\".\[\]]))|\[([
^\[\]\r\\]|\\.)*\](?:(?:\r\n)?[ \t])*)(?:\.(?:(?:\r\n)?[ \t])*(?:[^()<>@,;:\\"
.\[\] \000-\031]+(?:(?:(?:\r\n)?[ \t])+|\Z|(?=[\["()<>@,;:\\".\[\]]))|\[([^\[\
]\r\\]|\\.)*\](?:(?:\r\n)?[ \t])*))*(?:,@(?:(?:\r\n)?[ \t])*(?:[^()<>@,;:\\".\
[\] \000-\031]+(?:(?:(?:\r\n)?[ \t])+|\Z|(?=[\["()<>@,;:\\".\[\]]))|\[([^\[\]\
r\\]|\\.)*\](?:(?:\r\n)?[ \t])*)(?:\.(?:(?:\r\n)?[ \t])*(?:[^()<>@,;:\\".\[\]
\000-\031]+(?:(?:(?:\r\n)?[ \t])+|\Z|(?=[\["()<>@,;:\\".\[\]]))|\[([^\[\]\r\\]
|\\.)*\](?:(?:\r\n)?[ \t])*))*)*:(?:(?:\r\n)?[ \t])*)?(?:[^()<>@,;:\\".\[\] \0
00-\031]+(?:(?:(?:\r\n)?[ \t])+|\Z|(?=[\["()<>@,;:\\".\[\]]))|"(?:[^\"\r\\]|\\
.|(?:(?:\r\n)?[ \t]))*"(?:(?:\r\n)?[ \t])*)(?:\.(?:(?:\r\n)?[ \t])*(?:[^()<>@,
;:\\".\[\] \000-\031]+(?:(?:(?:\r\n)?[ \t])+|\Z|(?=[\["()<>@,;:\\".\[\]]))|"(?
:[^\"\r\\]|\\.|(?:(?:\r\n)?[ \t]))*"(?:(?:\r\n)?[ \t])*))*@(?:(?:\r\n)?[ \t])*
(?:[^()<>@,;:\\".\[\] \000-\031]+(?:(?:(?:\r\n)?[ \t])+|\Z|(?=[\["()<>@,;:\\".
\[\]]))|\[([^\[\]\r\\]|\\.)*\](?:(?:\r\n)?[ \t])*)(?:\.(?:(?:\r\n)?[ \t])*(?:[
^()<>@,;:\\".\[\] \000-\031]+(?:(?:(?:\r\n)?[ \t])+|\Z|(?=[\["()<>@,;:\\".\[\]
]))|\[([^\[\]\r\\]|\\.)*\](?:(?:\r\n)?[ \t])*))*\s*(
?:(?:[^()<>@,;:\\".\[\] \000-\031]+(?:(?:(?:\r\n)?[ \t])+|\Z|(?=[\["()<>@,;:\\
".\[\]]))|"(?:[^\"\r\\]|\\.|(?:(?:\r\n)?[ \t]))*"(?:(?:\r\n)?[ \t])*)(?:\.(?:(
?:\r\n)?[ \t])*(?:[^()<>@,;:\\".\[\] \000-\031]+(?:(?:(?:\r\n)?[ \t])+|\Z|(?=[
\["()<>@,;:\\".\[\]]))|"(?:[^\"\r\\]|\\.|(?:(?:\r\n)?[ \t]))*"(?:(?:\r\n)?[ \t
])*))*@(?:(?:\r\n)?[ \t])*(?:[^()<>@,;:\\".\[\] \000-\031]+(?:(?:(?:\r\n)?[ \t
])+|\Z|(?=[\["()<>@,;:\\".\[\]]))|\[([^\[\]\r\\]|\\.)*\](?:(?:\r\n)?[ \t])*)(?
:\.(?:(?:\r\n)?[ \t])*(?:[^()<>@,;:\\".\[\] \000-\031]+(?:(?:(?:\r\n)?[ \t])+|
\Z|(?=[\["()<>@,;:\\".\[\]]))|\[([^\[\]\r\\]|\\.)*\](?:(?:\r\n)?[ \t])*))*)*|(?:
[^()<>@,;:\\".\[\] \000-\031]+(?:(?:(?:\r\n)?[ \t])+|\Z|(?=[\["()<>@,;:\\".\[\
]]))|"(?:[^\"\r\\]|\\.|(?:(?:\r\n)?[ \t]))*"(?:(?:\r\n)?[ \t])*)*<(?:(?:\r\n)
?[ \t])*(?:@(?:[^()<>@,;:\\".\[\] \000-\031]+(?:(?:(?:\r\n)?[ \t])+|\Z|(?=[\["
()<>@,;:\\".\[\]]))|\[([^\[\]\r\\]|\\.)*\](?:(?:\r\n)?[ \t])*)(?:\.(?:(?:\r\n)
?[ \t])*(?:[^()<>@,;:\\".\[\] \000-\031]+(?:(?:(?:\r\n)?[ \t])+|\Z|(?=[\["()<>
@,;:\\".\[\]]))|\[([^\[\]\r\\]|\\.)*\](?:(?:\r\n)?[ \t])*))*(?:,@(?:(?:\r\n)?[
 \t])*(?:[^()<>@,;:\\".\[\] \000-\031]+(?:(?:(?:\r\n)?[ \t])+|\Z|(?=[\["()<>@,
;:\\".\[\]]))|\[([^\[\]\r\\]|\\.)*\](?:(?:\r\n)?[ \t])*)(?:\.(?:(?:\r\n)?[ \t]
)*(?:[^()<>@,;:\\".\[\] \000-\031]+(?:(?:(?:\r\n)?[ \t])+|\Z|(?=[\["()<>@,;:\\
".\[\]]))|\[([^\[\]\r\\]|\\.)*\](?:(?:\r\n)?[ \t])*))*)*:(?:(?:\r\n)?[ \t])*)?
(?:[^()<>@,;:\\".\[\] \000-\031]+(?:(?:(?:\r\n)?[ \t])+|\Z|(?=[\["()<>@,;:\\".
\[\]]))|"(?:[^\"\r\\]|\\.|(?:(?:\r\n)?[ \t]))*"(?:(?:\r\n)?[ \t])*)(?:\.(?:(?:
\r\n)?[ \t])*(?:[^()<>@,;:\\".\[\] \000-\031]+(?:(?:(?:\r\n)?[ \t])+|\Z|(?=[\[
"()<>@,;:\\".\[\]]))|"(?:[^\"\r\\]|\\.|(?:(?:\r\n)?[ \t]))*"(?:(?:\r\n)?[ \t])
*))*@(?:(?:\r\n)?[ \t])*(?:[^()<>@,;:\\".\[\] \000-\031]+(?:(?:(?:\r\n)?[ \t])
+|\Z|(?=[\["()<>@,;:\\".\[\]]))|\[([^\[\]\r\\]|\\.)*\](?:(?:\r\n)?[ \t])*)(?:\
.(?:(?:\r\n)?[ \t])*(?:[^()<>@,;:\\".\[\] \000-\031]+(?:(?:(?:\r\n)?[ \t])+|\Z
|(?=[\["()<>@,;:\\".\[\]]))|\[([^\[\]\r\\]|\\.)*\](?:(?:\r\n)?[ \t])*))*\>(?:(
 ?:\r\n)?[ \t])*))?;\s*)
```

이는 (이메일 주소는 놀랍게도 실제로는 단순하지 않기 때문에) 다소 극단적인 예
이지만, 실제 코드에서 사용된다. 자세한 내용은 스택오버플로 토론[3]을 참조하라.

---

3 (옮긴이) 본 토론에서는 유효한 이메일 주소가 정규표현식으로 어떻게 구성되어 있는지를 기술하고 있다.
http://stackoverflow.com/a/201378

우리는 프로그래밍 언어를 사용하고 있으며, 활용할 수 있는 다른 도구들이 있다는 것을 잊지 않아야 한다. 하나의 복잡한 정규표현식을 작성하는 것보다, 간단한 정규표현식을 여러 개 작성하는 것이 쉬운 경우가 많다. 문제를 해결해 줄 단일한 정규표현식이 떠오르지 않는다면 잠시 뒤로 물러서서 문제를 작은 조각으로 분해하여, 작은 문제들을 하나씩 해결하면서 다음 단계로 나아갈 수 있는지 생각해보라.

11.4.1 매칭 탐지

문자형 벡터가 패턴과 매칭하는지 확인하려면, str_detect()를 사용하라. 이 함수는 입력과 같은 길이의 논리형 벡터를 반환한다.

```
x <- c("apple", "banana", "pear")
str_detect(x, "e")
#> [1] TRUE FALSE TRUE
```

논리형 벡터를 수치형 맥락에서 사용할 경우, FALSE는 0이 되고, TRUE는 1이 된다는 것을 명심하라. 따라서 긴 벡터에서의 매치 결과가 궁금할 때는 sum()과 mean()을 유용하게 사용할 수 있다.

```
# t로 시작하는 단어의 개수는?
sum(str_detect(words, "^t"))
#> [1] 65
# 모음으로 끝나는 단어의 비율은?
mean(str_detect(words, "[aeiou]$"))
#> [1] 0.277
```

복잡한 논리적 조건문이 있을 때(예를 들어 d가 아니라면, c가 아닌 a나 b를 매치) 하나의 정규표현식을 작성하는 것보다, 여러 str_detect() 호출을 논리 연산자와 함께 묶는 것이 쉬울 때가 많다. 예를 들어 모음을 포함하지 않는 모든 단어를 찾는 두 가지 방법이 있다.

```
# 모음이 최소 하나가 있는 단어 모두를 찾은 뒤, 그 역을 취함
no_vowels_1 <- !str_detect(words, "[aeiou]")
# 자음(비-모음)으로만 이루어진 단어를 모두 찾음
no_vowels_2 <- str_detect(words, "^[^aeiou]+$")
identical(no_vowels_1, no_vowels_2)
#> [1] TRUE
```

결과는 같지만, 나는 첫 번째 방법이 이해하기가 훨씬 쉽다고 생각한다. 정규표현식이 지나치게 복잡해질 경우, 작은 조각으로 분해하여 각 조각에 이름을 주고 논리적 연산으로 결합해보자.

str_detect()는 일반적으로 패턴과 매칭하는 요소를 선택하는 데 사용한다. 논리형 서브셋을 하거나 또는 편리한 래퍼인 str_subset()으로 이 작업을 수행할 수 있다.

```
words[str_detect(words, "x$")]
#> [1] "box" "sex" "six" "tax"
str_subset(words, "x$")
#> [1] "box" "sex" "six" "tax"
```

그러나 가지고 있는 문자열은 일반적으로 데이터프레임의 열일 것이므로, 대신 filter를 사용하는 것이 좋다.

```
df <- tibble(
  word = words,
  i = seq_along(word)
)
df %>%
  filter(str_detect(words, "x$"))
#> # A tibble: 4 × 2
#>    word     i
#>    <chr> <int>
#> 1   box   108
#> 2   sex   747
#> 3   six   772
#> 4   tax   841
```

str_count()는 str_detect()의 변형 함수이다. 단순히 yes 또는 no 대신, 하나의 문자열에서 몇 번 매칭되는지를 알려준다.

```
x <- c("apple", "banana", "pear")
str_count(x, "a")
#> [1] 1 3 1

# 단어당 모음 평균 개수는?
mean(str_count(words, "[aeiou]"))
#> [1] 1.99
```

str_count()는 mutate()와 함께 쓰는 것이 자연스럽다.

```
df %>%
  mutate(
    vowels = str_count(word, "[aeiou]"),
    consonants = str_count(word, "[^aeiou]")
  )
#> # A tibble: 980 × 4
#>       word     i vowels consonants
#>      <chr> <int>  <int>      <int>
#> 1        a     1      1          0
#> 2      able     2      2          2
#> 3     about     3      3          2
#> 4  absolute     4      4          4
#> 5    accept     5      2          4
```

```
#> 6 account      6    3        4
#> # ... with 974 more rows
```

매칭들끼리 서로 겹치지 않는다는 것을 주의하라. 예를 들어 "abababa"에서 "aba" 패턴이 몇 번 매칭하는가? 정규표현식에선 세 번이 아닌 두 번이라고 답한다.

```
str_count("abababa", "aba")
#> [1] 2
str_view_all("abababa", "aba")
```

abababa

str_view_all()의 용법에 주의하라. 곧 배우겠지만 많은 stringr 함수는 쌍으로 제 공된다. 즉, 단일 매칭에 동작하는 함수와 모든 매칭에 동작하는 함수가 있다. 후자는 접미사 _all이 붙는다.

11.4.2 연습문제

1. 다음 문제들을 두 가지 방식으로 각각 풀어보라. 하나의 정규표현식을 사용 해보고, 또 여러 str_detect() 호출을 결합해보라.

   a. x로 시작하거나 끝나는 모든 단어를 찾아라.
   b. 모음으로 시작하고 자음으로 끝나는 모든 단어를 찾아라.
   c. 각기 다른 모음을 하나 이상씩 포함하는 단어가 있는가?

2. 어떤 단어가 가장 많은 모음을 갖는가? 어떤 단어가 모음의 비율이 가장 높 은가? (힌트: 분모는 무엇인가?)

11.4.3 매칭 추출

매칭한 실제 텍스트를 추출하려면 str_extract()를 사용하라. 이를 보기 위해 좀 더 복잡한 예제가 필요하다. 하버드 문장 데이터[4]를 보려고 하는데, 이는 VOIP 시스템을 테스트하도록 설계되었지만, 정규표현식을 연습하는 데도 유용하다. 이들은 stringr::sentences에서 제공된다.

```
length(sentences)
#> [1] 720
head(sentences)
#> [1] "The birch canoe slid on the smooth planks."
#> [2] "Glue the sheet to the dark blue background."
```

---

4 *http://bit.ly/Harvardsentences*

```
#> [3] "It's easy to tell the depth of a well."
#> [4] "These days a chicken leg is a rare dish."
#> [5] "Rice is often served in round bowls."
#> [6] "The juice of lemons makes fine punch."
```

색상을 포함하는 모든 문장을 찾고 싶다고 가정해보자. 먼저 색상 이름 벡터를 생성한 다음, 이를 하나의 정규표현식으로 변환한다.

```
color <- c("red", "orange", "yellow", "green", "blue", "purple")
color_match <- str_c(color, collapse = "|")
color_match
#> [1] "red|orange|yellow|green|blue|purple"
```

이제 색상을 포함하는 문장을 선택할 수 있고, 그런 다음 매칭된 색상이 무엇인지 추출할 수 있다.

```
has_color <- str_subset(sentences, color_match)
matches <- str_extract(has_color, color_match)
head(matches)
#> [1] "blue" "blue" "red" "red" "red" "blue"
```

str_extract()는 첫 번째 매칭만 추출한다는 것을 주의하라. 매칭이 두 개 이상인 모든 문장을 우선 선택해보면 이를 가장 쉽게 볼 수 있다.

```
more <- sentences[str_count(sentences, color_match) > 1]
str_view_all(more, color_match)
```

```
        It is hard to erase blue or red ink.
        The green light in the brown box flickered.
        The sky in the west is tinged with orange red.
```

```
str_extract(more, color_match)
#> [1] "blue" "green" "orange"
```

이는 stringr 함수의 일반적인 패턴이다. 매칭 하나로 작업하면 훨씬 단순한 데이터 구조를 사용할 수 있기 때문이다. 매칭 모두를 얻으려면 str_extract_all()을 사용하면 된다. 이는 리스트를 반환한다.

```
str_extract_all(more, color_match)
#> [[1]]
#> [1] "blue" "red"
#>
#> [[2]]
#> [1] "green" "red"
#>
#> [[3]]
#> [1] "orange" "red"
```

30쪽의 '재귀 벡터(리스트)'와 17장에서 리스트에 관해 자세한 내용을 배울 것이다.

str_extract_all()에서 simplify = TRUE를 하면 짧은 매칭이 가장 긴 것과 같은 길이로 확장된 행렬이 반환된다.

```
str_extract_all(more, colour_match, simplify = TRUE)
#>      [,1]     [,2]
#> [1,] "blue"   "red"
#> [2,] "green"  "red"
#> [3,] "orange" "red"

x <- c("a", "a b", "a b c")
str_extract_all(x, "[a-z]", simplify = TRUE)
#>      [,1] [,2] [,3]
#> [1,] "a"  ""   ""
#> [2,] "a"  "b"  ""
#> [3,] "a"  "b"  "c"
```

11.4.4 연습문제

1. 앞의 예에서 매칭된 정규표현식이 색상이 아닌 'flickered'에도 매칭한 것을 눈치챘을지 모르겠다. 이 문제를 해결하기 위해 정규식을 수정하라.
2. 하버드 문장 데이터에서 다음을 추출하라.

   a. 각 문장의 첫 번째 단어.
   b. ing로 끝나는 모든 단어.
   c. 모든 복수형.

11.4.5 그룹화 매칭

이 장 앞부분에서 연산 우선순위를 명확히 할 목적과 역참조 목적의 괄호 사용에 대해 이야기했었다. 이 외에도 복잡한 매치의 일부를 추출하기 위해서도 괄호를 사용할 수 있다. 예를 들어 문장에서 명사를 추출하고 싶다고 가정하자. 휴리스틱 방법으로 'a' 또는 'the' 다음에 오는 단어를 찾아볼 것이다. 정규표현식에서 '단어'를 정의하는 것은 약간 까다롭기 때문에, 여기서는 '최소 하나 이상의 문자(공백 제외) 시퀀스'라는 간단한 정의를 이용한다.

```
noun <- "(a|the) ([^ ]+)"

has_noun <- sentences %>%
  str_subset(noun) %>%
  head(10)
has_noun %>%
```

```
  str_extract(noun)
#>  [1] "the smooth" "the sheet"  "the depth"  "a chicken"  "the parked"
#>  [6] "the sun"    "the huge"   "the ball"   "the woman"  "a helps"
```

str_extract()는 완전한 매치를 제공하는 반면, str_match()는 각각의 개별 요소를 제공한다. str_match()는 문자형 벡터 대신 행렬을 반환하는데, 이 행렬에는 완전한 매치가 첫 번째 열을 구성하고, 이어서 각 그룹당 하나씩의 열이 뒤따른다.

```
has_noun %>%
  str_match(noun)
#>        [,1]         [,2]  [,3]
#>  [1,] "the smooth" "the" "smooth"
#>  [2,] "the sheet"  "the" "sheet"
#>  [3,] "the depth"  "the" "depth"
#>  [4,] "a chicken"  "a"   "chicken"
#>  [5,] "the parked" "the" "parked"
#>  [6,] "the sun"    "the" "sun"
#>  [7,] "the huge"   "the" "huge"
#>  [8,] "the ball"   "the" "ball"
#>  [9,] "the woman"  "the" "woman"
#> [10,] "a helps"    "a"   "helps"
```

(예상했지만, 명사를 검출하는 이 휴리스틱 방법은 좋지 않다. smooth나 parked 같은 형용사도 검출하고 있다.)

데이터가 티블인 경우, tidyr::extract()를 사용하는 것이 더 쉽다. 이 함수는 str_match()처럼 동작하지만 매치의 이름을 사용자가 지정하도록 하고, 그 각각을 새로운 열로 배치한다.

```
tibble(sentence = sentences) %>%
  tidyr::extract(
    sentence, c("article", "noun"), "(a|the) ([^ ]+)",
    remove = FALSE
  )
#> # A tibble: 720 × 3
#>                                        sentence article    noun
#>                                           <chr>   <chr>   <chr>
#> 1   The birch canoe slid on the smooth planks.     the  smooth
#> 2 Glue the sheet to the dark blue background.      the   sheet
#> 3      It's easy to tell the depth of a well.      the   depth
#> 4   These days a chicken leg is a rare dish.        a chicken
#> 5         Rice is often served in round bowls.    <NA>    <NA>
#> 6     The juice of lemons makes fine punch.       <NA>    <NA>
#> # ... with 714 more rows
```

str_extract()처럼, 각 문자열의 모든 매치를 원한다면 str_match_all()이 필요하다.

11.4.6 연습문제

1. 'one', 'two', 'three' 등과 같은 '숫자' 다음에 오는 모든 단어를 구하라. 숫자와

단어 모두를 추출하라.

2. 줄임말을 모두 찾아라. 아포스트로피(') 이전과 이후 조각을 분리하라.

11.4.7 매칭 치환

str_replace()와 str_replace_all()을 이용하여 매치를 새로운 문자열로 치환할 수 있다. 가장 간단한 용법은 패턴을 고정된 문자열로 치환하는 것이다.

```
x <- c("apple", "pear", "banana")
str_replace(x, "[aeiou]", "-")
#> [1] "-pple" "p-ar"  "b-nana"
str_replace_all(x, "[aeiou]", "-")
#> [1] "-ppl-" "p--r"  "b-n-n-"
```

str_replace_all()을 사용하면 명명된 벡터를 제공하여 다중 치환을 수행할 수 있다.

```
x <- c("1 house", "2 cars", "3 people")
str_replace_all(x, c("1" = "one", "2" = "two", "3" = "three"))
#> [1] "one house"   "two cars"    "three people"
```

고정된 문자열로 치환하는 대신, 매치의 구성요소를 삽입하기 위해 역참조를 사용할 수 있다. 다음 코드는 두 번째와 세 번째 단어의 순서를 바꾼다.

```
sentences %>%
  str_replace("([^ ]+) ([^ ]+) ([^ ]+)", "\\1 \\3 \\2") %>%
  head(5)
#> [1] "The canoe birch slid on the smooth planks."
#> [2] "Glue sheet the to the dark blue background."
#> [3] "It's to easy tell the depth of a well."
#> [4] "These a days chicken leg is a rare dish."
#> [5] "Rice often is served in round bowls."
```

11.4.8 연습문제

1. 문자열의 모든 슬래시를 역슬래시로 치환하라.

2. replace_all()을 사용하여 str_to_lower()의 간단한 버전을 구현하라.

3. 단어의 첫 번째와 마지막 문자를 바꿔라. 여전히 단어가 되는 문자열은 무엇인가?

11.4.9 문자열 분할

문자열을 조각으로 분할하려면 str_split()을 사용하면 된다. 예를 들어 문장을 단어로 분할할 수 있다.

```
sentences %>%
  head(5) %>%
  str_split(" ")
#> [[1]]
#> [1] "The"     "birch"   "canoe"   "slid"    "on"      "the"     "smooth"
#> [8] "planks."
#>
#> [[2]]
#> [1] "Glue"       "the"        "sheet"        "to"           "the"
#> [6] "dark"       "blue"       "background."
#>
#> [[3]]
#> [1] "It's"  "easy"  "to"    "tell"  "the"   "depth" "of"    "a"     "well."
#>
#> [[4]]
#> [1] "These"    "days"    "a"         "chicken" "leg"    "is"      "a"
#> [8] "rare"     "dish."
#>
#> [[5]]
#> [1] "Rice"   "is"     "often"  "served" "in"     "round"  "bowls."
```

각 구성요소가 포함하는 조각의 개수가 다를 수 있으므로, 이 함수는 리스트를
반환한다. 길이가 1인 벡터로 작업하는 경우, 가장 쉬운 것은 리스트의 첫 번째
요소를 추출하는 일이다.

```
"a|b|c|d" %>%
  str_split("\\|") %>%
  .[[1]]
#> [1] "a" "b" "c" "d"
```

한편, 리스트를 반환하는 다른 stringr 함수처럼 simplify = TRUE를 사용하여 행
렬을 반환할 수도 있다.

```
sentences %>%
  head(5) %>%
  str_split(" ", simplify = TRUE)
#>      [,1]     [,2]    [,3]     [,4]     [,5]   [,6]    [,7]
#> [1,] "The"    "birch" "canoe"  "slid"   "on"   "the"   "smooth"
#> [2,] "Glue"   "the"   "sheet"  "to"     "the"  "dark"  "blue"
#> [3,] "It's"   "easy"  "to"     "tell"   "the"  "depth" "of"
#> [4,] "These"  "days"  "a"      "chicken" "leg" "is"    "a"
#> [5,] "Rice"   "is"    "often"  "served" "in"   "round" "bowls."
#>      [,8]            [,9]
#> [1,] "planks."       ""
#> [2,] "background."   ""
#> [3,] "a"             "well."
#> [4,] "rare"          "dish."
#> [5,] ""              ""
```

반환할 조각의 최대 개수를 지정할 수도 있다.

```
fields <- c("Name: Hadley", "Country: NZ", "Age: 35")
fields %>% str_split(": ", n = 2, simplify = TRUE)
#>      [,1]       [,2]
```

```
#> [1,] "Name"    "Hadley"
#> [2,] "Country" "NZ"
#> [3,] "Age"     "35"
```

또 패턴으로 문자열을 분할하는 대신 boundary() 함수를 사용하여 문자, 줄, 문장 혹은 단어를 경계로 분할할 수도 있다.

```
x <- "This is a sentence.  This is another sentence."
str_view_all(x, boundary("word"))
```

This is a sentence. This is another sentence.

```
str_split(x, " ")[[1]]
#> [1] "This"      "is"       "a"        "sentence." ""          "This"
#> [7] "is"        "another"  "sentence."
str_split(x, boundary("word"))[[1]]
#> [1] "This"      "is"       "a"        "sentence" "This"      "is"
#> [7] "another"  "sentence"
```

11.4.10 연습문제

1. "apples, pears, and bananas"와 같은 문자열을 개별 구성요소로 분할하라.

2. 왜 " "보다 boundary("word")로 분할하는 것이 좋은가?

3. 빈 문자열 ("")로 분할하면 어떻게 되는가? 실험해본 후, 설명서를 읽어보라.

11.4.11 매칭 찾기

str_locate()와 str_locate_all()을 사용하면 각 매치의 시작과 종료 위치를 알 수 있다. 이는 원하는 바를 완벽하게 수행하는 함수가 없을 때 특히 유용하다. str_locate()를 사용하여 매칭 패턴을 찾을 수 있으며 str_sub()을 사용하여, 매칭 패턴을 추출하거나 수정할 수 있다.

11.5 기타 패턴 유형

문자열로 된 패턴을 사용하면 자동으로 regex() 호출로 래핑된다.

```
# 일반적인 호출(아래의 긴 호출과 같다)
str_view(fruit, "nana")
# 긴 호출
str_view(fruit, regex("nana"))
```

regex()의 다른 인수를 사용하여 매치의 세부사항을 제어할 수 있다.

- ignore_case = TRUE를 하면 문자가 대문자나 소문자 형태 모두로 매칭된다. 항상 현재의 로캘을 사용한다.

```
bananas <- c("banana", "Banana", "BANANA")
str_view(bananas, "banana")
```

banana
Banana
BANANA

```
str_view(bananas, regex("banana", ignore_case = TRUE))
```

banana
Banana
BANANA

- multiline = TRUE를 하면 ^와 $이 전체 문자열의 시작, 끝이 아니라 각 라인의 시작과 끝이 매칭된다.

```
x <- "Line 1\nLine 2\nLine 3"
str_extract_all(x, "^Line")[[1]]
#> [1] "Line"
str_extract_all(x, regex("^Line", multiline = TRUE))[[1]]
#> [1] "Line" "Line" "Line"
```

- comments = TRUE를 하면 복잡한 정규표현식을 이해하기 쉽도록 설명과 공백을 사용할 수 있게 된다. # 뒤에 나오는 다른 문자들처럼 공백도 무시된다. 공백 문자를 매치하기 위해서는 "\\"로 이스케이프 해야 한다.

```
phone <- regex("
  \\(?        # 선택적인 여는 괄호
  (\\d{3})    # 지역 번호
  [)- ]?      # 선택적인 닫는 괄호, 대시 혹은 빈칸
  (\\d{3})    # 세 자리 숫자
  [ -]?       # 선택적인 빈칸 혹은 대시
  (\\d{3})    # 세 자리 숫자
  ", comments = TRUE)

str_match("514-791-8141", phone)
#>      [,1]            [,2] [,3] [,4]
#> [1,] "514-791-814" "514" "791" "814"
```

- dotall = TRUE를 하면 .이 \n을 포함한 모든 문자에 매칭된다.

regex() 대신 사용할 수 있는 함수가 세 가지 있다.

- fixed()는 지정된 일련의 바이트와 정확히 매칭한다. 이 함수는 모든 특수 정규표현식을 무시하고 매우 낮은 수준에서 동작한다. 이를 사용하여 복잡한

이스케이프를 피할 수 있으며 정규표현식보다 속도가 훨씬 빠르다. 다음의 소규모 벤치마크는 단순한 예시에 대해 약 3배 빠르다는 것을 보여준다.

```
microbenchmark::microbenchmark(
  fixed = str_detect(sentences, fixed("the")),
  regex = str_detect(sentences, "the"),
  times = 20
)
#> Unit: microseconds
#>   expr min  lq mean median  uq  max neval
#>  fixed 157 164  228    170 272  603    20
#>  regex 588 611  664    635 672 1103    20
```

fixed()를 영어가 아닌 언어에 사용할 때는 조심하라. 같은 문자를 나타내는 방법이 여러 가지이기 때문에 문제가 되는 경우가 많다. 예를 들어 'á'를 정의하는 방법에는 두 가지가 있다. 즉, 단일 문자로 하거나, 'a'와 악센트로 표현하는 방법이다.

```
a1 <- "\u00e1"
a2 <- "a\u0301"
c(a1, a2)
#> [1] "á" "á"
a1==a2
#> [1] FALSE
```

동일하게 렌더링하지만 다르게 정의되었기 때문에 fixed()가 매치를 찾지 못한다. 대신, 인간의 문자 비교 규칙을 존중하는 coll()(아래에 정의됨)을 사용할 수 있다.

```
str_detect(a1, fixed(a2))
#> [1] FALSE
str_detect(a1, coll(a2))
#> [1] TRUE
```

- coll()은 표준 대조(collation) 규칙을 사용하여 문자열을 비교한다. 대소문자를 구분하지 않는(case-insensitive) 매치를 수행할 때 유용하다. coll()은 문자 비교 규칙을 제어하는 로캘 파라미터를 취한다는 것을 주의해야 한다. 불행하게도 세계의 각 지역은 다른 규칙을 사용한다!

```
# 따라서 대소문자를 구분하지 않는 매치를 수행할 경우
# 지역별 차이에 대해 조심해야 한다
i <- c("I", "İ", "i", "ı")
i
#> [1] "I" "İ" "i" "ı"

str_subset(i, coll("i", ignore_case = TRUE))
#> [1] "I" "i"
```

```
str_subset(i, coll("i", ignore_case = TRUE, locale = "tr"))
#> [1] "İ" "ı"
```

fixed()와 regex()에도 ignore_case 인수가 있지만, 로캘 선택을 허용하지는 않는다. 이들은 항상 기본 로캘을 사용한다. 다음 코드를 통해 이를 알아볼 수 있다(stringi에 대해서는 조금 뒤의 11.7절에서 더 살펴본다).

```
stringi::stri_locale_info()
#> $Language
#> [1] "en"
#>
#> $Country
#> [1] "US"
#>
#> $Variant
#> [1] ""
#>
#> $Name
#> [1] "en_US"
```

coll()의 단점은 속도이다. 어느 문자가 같은지 인식하는 규칙이 복잡하기 때문에 coll()은 regex()와 fixed()에 비해 상대적으로 느리다.

- str_split()에서 보았듯이 boundary()를 사용하여 경계를 매치할 수 있다. 다른 함수들과도 사용할 수 있다.

```
x <- "This is a sentence."
str_view_all(x, boundary("word"))
```

This is a sentence.

```
str_extract_all(x, boundary("word"))
#> [[1]]
#> [1] "This"      "is"        "a"          "sentence"
```

11.5.1 연습문제

1. regex()와 fixed()를 각각 사용하여, 어떻게 \를 포함하는 모든 문자열을 찾겠는가?

2. sentences에서 가장 자주 나오는 다섯 가지 단어는 무엇인가?

11.6 정규표현식의 기타 용도

베이스 R의 다음의 두 함수도 정규표현식을 사용한다.

- apropos()는 전역 환경에서 사용할 수 있는 모든 객체를 검색한다. 함수의 이름을 기억할 수 없는 경우에 유용하다.

```
apropos("replace")
#> [1] "%+replace%"       "replace"          "replace_na"
#> [4] "setReplaceMethod" "str_replace"      "str_replace_all"
#> [7] "str_replace_na"   "theme_replace"
```

- dir()은 디렉터리에 있는 모든 파일을 나열한다. pattern 인수는 정규표현식을 취해, 매치하는 파일 이름만 반환한다. 예를 들어 현재 디렉터리에 있는 모든 R 마크다운 파일을 다음과 같이 찾을 수 있다.

```
head(dir(pattern = "\\.Rmd$"))
#> [1] "communicate-plots.Rmd" "communicate.Rmd"       "datetimes.Rmd"
#> [4] "EDA.Rmd"               "explore.Rmd"           "factors.Rmd"
```

(*.Rmd 같은 '글로브(globs) 패턴'에 익숙한 경우, glob2rx()를 사용하여 이를 정규표현식으로 변환할 수 있다.)

11.7 stringi

stringr은 stringi 패키지 기반으로 만들어졌다. stringr은 학습할 때 유용한데, 왜냐하면 이 패키지는 자주 사용하는 문자열 조작 함수들을 다루기 위해 엄선된 최소한의 함수들만 보여주기 때문이다. 반면, stringi는 전체를 포괄하도록 설계되었고, 필요한 거의 모든 함수를 포함한다. stringi에는 232개의 함수가 있지만, stringr에는 43개가 있다.

stringr에서 잘 안 될 경우, stringi에서 한번 찾아보는 것이 좋다. 두 패키지는 매우 유사하게 동작하므로 stringr에서 배운 것을 자연스럽게 활용할 수 있을 것이다. 주요 차이점은 접두사이다(str_과 stri_).

11.7.1 연습문제

1. 다음을 수행하는 stringi 함수를 찾아라.

   a. 단어의 수 계산.
   b. 중복 문자열을 찾음.
   c. 랜덤 텍스트 생성.

2. stri_sort()에서 정렬에 사용할 언어를 어떻게 제어하겠는가?

## 12장

R f o r D a t a S c i e n c e

forcats로 하는 팩터형

12.1 들어가기

R에서 팩터형은 범주형 변수에 사용되는데, 범주형 변수란 가질 수 있는 값이 미리 고정되고 또 알려진 변수를 말한다. 팩터형은 문자형 벡터를 알파벳순이 아닌 순서로 표시하고 싶을 때도 이용할 수 있다.

역사적으로 팩터형은 문자형보다 다루기가 훨씬 쉬웠다. 이런 이유로 베이스 R의 함수들은 문자형을 자동으로 팩터형으로 변환한다. 다시 말해 팩터형이 사실 도움이 되지 않는 경우에도 불쑥 나타나는 때가 많다는 의미이다. 다행스럽게도 tidyverse에서는 이런 경우를 걱정할 필요가 없으며 팩터형이 실제로 유용한 때만 집중할 수 있다.

팩터형의 역사적 맥락을 자세히 보려면 로저 펭(Roger Peng)의 *stringsAsFactors: An unauthorized biography*[1]와 토마스 럼리(Thomas Lumley)의 *stringsAsFactors = <sigh>*[2]를 읽어보길 권한다.

12.1.1 준비하기

팩터형을 다루기 위해 forcats 패키지를 사용하려는데, tidyverse의 핵심 구성요소로 포함되어 있다. 이 패키지에는 범주형 변수(팩터형의 다른 말)에 적용하는 도구들이 있다.[3] 이 패키지는 팩터형에 적용하는 도우미 함수를 다양하게 제공한다.

---

1 *http://bit.ly/stringsfactorsbio*
2 *http://bit.ly/stringsfactorsigh*
3 forcats는 '범주형 변수를 위한(for categorical variable)'을 의미한다.

```
library(tidyverse)
```

12.2 팩터형 생성하기

월을 기록한 변수가 있다고 가정하자.

```
x1 <- c("Dec", "Apr", "Jan", "Mar")
```

이 변수를 문자열을 이용하여 기록하면 두 가지 문제가 생긴다.

1. 12개의 달 외의 오타를 입력했을 때, 경고가 발생되지 않아 실수를 알아채기 어렵다.

   ```
   x2 <- c("Dec", "Apr", "Jam", "Mar")
   ```

2. 유용한 순서로 정렬되지 않는다.

   ```
   sort(x1)
   #> [1] "Apr" "Dec" "Jan" "Mar"
   ```

팩터형을 이용하면 이러한 문제를 모두 해결할 수 있다. 팩터형을 생성하기 위해서는 유효한 레벨들의 리스트를 생성하는 것부터 시작해야 한다.

```
month_levels <- c(
  "Jan", "Feb", "Mar", "Apr", "May", "Jun",
  "Jul", "Aug", "Sep", "Oct", "Nov", "Dec"
)
```

이제 팩터형을 생성할 수 있다.

```
y1 <- factor(x1, levels = month_levels)
y1
#> [1] Dec Apr Jan Mar
#> Levels: Jan Feb Mar Apr May Jun Jul Aug Sep Oct Nov Dec
sort(y1)
#> [1] Jan Mar Apr Dec
#> Levels: Jan Feb Mar Apr May Jun Jul Aug Sep Oct Nov Dec
```

그리고 이 레벨 집합에 포함되지 않는 값은 조용히 NA로 변환된다.

```
y2 <- factor(x2, levels = month_levels)
y2
#> [1] Dec Apr <NA> Mar
#> Levels: Jan Feb Mar Apr May Jun Jul Aug Sep Oct Nov Dec
```

경고가 발생되길 원하는 경우에는 readr::parse_factor()를 사용하면 된다.

```
y2 <- parse_factor(x2, levels = month_levels)
#> Warning: 1 parsing failure.
#> row # A tibble: 1 x 4 col row col expected actual expected <int> <int>
<chr> <chr> actual 1 3 NA value in level set Jam
```

앞의 levels를 생략하면 데이터로부터 알파벳 순서로 취할 것이다.

```
factor(x1)
#> [1] Dec Apr Jan Mar
#> Levels: Apr Dec Jan Mar
```

종종 레벨의 순서가 데이터에서 처음으로 등장하는 순서와 일치되길 원할 수 있다. 팩터형 생성 시 레벨을 unique(x)로 설정하거나 사후적으로 fct_inorder()를 사용하면 된다.

```
f1 <- factor(x1, levels = unique(x1))
f1
#> [1] Dec Apr Jan Mar
#> Levels: Dec Apr Jan Mar

f2 <- x1 %>% factor() %>% fct_inorder()
f2
#> [1] Dec Apr Jan Mar
#> Levels: Dec Apr Jan Mar
```

만약 유효한 레벨 집합에 직접 접근하려면 levels()로 할 수 있다.

```
levels(f2)
#> [1] "Dec" "Apr" "Jan" "Mar"
```

12.3 종합사회조사

앞으로는 forcats::gss_cat에 초점을 맞출 것이다. 이는 시카고 대학 독립 연구기관인 NORC에서 장기간 수행한 미국 내 설문조사(General Social Survey[4])의 샘플 데이터이다. 이 설문조사에는 수천 개의 문항이 있는데, 이 중에서 팩터형과 작업할 때 자주 발생하는 문제를 보여주는 것들을 gss_cat으로 선택했다.

```
gss_cat
#> # A tibble: 21,483 × 9
#>    year     marital   age  race      rincome         partyid
#>    <int>    <fctr>  <int> <fctr>      <fctr>          <fctr>
#> 1  2000 Never married   26  White  $8000 to 9999   Ind,near rep
```

---

4 *http://gss.norc.org*

```
#> 2  2000       Divorced   48 White $8000 to 9999 Not str republican
#> 3  2000        Widowed   67 White Not applicable       Independent
#> 4  2000 Never married    39 White Not applicable      Ind,near rep
#> 5  2000       Divorced   25 White Not applicable   Not str democrat
#> 6  2000        Married   25 White $20000 - 24999    Strong democrat
#> # ... with 2.148e+04 more rows, and 3 more variables: relig <fctr>,
#> #   denom <fctr>, tvhours <int>
```

(이 데이터셋은 패키지로 제공되기 때문에 ?gss_cat으로 변수들에 관한 자세한 정보를 얻을 수 있다는 것을 잊지 말라.)

팩터형이 티블로 저장되면 해당하는 레벨들을 쉽게 볼 수 없게 된다. 볼 수 있는 한 가지 방법은 count()이다.

```
gss_cat %>%
  count(race)
#> # A tibble: 3 × 2
#>     race      n
#>   <fctr> <int>
#> 1  Other   1959
#> 2  Black   3129
#> 3  White  16395
```

또는 막대 그래프로 볼 수 있다.

```
ggplot(gss_cat, aes(race)) +
  geom_bar()
```

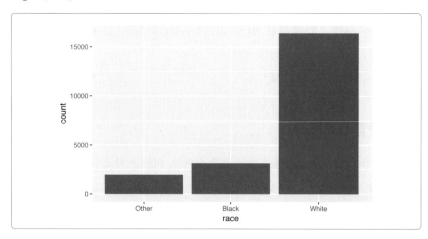

기본적으로 ggplot2는 값이 없는 레벨을 제거한다. 다음과 같이 강제적으로 표시하도록 할 수 있다.

```
ggplot(gss_cat, aes(race)) +
  geom_bar() +
  scale_x_discrete(drop = FALSE)
```

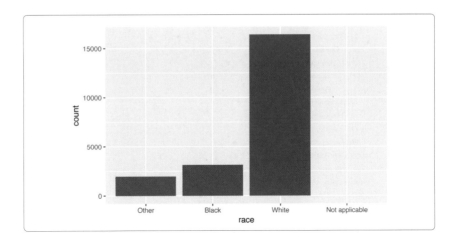

이 레벨들은 유효하지만 이 데이터셋에서 나타나지 않는 값을 나타낸다. dplyr 에는 drop 옵션이 아직 없지만 향후 제공될 예정이다.

　팩터형으로 작업할 때 자주하는 작업 두 가지는 레벨의 순서와 값을 변경하는 것이다. 이러한 작업은 다음 절에서 설명한다.

12.3.1 연습문제

1. rincome(reported income, 보고된 소득)의 분포를 탐색하라. 기본 막대 그래 프가 이해하기 어려운 이유는 무엇인가? 어떻게 플롯을 개선하겠는가?

2. 이 설문에서 가장 많은 relig는 무엇인가? 가장 많은 partyid는 무엇인가?

3. denom(denomination, 교파)은 어떤 relig에 적용되는가? 테이블로 어떻게 알 아낼 수 있는가? 시각화로 어떻게 알아낼 수 있는가?

12.4 팩터 순서 수정하기

시각화에서 팩터 레벨의 순서를 변경하는 것이 유용할 때가 종종 있다. 예를 들 어 종교에 따른 하루 TV 시청시간의 평균을 탐색하고 싶다고 해보자.

```
relig_summary <- gss_cat %>%
  group_by(relig) %>%
  summarize(
    age = mean(age, na.rm = TRUE),
    tvhours = mean(tvhours, na.rm = TRUE),
    n = n()
  )

ggplot(relig_summary, aes(tvhours, relig)) + geom_point()
```

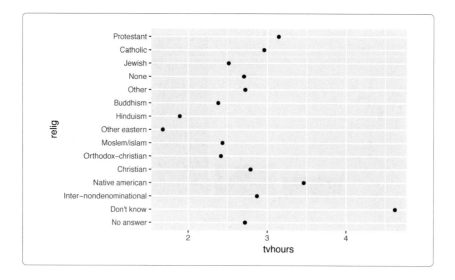

전반적인 패턴이 없기 때문에 이 플롯을 해석하기는 어렵다. fct_reorder()를 사용하여 relig의 레벨을 재정렬해서 개선할 수 있다. fct_reorder()에는 세 개의 인수가 있다.

- f: 레벨을 수정할 팩터.
- x: 레벨을 재정렬하기 위해 사용할 수치형 벡터.
- 선택적으로 fun: f의 각 값에 대해 x 값이 여러 개가 있을 때 사용할 함수. 기본값은 median이다.

```
ggplot(relig_summary, aes(tvhours, fct_reorder(relig, tvhours))) +
  geom_point()
```

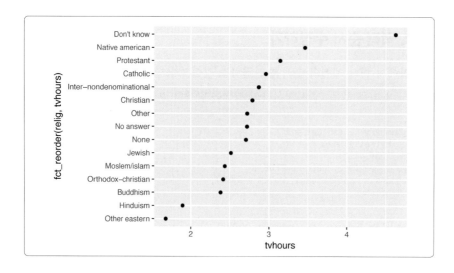

종교를 재배열하면 '모름(Don't know)' 범주의 사람들이 TV를 훨씬 많이 보고, 힌두교와 다른 동양 종교 사람들이 훨씬 덜 본다는 것을 쉽게 알 수 있다.

좀 더 복잡한 변환을 해야 된다면 aes() 내부보다는 별도의 mutate() 단계에서 할 것을 추천한다. 예를 들어 앞의 플롯을 다음과 같이 다시 작성할 수 있다.

```
relig_summary %>%
  mutate(relig = fct_reorder(relig, tvhours)) %>%
  ggplot(aes(tvhours, relig)) +
    geom_point()
```

보고된 소득 레벨에 따라 평균 나이가 어떻게 변화하는지를 보여주는 플롯을 유사하게 만들어보면 어떨까?

```
rincome_summary <- gss_cat %>%
  group_by(rincome) %>%
  summarize(
    age = mean(age, na.rm = TRUE),
    tvhours = mean(tvhours, na.rm = TRUE),
    n = n()
  )
```

```
ggplot(rincome_summary, aes(age, fct_reorder(rincome, age))) + geom_point()
```

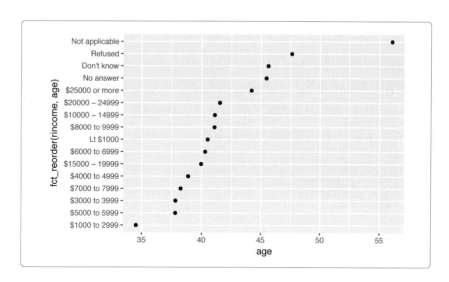

여기에서 레벨을 임의로 재정렬하는 것은 좋은 생각이 아니다! rincome은 이미 원칙 있게 정렬되어 있어서 건드리지 말아야 하기 때문이다. fct_reorder()는 레벨이 임의적으로 정렬된 팩터의 경우에만 사용해야 한다.

한편, '해당 없음(Not applicable)'을 다른 특별한 레벨들과 함께 앞으로 가져오는 것이 좋다. fct_relevel()을 사용하면 된다. 이 함수는 팩터형, f와 앞으로 옮기고자 하는 레벨(개수에 관계 없음)을 입력으로 한다.

```
ggplot(rincome_summary, aes(age, fct_relevel(rincome, "Not applicable"))) +
  geom_point()
```

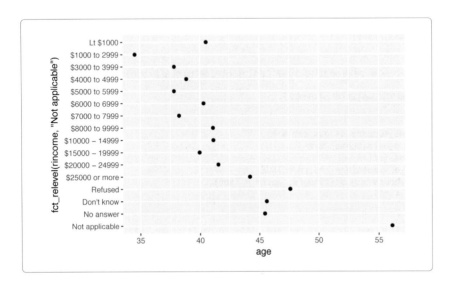

'해당 없음'의 평균 연령이 높은 이유는 무엇이라고 생각하는가?

재정렬이 유용한 경우가 또 하나 있는데, 플롯의 선에 색상을 입힐 때이다. fct_reorder2()는 가장 큰 x 값과 연관된 y 값으로 팩터형을 재정렬한다. 선 색상은 범례와 정렬되므로 이렇게 하면 플롯 읽기가 쉬워진다.

```
by_age <- gss_cat %>%
  filter(!is.na(age)) %>%
  count(age, marital) %>%
  group_by(age) %>%
  mutate(prop = n / sum(n))

ggplot(by_age, aes(age, prop, color = marital)) +
  geom_line(na.rm = TRUE)

ggplot(by_age, aes(age, prop, color = fct_reorder2(marital, age, prop))) +
  geom_line() +
  labs(color = "marital")
```

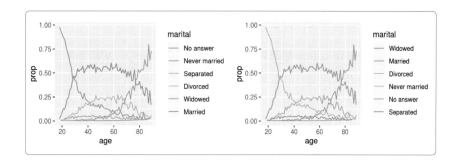

마지막으로, fct_infreq()를 사용해 빈도 오름차순으로 레벨을 정렬할 수 있다. 추가 변수가 필요 없어서 재정렬 방법 중 가장 간단한 유형이다. fct_rev()와 조합하여 사용할 수 있다.

```
gss_cat %>%
  mutate(marital = marital %>% fct_infreq() %>% fct_rev()) %>%
  ggplot(aes(marital)) +
    geom_bar()
```

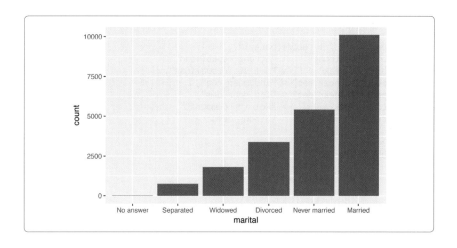

12.4.1 연습문제

1. tvhours에 의심스러운 큰 숫자들이 좀 있다. 평균(mean)은 좋은 요약값인가?

2. gss_cat의 각 팩터형에 대해 레벨의 순서가 임의적인지 원칙적인지를 확인하라.

3. '해당 없음'을 레벨 앞으로 옮기면 왜 플롯의 맨 아래로 옮겨지는가?

12.5 팩터 레벨 수정하기

레벨의 순서 변경보다 값을 변경하는 게 더 강력한 방법이다. 이렇게 하면 화면 출력 시 라벨을 명확히 할 수 있고, 레벨을 병합하여 상위 레벨 시각화를 할 수 있다. 가장 일반적이고 강력한 것은 fct_recode()이다. 이를 사용하여 각 레벨값을 다시 주거나 변경할 수 있다. 예를 들어 gss_cat$partyid를 보자.

```
gss_cat %>% count(partyid)
#> # A tibble: 10 × 2
#>              partyid     n
#>               <fctr> <int>
#> 1          No answer   154
#> 2         Don't know     1
#> 3        Other party   393
#> 4  Strong republican  2314
#> 5 Not str republican  3032
#> 6        Ind,near rep  1791
#> # ... with 4 more rows
```

이 레벨들은 짧고 일관성이 없다. 이 레벨들을 풀어쓰고, 병렬 구조를 사용해보자.

```
gss_cat %>%
  mutate(partyid = fct_recode(partyid,
    "Republican, strong"    = "Strong republican",
    "Republican, weak"      = "Not str republican",
    "Independent, near rep" = "Ind,near rep",
    "Independent, near dem" = "Ind,near dem",
    "Democrat, weak"        = "Not str democrat",
    "Democrat, strong"      = "Strong democrat"
  )) %>%
  count(partyid)
#> # A tibble: 10 × 2
#>                partyid     n
#>                 <fctr> <int>
#> 1            No answer   154
#> 2           Don't know     1
#> 3          Other party   393
#> 4    Republican, strong  2314
#> 5      Republican, weak  3032
#> 6 Independent, near rep  1791
#> # ... with 4 more rows
```

fct_recode()는 명시적으로 언급되지 않은 레벨은 그대로 둔다. 존재하지 않은 레벨을 참조하면 경고가 발생한다.

그룹을 결합하려면 이전 레벨들을 같은 새로운 레벨로 할당하면 된다.

```
gss_cat %>%
  mutate(partyid = fct_recode(partyid,
    "Republican, strong"    = "Strong republican",
    "Republican, weak"      = "Not str republican",
    "Independent, near rep" = "Ind,near rep",
    "Independent, near dem" = "Ind,near dem",
```

```
      "Democrat, weak"        = "Not str democrat",
      "Democrat, strong"      = "Strong democrat",
      "Other"                 = "No answer",
      "Other"                 = "Don't know",
      "Other"                 = "Other party"
  )) %>%
  count(partyid)
#> # A tibble: 8 × 2
#>               partyid      n
#>                 <fctr> <int>
#> 1                Other    548
#> 2    Republican, strong   2314
#> 3      Republican, weak   3032
#> 4 Independent, near rep   1791
#> 5           Independent   4119
#> 6 Independent, near dem   2499
#> # ... with 2 more rows
```

이 기술은 신중하게 사용해야 한다. 서로 같지 않은 범주들을 함께 묶는다면 잘 못된 결과를 도출하게 될 것이다.

다수의 레벨을 병합하고자 하면 fct_recode()의 변형 함수인 fct_collapse()가 편리하다. 각각의 새로운 변수에 대해 이전 레벨로 이루어진 벡터를 제공해야 한다.

```
gss_cat %>%
  mutate(partyid = fct_collapse(partyid,
    other = c("No answer", "Don't know", "Other party"),
    rep = c("Strong republican", "Not str republican"),
    ind = c("Ind,near rep", "Independent", "Ind,near dem"),
    dem = c("Not str democrat", "Strong democrat")
  )) %>%
  count(partyid)
#> # A tibble: 4 × 2
#>   partyid      n
#>    <fctr> <int>
#> 1   other    548
#> 2     rep   5346
#> 3     ind   8409
#> 4     dem   7180
```

가끔은 플롯이나 테이블을 간단하게 만들기 위해 소규모 그룹 모두를 묶고 싶을 수도 있다. fct_lump()가 바로 이 작업을 한다.

```
gss_cat %>%
  mutate(relig = fct_lump(relig)) %>%
  count(relig)
#> # A tibble: 2 × 2
#>        relig      n
#>       <fctr> <int>
#> 1 Protestant 10846
#> 2      Other 10637
```

기본 동작은 묶은 그룹이 가장 작은 그룹이 되는 조건을 유지하면서 작은 그룹들을 점진적으로 묶는다. 앞의 경우에는 매우 도움이 되지는 않는다. 즉, 이 조사에서 대부분의 미국인이 개신교인 것은 사실이지만, 아마도 우리는 과하게 병합한 것 같다.

대신, n 인수를 사용하여 유지하고 싶은 그룹 개수(other 제외)를 지정할 수 있다.

```
gss_cat %>%
  mutate(relig = fct_lump(relig, n = 10)) %>%
  count(relig, sort = TRUE) %>%
  print(n = Inf)
#> # A tibble: 10 × 2
#>                      relig     n
#>                     <fctr> <int>
#> 1              Protestant 10846
#> 2                Catholic  5124
#> 3                    None  3523
#> 4               Christian   689
#> 5                   Other   458
#> 6                  Jewish   388
#> 7                Buddhism   147
#> 8   Inter-nondenominational   109
#> 9             Moslem/islam   104
#> 10       Orthodox-christian    95
```

12.5.1 연습문제

1. 민주당(Democrat), 공화당(Republican), 독립정당(Independent)의 비율이 시간이 지남에 따라 어떻게 변화했는가?

2. 어떻게 rincome을 적은 범주 집합으로 병합할 수 있겠는가?

13장

lubridate로 하는 날짜와 시간

13.1 들어가기

이 장에서는 R에서 날짜와 시간을 다루는 법을 볼 것이다. 언뜻 생각하면 날짜와 시간은 간단해 보인다. 일상 생활에서 늘 사용하고 있으며 복잡할 게 없을 것 같다. 그러나 날짜와 시간에 대해 배울수록 더 복잡해 보일 것이다. 몸풀기로, 간단해 보이는 다음 세 문제를 보자.

- 1년은 항상 365일인가?
- 1일은 항상 24시간인가?
- 1분은 항상 60초인가?

1년이 항상 365일은 아니라는 걸 대부분 알고 있을 것이다. 하지만 한 해가 윤년인지를 결정하는 규칙을 완벽하게 알고 있는가? (세 파트가 있다.) 세계 많은 곳에서 일광절약제(daylight saving time, DST)를 이용하고 있고, 따라서 어떤 날은 23시이고, 다른 날은 25시라는 것을 기억하는 사람도 있을 것이다. 지구 자전이 느려지기는 하나 윤초[1]가 추가되어 가끔씩 1분이 61초가 된다는 것을 아는 사람은 많지 않을 것이다.

날짜와 시간은 두 가지 물리 현상(지구의 자전과 공전)과 월, 시간대, 일광절약제를 포함한 많은 지정학적 현상을 조화시켜야 하기 때문에 쉬운 문제가 아니

---

[1] (옮긴이) 윤초(閏秒)는 협정 세계시에서 기준으로 삼고 있는 세슘 원자시계와 실제 지구의 자전·공전 속도를 기준으로 한 태양시의 차이로 인해 발생한 오차를 보정하기 위하여 추가하는 1초를 말한다. 12월 31일의 마지막에 추가하거나, 혹은 6월 30일의 마지막에 추가한다.

다. 이 장에서는 날짜와 시간에 대해 세부사항을 속속들이 배우지는 않겠지만 일반적인 데이터 분석 문제에 이용할 수 있는 기술들을 탄탄히 배울 것이다.

13.1.1 준비하기

이 장에서는 lubridate 패키지를 주로 살펴볼 것인데, 이 패키지를 쓰면 R에서 날짜와 시간을 다룰 수 있다. lubridate는 날짜/시간 작업을 할 때만 필요하기 때문에, tidyverse 핵심 구성원에 포함되어 있지 않다. 실습 데이터로 이용할 nyc flights13도 필요하다.

```
library(tidyverse)

library(lubridate)
library(nycflights13)
```

13.2 날짜/시간 생성

시각을 나타내는 날짜/시간의 세 가지 유형이 있다.

• 데이트형(date): 날짜. 티블에서 <date>로 출력한다.
• 타임형(time): 하루 중 시간. 티블에서 <time>으로 출력한다.
• 데이트-타임형(date-time): 날짜 더하기 시간. 시점을 고유하게(일반적으로 가장 가까운 초로) 식별한다. 티블에서 <dttm>으로 출력한다. R의 다른 부분에서는 POSIXct라고 부르지만, 그다지 유용한 이름은 아니라고 생각한다.

R에는 시간 저장을 위한 네이티브 클래스가 없기 때문에 이 장에서는 데이트형과 데이트-타임형에만 집중할 것이다. 네이티브 클래스가 필요하다면 hms 패키지를 이용해보라.

사용자 요구를 충족하는 데이터 유형 중, 가능한 한 가장 간단한 것을 사용해야 한다. 즉, 데이트-타임형 대신 데이트형을 써도 된다면 그래야 한다는 말이다. 데이트-타임형은 시간대를 다루기 때문에 훨씬 더 복잡한데 이 장의 끝에서 살펴볼 것이다.

현재의 데이트형 또는 데이트-타임형을 얻으려면 today() 또는 now()를 사용하면 된다.

```
today()
#> [1] "2018-11-19"
```

```
now()
#> [1] "2018-11-19 13:40:53 UTC"
```

이 외에 날짜/시간을 생성하는 방법은 세 가지이다.

- 문자열로부터
- 개별 데이트-타임형 구성요소로부터
- 기존의 날짜/시간 객체로부터

이들의 작동 방식을 살펴보자.

13.2.1 문자열에서 생성

날짜/시간 데이터는 종종 문자열로 주어진다. 우리는 이미 130쪽 '데이트형, 데이트-타임형, 타임형'에서 문자열을 데이트-타임형으로 파싱하는 법을 보았다. 다른 방법은 lubridate에서 제공하는 도우미를 사용하는 것이다. 구성요소의 순서만 지정하면 자동으로 형식을 맞춘다. 도우미를 이용하는 법은 주어진 날짜에 나타난 연, 월, 일의 순서를 확인한 후 "y", "m", "d"를 같은 순서로 배치하는 것이다. 이것이 바로 lubridate 함수의 이름이 되고 주어진 날짜를 파싱한다. 예를 들면

```
ymd("2017-01-31")
#> [1] "2017-01-31"
mdy("January 31st, 2017")
[1] "2017-01-31"
dmy("31-Jan-2017")
#> [1] "2017-01-31"
```

이 함수들은 따옴표로 둘러싸이지 않은 숫자도 입력으로 할 수 있다. 이는 단일 날짜/시간 객체를 생성하는 방법들 중 가장 간결한 방법인데, 날짜/시간 데이터를 필터링할 때 사용할 수 있다. ymd()는 간결하며 모호하지 않다.

```
ymd(20170131)
#> [1] "2017-01-31"
```

ymd()와 같은 함수들은 데이트형을 생성한다. 데이트-타임형을 생성하려면 파싱 함수 이름에 언더스코어와 "h", "m", "s" 중 하나 이상을 추가해야 한다.

```
ymd_hms("2017-01-31 20:11:59")
#> [1] "2017-01-31 20:11:59 UTC"
mdy_hm("01/31/2017 08:01")
#> [1] "2017-01-31 08:01:00 UTC"
```

시간대를 제공하여 날짜로부터 데이트-타임형을 강제 생성할 수도 있다.

```
ymd(20170131, tz = "UTC")
#> [1] "2017-01-31 UTC"
```

13.2.2 개별 구성요소에서 생성

때로는 문자열이 아니라 데이트-타임형의 개별 구성요소들이 여러 열에 걸쳐 있는 경우가 있을 것이다. 항공편 데이터에 있는 것이 그렇다.

```
flights %>%
  select(year, month, day, hour, minute)
#> # A tibble: 336,776 × 5
#>    year month   day  hour minute
#>   <int> <int> <int> <dbl>  <dbl>
#> 1  2013     1     1     5     15
#> 2  2013     1     1     5     29
#> 3  2013     1     1     5     40
#> 4  2013     1     1     5     45
#> 5  2013     1     1     6      0
#> 6  2013     1     1     5     58
#> # ... with 3.368e+05 more rows
```

이러한 입력으로 날짜/시간을 생성하려면 데이트형은 make_date()를, 데이트-타임형은 make_datetime()을 쓰면 된다.

```
flights %>%
  select(year, month, day, hour, minute) %>%
  mutate(departure = make_datetime(year, month, day, hour, minute))
#> # A tibble: 336,776 × 6
#>    year month   day  hour minute           departure
#>   <int> <int> <int> <dbl>  <dbl>              <dttm>
#> 1  2013     1     1     5     15 2013-01-01 05:15:00
#> 2  2013     1     1     5     29 2013-01-01 05:29:00
#> 3  2013     1     1     5     40 2013-01-01 05:40:00
#> 4  2013     1     1     5     45 2013-01-01 05:45:00
#> 5  2013     1     1     6      0 2013-01-01 06:00:00
#> 6  2013     1     1     5     58 2013-01-01 05:58:00
#> # ... with 3.368e+05 more rows
```

이 네 개의 시간 열 각각에 대해 같은 작업을 하자. 시간이 약간 이상한 형식으로 표시되었으므로, 나머지 연산으로 시와 분 구성요소를 추출한다. 이제 데이트-타임형 변수를 생성했으니 이 장의 나머지 부분에서는 이 변수들을 탐색해 볼 것이다.

```
make_datetime_100 <- function(year, month, day, time) {
  make_datetime(year, month, day, time %/% 100, time %% 100)
}
```

```
flights_dt <- flights %>%
  filter(!is.na(dep_time), !is.na(arr_time)) %>%
  mutate(
    dep_time = make_datetime_100(year, month, day, dep_time),
    arr_time = make_datetime_100(year, month, day, arr_time),
    sched_dep_time = make_datetime_100(year, month, day, sched_dep_time),
    sched_arr_time = make_datetime_100(year, month, day, sched_arr_time)
  ) %>%
  select(origin, dest, ends_with("delay"), ends_with("time"))

flights_dt
#> # A tibble: 328,063 × 9
#>   origin dest dep_delay arr_delay          dep_time        sched_dep_time
#>   <chr>  <chr>    <dbl>     <dbl>            <dttm>                <dttm>
#> 1  EWR    IAH        2        11 2013-01-01 05:17:00 2013-01-01 05:15:00
#> 2  LGA    IAH        4        20 2013-01-01 05:33:00 2013-01-01 05:29:00
#> 3  JFK    MIA        2        33 2013-01-01 05:42:00 2013-01-01 05:40:00
#> 4  JFK    BQN       -1       -18 2013-01-01 05:44:00 2013-01-01 05:45:00
#> 5  LGA    ATL       -6       -25 2013-01-01 05:54:00 2013-01-01 06:00:00
#> 6  EWR    ORD       -4        12 2013-01-01 05:54:00 2013-01-01 05:58:00
#> # ... with 3.281e+05 more rows, and 3 more variables: arr_time <dttm>,
#> #   sched_arr_time <dttm>, air_time <dbl>
```

이 데이터로 한 해에 걸친 출발 시간의 분포를 시각화할 수 있다.

```
flights_dt %>%
  ggplot(aes(dep_time)) +
  geom_freqpoly(binwidth = 86400) # 86400초 = 1일
```

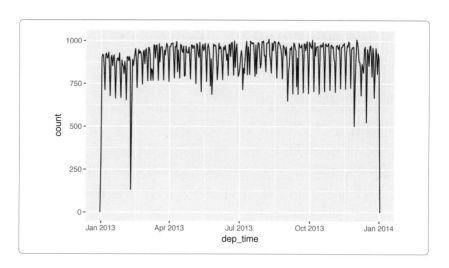

하루 내에서의 분포로 보려면

```
flights_dt %>%
  filter(dep_time < ymd(20130102)) %>%
  ggplot(aes(dep_time)) +
  geom_freqpoly(binwidth = 600) # 600초 = 10분
```

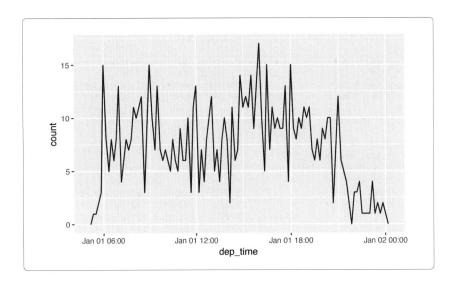

수치형 맥락에서 데이트-타임형을 사용할 경우(히스토그램에서와 같이) 1은 1초를 의미하고, 따라서 86400 빈 너비는 하루를 의미한다는 것을 주목하라. 데이트형에서 1은 1일을 의미한다.

13.2.3 기타 유형에서 생성

데이트-타임형과 데이트형 사이를 상호 전환하고 싶을 때도 있을 것이다. as_datetime()과 as_date()가 바로 이를 수행한다.

```
as_datetime(today())
#> [1] "2018-11-19 UTC"
as_date(now())
#> [1] "2018-11-19"
```

때로는 날짜/시간을 '유닉스 기준 시각(Unix Epoch)'인 1970-01-01부터 흐른 시간[2]으로 가지고 있을 수 있다. 이 시간이 초 단위인 경우엔 as_datetime(), 일 단위인 경우엔 as_date()를 사용한다.

```
as_datetime(60 * 60 * 10)
#> [1] "1970-01-01 10:00:00 UTC"
as_date(365 * 10 + 2)
#> [1] "1980-01-01"
```

---

2 (옮긴이) 유닉스 시간(Unix time)이라고 부르며 시각을 32비트로 표현하는 방식이다.

13.2.4 연습문제

1. 유효하지 않은 날짜를 포함한 문자열을 파싱하면 어떻게 되는가?

    ```
    ymd(c("2010-10-10", "bananas"))
    ```

2. today()의 tzone 인수의 역할은 무엇인가? 이 인수는 왜 중요한가?

3. 적절한 lubridate 함수를 이용하여 다음 날짜를 각각 파싱하라.

    ```
    d1 <- "January 1, 2010"
    d2 <- "2015-Mar-07"
    d3 <- "06-Jun-2017"
    d4 <- c("August 19 (2015)", "July 1 (2015)")
    d5 <- "12/30/14" # 2014년 12월 30일
    ```

13.3 데이트-타임형 구성요소

날짜/시간 데이터를 R의 데이트-타임형 데이터 구조로 얻는 방법을 이제 알았으니 이를 이용해 무엇을 할 수 있는지 탐색해보자. 이 절에서는 개별 구성요소를 얻고 설정하는 설정 함수(accessor function)에 초점을 맞출 것이다. 다음 절에서는 산술연산이 데이트-타임형에 어떻게 동작하는지 살펴볼 것이다.

13.3.1 구성요소 불러오기

다음 설정 함수로 데이트형의 개별 부분을 불러올 수 있다. year(), month(), mday()(한 달에서 일), yday()(한 해에서 일), wday()(한 주에서 일), hour(), minute(), second().

```
datetime <- ymd_hms("2016-07-08 12:34:56")

year(datetime)
#> [1] 2016
month(datetime)
#> [1] 7
mday(datetime)
#> [1] 8

yday(datetime)
#> [1] 190
wday(datetime)
#> [1] 6
```

month()와 wday()에서 label = TRUE를 설정하여 월이나 일의 약식 이름을 반환할 수 있다. abbr = FALSE를 설정하면 이름 전체를 반환할 수 있다.

```
month(datetime, label = TRUE)
#> [1] Jul
#> 12 Levels: Jan < Feb < Mar < Apr < May < Jun < Jul < Aug < Sep < ... < Dec
wday(datetime, label = TRUE, abbr = FALSE)
#> [1] Friday
#> 7 Levels: Sunday < Monday < Tuesday < Wednesday < Thursday < ... < Saturday
```

wday()를 사용하여 주말보다 평일에 출발하는 항공편이 더 많다는 것을 확인할 수 있다.

```
flights_dt %>%
  mutate(wday = wday(dep_time, label = TRUE)) %>%
  ggplot(aes(x = wday)) +
    geom_bar()
```

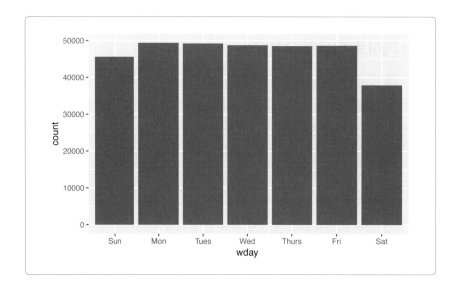

출발 지연시간 평균을 매 시의 각 분(0~59분)에 대해서 살펴보면 흥미로운 패턴이 있다. 20~30분과 50~60분에 출발하는 항공편은 나머지 시간보다 훨씬 덜 지연되는 것으로 보인다.

```
flights_dt %>%
  mutate(minute = minute(dep_time)) %>%
  group_by(minute) %>%
  summarize(
    avg_delay = mean(arr_delay, na.rm = TRUE),
    n = n()) %>%
  ggplot(aes(minute, avg_delay)) +
    geom_line()
```

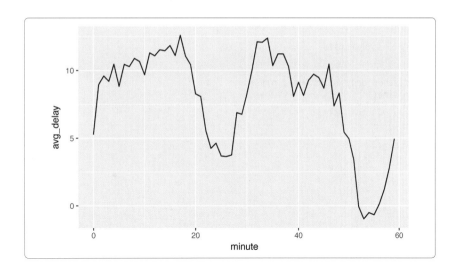

흥미롭게도 예정된 출발시간으로 보면 이러한 강한 패턴을 볼 수 없다.

```
sched_dep <- flights_dt %>%
  mutate(minute = minute(sched_dep_time)) %>%
  group_by(minute) %>%
  summarize(
    avg_delay = mean(arr_delay, na.rm = TRUE),
    n = n())

ggplot(sched_dep, aes(minute, avg_delay)) +
  geom_line()
```

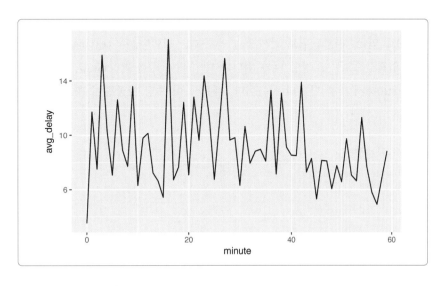

그러면 왜 실제 출발시간에는 그 패턴이 있는가? 사람에 의해 수집된 많은 데이터가 그런 것처럼 '좋은' 출발시간에 떠나는 항공편 방향으로 편향(bias)이 강하

게 존재한다. 인간의 판단이 관여된 데이터로 작업할 때마다 이런 종류의 패턴을 항상 유의해야 한다.

```
ggplot(sched_dep, aes(minute, n)) +
  geom_line()
```

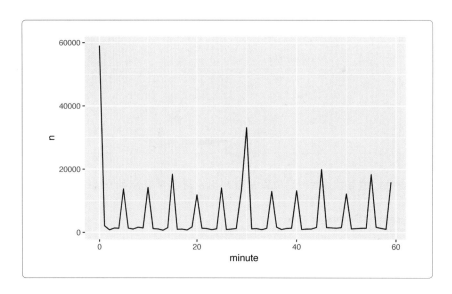

13.3.2 반올림

개별 구성요소를 플롯하는 또 다른 방법은 floor_date(), round_date(), ceiling_date()로 인근 시간 단위로 날짜를 반올림하는 것이다. 각 ceiling_date() 함수의 입력값으로는 조정할 날짜 벡터와 내림(floor), 올림(ceiling), 혹은 반올림(round)해서 맞출 단위의 이름이다. 예를 들어 주당 항공편 수를 플롯할 수 있다.

```
flights_dt %>%
  count(week = floor_date(dep_time, "week")) %>%
  ggplot(aes(week, n)) +
    geom_line()
```

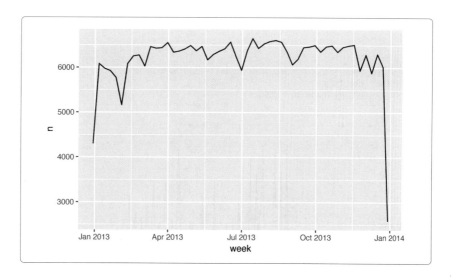

날짜 반올림 전후 차이를 계산하는 것은 특히 유용할 수 있다.

13.3.3 구성요소 설정

설정 함수를 사용하여 날짜/시간의 구성요소를 설정할 수 있다.

```
(datetime <- ymd_hms("2016-07-08 12:34:56"))
#> [1] "2016-07-08 12:34:56 UTC"

year(datetime) <- 2020
datetime
#> [1] "2020-07-08 12:34:56 UTC"
month(datetime) <- 01
datetime
#> [1] "2020-01-08 12:34:56 UTC"
hour(datetime) <- hour(datetime) + 1
datetime
#> [1] "2020-01-08 13:34:56 UTC"
```

수정하는 대신, update()로 새로운 데이트-타임형을 생성할 수도 있다. 이 방법을 사용하여 여러 개의 값을 한 번에 설정할 수도 있다.

```
update(datetime, year = 2020, month = 2, mday = 2, hour = 2)
#> [1] "2020-02-02 02:34:56 UTC"
```

값이 너무 큰 경우에는 이월된다.

```
ymd("2015-02-01") %>%
  update(mday = 30)
#> [1] "2015-03-02"
ymd("2015-02-01") %>%
  update(hour = 400)
#> [1] "2015-02-17 16:00:00 UTC"
```

update()를 사용하여 관심 있는 해의 하루 동안 항공편의 분포를 볼 수 있다.

```
flights_dt %>%
  mutate(dep_hour = update(dep_time, yday = 1)) %>%
  ggplot(aes(dep_hour)) +
    geom_freqpoly(binwidth = 300)
```

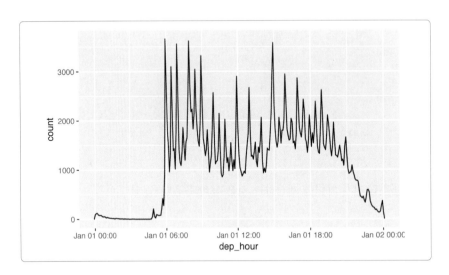

날짜의 상위 구성요소를 상수로 설정하면, 하위 구성요소의 패턴을 탐색할 수 있어서 매우 유용하다.

13.3.4 연습문제

1. 하루 동안 비행시간의 분포는 한 해 동안 어떻게 변화했는가?

2. dep_time, sched_dep_time, dep_delay를 비교하라. 이들은 일관성이 있는가? 무엇을 발견했는지 설명하라.

3. 출발, 도착 사이의 시간과 air_time을 비교하라. 무엇을 발견했는지 설명하라. (힌트: 공항의 위치를 살펴보라.)

4. 하루 동안 평균 지연시간은 어떻게 변화하는가? dep_time 또는 sched_dep_time를 사용해야 하는가? 이유는 무엇인가?

5. 지연 가능성을 최소화하려면 한 주 중 어느 요일에 떠나야 하는가?

6. 왜 diamonds$carat과 flights$sched_dep_time 분포가 비슷한가?

7. 20-30분과 50-60분에서 출발이 빠른 것은 일찍 출발하도록 계획된 항공편 때문이라는 우리의 가설을 확인하라. (힌트: 항공편이 지연되었는지 여부를 알려주는 이진 변수를 생성하라.)

13.4 시간 범위

다음으로 뺄셈, 덧셈, 나눗셈 같은 산술연산을 데이트형에 적용하면 어떻게 되는지 알아보자. 여기에서는 시간 범위(time span)를 대표하는 중요한 클래스 세 가지를 배우게 된다.

- 듀레이션형(duration): 정확한 초를 나타냄.
- 피리어드형(period): 주와 월과 같은 사람의 단위를 나타냄.
- 인터벌형(interval): 시점과 종점을 나타냄.

13.4.1 듀레이션형

R에서 두 데이트형 뺄셈을 하면 difftime형 객체가 생긴다.

```
# 해들리의 나이는?
h_age <- today() - ymd(19791014)
h_age
#> Time difference of 14281 days
```

difftime 클래스 객체는 초, 분, 시, 일 또는 주의 시간 범위를 기록한다. 이러한 애매함 때문에 difftime형으로 작업하는 것이 약간 고통스러울 수 있다. 따라서 lubridate는 항상 초를 사용하는 대안 클래스, 듀레이션형을 제공한다.

```
as.duration(h_age)
#> [1] "1233878400s (~39.1 years)"
```

듀레이션형에는 편리한 생성자가 많다.

```
dseconds(15)
#> [1] "15s"
dminutes(10)
#> [1] "600s (~10 minutes)"
dhours(c(12, 24))
#> [1] "43200s (~12 hours)" "86400s (~1 days)"
ddays(0:5)
#> [1] "0s" "86400s (~1 days)"
#> [3] "172800s (~2 days)" "259200s (~3 days)"
#> [5] "345600s (~4 days)" "432000s (~5 days)"
dweeks(3)
#> [1] "1814400s (~3 weeks)"
dyears(1)
#> [1] "31536000s (~52.14 weeks)"
```

듀레이션형은 항상 초 단위로 시간 범위를 기록한다. 이보다 큰 단위를 생성하려면 분, 시, 일, 주, 연을 표준비율로 변환해야 한다(분당 60초, 시당 60분, 일당

24시, 주당 7일, 연당 365일).

듀레이션형을 더하거나 곱할 수 있다.

```
2 * dyears(1)
#> [1] "63072000s (~2 years)"
dyears(1) + dweeks(12) + dhours(15)
#> [1] "38847600s (~1.23 years)"
```

일(day)에서 듀레이션형을 더하고 뺄 수 있다.

```
tomorrow <- today() + ddays(1)
last_year <- today() - dyears(1)
```

그러나 듀레이션형은 정확한 초로 표시하므로 때로는 예상치 못한 결과를 얻을
수도 있다.

```
one_pm <- ymd_hms(
  "2016-03-12 13:00:00",
  tz = "America/New_York"
)
one_pm
#> [1] "2016-03-12 13:00:00 EST"
one_pm + ddays(1)
#> [1] "2016-03-13 14:00:00 EDT"
```

3월 12일 오후 1시의 1일 후가 왜 3월 13일 오후 2시인가? 날짜를 주의 깊게 보
면 시간대가 바뀌어 있다. 일광절약제 때문에 3월 12일에는 23시만 있다. 따라
서 하루에 해당하는 초를 더하면 다른 시간을 갖게 된다.

13.4.2 피리어드형

이 문제를 해결하기 위해 lubridate는 피리어드형을 제공한다. 피리어드형은 시
간 범위이지만 정해진 초 길이가 없다. 대신 일과 월과 같은 '사람의' 시간으로
동작한다. 따라서 작동 방식이 좀 더 직관적이다.

```
one_pm
#> [1] "2016-03-12 13:00:00 EST"
one_pm + days(1)
#> [1] "2016-03-13 13:00:00 EDT"
```

듀레이션형과 마찬가지로 피리어드형은 다수의 생성 함수로 편리하게 생성할
수 있다.

```
seconds(15)
#> [1] "15S"
```

```
minutes(10)
#> [1] "10M 0S"
hours(c(12, 24))
#> [1] "12H 0M 0S" "24H 0M 0S" days(7)
#> [1] "7d 0H 0M 0S"
days(7)
#> [1] "7d 0H 0M 0S"
months(1:6)
#> [1] "1m 0d 0H 0M 0S" "2m 0d 0H 0M 0S" "3m 0d 0H 0M 0S"
#> [4] "4m 0d 0H 0M 0S" "5m 0d 0H 0M 0S" "6m 0d 0H 0M 0S"
weeks(3)
#> [1] "21d 0H 0M 0S"
years(1)
#> [1] "1y 0m 0d 0H 0M 0S"
```

피리어드형을 더하거나 곱할 수 있다.

```
10 * (months(6) + days(1))
#> [1] "60m 10d 0H 0M 0S"
days(50) + hours(25) + minutes(2)
#> [1] "50d 25H 2M 0S"
```

그리고 물론, 데이트형에 더해진다. 듀레이션형과 달리 피리어드형은 의도한 대로 동작한다.

```
# 윤년
ymd("2016-01-01") + dyears(1)
#> [1] "2016-12-31"
ymd("2016-01-01") + years(1)
#> [1] "2017-01-01"
# 일광절약제
one_pm + ddays(1)
#> [1] "2016-03-13 14:00:00 EDT"
one_pm + days(1)
#> [1] "2016-03-13 13:00:00 EDT"
```

이제 피리어드형을 사용해서 비행 날짜에 관련된 문제를 해결해보자. 일부 항공편은 뉴욕시에서 출발하기 전에 목적지에 도착한 것처럼 보여진다.

```
flights_dt %>%
  filter(arr_time < dep_time)
#> # A tibble: 10,633 × 9
#>   origin dest dep_delay arr_delay           dep_time      sched_dep_time
#>   <chr>  <chr>     <dbl>     <dbl>           <dttm>                <dttm>
#> 1  EWR    BQN         9        -4 2013-01-01 19:29:00 2013-01-01 19:20:00
#> 2  JFK    DFW        59        NA 2013-01-01 19:39:00 2013-01-01 18:40:00
#> 3  EWR    TPA        -2         9 2013-01-01 20:58:00 2013-01-01 21:00:00
#> 4  EWR    SJU        -6       -12 2013-01-01 21:02:00 2013-01-01 21:08:00
#> 5  EWR    SFO        11       -14 2013-01-01 21:08:00 2013-01-01 20:57:00
#> 6  LGA    FLL       -10        -2 2013-01-01 21:20:00 2013-01-01 21:30:00
#> # ... with 1.063e+04 more rows, and 3 more variables: arr_time <dttm>,
#> #   sched_arr_time <dttm>, air_time <dbl>
```

이들은 심야 항공편이다. 우리는 출발과 도착시간 모두에 같은 날짜 정보를 사용했었지만, 이 항공편들은 도착시간이 다음날이다. 심야 항공편의 도착시간에 days(1)을 더해서 문제를 해결할 수 있다.

```
flights_dt <- flights_dt %>%
  mutate(
    overnight = arr_time < dep_time,
    arr_time = arr_time + days(overnight * 1),
    sched_arr_time = sched_arr_time + days(overnight * 1)
  )
```

이제 모든 항공편이 물리학의 법칙을 벗어나지 않는다.

```
flights_dt %>%
  filter(overnight, arr_time < dep_time)
#> # A tibble: 0 × 10
#> # ... with 10 variables: origin <chr>, dest <chr>, dep_delay <dbl>,
#> #   arr_delay <dbl>, dep_time <dttm>, sched_dep_time <dttm>,
#> #   arr_time <dttm>, sched_arr_time <dttm>, air_time <dbl>,
#> #   overnight <lgl>
```

13.4.3 인터벌형

dyears(1) / ddays(365)가 반환해야 하는 값은 명백하다. 바로 1인데 왜냐하면, 듀레이션형은 항상 초 단위로 표현하며 듀레이션형 1년은 365일에 해당하는 초로 정의되기 때문이다.

years(1) / days(1)이 반환해야 하는 값은 무엇인가? 음... 2015년이라면 365를 반환해야 하지만 2016년이면 366을 반환해야 한다! lubridate가 하나의 명확한 답을 주기에 충분한 정보가 없다. 대신 경고와 함께 예측값을 준다.

```
years(1) / days(1)
#> estimate only: convert to intervals for accuracy
#> [1] 365
```

더 정확한 값을 원한다면 인터벌형을 사용해야 한다. 인터벌형은 시작점이 있는 듀레이션형이어서 기간이 정확히 얼마인지 확인할 수 있도록 만든다.

```
next_year <- today() + years(1)
(today() %--% next_year) / ddays(1)
#> [1] 365
```

한 인터벌형이 피리어드형 얼마에 해당하는지 확인하려면 정수 나누기를 사용해야 한다.

```
(today() %--% next_year) %/% days(1)
#> Note: method with signature 'Timespan#Timespan' chosen for function '%/%',
```

```
#> target signature 'Interval#Period'.
#> "Interval#ANY", "ANY#Period" would also be valid
#> [1] 365
```

13.4.4 요약

듀레이션형, 피리어드형, 인터벌형 중에서 선택은 어떻게 해야 하는가? 언제나 그렇듯이 주어진 문제를 해결하는 가장 간단한 데이터 구조를 선택하라. 단지 물리적인 시간만 고려하는 경우에는 듀레이션형을 사용하라. 사람의 시간을 추가해야 하는 경우에는 피리어드형을 사용하라. 인간이 사용하는 시간 단위로 파악해야 하는 경우에는 인터벌형을 사용하라.

그림 13-1은 다른 데이터 유형 사이에 허용된 산술연산을 요약한 것이다.

	데이트형		데이트-타임형		듀레이션형			피리어드형		인터벌형		수치형			
데이트형	-				-	+		-	+				-	+		
데이트-타임형			-		-	+		-	+				-	+		
듀레이션형	-	+	-	+	-	+	/						-	+	×	/
피리어드형	-	+	-	+				-	+				-	+	×	/
인터벌형						/				/						
수치형	-	+	-	+	-	+	×	-	+	×	-	+	×	-	+	×	/

그림 13-1 날짜/시간 클래스 쌍 사이에 허용된 산술연산

13.4.5 연습문제

1. 왜 months()는 있고 dmonths()는 없는가?

2. R을 막 배우기 시작한 사람에게 days(overnight * 1)을 설명하라. 어떻게 동작하는가?

3. 2015년 매월 첫 날짜를 주는 데이트형 벡터를 생성하라. 현재 연도의 매월 첫 날짜를 주는 데이트형 벡터를 생성하라.

4. 여러분의 생일이 (데이트형으로) 주어질 때, 나이를 연으로 반환하는 함수를 작성하라.

5. 왜 다음은 작동하지 않는가? (today() %--% (today() + years(1))) / months(1)

13.5 시간대

시간대는 엄청나게 복잡한 주제인데, 지정학적 요소들과 상호작용이 있기 때문이다. 다행히 데이터 분석을 할 때 시간대가 항상 중요하지는 않기 때문에 세부사항을 모두 파고들지 않아도 되지만, 정면으로 맞서야 하는 문제가 몇 개 있다.

첫 번째 문제는 일상적인 시간대 이름이 모호하다는 것이다. 예를 들어 여러분이 미국인이라면 아마 EST, 즉 동부 표준시가 익숙할 것이다. 그러나 호주와 캐나다에도 EST가 있다! 혼란을 방지하기 위해 R은 국제 표준 IANA 시간대를 사용한다. 이는 일반적으로 '〈대륙〉/〈도시〉' 형태로 '/'를 쓰는 일관된 명명 체계를 사용한다(모든 국가가 대륙에 위치하는 것은 아니기 때문에 몇 가지 예외도 있다). 예를 들면 'America/New_York', 'Europe/Paris'와 'Pacific/Auckland' 등이 있다.

시간대가 국가, 혹은 국가 내 지역과 관련되었다고 흔히들 생각하기 때문에 왜 시간대가 도시를 사용하는지 궁금할 것이다. 이는 IANA 데이터베이스가 시간대 규칙을 수십 년 분량이나 기록해야 하기 때문이다. 수십 년 사이에 국가 이름은 꽤 자주 변경(또는 분리)되지만, 도시의 이름은 유지되는 편이다. 또 다른 문제는 이름이 현재의 행동뿐만 아니라 전체 역사를 반영해야 한다는 것이다. 예를 들어 'America/New_York'과 'America/Detroit' 시간대가 있다. 두 도시는 현재 모두 동부 표준시간을 사용하지만 (디트로이트가 위치한) 미시간주는 1969-1972'에, 일광절약제를 따르지 않기 때문에 이름이 따로 필요한 것이다. 이러한 이야기들이 있는 원시 시간대 데이터베이스[3]를 읽어볼 만하다!

Sys.timezone()을 사용해서 현재 R이 인식하고 있는 시간대를 알아볼 수 있다.[4]

```
Sys.timezone()
#> [1] "UTC"
```

(R이 모르는 경우 NA가 나올 것이다.)

그리고 OlsonNames()를 사용해서 모든 시간대 이름의 전체 목록을 볼 수 있다.

```
length(OlsonNames())
#> [1] 606
head(OlsonNames())
#> [1] "Africa/Abidjan" "Africa/Accra"
#> [3] "Africa/Addis_Ababa" "Africa/Algiers"
#> [5] "Africa/Asmara" "Africa/Asmera"
```

---

3 *http://www.iana.org/time-zones*
4 (옮긴이) 우리나라 시간대는 "Asia/Seoul"이다.

R에서 시간대는 출력 제어만 하는 데이트-타임형의 한 속성이다. 예를 들어 이 세 가지 객체는 같은 시점을 나타낸다.

```
(x1 <- ymd_hms("2015-06-01 12:00:00", tz = "America/New_York"))
#> [1] "2015-06-01 12:00:00 EDT"
(x2 <- ymd_hms("2015-06-01 18:00:00", tz = "Europe/Copenhagen"))
#> [1] "2015-06-01 18:00:00 CEST"
(x3 <- ymd_hms("2015-06-02 04:00:00", tz = "Pacific/Auckland"))
#> [1] "2015-06-02 04:00:00 NZST"
```

이들이 같은 시점이라는 것을 뺄셈을 사용하여 확인할 수 있다.

```
x1 - x2
#> Time difference of 0 secs
x1 - x3
#> Time difference of 0 secs
```

별도 명시가 없는 한 lubridate는 항상 UTC를 사용한다. UTC(Coordinated Universal Time)는 과학계에서 사용하는 표준 시간대이며 그 전신인 GMT(그리니치 표준시)와 거의 같다. UTC는 DST가 없는데, 이로 인해 계산에 용이한 표현 방법이 된다. c()와 같이 데이트-타임형을 조합하는 연산은 종종 시간대를 제거한다. 이 경우 데이트-타임형은 현지 시간대로 표시된다.

```
x4 <- c(x1, x2, x3)
x4
#> [1] "2015-06-01 12:00:00 EDT" "2015-06-01 12:00:00 EDT"
#> [3] "2015-06-01 12:00:00 EDT"
```

두 가지 방법으로 시간대를 변경할 수 있다.

• 시각을 유지하고 표시 방법을 변경한다. 시각은 맞지만 더 자연스러운 표시를 원한다면 이 방법을 써라.

```
x4a <- with_tz(x4, tzone = "Australia/Lord_Howe")
x4a
#> [1] "2015-06-02 02:30:00 LHST"
#> [2] "2015-06-02 02:30:00 LHST"
#> [3] "2015-06-02 02:30:00 LHST"
x4a - x4
#> Time differences in secs
#> [1] 0 0 0
```

(이 예시는 시간대의 다른 어려운 점을 보여준다. 시간대 오프셋이 모두 정수-시(integer hour)인 것은 아니다!)

- 기본 시각을 변경한다. 시각에 잘못된 시간대가 붙어 있어서 이를 수정해야 한다면 이 방법을 사용하라.

```
x4b <- force_tz(x4, tzone = "Australia/Lord_Howe")
x4b
#> [1] "2015-06-01 12:00:00 +1030" "2015-06-01 12:00:00 +1030"
#> [3] "2015-06-01 12:00:00 +1030"
x4b-x4
#> Time differences in hours
#> [1] -14.5 -14.5 -14.5
```

3부

프로그램

3부에서 우리는 프로그래밍 능력을 향상시킬 것이다. 프로그래밍은 데이터 과학 실무 전반에 필수적으로 필요한 핵심 역량이다. 데이터 과학은 머릿속에서만 수행하거나 연필과 종이로만 할 수는 없다. 반드시 컴퓨터를 사용해서 수행해야 한다.

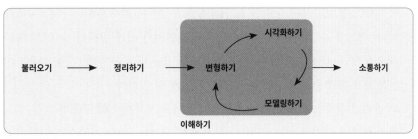

프로그래밍하기

프로그래밍을 하면 코드가 생성되는데, 코드는 의사소통 도구이다. 물론, 코드는 사람이 무엇을 원하는지 컴퓨터에게 알려준다. 하지만 코드는 그 의미를 다른 사람에게 전달하기도 한다. 모든 프로젝트는 기본적으로 협업이기 때문에, 코드를 의사소통의 운송수단으로 여기는 것은 중요하다. 다른 사람과 협업을 하고 있지 않더라도, 여러분은 반드시 미래의 자신(!)과 일하게 될 것이다! (미래의 자신을 포함한) 다른 사람이, 여러분이 수행한 분석방법을 이해할 수 있게,

코드를 명확하게 작성하는 것은 매우 중요하다. 따라서, 프로그래밍을 잘하는 것은 소통을 잘하는 것과도 연관되어 있다. 우리 모두는 시간이 지날수록 자신의 코드가 작성하기 쉬울 뿐만 아니라, 다른 사람이 읽기에도 쉽기를 바라게 될 것이다.

코드를 작성하는 것은 글을 쓰는 것과 여러 면에서 유사하다. 내가 발견한, 매우 유용하다고 생각하는 유사점은 두 경우 모두 의미를 명확하게 하기 위해서 다시쓰기가 핵심이라는 것이다. 아이디어를 처음으로 작성하면 명확하지 않아 여러 번 다시 써야 할 수도 있다. 데이터 분석 문제를 해결한 후, 코드를 보고, 여러분이 한 것이 명확한지 아닌지 생각해볼 필요가 있다. 아이디어가 생생할 동안 코드를 다시 작성하는 데 시간을 조금 투자하면 나중에 코드를 다시 작성하는 시간을 크게 절약할 수 있다. 그러나 모든 함수를 다시 써야 한다는 말은 아니다. 지금 집중해야 하는 것과 장기적으로 시간을 절약하는 것 사이에 균형을 맞추어야 한다. (함수 다시쓰기를 자주 하면 할수록 다음에는 처음부터 점차 더 명확하게 작성하게 될 것이다.)

다음 네 장에 걸쳐 새로운 프로그램을 공략하고 기존 문제를 더 명확하고 쉽게 해결할 수 있는 기술을 배워보자.

- 14장에서는 파이프, 즉 %>%에 대해 깊이 들어가서, 어떻게 작동하는지, 대안은 무엇인지, 언제 사용하지 않아야 하는지에 대해 배울 것이다.

- 복사하여 붙여넣기는 강력한 도구이지만 두 번 이상 사용하는 것은 피해야 한다. 코드를 수동으로 반복하면 오류와 불일치가 쉽게 발생할 수 있기 때문에 위험하다. 대신 15장에서 함수 작성하는 법을 배울 것인데, 이를 이용하여 반복 코드를 추출하여 쉽게 재사용할 수 있게 될 것이다.

- 더 강력한 함수를 작성하려면 16장에서 살펴볼, R의 데이터 구조에 관한 기초를 탄탄하게 다져야 한다. 일반적 원자 벡터 네 개와 이를 기반으로 만들어진 세 개의 중요 S3 클래스를 익히고 리스트와 데이터프레임의 미묘한 차이를 이해해야 한다.

- 반복되는 코드는 함수를 이용하여 추출되지만 종종 입력을 달리하며 같은 작업을 반복해야 할 일이 생긴다. 유사한 작업을 계속 반복할 수 있도록 하는 반복(iteration) 도구가 필요하다. 반복 도구로는 for 루프와 함수형 프로그래밍이 있는데 17장에서 살펴볼 것이다.

더 배우기

이 장들의 목표는 데이터 과학을 실제 적용하기에 필요한 최소 범위의 프로그래밍을 배우는 것이다. 분량이 적절함을 알 수 있을 것이다. 이 책의 내용을 모두 습득한 뒤에도 프로그래밍 역량 강화에 계속 투자해야 한다는 것이 내 신념이다. 프로그래밍에 대해 배우는 것은 장기 투자로 보아야 한다. 즉각 보상받지는 못하겠지만 장기적으로는 새로운 문제를 훨씬 신속하게 풀 수 있게 되고, 이전 문제에서 얻은 아이디어를 새로운 시나리오에 재사용할 수 있게 될 것이다.

이후로 더 배우려면 R을 프로그래밍 언어로 학습할 필요가 있다. R을 그저 데이터 과학을 위한 대화형 환경으로 학습하는 것으로는 부족하다. 우리는 이를 도와줄 책 두 권을 저술했다.

- *Hands-On Programming with R*(개럿 그롤문드 저). 이 책은 R을 프로그래밍 언어로 살펴보는 입문서인데 R이 첫 번째 프로그래밍 언어인 사람이 처음으로 보기 좋은 책이다. 다음 장들과 유사한 내용이 포함되어 있지만 스타일이 다르고, 다른 예(카지노 내용)를 사용하여 동기부여를 한다. 다음의 네 장이 너무 빨리 진행되는 것 같은 사람이 보충할 수 있는 책이다.
- *Advanced R*(해들리 위컴 저).[1] 이 책은 프로그래밍 언어로서 R의 세부사항을 파고든다. 기존 프로그래밍 경험이 있는 사람은 이 책부터 읽어보는 것이 좋다. 다음 장들의 내용을 체득한 뒤, 그 다음 단계로 보기에 적합한 책이기도 하다. 온라인[2]으로 읽을 수 있다.

---

1 (옮긴이) 번역서로 『해들리 위컴의 Advanced R』(2018, 제이펍)이 있다.
2 *http://adv-r.had.co.nz*

14장

magrittr로 하는 파이프

14.1 들어가기

파이프는 일련의 작업을 명확하게 표현할 수 있는 강력한 도구이다. 지금까지 여러분은 파이프가 어떻게 작동하는지, 또 어떤 대안이 있는지 모른 채 사용했다. 이 장에서 파이프를 더 자세히 살펴본다. 파이프의 대안, 파이프를 사용하지 말아야 할 경우, 유용한 관련 도구에 대해 배워보자.

14.1.1 준비하기

파이프, %>%는 스테판 밀턴 배치(Stefan Milton Bache)의 magrittr 패키지에서 가져온 것이다. tidyverse 패키지는 자동으로 %>%를 로드하므로 보통 magrittr를 명시적으로 로드하지 않는다. 그러나 여기서 우리는 파이프에 집중하며 다른 패키지를 로드하지 않을 것이므로 명시적으로 magrittr를 로드한다.

```
library(magrittr)
```

14.2 파이프 대안

파이프의 요점은 읽기 쉽고 이해하기 쉽게 코드를 작성하도록 돕는 것이다. 왜 파이프가 유용한지를 보기 위해 동일한 코드를 작성하는 여러 가지 방법을 살펴보겠다. 코드를 사용하여 foo foo라는 이름의 작은 토끼에 관해 이야기해보자.

Little bunny Foo Foo	작은 토끼 Foo Foo
Went hopping through the forest	숲속으로 뛰어서

| Scooping up the field mice | 들쥐들을 잡아올려 |
| And bopping them on the head | 머리를 꽁꽁 쳐라 |

율동이 있는 유명한 동시이다.

작은 토끼 Foo Foo를 표현할 객체를 정의해보자.

```
foo_foo <- little_bunny()
```

이제 각 핵심 동사에 대해 핵심 함수 hop(), scoop() 및 bop()을 사용하자. 앞의 객체와 동사들을 써서 코드로 이야기하는 방법은 (적어도) 네 가지이다.

- 각 중간 단계마다 새 객체로 저장하기
- 원본 객체를 여러 번 덮어쓰기
- 함수 작성하기
- 파이프 사용하기

각 접근 방식별로 코드를 보면서 장점과 단점에 대해 이야기해보자.

14.2.1 중간 단계 이용

가장 간단한 방법은 각 단계를 새로운 객체로 저장하는 것이다.

```
foo_foo_1 <- hop(foo_foo, through = forest)
foo_foo_2 <- scoop(foo_foo_1, up = field_mice)
foo_foo_3 <- bop(foo_foo_2, on = head)
```

이 방식의 주요 단점은 각 중간 요소의 이름을 지정해야 한다는 것이다. 자연스러운 이름들이 있다면 이 방법은 나쁘지 않으며 오히려 그렇게 해야 한다. 그러나 이 예제에서 보는 것처럼 자연스러운 이름이 없는 경우가 많으며 숫자 접미사를 추가하여 이름을 고유하게 만들게 된다. 이렇게 하면 두 가지 문제가 발생한다.

- 중요하지 않은 이름들 때문에 코드가 복잡해진다.
- 각 줄마다 접미사를 신중하게 늘려야 한다.

나는 이 방식으로 코드를 작성할 때마다 어떤 한 줄에 잘못된 숫자 접미사를 쓰고는, 10분 정도 머리를 긁적이면서 무엇이 잘못되었는지 찾아내려고 애쓴다.

이러한 방법을 쓰면 많은 데이터 사본이 만들어지면서, 많은 양의 메모리가 필요할 것이라고 우려하는 사람이 있을지 모르겠다. 놀랍게도 이것은 사실이 아니다. 우선, 메모리에 대해 미리 걱정하느라 시간을 보내는 것은 바람직하지 않다. 미리 하지 말고, 문제가 되면(즉, 메모리가 부족한 경우) 그때 걱정하라. 둘째, R은 바보가 아니며 가능한 경우 데이터프레임끼리 열을 공유한다. ggplot2::diamonds에 새 열을 추가하는, 실제 데이터 조작 파이프 라인을 살펴보자.

```
diamonds <- ggplot2::diamonds
diamonds2 <- diamonds %>%
  dplyr::mutate(price_per_carat = price / carat)

pryr::object_size(diamonds)
#> 3.46 MB
pryr::object_size(diamonds2)
#> 3.89 MB
pryr::object_size(diamonds, diamonds2)
#> 3.89 MB
```

pryr::object_size()는 인수 전체가 차지하는 메모리를 제공한다. 위의 결과는 처음엔 직관에 반하는 것처럼 보인다.

- diamond는 3.46 MB를 차지한다.

- diamonds2는 3.89 MB를 차지한다.

- diamond와 diamond2는 총 3.89 MB를 차지한다!

어떻게 된 것일까? diamonds2는 diamond와 열 10개를 공유한다. 즉, 데이터를 모두 복제할 필요는 없고 두 개의 데이터프레임은 공유하는 변수가 있다. 이러한 변수는 사용자가 수정하는 경우에만 복사된다. 다음 예제에서는 diamond$carat 값 하나를 수정한다. 즉, 두 데이터프레임은 carat 변수를 더는 공유할 수 없으며 사본이 만들어져야 한다. 각 데이터프레임 크기는 변경되지 않지만 전체 크기는 증가한다.

```
diamonds$carat[1] <- NA
pryr::object_size(diamonds)
#> 3.46 MB
pryr::object_size(diamonds2)
#> 3.89 MB
pryr::object_size(diamonds, diamonds2)
#> 4.32 MB
```

(여기서는 내장 함수인 object.size()가 아닌 pryr::object_size()를 사용했다. object.size()는 객체 하나만 취하므로 객체 여러 개를 공유하는 데이터의 크기를 계산할 수 없다.)

14.2.2 원본 덮어쓰기

각 단계에서 중간 개체를 생성하는 대신 원본 객체를 덮어쓸 수도 있다.

```
foo_foo <- hop(foo_foo, through = forest)
foo_foo <- scoop(foo_foo, up = field_mice)
foo_foo <- bop(foo_foo, on = head)
```

이 방법은 타이핑이 줄어들어(그리고 생각할 필요도 없어져서) 실수할 가능성도 줄어든다. 그러나 두 가지 문제가 있다.

- 디버깅이 고통스럽다. 실수하면 처음부터 전체 파이프 라인을 다시 실행해야 한다.
- 변환되는 객체가 반복되어서(위에서 foo_foo를 6번 썼다!), 각 행에서 정작 무엇이 변경되는지 알아보기 어렵다.

14.2.3 함수 작성

또 다른 접근법은 할당을 하지 않고, 함수 호출을 함께 묶는 것이다.

```
bop(
  scoop(
    hop(foo_foo, through = forest),
    up = field_mice
  ),
  on = head
)
```

여기서 단점은 오른쪽에서 왼쪽으로, 안쪽부터 읽어야 한다는 것과 인수가 너무 멀리 떨어지게 된다는 것이다(유창한 말로는 대그우드(Dagwood) 샌드위치 문제[1]라고 한다). 요약하면 이런 코드는 알아보기 어렵다.

14.2.4 파이프 사용

마지막으로 파이프를 사용할 수 있다.

```
foo_foo %>%
  hop(through = forest) %>%
  scoop(up = field_mouse) %>%
  bop(on = head)
```

이 방법은 명사가 아닌 동사에 초점을 맞추기 때문에 내가 가장 좋아하는 형식

---

1 (옮긴이) Dagwood sandwich problem은 괄호 안에 인수가 너무 길고 많아서 알아보기 힘든 경우를 말한다.

이다. 일련의 함수 구성으로 된 이 형식을 일련의 명령형처럼 읽을 수 있다. Foo Foo는 깡총 뛰고(hop), 잡아올려(scoop), 꽁꽁 쳐라(bop). 단점은 물론 파이프에 익숙해져야 한다는 것이다. 전에 %>%를 본 적이 없다면 이 코드가 무엇을 하는지 전혀 알 수 없다. 다행히 대부분의 사람들은 이 방법을 빨리 이해하므로 파이프에 익숙하지 않은 다른 사람들과 코드를 공유할 때도 쉽게 가르칠 수 있다.

파이프는 '어휘 변환(lexical transformation)'을 수행하여 작동한다. 즉, 보이지 않는 곳에서 magrittr은 파이프로 된 코드를, 중간 객체를 덮어쓰는 형식으로 다시 어셈블한다. 앞과 같은 파이프를 실행하면 magrittr은 다음과 같이 처리한다.

```
my_pipe <- function(.) {
  . <- hop(., through = forest)
  . <- scoop(., up = field_mice)
  bop(., on = head)
}
my_pipe(foo_foo)
```

이는 파이프가 다음과 같은 두 가지 종류의 함수에 대해 작동하지 않는다는 것을 의미한다.

- 현재 환경을 사용하는 함수. 예를 들어 assign()은 현재 환경에서, 주어진 이름을 갖는 새로운 변수를 생성한다.

```
assign("x", 10)
x
#> [1] 10

"x" %>% assign(100)
x
#> [1] 10
```

assign은 %>%이 사용하는 임시 환경에 할당하므로, 파이프와 함께 assign을 사용하면 작동하지 않는다. 그래도 assign을 파이프와 함께 사용해야 한다면, 환경에 대해 명시적이어야 한다.

```
env <- environment()
"x" %>% assign(100, envir = env)
x
#> [1] 100
```

이와 같은 문제가 생기는 함수에는 get()과 load() 등이 있다

- 지연 계산법(lazy evaluation)을 사용하는 함수. R에서 함수 인수 계산은 함수 호출 전이 아닌, 함수가 인수를 사용할 때 이루어진다. 파이프는 각 요소를

차례로 계산하므로 이 동작에 의존할 수 없다.

이것이 문제가 되는 곳 중 하나는 오류를 캡처하고 처리하는 tryCatch()이다.

```
tryCatch(stop("!"), error = function(e) "An error")
#> [1] "An error"

stop("!") %>%
  tryCatch(error = function(e) "An error")
#> Error in eval(lhs, parent, parent): !
```

베이스 R의 try(), suppressMessages(), suppressWarnings() 등, 비교적 광범위한 함수들이 이러한 동작을 한다.

14.3 파이프를 사용하지 말아야 할 경우

파이프는 강력한 도구이지만 마음껏 사용할 수 있는, 유일한 도구는 아니며 모든 문제를 해결하지는 못한다. 파이프는 짧은 선형 순서의 작업을 다시 작성하는 데 가장 유용하다. 다음과 같은 경우에는 다른 도구를 사용해야 할 것이다.

- 파이프 길이가 약 10단계보다 긴 경우이다. 이때는 의미 있는 이름을 가진 중간 객체를 만들라. 중간 결과를 더 쉽게 확인할 수 있기 때문에 디버깅이 쉬워지고, 변수 이름이 의사소통을 도와주기 때문에 코드를 더 쉽게 이해할 수 있다.
- 다중 입력 또는 출력인 경우이다. 주 객체 하나가 변환되는 것이 아니라, 두 개 이상의 객체가 함께 조합되는 경우에는 파이프를 사용하지 않는다.
- 복잡한 종속 구조가 있는 유향 그래프(directed graph)를 생각해야 할 경우이다. 파이프는 근본적으로 선형이며 이를 이용하여 복잡한 관계를 표현하면 일반적으로 코드가 혼란스러워진다.

14.4 magrittr의 기타 도구

tidyverse의 모든 패키지는 자동으로 %>%를 사용 가능하게 하므로 보통 magrittr을 명시적으로 로드할 필요가 없다. 그러나 magrittr 안에는 사용해볼 만한 유용한 도구들이 더 있다.

- 복잡한 파이프를 사용할 때, 부수효과(side effect)가 있는 함수들을 활용하는 것이 유용할 수 있다. 예를 들어 현재 객체를 출력하거나 플롯하거나 디스크

에 저장할 필요가 생길 수 있다. 이러한 함수는 대부분 아무것도 반환하지 않고 파이프를 실질적으로 종료시킨다.

이 문제를 해결하려면 '티' 파이프를 사용하면 된다. %T>%는 오른쪽 대신 왼쪽을 반환한다는 점을 제외하고 %>%처럼 작동한다. 문자 그대로 T자 모양의 파이프이기 때문에 '티'라고 불린다.

```
rnorm(100) %>%
  matrix(ncol = 2) %>%
  plot() %>%
  str()
#>  NULL

rnorm(100) %>%
  matrix(ncol = 2) %T>%
  plot() %>%
  str()
#>  num [1:50, 1:2] -0.387 -0.785 -1.057 -0.796 -1.756 ...
```

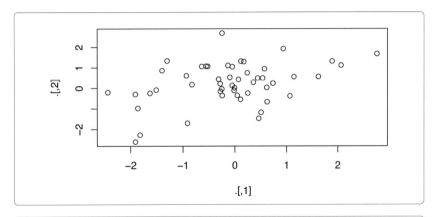

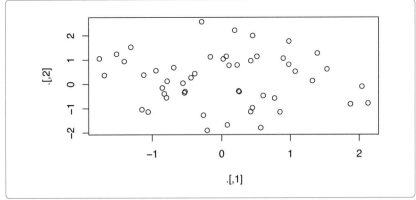

- 데이터프레임 기반 API가 없는 함수로 작업하는 경우(즉, 데이터프레임이 아닌 개별 벡터를 전달하고, 표현식을 데이터프레임 컨텍스트에서 평가할 경

우) `%$%`이 유용하다. 데이터프레임의 변수를 명시적으로 참조할 수 있도록 변수를 '폭발'시킨다. 이 방법은 베이스 R 함수 여러 개로 작업할 때 유용하다.

```
mtcars %$%
  cor(disp, mpg)
#> [1] -0.848
```

• 할당의 경우 magrittr은 `%<>%` 연산자를 제공하므로 다음과 같은 코드를 대체할 수 있다.

```
mtcars <- mtcars %>%
  transform(cyl = cyl * 2)
```

을 다음으로 대체한다.

```
mtcars %<>% transform(cyl = cyl * 2)
```

나는 이 연산자를 좋아하지는 않는데, 왜냐하면 할당은 특별한 작업이어서, 발생할 때는 언제나 명확해야 한다고 생각하기 때문이다. 할당을 좀 더 명백하게 하는 대가로 약간의 중복(즉, 객체의 이름을 두 번 반복)은 나쁘지 않다고 생각한다.

15장

R f o r D a t a S c i e n c e

함수

15.1 들어가기

데이터 과학자로서의 역량을 향상시키는 좋은 방법은 함수를 작성하는 것이다. 함수를 사용하면 복사하여 붙여넣는 것보다 강력하고 범용적인 방법으로 공통 작업을 자동화할 수 있다. 함수 작성은 복사하여 붙여넣기에 비해 세 가지 큰 장점이 있다.

- 연상시키는 이름을 함수에 부여하여 코드를 이해하기 쉽게 만들 수 있다.
- 요구사항이 변경되면 여러 곳이 아닌 한 곳의 코드만 업데이트하면 된다.
- 복사하여 붙여넣을 때 실수가 발생할 가능성이 차단된다(예, 변수 이름을 한 위치에만 업데이트하고 다른 위치에는 하지 않음).

함수를 잘 작성하는 일은 평생의 여정이다. R을 수년 동안 사용해본 나도 새로운 기술과 오래된 문제에 접근하는 더 좋은 방법을 여전히 배우고 있다. 이 장의 목표는 함수의 숨겨진 세부사항을 독자에게 속속들이 가르쳐주는 것이 아니라, 즉시 적용할 수 있는 실용적인 조언을 통해 바로 시작할 수 있게 하는 것이다.

이 장에서는 함수 작성을 위한 실무적 조언뿐만 아니라 코딩 스타일을 정하는 법에 대해서도 제안한다. 좋은 코딩 스타일은 문장부호가 정확한 것과 같다. 그것 없이도 어떻게든 되지만, 갖춰지면 코드 읽는 것이 훨씬 더 쉽다! 문장부호 스타일에서와 마찬가지로 다양한 스타일이 가능하다. 여기서는 우리 코드에서 사용하는 스타일을 제시하지만 일관성을 유지하는 것이 가장 중요하다.

15.1.1 준비하기

이 장의 초점은 베이스 R로 함수를 작성하는 것이므로 추가 패키지는 필요하지 않다.

15.2 함수를 언제 작성해야 하나?

코드 블록을 두 번 이상 복사하여 붙여넣을 때마다 함수를 작성하는 것을 고려해야 한다. (즉, 동일한 코드의 사본이 세 개인 경우이다.) 예를 들어 이 코드를 살펴보라. 무엇을 하는 코드인가?

```
df <- tibble::tibble(
  a = rnorm(10),
  b = rnorm(10),
  c = rnorm(10),
  d = rnorm(10)
)

df$a <- (df$a - min(df$a, na.rm = TRUE)) /
  (max(df$a, na.rm = TRUE) - min(df$a, na.rm = TRUE))
df$b <- (df$b - min(df$b, na.rm = TRUE)) /
  (max(df$b, na.rm = TRUE) - min(df$a, na.rm = TRUE))
df$c <- (df$c - min(df$c, na.rm = TRUE)) /
  (max(df$c, na.rm = TRUE) - min(df$c, na.rm = TRUE))
df$d <- (df$d - min(df$d, na.rm = TRUE)) /
  (max(df$d, na.rm = TRUE) - min(df$d, na.rm = TRUE))
```

각 열이 0에서 1까지 값을 갖도록 리스케일(rescale)하는 코드라는 것을 알아냈을 것이다. 그런데 실수를 발견했는가? df$b에 대한 코드를 복사하여 붙여넣을 때 오타가 발생했다. 즉, a를 b로 변경하는 것을 까먹었다. 반복 코드를 함수로 추출하면 이와 같은 실수를 막아준다.

함수를 작성하려면 먼저 코드를 분석해야 한다. 입력은 몇 개인가?

```
(df$a - min(df$a, na.rm = TRUE)) /
  (max(df$a, na.rm = TRUE) - min(df$a, na.rm = TRUE))
```

이 코드는 입력이 df$a 하나이다. (TRUE가 입력이 아니라는 것을 몰랐다면 연습 문제에서 그 이유를 알아볼 수 있다.) 입력을 더 명확하게 지정하려면 일반 이름을 가진 임시 변수를 사용하여 코드를 다시 작성하는 것이 좋다. 여기 우리의 코드는 숫자 벡터 하나만 필요하므로, 이를 x라고 부르자.

```
x <- df$a
(x - min(x, na.rm = TRUE)) /
```

```
(max(x, na.rm = TRUE) - min(x, na.rm = TRUE))
#>  [1] 0.289 0.751 0.000 0.678 0.853 1.000 0.172 0.611 0.612 0.601
```

이 코드에는 중복이 몇 번 있다. 데이터의 범위(range) 계산을 세 번하고 있는데, 한 단계로 수행하는 것이 더 낫다.

```
rng <- range(x, na.rm = TRUE)
(x - rng[1]) / (rng[2] - rng[1])
#>  [1] 0.289 0.751 0.000 0.678 0.853 1.000 0.172 0.611 0.612 0.601
```

중간 계산을 명명된 변수로 빼면 코드가 하는 일을 명확하게 할 수 있다. 코드를 단순화했고 작동하는지 확인했으므로 이제 함수로 변환시키자.

```
rescale01 <- function(x) {
  rng <- range(x, na.rm = TRUE)
  (x - rng[1]) / (rng[2] - rng[1])
}
rescale01(c(0, 5, 10))
#> [1] 0.0 0.5 1.0
```

함수 생성에는 세 가지 주요 단계가 있다.

1. 함수 이름을 지어야 한다. 여기에서는 rescale01이라고 했는데, 함수가 0과 1 사이에 놓이도록 벡터를 다시 스케일하기 때문이다.
2. function 내부에 함수 입력값, 즉 인수를 나열한다. 여기에서는 인수가 한 개 있다. 여러 개가 있었다면 호출은 function(x, y, z)와 같을 것이다.
3. 개발한 코드를 함수의 본문(body), 즉 function(...) 다음에 오는 { 블록에 넣는다.

전체 과정에 주목하라. 앞에서 우리는 간단한 입력값으로 작동시키는 방법을 먼저 찾은 후에 함수를 작성했다. 작동되는 코드를 우선 만들고, 이를 함수로 변환하는 것이 더 쉽다. 함수를 생성한 후 작동되도록 노력하는 것은 더 어렵다.

이 시점에서 다른 입력값으로 함수를 확인하는 것이 좋다.

```
rescale01(c(-10, 0, 10))
#> [1] 0.0 0.5 1.0
rescale01(c(1, 2, 3, NA, 5))
#> [1] 0.00 0.25 0.50 NA 1.00
```

함수 작성을 계속하다 보면 결국 이러한 비공식적, 대화식 테스트를 공식적, 자동화 테스트로 바꾸고 싶어진다. 이 프로세스를 단위 테스트(unit testing)라고 한다. 이는 불행하게도 이 책의 범위를 벗어나지만 다음 사이트에서 알아볼 수 있다. *http://r-pkgs.had.co.nz/tests.html*

이제 함수가 있기 때문에 원 예제를 단순화할 수 있다.

```
df$a <- rescale01(df$a)
df$b <- rescale01(df$b)
df$c <- rescale01(df$c)
df$d <- rescale01(df$d)
```

원본과 비교하면 이 코드는 이해하기 쉽고, 한 종류의 복사하여 붙여넣기 오류도 제거했다. 한편 여기에도 여전히 중복이 꽤 많이 있는데 여러 열에 똑같은 작업을 하고 있기 때문이다. 16장에서 R의 데이터 구조에 대해 배운 후, 17장에서 이 중복을 제거하는 방법을 배울 것이다.

함수의 다른 장점은 요구사항이 변경되면 한 곳에서만 변경 작업을 하면 된다는 것이다. 예를 들어 일부 변수가 무한값을 포함하면 rescale01()은 작동하지 않는다는 것을 알았다고 하자.

```
x <- c(1:10, Inf)
rescale01(x)
#> [1] 0 0 0 0 0 0 0 0 0 0 NaN
```

코드를 함수로 추출했기 때문에 한 곳만 수정하면 된다.

```
rescale01 <- function(x) {
  rng <- range(x, na.rm = TRUE, finite = TRUE)
  (x - rng[1]) / (rng[2] - rng[1])
}
rescale01(x)
#>  [1] 0.000 0.111 0.222 0.333 0.444 0.556 0.667 0.778 0.889 1.000   Inf
```

이는 '반복하지 말라(Do not repeat yourself, DRY[1])' 원칙의 중요한 부분이다. 코드에서 반복을 많이 할수록 상황이 바뀔 때(상황은 항상 바뀜!) 업데이트해야 할 장소가 많아지고, 시간이 지나면서 버그를 만들 가능성이 커진다.

15.2.1 연습문제

1. TRUE가 rescale01()의 매개변수가 아닌 이유는 무엇인가? x가 결측값 하나를 포함하고 na.rm이 FALSE면 어떻게 되는가?

2. rescale01()의 두 번째 버전에서 무한값들은 변경되지 않았다. -Inf는 0으로,

---

1 (옮긴이) DRY에 대해서는 『실용주의 프로그래머』(2014, 인사이트) 7장 '중복의 해악'을 참조하라.

Inf는 1로 매핑되도록 rescale01()을 다시 작성하라.

3. 다음의 짧은 코드 조각(code snippet)을 함수로 변환하는 연습을 하라. 각 함수가 무엇을 하는지 생각해보라. 뭐라고 부르겠는가? 인수 몇 개가 필요한가? 좀 더 표현력이 있거나 덜 중복되도록 다시 작성할 수 있는가?

```
mean(is.na(x))

x / sum(x, na.rm = TRUE)

sd(x, na.rm = TRUE) / mean(x, na.rm = TRUE)
```

4. 다음 사이트(*http://nicercode.github.io/intro/writing-functions.html*)를 따라 수치형 벡터의 분산과 왜도(skew)를 계산하는 함수를 작성하라.

5. 같은 길이의 두 벡터를 입력으로 하여, 두 벡터 모두에서 값이 NA인 위치의 개수를 반환하는 함수 both_na()를 작성하라.

6. 다음 두 함수는 무슨 작업을 하는가? 이 짧은 함수들이 유용한 이유는 무엇인가?

```
is_directory <- function(x) file.info(x)$isdir
is_readable <- function(x) file.access(x, 4) == 0
```

7. '작은 토끼 Foo Foo'의 전체 가사를 읽어라. 이 노래에는 중복이 많다. 초기 파이핑 예제를 확장하여 전체 노래를 다시 만들고 함수를 사용하여 중복을 줄여보라.

15.3 함수는 사람과 컴퓨터를 위한 것

함수는 컴퓨터뿐만 아니라 사람이 사용한다는 점을 명심해야 한다. 어떤 함수가 호출되는지, 이 함수에 어떤 주석이 포함되어 있는지는 컴퓨터와 상관없는 문제이지만 코드를 읽는 사람들에게는 중요하다. 이 절에서는 사람이 이해할 수 있도록 함수를 작성할 때 유의해야 할 몇 가지 사항에 대해 설명한다.

함수 이름은 중요하다. 함수의 이름은 짧고, 하는 일은 명확하게 나타내는 것이 이상적이다. 결코 쉽지 않다! 그러나 RStudio의 자동 완성을 이용하면 긴 이름을 쉽게 입력할 수 있으므로, 짧은 것보다 명확한 것이 낫다.

일반적으로 함수 이름은 동사, 인수 이름은 명사여야 한다. 몇 가지 예외가 있다. 함수가 잘 알려진 명사를 계산하거나(예: mean()이 compute_mean()보다 나음), 객체의 일부 속성에 접근하는 경우이다(예: coef()가 get_coefficients()보다 나음). 'get', 'compute', 'calculate' 또는 'determine'과 같이 매우 일반적인 동사를 사용하고 있다면 이는 명사가 더 좋을 수 있다는 신호이다. 최선의 선택을 해야 한다. 나중에 더 나은 이름이 생각났다면 함수의 이름을 변경하는 것을 두려워 하지 말라.

```
# 너무 짧음
f()

# 동사가 아니거나 기술하지 않음
my_awesome_function()

# 길지만 명확함
impute_missing()
collapse_years()
```

함수 이름이 여러 단어로 구성된 경우에는 각 소문자 단어를 언더스코어로 구분 하는 '스네이크 표기법(snake_case)'을 사용하는 것이 좋다. 카멜표기법(camel Case)은 널리 쓰이는 대안이다. 어떤 것을 선택하느냐는 중요하지 않다. 중요한 것은 일관성을 유지하는 것이다. 즉, 어떤 것을 고르든지 그걸 고수하라. R 자체 는 그다지 일관성이 없지만, 우리가 어떻게 할 수 있는 방법은 없다. 가능한 한 코드를 일관되게 만들어, 같은 함정에 빠지지 않도록 하라.

```
# 절대 이렇게 하지 말것!
col_mins <- function(x, y) {}
rowMaxes <- function(y, x) {}
```

비슷한 일을 하는 함수 계열이 있다면 이름과 인수가 일관되도록 하라. 공통 접 두사를 사용해서 이 함수들이 연결되어 있음을 표시하라. 자동 완성 기능으로 접두사를 입력하면 한 계열의 구성원 모두를 볼 수 있기 때문에 접미사를 쓰는 것보다 좋다.

```
# 좋음
input_select()
input_checkbox()
input_text()

# 좋지 않음
select_input()
checkbox_input()
text_input()
```

이러한 설계의 좋은 예가 stringr 패키지이다. 필요한 함수를 정확히 기억하지 못 하면 str_을 입력하여 기억을 되살려 볼 수 있다.

가능하면 기존 함수 및 변수를 덮어쓰지 말라. 좋은 이름들은 이미 다른 패키지가 차지했기 때문에 이를 지키는 것은 일반적으로 불가능하다. 그러나 베이스 R의 일반적인 이름을 피하면 혼란을 피할 수 있다.

```
# 이렇게 하지 말 것!
T <- FALSE
c <- 10
mean <- function(x) sum(x)
```

주석, 즉 #으로 시작하는 라인을 사용하여 코드의 '왜'를 설명하라. 일반적으로 '무엇' 또는 '어떻게'를 설명하는 주석은 사용하지 않아야 한다. 코드를 읽고 내용을 이해할 수 없으면 코드를 더 명확하게 다시 작성하는 방법을 생각해봐야 한다. 유용한 이름을 가진 중간 변수를 추가해야 할까? 큰 함수를 하위 구성요소로 분해하여 이름 지을 필요가 있을까? 그러나 코드는 결코 의사결정 이면의 논리를 담아낼 수 없다. 다른 방법 대신 이 방법을 선택한 이유? 그 밖에 무엇을 시도했는가? 이런 생각들을 주석에 남기는 것이 좋다.

주석의 또 다른 용도는 파일을 쉽게 읽을 수 있는 덩어리로 분해하는 것이다. - 또는 =의 라인을 길게 사용하여 쉽게 구분할 수 있다.

```
# 데이터 로드 ---------------------------------------

# 데이터 플롯 ---------------------------------------
```

RStudio는 이러한 헤더를 생성하는 키보드 단축키(Cmd/Ctrl + Shift + R)를 제공하며 편집기의 왼쪽 하단 코드 탐색 드롭 다운에 이를 표시한다.

15.3.1 연습문제

1. 다음 세 개의 함수 각각에 대한 소스 코드를 읽고, 이 함수들이 하는 일을 알아낸 다음, 더 나은 이름에 대해 브레인스토밍하라.

```
f1 <- function(string, prefix) {
  substr(string, 1, nchar(prefix)) == prefix
}
f2 <- function(x) {
  if (length(x) <= 1) return(NULL)
  x[-length(x)]
}
f3 <- function(x, y) {
```

```
    rep(y, length.out = length(x))
  }
```

2. 최근에 작성한 함수에 대해 더 나은 함수 이름과 인수에 대해 5분 동안 브레 인스토밍해보라.

3. rnorm()과 MASS::mvrnorm()을 비교 대조하라. 어떻게 더 일관되게 만들겠는가?

4. norm_r(), norm_d() 등이 rnorm(), dnorm()보다 나은 이유를 설명하는 예를 만 들어라. 반대의 예도 만들어라.

15.4 조건부 실행

if 문을 사용하면 코드를 조건부로 실행할 수 있다. 다음과 같은 형태이다.

```
if (조건문) {
# 조건문이 TRUE일 때 수행되는 코드
} else {
# 조건문이 FALSE일 때 수행되는 코드
}
```

if에 대한 도움말을 얻으려면 다음과 같이 역따옴표로 둘러싸면 된다. ?`if`. 경 험 많은 프로그래머가 아니면 딱히 도움이 되지는 않지만, 적어도 어떻게 시작 하는지는 알 수 있다.

다음은 if 문을 사용하는 간단한 함수이다. 이 함수의 목적은 벡터의 각 요소가 명명되었는지를 나타내는 논리형 벡터를 반환하는 것이다.

```
has_name <- function(x) {
  nms <- names(x)
  if (is.null(nms)) {
    rep(FALSE, length(x))
  } else {
    !is.na(nms) & nms != ""
  }
}
```

이 함수는 표준 반환 규칙을 이용한다. 즉, 함수는 마지막으로 계산한 값을 반환 한다. 여기에서는 if 문의 두 갈래 중 하나이다.

15.4.1 조건문

조건문은 TRUE 또는 FALSE로 평가되어야 한다. 벡터인 경우 경고 메시지가 표시 된다. NA인 경우에는 오류가 발생된다. 자신의 코드에서 다음과 같은 메시지를 주의하라.

```
if (c(TRUE, FALSE)) {}

#> NULL
#> Warning message:
#> In if (c(TRUE, FALSE)) { :
#> the condition has length > 1 and only the first element will be used

if (NA) {}
#> Error in if (NA) {: missing value where TRUE/FALSE needed
```

||(or)와 &&(and)를 사용하여 논리 표현식을 조합할 수 있다. 이 연산자들은 앞의 조건이 만족되면 뒤의 조건들은 무시하는데, 이를 '단락 평가(short-circuit evaluation)'라 한다. 즉, ||는 첫 TRUE를 보는 즉시 다른 것 계산 없이 TRUE를 반환한다. 마찬가지로 &&는 FALSE를 처음으로 보게 되면 즉시 FALSE를 반환한다. | 또는 &는 다중값에 적용하는 벡터화 연산이기 때문에(filter()에서 사용하는 이유임) if 문에서 절대로 사용해서는 안 된다. 논리형 벡터인 경우 any() 또는 all()을 사용하여 단일 값으로 축소할 수 있다.

두 객체가 같은지(equality)를 테스트할 때는 주의해야 한다. ==는 벡터화되므로, 출력이 하나 이상이 되기 쉽다. 길이가 1인지 확인하고 all()이나 any()로 축소시키거나, 벡터화되지 않는 identical()을 사용하라. identical()은 매우 엄격하다. 항상 단일 TRUE 또는 FALSE를 반환하며 유형을 강제 변환하지 않는다. 따라서, 정수형과 더블형을 비교할 때 주의해야 한다.

```
identical(0L, 0)
#> [1] FALSE
```

부동 소수점 수치에도 주의해야 한다.

```
x <- sqrt(2) ^ 2
x
#> [1] 2
x == 2
#> [1] FALSE
x - 2
#> [1] 4.44e-16
```

이를 비교하기 위해서는 46쪽 '비교 연산'에 설명된 대로 dplyr::near()를 사용하면 된다.

또한 x == NA는 아무 쓸모 없다는 것을 기억하라!

15.4.2 다중 조건
여러 if 문을 함께 연결할 수 있다.

```
if (이 조건) {
  # 저것 수행
} else if (저 조건) {
  # 다른 것 수행
} else{
  #
}
```

그런데 if 문들이 길게 연속적으로 나타나게 되었다면 다시 작성하는 것을 고려해야 한다. 유용한 방법은 switch() 함수이다. 위치 또는 이름을 기반으로 선택한 코드를 평가할 수 있다.

```
#> function(x, y, op) {
#>   switch(op,
#>     plus = x + y,
#>     minus = x - y,
#>     times = x * y,
#>     divide = x / y,
#>     stop("Unknown op!")
#>   )
#> }
```

긴 if 문 체인을 제거할 수 있는 다른 유용한 함수는 cut()이다. 연속 변수를 이산화하는 데 사용된다.

15.4.3 코딩 스타일

if와 function 모두 항상 중괄호({})가 뒤따라 나와야 하며 본문은 두 칸 들여쓰기를 해야 한다. 이렇게 하면 왼쪽 여백만 보고도 코드의 계층구조를 쉽게 알 수 있다. 여는 중괄호는 절대로 단독으로 라인을 차지하면 안 되며 새로운 줄바꿈이 따라 나와야 한다. 닫는 중괄호는 else가 뒤따르지 않는 한 항상 단독으로 라인을 차지해야 한다. 중괄호 안에서는 항상 코드를 들여써야 한다.

```
# 좋음
if (y < 0 && debug) {
  message("Y 가 음수")
}

if (y == 0) {
  log(x)
} else {
  y ^ x
}

# 나쁨
if (y < 0 && debug)
message("Y 가 음수")

if (y == 0) {
  log(x)
```

```
}
else {
  y ^ x
}
```

if 문이 한 라인에 들어갈 정도로 짧다면 중괄호를 쓰지 않아도 된다.

```
y <- 10

x <- if (y < 20) "너무 낮음" else "너무 높음"
```

매우 간단한 if 문에 대해서만 이를 권장한다. 그런 경우가 아니라면 전체 양식이 더 읽기 쉽다.

```
if (y < 20) {
  x <- "너무 낮음"
} else {
  x <- "너무 높음"
}
```

15.4.4 연습문제

1. if와 ifelse()는 어떻게 다른가? 도움말을 주의 깊게 읽고, 주요 차이점을 보여주는 세 가지 예를 만들어라.

2. 시간에 따라 'good morning', 'good afternoon' 또는 'good everning'이라고 말하는 인사말 함수를 작성하라. (힌트: 기본값으로 lubridate::now()를 사용하는 time 인수를 사용하라. 이렇게 하면 함수를 더 쉽게 테스트할 수 있다.)

3. fizzbuzz 함수를 구현하라. 단일 숫자를 입력으로 한다. 숫자가 3으로 나누어지면 'fizz'를 반환한다. 5로 나누어지면 'buzz'를 반환한다. 3과 5로 나누어지면 'fizzbuzz'를 반환한다. 그렇지 않으면 숫자를 반환한다. 함수를 작성하기 전에 작동하는 코드를 우선 작성해보라.

4. 다음의 중첩된(nested) if-else 문을 단순화하기 위해 cut()을 어떻게 사용하겠는가?

```
if (temp <= 0) {
  "얼음"
} else if (temp <= 10) {
  "차가움"
} else if (temp <= 20) {
  "시원함"
} else if (temp <= 30) {
  "따뜻함"
} else {
  "뜨거움"
}
```

<= 대신 <를 사용하면 어떻게 cut() 호출을 변경하겠는가? 이 문제에서 cut() 의 다른 장점은 무엇인가? (힌트: temp에 값이 많다면 어떻게 될까?)

5. switch()를 수치형과 함께 사용하면 어떻게 되나?

6. 다음의 switch() 호출은 어떤 일을 하는가? x가 'e'이면 어떻게 되는가?

```
switch(x,
  a = ,
  b = "ab",
  c = ,
  d = "cd"
)
```

실험해본 다음 도움말 문서를 주의 깊게 읽어라.

15.5 함수 인수

함수 인수는 일반적으로 두 가지 종류로 크게 나뉜다. 한 종류는 데이터를 제공하고 다른 종류는 계산의 세부사항을 제어하는 인수를 제공한다. 예를 들면

- log()에서 데이터는 x, 세부사항은 로그의 base(밑)이다.
- mean()에서 데이터는 x, 세부사항은 양끝에서부터 얼마나 잘라낼 것인지 (trim)와 결측값을 어떻게 처리할 것인지(na.rm)이다.
- t.test()에서 데이터는 x와 y, 세부사항은 alternative(대립가설), mu, paired, var.equal, conf.level이다.
- str_c()에서 문자열 아무 개수나 ...에 넣을 수 있고, 병합의 세부사항은 sep과 collapse로 제어한다.

일반적으로 데이터 인수가 먼저 나와야 한다. 세부사항 인수는 마지막에 있어야 하며 일반적으로 기본값을 가져야 한다. 명명된 인수를 사용하여 함수를 호출하는 것과 같은 방법으로 기본값을 지정한다.

```
# 정규분포 근사를 이용한 평균 주위의 신뢰구간 계산
mean_ci <- function(x, conf = 0.95) {
  se <- sd(x) / sqrt(length(x))
  alpha <- 1 - conf
  mean(x) + se * qnorm(c(alpha / 2, 1 - alpha / 2))
}

x <- runif(100)
mean_ci(x)
#> [1] 0.498 0.610
mean_ci(x, conf = 0.99)
#> [1] 0.480 0.628
```

기본값은 대개의 경우 가장 일반적인 값이어야 한다. 이 법칙에 몇 가지 예외는 안전과 관련이 있다. 예를 들어 결측값은 중요하기 때문에 na.rm 기본값을 FALSE 로 설정하는 것이 좋다. 대부분 코드에 na.rm = TRUE를 넣는다고 하더라도 결측값을 조용히 무시하는 것이 기본값인 것은 좋지 않다.

함수를 호출할 때 데이터 인수는 자주 사용되기 때문에, 일반적으로 인수 이름을 생략한다. 세부사항 인수의 기본값을 대체하려면 전체 인수 이름을 사용해야 한다.

```
# 좋음
mean(1:10, na.rm = TRUE)
```

```
# 나쁨
mean(x = 1:10, , FALSE)
mean(, TRUE, x = c(1:10, NA))
```

고유한 접두어를 이용하여 인수를 지정할 수 있지만(예: mean(x, n = TRUE)), 혼란을 가져올 수 있기 때문에 최대한 피하는 것이 좋다.

함수를 호출할 때는 호출에서 = 주위에 공백을 두어야 하며 쉼표 앞이 아닌 뒤에(일반 영문법에서처럼) 공백을 항상 넣어야 한다. 공백 문자를 사용하면 중요한 함수 구성요소를 쉽게 찾을 수 있다.

```
# 좋음
average <- mean(feet / 12 + inches, na.rm = TRUE)
```

```
# 나쁨
average<-mean(feet/12+inches,na.rm=TRUE)
```

15.5.1 이름 짓기

인수의 이름도 중요하다. R 입장에서는 관계가 없지만 코드의 독자(미래의 여러분 포함!)에게는 중요하다. 일반적으로 길고 설명적인 이름을 선택해야 하지만 매우 일반적이고 짧은 이름이 몇 가지 있다. 다음을 기억하면 좋다.

- x, y, z: 벡터.
- w: 가중치 벡터.
- df: 데이터프레임.
- i, j: 수치형 인덱스(일반적으로 행과 열).
- n: 길이 혹은 행 개수.
- p: 열 개수.

혹은, 기존 R 함수의 인수 이름과 일치시키는 것을 고려하라. 예를 들어 결측값을 제거해야 하는지 결정할 때 na.rm을 사용하라.

15.5.2 값 확인하기

함수를 많이 작성하다 보면 함수가 정확하게 어떻게 작동하는지 기억하지 못할 수도 있다. 이 시점에서 유효하지 않은 입력으로 함수를 호출하기 쉽다. 이 문제를 피하려면 제약조건을 명시적으로 나타내는 것이 좋다. 예를 들어 가중 요약 통계량을 계산하는 함수들을 작성했다고 가정해보자.

```
wt_mean <- function(x, w) {
  sum(x * w) / sum(w)
}
wt_var <- function(x, w) {
  mu <- wt_mean(x, w)
  sum(w * (x - mu) ^ 2) / sum(w)
}
wt_sd <- function(x, w) {
  sqrt(wt_var(x, w))
}
```

x와 w가 같은 길이가 아니라면 어떻게 되는가?

```
wt_mean(1:6, 1:3)
#> [1] 7.67
```

이 경우 R의 벡터 재활용 규칙 때문에 오류가 발생하지 않는다.

중요한 전제조건을 확인하고, 그것이 참이 아니라면 (stop()을 사용하여) 오류를 발생시키는 것이 좋다.

```
wt_mean <- function(x, w) {
  if (length(x) != length(w)) {
    stop("'x'와 'w'는 길이가 같아야 함", call. = FALSE)
  }
  sum(w * x) / sum(w)
}
```

이 원칙을 과하게 적용하지 않도록 주의하라. 함수를 튼튼하게 만드는 데 걸리는 시간과 작성하는 데 걸리는 시간 사이에 타협해야 한다. 예를 들어 na.rm 인수를 추가할 때, 나는 다음과 같이 신중하게 확인하지는 않을 것이다.

```
wt_mean <- function(x, w, na.rm = FALSE) {
  if (!is.logical(na.rm)) {
    stop("'na.rm'은 논리형이어야 함")
  }
  if (length(na.rm) != 1) {
```

```
      stop("'na.rm'은 길이가 1이어야 함")
  }
  if (length(x) != length(w)) {
      stop("'x'와 'w'는 길이가 같아야 함", call. = FALSE)
  }

  if (na.rm) {
    miss <- is.na(x) | is.na(w)
    x <- x[!miss]
    w <- w[!miss]
  }
  sum(w * x) / sum(w)
}
```

작은 이득에 비해 추가 작업이 너무 많다. 내장 함수 stopifnot()을 쓰는 것이 적당한 타협점이다. 이 함수는 각 인수가 TRUE인지 확인하고 그렇지 않으면 일반 오류 메시지를 생성한다.

```
wt_mean <- function(x, w, na.rm = FALSE) {
  stopifnot(is.logical(na.rm), length(na.rm) == 1)
  stopifnot(length(x) == length(w))

  if (na.rm) {
    miss <- is.na(x) | is.na(w)
    x <- x[!miss]
    w <- w[!miss]
  }
  sum(w * x) / sum(w)
}
wt_mean(1:6, 6:1, na.rm = "foo")
#> Error: is.logical(na.rm) is not TRUE
```

주의할 점은 stopifnot()을 통해 무엇이 잘못되었는지 검사한다기보다, 어떤 것이 참이 돼야 하는지를 확인하는 것이다.

15.5.3 점-점-점(...)

R 함수 중에는 임의 개수의 입력을 받는 함수가 많다.

```
sum(1, 2, 3, 4, 5, 6, 7, 8, 9, 10)
#> [1] 55
stringr::str_c("a", "b", "c", "d", "e", "f")
#> [1] "abcdef"
```

이 함수들은 어떻게 작동하는가? 이들은 특수 인수인 ...에 의존한다. 이 특수 인수는 매치되지 않는 임의 개수의 인수를 가져온다.

이 ...을 다른 함수로 보낼 수 있기 때문에 유용하다. 함수가 다른 함수를 둘러싸는 경우 편리하게 모두 담을 수 있다. 예를 들어 나는 일반적으로 str_c()를 둘러싸는 도우미 함수를 만들곤 한다.

```
commas <- function(...) stringr::str_c(..., collapse = ", ")
commas(letters[1:10])
#> [1] "a, b, c, d, e, f, g, h, i, j"

rule <- function(..., pad = "-") {
  title <- paste0(...)
  width <- getOption("width") - nchar(title) - 5
  cat(title, " ", stringr::str_dup(pad, width), "\n", sep = "")
}
rule("중요한 출력")
#> 중요한 출력 -----------------------------------------------------
```

여기에서 …을 썼기 때문에, 다루고 싶지 않은 어떤 인수도 str_c()에 전달할 수 있었다. 매우 편리한 기술이다. 그러나 치러야 할 대가가 있다. 인수 철자가 틀려도 오류를 발생시키지 않는다. 이렇게 되면 오타가 쉽게 눈에 띄지 않게 된다.

```
x <- c(1, 2)
sum(x, na.mr = TRUE)
#> [1] 4
```

… 값만 가져오려면 list(…)를 사용하면 된다.

15.5.4 지연 평가

R의 인수는 지연 평가(lazy evaluation)된다. 즉, 필요할 때까지 계산되지 않는다. 따라서 사용되지 않는 인수는 호출되지 않는다. 이것은 프로그래밍 언어로서 R의 중요한 속성이지만, 데이터 분석 중 함수를 작성할 때는 일반적으로 중요하지 않다. 지연 평가에 대한 자세한 내용은 다음 사이트에서 확인할 수 있다. *http://adv-r.had.co.nz/Functions.html#lazy-evaluation*.

15.5.5 연습문제

1. commas(letters, collapse = "-") 결과는 무엇인가? 이유는?
2. pad 인수에 여러 문자를 제공할 수 있다면 좋을 것이다(예: rule("Title", pad = "-+")). 왜 작동하지 않는가? 어떻게 고치겠는가?
3. mean()의 trim 인수는 어떤 일을 하는가? 언제 사용하겠는가?
4. cor()의 method 인수 기본값은 c("pearson", "kendall", "spearman")이다. 어떤 의미인가? 기본값으로 어떤 값이 사용되는가?

15.6 반환값

함수가 무엇을 반환해야 하는지 결정하는 것은 대개 직관적이다. 처음에 함수를 작성한 이유이다! 값을 반환할 때 고려해야 하는 것은 두 가지이다.

- 반환을 일찍하면 함수 읽기가 쉬워지는가?
- 함수를 파이핑할 수 있게 만들 수 있는가?

15.6.1 명시적 반환문

함수가 반환하는 값은 대개 함수가 평가하는 마지막 명령문이지만 return()을 사용하여 일찍 반환하도록 선택할 수 있다. 개인적인 의견으로는 간단한 해결책으로 값을 일찍 반환할 수 있다고 알리는 목적에만 return()을 사용하는 것이 좋다고 생각한다. 이렇게 하는 일반적인 이유는 입력이 빈 경우를 처리하기 위해서이다.

```
complicated_function <- function(x, y, z) {
  if (length(x) == 0 || length(y) == 0) {
    return(0)
  }

  # 복잡한 코드 구역
}
```

또 다른 이유는 하나의 복잡한 블록과 단순한 블록으로 구성된 if 문이 있는 경우이다. 예를 들어 다음과 같이 if 문을 작성할 수 있다.

```
f <- function() {
  if (x) {
    # 표현하는 데
    # 많은
    # 라인이
    # 필요한
    # 것을
    # 하는
    # 구역
  } else {
    # 짧은 것 반환
  }
}
```

그러나 첫 번째 블록이 너무 길면 else에 도착했을 때는 조건문을 잊어버린다. 다른 구현 방법은 간단한 경우에 대해 반환을 일찍 하는 것이다.

```
f <- function() {
  if (!x) {
    return(짧은 것)
  }

  # 긴
  # 라인
```

```
  # 으로
  # 표현
  # 하는
  # 구역
}
```

이렇게 하면 코드를 이해하기 위해 문맥을 깊이 볼 필요가 없어서, 코드 읽기가 더 쉬워진다.

15.6.2 파이핑 가능한 함수 작성

파이핑 가능한 함수를 작성하려면 반환값에 대해 생각하는 게 중요하다. 반환값 객체 유형을 알면 파이프라인이 '작동'은 할 것이다. 예를 들어 dplyr과 tidyr에서 객체 유형은 데이터프레임이다.

파이핑 가능한 함수에는 변환과 부수효과라는 두 가지 기본 유형이 있다. 변환 함수에서는 객체가 함수의 첫 번째 인수로 전달되고 수정된 객체가 반환된다. 부수효과 함수에서는 전달된 객체가 변환되지 않는다. 대신, 함수가 플롯을 그리거나 파일을 저장하는 것과 같은 동작을 주어진 객체에 수행한다. 부수효과 함수는 첫 번째 인수가 출력되지 않지만 파이프라인에서 사용될 수 있도록 '보이지 않게' 반환해야 한다. 예를 들어 다음의 간단한 함수는 데이터프레임의 결측값 개수를 출력한다.

```
show_missings <- function(df) {
  n <- sum(is.na(df))
  cat("Missing values: ", n, "\n", sep = "")

  invisible(df)
}
```

대화식에서 호출하면 invisible()은 입력된 df를 출력하지 않음을 의미한다.

```
show_missings(mtcars)
#> Missing values: 0
```

그러나 반환값은 여전히 존재한다. 기본값으로 출력되지 않을 뿐이다.

```
x <- show_missings(mtcars)
#> Missing values: 0
class(x)
#> [1] "data.frame"
dim(x)
#> [1] 32 11
```

그리고 파이프에서 사용할 수도 있다.

```
mtcars %>%
  show_missings() %>%
  mutate(mpg = ifelse(mpg < 20, NA, mpg)) %>%
  show_missings()
#> Missing values: 0
#> Missing values: 18
```

15.7 환경

함수의 마지막 구성요소는 환경이다. 이것은 함수를 작성하기 시작할 때부터 깊게 이해해야 할 사항은 아니다. 그러나 함수가 작동하는 방식과 관련해서 중요한 요소이기 때문에 환경에 대해 조금은 알아야 한다. 함수의 환경은 R이 이름과 연관된 값을 찾는 방법을 결정한다. 예를 들어 다음 함수를 보자.

```
f <- function(x) {
 x + y
}
```

함수 내부에서 y가 정의되지 않았기 때문에 많은 프로그래밍 언어에서 위 함수는 오류가 된다. R은 어휘 스코핑(lexical scoping)이라는 규칙을 사용하여 이름과 관련된 값을 찾기 때문에 위 함수는 유효한 코드가 된다. 함수 내부에서 y가 정의되지 않았으므로 R은 함수가 정의된 환경에서 찾아본다.

```
y <- 100
f(10)
#> [1] 110

y <- 1000
f(10)
#> [1] 1010
```

이 동작은 버그를 만드는 것처럼 보인다. 실제로 이 같은 함수를 의도적으로 만들지는 않아야 한다. 하지만 대개의 경우 문제를 많이 일으키지 않는다. (정기적으로 R을 다시 시작하여 슬레이트를 깨끗하게 하면 더더욱 문제가 되지 않는다.)
　이 동작 때문에 언어 관점에서 R에 일관성이 생긴다. 모든 이름은 같은 규칙 세트를 사용하여 조회된다. 이 원칙은 f()로는 예상하지 못한 {와 +의 동작까지도 포함한다. 이를 활용하면 다음과 같은 비뚤어진 짓을 할 수 있다.

```
'+' <- function(x, y) {
 if (runif(1) < 0.1) {
   sum(x, y)
 } else {
   sum(x, y) * 1.1
 }
```

```
}
table(replicate(1000, 1 + 2))
#>
#>   3 3.3
#> 100 900
rm('+')
```

이것은 R에서 마주할 수 있는 흔한 현상이다. R은 여러분의 능력에 거의 제한을
두지 않는다. 다른 프로그래밍 언어로 할 수 없는 많은 일을 할 수 있는데, 이 중
99%가 덧셈을 덮어쓰는 것과 같은 아주 경솔한 일들이다. 그러나 이러한 힘과
유연성 때문에 ggplot2 및 dplyr과 같은 도구가 가능하다. 이 유연성을 최대한으
로 활용하는 법은 이 책의 범위를 벗어나며 해들리 위컴의 *Advanced R*[2]에서 알아
볼 수 있다.

2 *http://adv-r.had.co.nz*

16장

R f o r D a t a S c i e n c e

벡터

16.1 들어가기

지금까지 이 책은 티블이라는 데이터 유형, 또 이와 함께 작동하는 패키지들을 중점적으로 살펴보았다. 그러나 자신만의 함수를 작성하고 R을 더 깊이 파기 시작하려면 티블의 기초 객체인 벡터에 대해 알아야 한다. R을 전통적인 방법으로 배운 사람은 이미 벡터가 익숙할 것이다. 대부분의 R 리소스가 벡터에서 동작하기 시작하여 티블까지 확장되었기 때문이다. 하지만 배우고 나면 배우고 나면 바로 유용하게 사용할 수 있는 티블부터 시작한 다음, 기본 구성요소로 나아가는 것이 더 바람직하다고 생각한다.

작성하는 함수의 대부분은 벡터에 작동할 것이기 때문에 벡터는 매우 중요하다. ggplot2, dplyr, tidyr에서와 같이 티블에 작동하는 함수를 작성할 수도 있지만, 이러한 함수 작성에 필요한 도구는 아직 일반화되거나 성숙되지 않았다. 나는 더 나은 접근법[1]을 만들고 있지만, 이 책이 출판된 후에도 준비되지 않을 것이다. 설령 완료되더라도 여전히 벡터를 이해해야 한다. 새로운 접근법은 사용자 친화적 레이어를 맨 위에 만드는 것만 수월하게 해주기 때문이다.

16.1.1 준비하기

이 장의 초점은 베이스 R 데이터 구조에 있으므로, 여타 다른 패키지를 로드할

---

[1] *https://github.com/hadley/lazyeval*

필요는 없다. 그러나 우리는 베이스 R의 비일관성을 피하기 위해 purrr 패키지의
함수를 사용할 것이다.

```
library(tidyverse)
```

16.2 벡터의 기초

벡터는 두 가지 유형이 있다.

- 원자 벡터: 여섯 가지 유형으로 논리형(logical), 정수형(integer), 더블형(double), 문자형(character), 복소수형(character), 원시형(raw)이 있다. 정수형 및 더블형 벡터는 합쳐서 수치형(numeric) 벡터라고 한다.
- 리스트: 재귀 벡터라고 할 수 있는데, 한 리스트가 다른 리스트를 포함할 수 있기 때문이다.

원자 벡터와 리스트의 가장 큰 차이점은 원자 벡터가 동질적인 반면, 리스트는 이질적이 될 수 있다는 것이다. 이와 관련한 또 다른 객체는 NULL이다. NULL은 벡터가 없는 것을 나타내기 위해 종종 사용된다(반면, NA는 벡터의 값이 없음을 나타내는데 사용됨). NULL은 일반적으로 길이가 0인 벡터처럼 동작한다. 그림 16-1에는 상호 관계가 요약되어 있다.

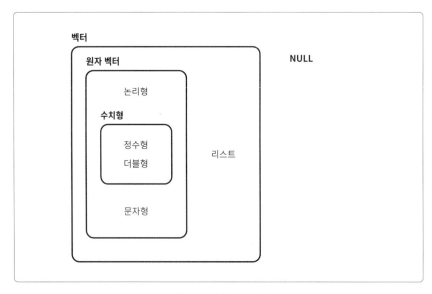

그림 16-1 R 벡터 유형의 체계

모든 벡터는 두 가지 주요 속성이 있다.

- 유형: typeof()로 확인할 수 있음.

```
typeof(letters)
#> [1] "character"
typeof(1:10)
#> [1] "integer"
```

- 길이: length()로 확인할 수 있음.

```
x <- list("a", "b", 1:10)
length(x)
#> [1] 3
```

임의의 추가 메타 데이터를 속성(attribute) 형식으로 벡터에 포함시킬 수 있다. 이러한 속성은 추가 동작을 기반으로 하는 확장 벡터(augmented vector)를 만드는 데 사용된다. 확장 벡터에는 네 가지 중요한 유형이 있다.

- 팩터형은 정수형 벡터를 기반으로 만들어졌다.
- 데이트형과 데이트-타임형은 수치형 벡터를 기반으로 만들어졌다.
- 데이터프레임과 티블은 리스트를 기반으로 만들어졌다.

이 장에서는 이러한 중요한 벡터를 가장 단순한 것에서부터 가장 복잡한 것까지 소개한다. 원자 벡터로 시작한 다음, 리스트로 나아가고 확장 벡터로 마무리 지을 것이다.

16.3 원자 벡터의 주요 유형

원자 벡터의 가장 중요한 네 가지 유형은 논리형, 정수형, 더블형 및 문자형이다. 원시형과 복소수형은 데이터 분석 중에 거의 사용되지 않으므로 여기서 논의하지 않겠다.

16.3.1 논리형

논리형 벡터는 FALSE, TRUE 및 NA의 세 가지 값만 사용할 수 있기 때문에 가장 단순한 유형의 원자 벡터이다. 논리형 벡터는 46쪽의 '비교 연산'에 설명된 것과 같이, 대개의 경우 비교 연산자로 생성된다. c()를 사용하여 직접 생성할 수도 있다.

```
1:10 %% 3 == 0
#> [1] FALSE FALSE TRUE FALSE FALSE
#> [2] TRUE FALSE FALSE TRUE FALSE

c(TRUE, TRUE, FALSE, NA)
#> [1] TRUE TRUE FALSE NA
```

16.3.2 수치형

정수형 및 더블형 벡터는 합쳐서 수치형 벡터로 알려져 있다. R에서 숫자는 기본값으로 더블형이다. 정수형으로 만들려면 숫자 뒤에 L을 붙이면 된다.

```
typeof(1)
#> [1] "double"
typeof(1L)
#> [1] "integer"
1.5L
#> [1] 1.5
```

정수형과 더블형을 구분하는 게 일반적으로는 중요하지 않지만 두 가지 중요한 차이점을 알고 있어야 한다.

- 더블형은 근사값이다. 더블형은 부동 소수점 수를 나타내는데, 고정된 크기의 메모리로 이를 매번 정확히 표현할 수는 없다. 즉, 더블형 값은 모두 근사치로 간주해야 한다. 예를 들어 2의 제곱근의 제곱은 무엇일까?

  ```
  x <- sqrt(2) ^ 2
  x
  #> [1] 2
  x - 2
  #> [1] 4.44e-16
  ```

  이런 동작은 부동 소수점 수로 작업 할 때 자주 일어난다. 즉, 대부분의 계산에는 근사 오차가 포함된다. ==를 사용하여 부동 소수점 수를 비교하는 대신 dplyr::near()를 사용해야 한다. 그러면 수치상 오차가 허용된다(tolerence).

- 정수형에는 특수한 값이 NA 한 개가 있으며, 더블형에는 NA, NaN, Inf 및 -Inf 네 개가 있다. 이 모든 특수한 수치들은 나눗셈에서 발생할 수 있다.

  ```
  c(-1, 0, 1) / 0
  #> [1] -Inf NaN Inf
  ```

  이러한 특수한 값을 확인할 목적으로 ==을 사용하면 안 된다. 대신 도우미 함수 is.finite(), is.infinite() 및 is.nan()을 사용하라.

	0	Inf	NA	NaN
is.finite()	×			
is.infinite()		×		
is.na()			×	×
is.nan()				×

16.3.3 문자형

문자형 벡터는 각 요소가 문자열이고 문자열에 임의의 양의 데이터가 포함될 수 있기 때문에 가장 복잡한 유형의 원자 벡터이다.

우리는 11장에서 문자열 작업에 대해 이미 많은 것을 배웠다. 여기서는 문자열 구현에 있어서 중요한 특징 중 하나를 말하고자 한다. R은 전역 문자열 풀을 사용한다. 즉, 각 고유 문자열은 메모리에 한 번만 저장되며 문자열을 사용할 때마다 해당 표현을 포인트한다. 이렇게 하면 중복 문자열에 필요한 메모리 양이 줄어든다. pryr::object_size()를 사용하여 이 동작을 직접 볼 수 있다.

```
x <- "적당히 긴 문자열입니다"
pryr::object_size(x)
#> 152 B

y <- rep(x, 1000)
pryr::object_size(y)
#> 8.14 kB
```

y의 각 요소는 같은 문자열에 대한 포인터이기 때문에 y는 x 메모리의 1000배를 차지하지 않는다. 포인터는 8바이트이므로, 153B 문자열에 대한 포인터 1000개는 8 * 1000 + 153 = 8.14kB이다.

16.3.4 결측값

각 유형의 원자 벡터에는 고유한 결측값이 있다.

```
NA              # 논리형
#> [1] NA
NA_integer_     # 정수형
#> [1] NA
NA_real_        # 더블형
#> [1] NA
NA_character_   # 문자형
#> [1] NA
```

이러한 여러 유형에 대해 알 필요가 없다. 일반적으로 NA를 사용하면 되는데, 왜냐하면 다음에 설명할 암시적 강제 변환 규칙으로 올바른 유형으로 변환되기 때문이다. 그러나 입력에 대해 엄격한 함수가 몇몇 있으므로 이 내용을 미리 알고 있으면 필요한 경우 구체적으로 지정할 수 있어 도움이 될 것이다.

16.3.5 연습문제

1. is.finite(x)와 !is.infinite(x)의 차이점을 설명하라.

2. dplyr::near()의 소스 코드를 읽어라. (힌트: 소스 코드를 보기 위해서는 ()을 빼라). 어떻게 작동하는가?

3. 논리형 벡터는 세 가지 값을 가질 수 있다. 정수형 벡터는 몇 개의 값을 가질 수 있는가? 더블형은 몇 개의 값을 가질 수 있는가? 구글을 사용하여 조사해 보라.

4. 더블형을 정수형으로 변환하는 최소 네 개의 함수를 브레인스토밍해보라. 이들은 어떻게 다른가? 정확하게 설명하라.

5. readr 패키지의 어떤 함수들로 문자열을 논리형, 정수형, 더블형 벡터로 바꿀 수 있는가?

16.4 원자 벡터 이용하기

여러 유형의 원자 벡터를 이해했으므로 이제 함께 사용할 수 있는 도구들을 검토하는 것이 좋다. 여기에는 다음이 포함된다.

- 한 유형에서 다른 유형으로 변환시키는 법. 자동으로 변환되는 조건.
- 한 객체가 특정 유형 벡터인지 알아보는 법.
- 다른 길이의 벡터들로 작업할 때 발생하는 일.
- 벡터의 요소를 이름 짓는 법.
- 관심 있는 요소를 추출하는 법.

16.4.1 강제 변환

한 유형 벡터에서 다른 유형으로 강제 변환하는 방법은 두 가지이다.

- 명시적 강제 변환은 logical(), as.integer(), as.double(), as.character()와 같은 함수를 호출할 때 발생한다. 명시적 강제 변환이 필요한 경우, 앞 단계를

고쳐서 처음부터 벡터가 잘못된 유형을 갖지 않도록 할 수 있는지 항상 확인
해야 한다. 예를 들어 readr의 col_types 명세를 조정해야 할 수도 있다.

- 암묵적 강제 변환은 특정 유형의 벡터가 필요한 상황에서 어떤 다른 벡터를
  사용하는 경우 발생한다. 예를 들어 수치형 요약 함수에 논리형 벡터를 사용
  하거나 정수형 벡터가 예상되는 곳에 더블형 벡터를 사용하는 경우이다.

명시적 강제 변환은 상대적으로 거의 사용되기 않고, 이해하기 쉽기 때문에 여
기서는 암묵적 강제 변환에 대해서 초점을 맞춘다.

우리는 이미 가장 중요한 형식의 암묵적 강제 변환을 보았다. 수치형 문맥에
서 논리형 벡터를 사용했었다. 이 경우 TRUE는 1로 변환되고 FALSE는 0으로 변환
된다. 즉, 논리형 벡터의 합계는 참값의 개수이고 논리형 벡터의 평균은 참값의
비율이다.

```
x <- sample(20, 100, replace = TRUE)
y <- x > 10
sum(y) # 10보다 큰 것의 개수?
#> [1] 44
mean(y) # 10보다 큰 비율?
#> [1] 0.44
```

반대 방향, 즉 정수형에서 논리형으로의 암시적 강제 변환에 의존하는 코드(일
반적으로 과거 방식)도 볼 수 있다.

```
if (length(x)) {
  # 어떤 작업
}
```

이 경우 0은 FALSE로 변환되고 나머지는 TRUE로 변환된다. 이렇게 하면 코드를
이해하기가 더 어렵게 된다고 생각하기 때문에 이를 권장하지 않는다. 이 방법
보다는 다음과 같이 명시적일 필요가 있다. 예컨대 length(x) > 0.

또한 c()로 여러 유형을 포함하는 벡터를 만들려고 할 때, 다음과 같은 일이 일
어난다는 것을 이해하는 것도 중요하다. 가장 복잡한 유형으로 변환된다.

```
typeof(c(TRUE, 1L))
#> [1] "integer"
typeof(c(1L, 1.5))
#> [1] "double"
typeof(c(1.5, "a"))
#> [1] "character"
```

벡터의 유형은 개별 요소가 아닌 전체 벡터의 특성이므로, 한 원자 벡터의 유형

이 여러 개일 수는 없다. 동일한 벡터에서 여러 유형을 혼합해야 하는 경우에는 리스트를 사용하면 된다. 이에 대해서는 곧 배울 것이다.

16.4.2 테스트 함수

벡터 유형에 따라 다른 작업을 수행해야 하는 때가 종종 있다. 한 가지 방법은 typeof()를 사용하는 것이다. 다른 하나는 TRUE 또는 FALSE를 반환하는 테스트 함수를 사용하는 것이다. 베이스 R에는 is.vector() 및 is.atomic()과 같은 함수가 많이 있지만, 이들은 종종 예상과 다른 결과를 반환한다. 대신, purrr이 제공하는 is_* 함수를 사용하는 것이 더 안전하다. 다음 표에 요약되어 있다.

	논리형	정수형	더블형	문자형	리스트
is_logical()	×				
is_interger()		×			
is_double()			×		
is_numeric()		×	×		
is_character()				×	
is_atomic()	×	×	×	×	
is_list()					×
is_vector()	×	×	×	×	×

위의 각 함수마다 is_scalar_atomic()과 같은 '스칼라' 버전이 있는데, 이는 길이가 1인지 확인한다. 예를 들어 함수에 대한 인수가 단일 논리형 값인지 확인하려는 경우에 유용하다.

16.4.3 스칼라와 재활용 규칙

R은 호환성을 위해 벡터의 유형을 암묵적으로 강제 변환할 뿐만 아니라, 벡터의 길이도 암묵적으로 강제 변환한다. 짧은 벡터가 긴 벡터의 길이로 반복되거나 재활용되므로 이를 벡터 재활용이라고 한다.

벡터 재활용은 벡터와 '스칼라'를 혼합할 때 매우 유용하다. 스칼라를 따옴표로 묶은 이유는 R에는 사실 스칼라가 존재하지 않고, 숫자 하나는 길이가 1인 벡터이기 때문이다. 스칼라가 없으므로 대부분의 내장 함수는 벡터화(즉, 수치 벡터에서 작동)된다. 따라서 예로 든 다음의 코드가 실행된다.

```
sample(10) + 100
#>  [1] 109 108 104 102 103 110 106 107 105 101
runif(10) > 0.5
#>  [1]  TRUE  TRUE FALSE  TRUE  TRUE  TRUE FALSE  TRUE  TRUE  TRUE
```

R에서 기초적인 수학 연산은 벡터에 작동한다. 즉, 간단한 수학 계산을 수행할 때 명시적 반복을 수행할 필요가 없다.

　같은 길이의 두 벡터 또는 벡터와 '스칼라'를 더할 경우 일어나야 하는 일은 직관적이다. 그러나 길이가 다른 두 개의 벡터를 더하면 어떻게 되는가?

```
1:10 + 1:2
#> [1]  2  4  4  6  6  8  8 10 10 12
```

여기에서 R은 가장 짧은 벡터를 가장 긴 벡터 길이로 확장하는데, 소위 재활용이라고 부른다. 길이가 더 긴 길이의 정수배가 아닌 경우를 제외하고는 침묵한다.

```
1:10 + 1:3
#> Warning in 1:10 + 1:3: longer object length is not a multiple of shorter
#> object length
#> [1]  2  4  6  5  7  9  8 10 12 11
```

벡터 재활용을 쓰면 매우 간결하고 영리한 코드를 작성할 수 있지만, 조용히 문제가 숨겨질 수도 있다. 이러한 이유로 tidyverse의 벡터화된 함수는 스칼라가 아닌 다른 것을 재활용할 때 오류를 발생시킨다. 재활용하고 싶다면 rep()으로 직접 처리해야 한다.

```
tibble(x = 1:4, y = 1:2)
#> Error: column 'y' must be length 1 or 4, not 2

tibble(x = 1:4, y = rep(1:2, 2))
#> # A tibble: 4 × 2
#>       x     y
#>   <int> <int>
#> 1     1     1
#> 2     2     2
#> 3     3     1
#> 4     4     2

tibble(x = 1:4, y = rep(1:2, each = 2))
#> # A tibble: 4 × 2
#>       x     y
#>   <int> <int>
#> 1     1     1
#> 2     2     1
#> 3     3     2
#> 4     4     2
```

16.4.4 벡터 이름 짓기

모든 유형의 벡터는 이름을 지정할 수 있다. c()를 사용하여 생성 시 이름을 지정할 수 있다.

```
c(x = 1, y = 2, z = 4)
#> x y z
#> 1 2 4
```

또는 생성 이후에 *purrr::set_names()*으로 이름을 지정할 수도 있다.

```
set_names(1:3, c("a", "b", "c"))
#> a b c
#> 1 2 3
```

명명된 벡터는 서브셋할 때 매우 유용하며, 이는 다음에 설명된다.

16.4.5 서브셋하기

지금까지 dplyr::filter()를 사용하여 티블의 행을 필터링했다. filter()는 티블에서만 작동하기 때문에 벡터용 도구가 새로 필요한데, 바로 [이다. [은 서브셋하는 함수이며 x[a]와 같이 호출된다. 벡터를 하위 집합으로 지정할 수 있는 네 가지 유형의 항목이 있다.

- 정수형만 포함하는 수치형 벡터. 포함된 정수형은 모두 양수이거나 음수이거나 0이어야 한다.

  양의 정수로 서브셋하면 해당 위치의 요소가 유지된다.

  ```
  x <- c("one", "two", "three", "four", "five")
  x[c(3, 2, 5)]
  #> [1] "three" "two" "five"
  ```

  위치를 반복하면 실제로 입력보다 긴 출력을 만들 수 있다.

  ```
  x[c(1, 1, 5, 5, 5, 2)]
  #> [1] "one" "one" "five" "five" "five" "two"
  ```

  음수값은 해당 위치의 요소를 누락시킨다.

  ```
  x[c(-1, -3, -5)]
  #> [1] "two" "four"
  ```

  양수값과 음수값을 혼합하면 오류이다.

```
x[c(1, -1)]
#> Error in x[c(1, -1)]:
#> only 0's may be mixed with negative subscripts
```

다음의 오류 메시지는 0으로 서브셋했기 때문에 아무 값도 반환하지 않았음을 나타낸다.

```
x[0]
#> character(0)
```

이는 매우 유용하지는 않지만, 함수를 테스트하기 위해 이상한 데이터 구조를 만들고 싶다면 도움이 될 수 있다.

- 논리형 벡터로 서브셋하면 TRUE 값에 해당하는 모든 값이 유지된다. 이는 대개 비교 함수와 함께 사용하면 유용하다.

```
x <- c(10, 3, NA, 5, 8, 1, NA)

# x 중 결측값이 아닌 모든 값
x[!is.na(x)]
#> [1] 10  3  5  8  1

# x 중 모든 짝수 (혹은 결측값!)
x[x %% 2 == 0]
#> [1] 10 NA  8 NA
```

- 명명된 벡터가 있다면 이를 문자형 벡터로 서브셋할 수 있다.

```
x <- c(abc = 1, def = 2, xyz = 5)
x[c("xyz", "def")]
#> xyz def
#>   5   2
```

양의 정수 경우와 같이, 개별 요소를 복제할 때 문자형 벡터를 사용할 수도 있다.

- 가장 간단한 서브셋 동작은 x[]이며, 전체 x를 반환한다. 이것은 벡터를 서브셋하는 데는 유용하지 않지만, 지수(index)를 공백으로 남겨두어서 모든 행이나 열을 선택할 수 있기 때문에 행렬(및 다른 고차원 구조)을 서브셋할 때 유용하다. 예를 들어 x가 2차원이면 x[1,]은 첫 번째 행과 모든 열을 선택하고 x[, -1]은 모든 행과 첫 열을 제외한 모든 열을 선택한다.

서브셋 동작을 활용하는 법에 대해 더 배우려면 *Advanced R*의 'Subsetting' 장[2]을 보라.

[의 중요한 변형이 있는데 바로 [[이다. [[은 오직 하나의 요소만 추출하고 항상 이름을 누락시킨다. for 루프에서와 같이 단일 항목을 추출한다는 것을 명확하게 밝히고 싶을 때 사용하는 것이 좋다. [와 [[의 차이점은 리스트에서 가장 두드러지는데, 이를 곧 살펴볼 것이다.

16.4.6 연습문제

1. mean(is.na(x))을 하면 벡터 x에 관해 무엇을 알려주는가? sum(!is.finite(x))는 어떤가?

2. is.vector()의 도움말을 주의 깊게 읽어라. 이 함수가 실제로 테스트하는 것은 무엇인가? is.atomic()이 위의 원자 벡터의 정의를 따르지 않는 이유는 무엇인가?

3. setNames()와 purr::set_names()를 비교 대조하라.

4. 벡터를 입력으로 하고 다음을 반환하는 함수를 작성하라.

    a. 마지막 값. [와 [[중 어떤 것을 써야 할까?

    b. 짝수 위치의 요소.

    c. 마지막 값을 제외한 모든 요소.

    d. 짝수만(결측값은 제외).

5. x[-which(x > 0)]이 x[x <= 0]과 같지 않은 이유는 무엇인가?

6. 벡터의 길이보다 큰 양의 정수로 서브셋하면 어떻게 되는가? 존재하지 않는 이름으로 서브셋하면 어떻게 되는가?

16.5 재귀 벡터(리스트)

리스트는 다른 리스트를 포함할 수 있기 때문에, 원자 벡터보다 한 단계 더 복잡하다. 이런 이유로 리스트는 계층적 또는 나무 같은(tree-like) 구조를 표현하는 데 적합하다. 리스트는 list()를 사용하여 생성된다.

```
x <- list(1, 2, 3)
x
```

2 *http://bit.ly/subsetadvR*

```
#> [[1]]
#> [1] 1
#>
#> [[2]]
#> [1] 2
#>
#> [[3]]
#> [1] 3
```

str()은 리스트를 다루는 도구인데, 내용이 아닌 구조에 초점을 맞추기 때문에
매우 유용하다.

```
str(x)
#> List of 3
#>  $ : num 1
#>  $ : num 2
#>  $ : num 3

x_named <- list(a = 1,b = 2,c = 3)
str(x_named)
#> List of 3
#>  $ a: num 1
#>  $ b: num 2
#>  $ c: num 3
```

원자 벡터와 다르게 list()는 색체들을 혼합하여 포함할 수 있다.

```
y <- list("a", 1L, 1.5, TRUE)
str(y)
#> List of 4
#>  $ : chr "a"
#>  $ : int 1
#>  $ : num 1.5
#>  $ : logi TRUE
```

리스트는 심지어 다른 리스트를 포함할 수도 있다!

```
z <- list(list(1, 2), list(3, 4))
str(z)
#> List of 2
#>  $ :List of 2
#>   ..$ : num 1
#>   ..$ : num 2
#>  $ :List of 2
#>   ..$ : num 3
#>   ..$ : num 4
```

16.5.1 리스트 시각화

복잡한 리스트 조작 함수를 설명하기 위해 리스트를 시각적으로 표현하는 것이
편리하다. 예를 들어 다음 세 가지 리스트를 살펴보자.

```
x1 <- list(c(1, 2), c(3, 4))
x2 <- list(list(1, 2), list(3, 4))
x3 <- list(1, list(2, list(3)))
```

이들을 다음과 같이 나타낼 수 있다.

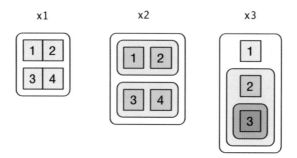

세 가지 원칙이 있다.

* 리스트는 모서리가 둥글다. 원자 벡터는 모서리가 사각이다.
* 자식은 부모 내부에 그려지며 계층을 쉽게 볼 수 있게 배경이 약간 더 어둡다.
* 자식의 방향(즉, 행 또는 열)은 중요하지 않으므로 공간을 절약하거나 예제에서 중요한 속성을 잘 설명할 수 있는 행 또는 열 방향을 선택한다.

16.5.2 서브셋하기

리스트를 서브셋하는 방법은 세 가지이다. 어떤 리스트를 a라 하자.

```
a <- list(a = 1:3, b = "a string", c = pi, d = list(-1, -5))
```

* [는 부분 리스트를 추출한다. 결과는 항상 리스트이다.

```
str(a[1:2])
#> List of 2
#> $ a: int [1:3] 1 2 3
#> $ b: chr "a string"
str(a[4])
#> List of 1
#> $ d:List of 2
#>  ..$ : num -1
#>  ..$ : num -5
```

벡터에서와 같이 논리형, 정수형, 문자형 벡터로 서브셋할 수 있다.

- [[는 리스트의 단일 구성요소를 추출한다. 리스트의 계층구조에서 한 레벨을 제거한다.

```
str(a[[1]])
#> int [1:3] 1 2 3
str(a[[4]])
#> List of 2
#> $ : num -1
#> $ : num -5
```

- $는 리스트의 명명된 요소를 추출하는 단축문자이다. 이는 따옴표가 필요 없다는 것을 제외하고는 [[와 유사하게 동작한다.

```
a$a
#> [1] 1 2 3
a[["a"]]
#> [1] 1 2 3
```

[와 [[의 차이는 리스트에 있어서 정말 중요하다. [[는 리스트 안으로 내려가는 반면 [는 더 작은 새 리스트를 반환하기 때문이다. 앞의 코드와 출력을 그림 16-2의 시각적 표현과 비교하라.

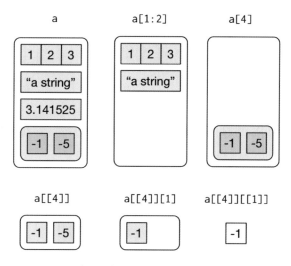

그림 16-2 리스트 서브셋하기의 시각적 표현

16.5.3 조미료 리스트

[와 [[의 차이점은 매우 중요한데, 헷갈리기 쉽다. 기억하기 쉽도록 별난 후추통으로 비유해보자.

이 후추통이 리스트 x라고 하면 x[1]은 후추팩 하나가 들어있는 후추통이다.

x[2]는 똑같지만, 두 번째 팩을 포함한다. x[1:2]는 후추팩 두 개가 들어있는 후추통이다.

x[[1]]은 후추팩 하나이다.

후추팩의 내용물은 x[[1]][[1]]으로 얻을 수 있다.

16.5.4 연습문제

1. 다음의 리스트를 중첩된 집합(nested set) 그림으로 표현하라.

    a. list(a, b, list(c, d), list(e, f))

    b. list(list(list(list(list(list(a)))))))

2. 리스트를 서브셋하듯이 티블을 서브셋하면 어떻게 되는가? 리스트와 티블의 주요 차이점은 무엇인가?

16.6 속성

벡터에 임의의 추가 메타 데이터를 속성(attribute)을 통해 포함시킬 수 있다. 속성은 어떤 객체에 첨부할 수 있는 벡터의 명명된 리스트로 생각할 수 있다. 개별 속성값은 attr()로 가져오거나 설정할 수 있으며 attributes()로 한번에 모두 볼 수 있다.

```
x <- 1:10
attr(x, "greeting")
#> NULL
attr(x, "greeting") <- "Hi!"
attr(x, "farewell") <- "Bye!"
attributes(x)
#> $greeting
#> [1] "Hi!"
#>
#> $farewell
#> [1] "Bye!"
```

R의 기본 부분을 구현하는 데 세 가지 매우 중요한 속성이 사용되었다.

- Names는 벡터 요소의 이름을 지정하는 데 사용된다.

- Dimensions(줄여서 dims)는 벡터를 행렬이나 어레이 같이 동작하도록 만든다.
- Class는 S3 객체지향 시스템을 구현하는 데 사용된다.

우리는 앞서 names는 보았고, 이 책에서는 행렬을 사용하지 않기 때문에 dimension은 다루지는 않을 것이다. class가 남았는데, 이는 제네릭 함수의 작동 방식을 제어한다. 제네릭 함수는 입력의 클래스에 따라 함수가 다르게 동작하도록 만들기 때문에, R의 객체지향 프로그래밍의 핵심이다. 객체지향 프로그래밍에 대한 자세한 설명은 이 책의 범위를 벗어나지만, *Advanced R*[3]에서 이에 대해 더 자세히 읽을 수 있다.

일반적인 제네릭 함수는 다음과 같다.

```
as.Date
#> function (x, ...)
#> UseMethod("as.Date")
#> <bytecode: 0x7fa61e0590d8>
#> <environment: namespace:base>
```

'UseMethod' 호출은 이 함수가 제네릭 함수임을 의미하며 첫 번째 인수의 클래스를 기반으로, 특정 함수(메서드)를 호출한다. (모든 메서드는 함수이지만, 모든 함수가 메서드인 것은 아니다.) methods()를 사용하여 제네릭의 모든 메서드를 나열할 수 있다.

```
methods("as.Date")
#> [1] as.Date.character as.Date.default as.Date.factor as.Date.numeric
#> [5] as.Date.POSIXct as.Date.POSIXlt
#> see '?methods' for accessing help and source code
```

예를 들어 x가 문자형 벡터이면 as.Date()는 as.Date.character()를 호출하고, 팩터형이면 as.Date.factor()를 호출한다.

getS3method()로 메서드의 구현을 구체적으로 볼 수 있다.

```
getS3method("as.Date", "default")
#> function (x, ...)
#> {
#> if (inherits(x, "Date"))
#> x
#> else if (is.logical(x) && all(is.na(x)))
#> .Date(as.numeric(x))
#> else stop(gettextf("do not know how to convert '%s' to class %s",
#> deparse(substitute(x)), dQuote("Date")), domain = NA)
#> }
#> <bytecode: 0x593f2e8>
```

---

3 *http://adv-r.had.co.nz*

```
#> <environment: namespace:base>
getS3method("as.Date", "numeric")
#> function (x, origin, ...)
#> {
#> if (missing(origin))
#> stop("'origin' must be supplied")
#> as.Date(origin, ...) + x
#> }
#> <bytecode: 0x59414e0>
#> <environment: namespace:base>
```

가장 중요한 S3 제네릭은 print()인데, 이는 콘솔에서 이름이 타이핑되었을 때, 객체가 출력되는 방식을 조정한다. 다른 중요한 제네릭은 서브셋 동작 함수들인 [, [[, $이다.

16.7 확장 벡터

원자 벡터와 리스트는 팩터형 및 데이트형과 같은 주요 벡터 유형을 구성하는 기본 요소이다. 이들은 클래스를 포함하여 추가 속성이 있는 벡터이기 때문에 우리는 이들을 확장 벡터(augmented vector)라고 부른다. 확장 벡터는 클래스를 가지므로, 원자 벡터와 다르게 동작한다. 이 책에서는 네 가지 중요한 확장 벡터를 사용한다.

• 팩터형
• 데이트형
• 데이트-타임형
• 티블

다음은 이에 대한 설명이다.

16.7.1 팩터형

팩터형은 가질 수 있는 값이 고정된 범주형 데이터를 표현하기 위해 설계되었다. 팩터형은 정수형을 기반으로 만들어졌고, 레벨 속성을 갖는다.

```
x <- factor(c("ab", "cd", "ab"), levels = c("ab", "cd", "ef"))
typeof(x)
#> [1] "integer"
attributes(x)
#> $levels
#> [1] "ab" "cd" "ef"
#>
#> $class
#> [1] "factor"
```

16.7.2 데이트형과 데이트-타임형

R의 데이트형은 1970년 1월 1일부터 지난 일 수를 나타내는 수치형 벡터이다.

```
x <- as.Date("1971-01-01")
unclass(x)
#> [1] 365

typeof(x)
#> [1] "double"
attributes(x)
#> $class
#> [1] "Date"
```

데이트-타임형은 1970년 1월 1일부터 지난 초 수를 나타내는 POSIXct 클래스를 가진 수치형 벡터이다. ('POSIXct'가 무엇일까? 이는 Portable Operating System Interface calendar time을 의미한다.)

```
x <- lubridate::ymd_hm("1970-01-01 01:00")
unclass(x)
#> [1] 3600
#> attr(,"tzone")
#> [1] "UTC"

typeof(x)
#> [1] "double"
attributes(x)
#> $class
#> [1] "POSIXct" "POSIXt"
#>
#> $tzone
#> [1] "UTC"
```

tzone 속성은 선택사항이다. 이것은 시간이 출력되는 방식을 제어하는 것이지, 절대 시간을 제어하는 것이 아니다.

```
attr(x, "tzone") <- "US/Pacific"
x
#> [1] "1969-12-31 17:00:00 PST"

attr(x, "tzone") <- "US/Eastern"
x
#> [1] "1969-12-31 20:00:00 EST"
```

데이트-타임형의 또 다른 유형은 POSIXlt라고 부르는 것이다. 이는 명명된 리스트를 기반으로 만들어졌다.

```
y <- as.POSIXlt(x)
typeof(y)
#> [1] "list"
attributes(y)
#> $names
```

```
#> [1] "sec"     "min"     "hour"    "mday"    "mon"     "year"
#> [7] "wday"    "yday"    "isdst"   "zone"    "gmtoff"
#>
#> $class
#> [1] "POSIXlt" "POSIXt"
#>
#> $tzone
#> [1] "US/Eastern" "EST" "EDT"
```

POSIXlt는 tidyverse 내부에서 거의 쓰지 않는다. POSIXlt는 연 또는 월 같은 날
짜의 특정 구성요소를 추출하는 데 필요하기 때문에 베이스 R에서 한 번씩 사용
된다. lubridate가 이 작업을 대신 수행하는 도우미를 제공하므로 POSIXlt가 필
요하지는 않다. POSIXct가 어느 경우에나 사용하기 쉽기 때문에 POSIXlt가 주어
졌을 때는 항상 lubridate::as_date_time()을 사용하여 일반적인 데이트-타임형으
로 변환하는 것이 좋다.

16.7.3 티블

티블은 확장 리스트이다. 세 가지 클래스인 tbl_df, tbl, data.frame을 갖는다.
두 가지 속성인 names(열 이름)와 row.names(행이름)를 갖는다.

```
tb <- tibble::tibble(x = 1:5, y = 5:1)
typeof(tb)
#> [1] "list"
attributes(tb)
#> $names
#> [1] "x" "y"
#>
#> $row.names
#> [1] 1 2 3 4 5
#>
#> $class
#> [1] "tbl_df" "tbl" "data.frame"
```

전통적인 데이터프레임은 매우 유사한 구조를 가지고 있다.

```
df <- data.frame(x = 1:5, y = 5:1)
typeof(df)
#> [1] "list"
attributes(df)
#> $names
#> [1] "x" "y"
#>
#> $class
#> [1] "data.frame"
#>
#> $row.names
#> [1] 1 2 3 4 5
```

주된 차이점은 클래스이다. 티블의 클래스는 'data.frame'을 포함하는데, 이는 티

블이 기본값으로 일반적인 데이터프레임 동작을 물려받음을 의미한다.

티블·데이터프레임과 리스트의 차이점은 티블·데이터프레임의 모든 요소는 길이가 같은 벡터이어야 한다는 점이다. 티블에 작동하는 모든 함수는 이 제약 조건을 적용한다.

16.7.4 연습문제

1. hms::hms(3600)가 반환하는 것은 무엇인가? 어떻게 출력하는가? 이 확장 벡터는 어떤 유형에 기반하여 만들어졌는가? 어떤 속성을 이용하는가?

2. 길이가 다른 열을 갖도록 티블을 한번 생성해보라. 어떻게 되는가?

3. 이전 정의에 기반하여 리스트를 티블의 열로 가져도 괜찮은가?

17장

R f o r D a t a S c i e n c e

purrr로 하는 반복작업

17.1 들어가기

15장에서는 복사하여 붙여넣기 대신 함수를 작성하여 코드의 복제를 줄이는 것이 얼마나 중요한지에 대해 이야기했다. 코드 중복을 줄이면 크게 세 가지 이점이 있다.

- 같은 부분이 아니라, 서로 다른 부분이 잘 보이기 때문에 코드의 의도를 확인하기 쉽다.
- 요구사항의 변화에 쉽게 대응할 수 있다. 요구사항이 변경되면 복사하고 붙여넣은 모든 장소를 기억해가며 변경하는 대신, 한 곳만 변경하면 된다.
- 각각 코드 라인이 더 많은 곳에서 사용되었기 때문에 버그가 발생할 확률이 줄어든다.

중복을 줄이는 방법으로 함수가 있는데, 함수는 반복되는 코드 패턴을 식별하고 쉽게 재사용하고 업데이트할 수 있는 독립적인 조각으로 코드를 추출한다. 중복을 줄이는 또 다른 방법은 반복(iteration)이다. 반복이 유용한 경우는 여러 입력에 대해 동일한 작업을 수행해야 하는 경우, 즉 다른 열이나 다른 데이터셋에 동일한 연산을 반복해야 하는 경우이다. 이 장에서는 명령형 프로그래밍과 함수형 프로그래밍이라는 두 가지 중요한 반복 패러다임에 대해 학습한다. 명령형에서는 for 루프와 while 루프와 같은 도구가 있다. 이 도구들을 사용하면 반복이 매우 명시적이어서 무슨 일이 일어나는지 명확하므로, 이것들부터 배우는 것이 좋다. 그러나 for 루프는 매우 장황하며 모든 for 루프마다 중복되는 부수적인 코드가 필요하다. 함수형 프로그래밍(Functional Programming)은 이 중복된 코드를 추출하는 도구를 제공하므로, 루프 패턴마다 공통된 함수를 갖는다. 함수형 프로그래밍의 어휘를 습득하면 코드를 더 적게 사용하고, 더 쉽게 그리고 오류를 덜 발생시키면서, 일반적인 반복 문제를 해결할 수 있다.

17.1.1 준비하기

베이스 R이 제공하는 for 루프를 살펴본 뒤, tidyverse 핵심 패키지 중 하나인 purrr이 제공하는 강력한 프로그래밍 도구를 배울 것이다.

```
library(tidyverse)
```

17.2 For 루프

다음과 같은 간단한 티블이 있다고 하자.

```
df <- tibble(
  a = rnorm(10),
  b = rnorm(10),
  c = rnorm(10),
  d = rnorm(10)
)
```

각 열의 중앙값을 계산하고자 한다. 복사하여 붙여넣기로 할 수 있다.

```
median(df$a)
#> [1] -0.246
median(df$b)
#> [1] -0.287
median(df$c)
#> [1] -0.0567
median(df$d)
#> [1] 0.144
```

그러나 이는 '절대 두 번 이상 복사하여 붙여넣지 말 것'이라는 우리의 원칙을 위반하는 것이다. 대신 for 루프를 사용하면 된다.

```
output <- vector("double", ncol(df))    # 1. 출력
for (i in seq_along(df)) {              # 2. 시퀀스
  output[[i]] <- median(df[[i]])        # 3. 본문
}
output
#> [1] -0.2458 -0.2873 -0.0567  0.1443
```

모든 for 루프는 세 가지 구성요소가 있다.

출력 output <- vector("double", length(x))

루프를 시작하기 전에 항상 출력을 위해 충분한 공간을 할당해야 한다. 이는 효율성을 높이기 위해 매우 중요하다. 예를 들어 c()를 사용하여 각 반복마다 for 루프를 늘리면 매우 느려진다.

주어진 길이의 빈 벡터를 만드는 일반적인 방법은 vector() 함수를 사용하는 것이다. 두 가지 인수가 있다. 벡터의 유형('논리형', '정수형', '더블형', '문자형' 등)과 벡터의 길이이다.

시퀀스 i in seq_along(df)

시퀀스는 무엇을 따라가며 반복해야 하는지를 결정한다. 즉, for 루프의 각 실행차수에서 i에 set_along(df)의 값을 할당한다. i를 '그것'과 같이 대명사로 생각하면 편리하다.

전에 seq_along()를 보지 못했을 수도 있다. 익숙한 1:length(l)보다 안전한 버전인데, 중요한 차이점이 있다. 길이가 0인 벡터가 있을 때, seq_along()은 다음과 같이 바르게 작동한다.

```
y <- vector("double", 0)
seq_along(y)
#> integer(0)
1:length(y)
#> [1] 1 0
```

고의적으로 길이가 0인 벡터를 생성하지 않겠지만, 의도치 않게 생성하기 쉽다. seq_along(x) 대신 1:length(x)를 쓰면 해석하기 힘든 오류 메시지를 얻기 쉽다.

본문 output[[i]] <- median(df[[i]])

실행되는 코드이다. 각 차수마다 다른 i 값으로 반복 수행된다. 반복 첫 번째는 output[[1]] <- median(df[[1]])이, 두 번째는 output[[2]] <- median(df[[2]])가 실행되는 식이다.

이것이 for 루프의 전부이다! 이제 다음 연습문제를 통하여 기본적인(그리고 기본이 아닌) for 루프를 작성하는 연습을 시작하기 좋은 시점이다. 그런 다음 실무에서 발생할 수 있는 다른 문제들을 해결할 수 있는 for 루프의 변형으로 넘어가자.

17.2.1 연습문제

1. 다음을 수행하는 루프를 작성하라.

   a. mtcars 모든 열의 평균을 계산.

   b. nycflights13:flights 각 열의 유형을 확인.

   c. iris 각 열의 유일한 값의 개수를 계산.

   d. 10개의 랜덤 정규분포(μ = -10, 0, 10, 100 각각)를 생성.

   루프를 작성하기에 앞서 출력, 시퀀스, 본문에 대해 생각하라.

2. 벡터와 함께 작동하는 기존 함수를 활용하여 다음 각 예제의 for 루프를 제거하라.

```
out <- ""
for (x in letters) {
   out <- stringr::str_c(out, x)
}

x <- sample(100)
sd <- 0
for (i in seq_along(x)) {
   sd <- sd + (x[i] - mean(x)) ^ 2
}
sd <- sqrt(sd / (length(x) - 1))

x <- runif(100)
out <- vector("numeric", length(x))
out[1] <- x[1]
for (i in 2:length(x)) {
  out[i] <- out[i - 1] + x[i]
}
```

3. 함수와 for 루프 기술을 결합하여 다음을 해결하라.

   a. 동요 'Alice the Camel'의 가사를 print()하는 for 루프를 작성하라.

   b. 동요 'Ten in the Bed'를 함수로 변환하라. 임의의 사람 수가 임의의 위치에서 자고 있는 상황으로 일반화하라.

   c. 노래 '99 Bottles of Beer on the Wall'을 함수로 변환하라. 임의의 액체가 담긴 임의 개수의 임의 용기가 임의 표면 위에 있는 상황으로 일반화하라.

4. 다음과 같이 for 루프에서 출력을 미리 할당하지 않고 대신 각 단계에서 벡터의 길이를 늘리는 것이 일반적이다.

```
output <- vector("integer", 0)
for (i in seq_along(x)) {
  output <- c(output, lengths(x[[i]]))
}
output
```

이 방법은 성능에 어떻게 영향을 주겠는가? 실험을 설계하고 수행하라.

17.3 For 루프 변형

기초적인 for 루프를 습득했다면 이제 알아야 할 몇 가지 변형이 있다. 이 변형들은 반복 수행 방법에 관계없이 중요하므로 다음 절에서 배우게 될 함수형 프로그래밍 기법을 익힐 때까지 잊어버리면 안 된다.

for 루프의 기초적인 테마에는 네 가지 변형이 있다.

- 새 객체를 생성하는 대신 기존 객체를 수정하기.
- 지수(index) 대신 이름이나 값을 따라 루프하기.
- 길이가 알려지지 않은 출력 다루기.
- 길이가 알려지지 않은 시퀀스 다루기.

17.3.1 기존 객체 수정

때로는 기존 객체를 수정하기 위해 for 루프를 사용하려고 할 수 있다. 예를 들어 15장의 문제를 기억해보라. 데이터프레임의 모든 열을 리스케일하려고 했었다.

```
df <- tibble(
  a = rnorm(10),
  b = rnorm(10),
  c = rnorm(10),
  d = rnorm(10)
)
rescale01 <- function(x) {
  rng <- range(x, na.rm = TRUE)
  (x - rng[1]) / (rng[2] - rng[1])
}

df$a <- rescale01(df$a)
df$b <- rescale01(df$b)
df$c <- rescale01(df$c)
df$d <- rescale01(df$d)
```

for 루프로 해결하기 위해 이번에도 세 가지 구성요소에 대해 생각해보자.

출력

출력은 입력과 같으므로 출력은 이미 정해졌다.

시퀀스

데이터프레임을 열의 리스트로 생각할 수 있으므로, seq_along(df)로 각 열을 따라 반복하면 된다.

본문

rescale01()을 수행하라.

따라서 다음과 같이 된다.

```
for (i in seq_along(df)) {
  df[[i]] <- rescale01(df[[i]])
}
```

이와 같은 루프로 리스트나 데이터프레임을 수정하는 작업에서 [가 아닌 [[를 사용해야 한다는 것을 주의해야 한다. 앞서 모든 for 루프에서 [[를 사용했다는 것을 알아챘는가? 원자 벡터에서도 [[를 사용하는 것이 더 좋은데, 이렇게 하면 단일 요소를 다룬다는 것을 명확하게 하기 때문이다.

17.3.2 루프 패턴

벡터를 따라 반복하는 세 가지 기본 방법이 있다. 지금까지는 가장 일반적인 것을 보았다. 즉, for (i in seq_along(xs))를 사용하여 숫자 지수를 따라 반복하고 x[[i]]로 값을 추출했다. 다음은 두 가지 다른 형태이다.

- 요소를 따라 반복, for (x in xs). 이 방법은 플롯을 생성하거나 파일을 저장하는 것과 같은 부수효과만 관심이 있는 경우에 매우 유용한 방법인데, 일반적으로 이러한 출력을 효율적으로 저장하기가 어렵기 때문이다.
- 이름을 따라 반복, for (nm in names(xs)). 이렇게 하면 이름을 사용하여 x[[nm]]로 값에 접근할 수 있다. 이름을 플롯 제목이나 파일 이름에 사용하려는 경우 유용하다. 명명된 출력을 생성하려면 다음과 같이 results 벡터를 명명해야 한다.

```
results <- vector("list", length(x))
names(results) <- names(x)
```

숫자 지수를 따라 반복하는 것은 위치가 주어지면 이름과 값 모두 추출할 수 있기 때문에 가장 일반적인 형태이다.

```
for (i in seq_along(x)) {
  name <- names(x)[[i]]
  value <- x[[i]]
}
```

17.3.3 길이를 모르는 출력

출력의 길이가 얼마나 될지 모르는 경우가 종종 있다. 예를 들어 임의 길이의 임의 벡터를 시뮬레이션해야 하는 문제가 있다. 여러분들은 벡터를 점진적으로 늘려가는 방법으로 이 문제를 해결하려고 할 것이다.

```
means <- c(0, 1, 2)

output <- double()
for (i in seq_along(means)) {
  n <- sample(100, 1)
  output <- c(output, rnorm(n, means[[i]]))
}
str(output)
#>  num [1:202] 0.912 0.205 2.584 -0.789 0.588 ...
```

그러나 이 방법은 그다지 효율적이지 않은데, R은 각 차수마다 이전 차수의 데이터를 모두 복사해야 하기 때문이다. 기술적인 용어로 '2차'($O(n^2)$) 동작이 된다. 즉, 요소가 3배 많은 루프는 실행하는 데 9(3^2)배의 시간이 소요된다.

좀 더 나은 해결책은 결과를 리스트에 저장한 다음, 루프가 완료된 후 단일 벡터로 결합하는 것이다.

```
out <- vector("list", length(means))
for (i in seq_along(means)) {
  n <- sample(100, 1)
  out[[i]] <- rnorm(n, means[[i]])
}
str(out)
#> List of 3
#>  $ : num [1:83] 0.367 1.13 -0.941 0.218 1.415 ...
#>  $ : num [1:21] -0.485 -0.425 2.937 1.688 1.324 ...
#>  $ : num [1:40] 2.34 1.59 2.93 3.84 1.3 ...
str(unlist(out))
#>  num [1:144] 0.367 1.13 -0.941 0.218 1.415 ...
```

여기에서 unlist()를 사용하여 벡터의 리스트를 단일 벡터로 플랫하게 만들었다. 더 엄격한 방법은 purrr::flatten_dbl()을 사용하는 것이다. 입력이 더블형의 리스트가 아닌 경우 오류를 발생시킬 것이다.

이러한 패턴은 다른 곳에서도 나타난다.

• 긴 문자열을 생성하는 경우이다. 각 반복을 이전과 함께 paste()하는 대신 출

력을 문자형 벡터에 저장한 다음 paste(output, collapse = "")를 사용하여 단
일 문자열로 결합한다.
- 큰 데이터프레임을 생성하는 경우이다. 각 차수에 순차적으로 rbind()하는 대
신 출력을 리스트에 저장한 후 dplyr::bind_rows(output)을 사용하여 데이터프
레임 하나로 결합한다.

이러한 패턴이 있는지 잘 살펴보라. 이 패턴을 발견하면, 좀 더 복잡한 결과 객
체로 바꾼 다음, 마지막에 한번에 결합하라.

17.3.4 길이를 모르는 시퀀스

때로는 입력 시퀀스의 길이를 알지 못하는 경우도 있다. 시뮬레이션을 할 때 이
런 일이 자주 생긴다. 예를 들어 앞면을 세 번 연속으로 얻기까지 반복하는 문제
가 있다. for 루프로는 이러한 반복을 할 수 없다. 대신 while 루프를 사용하면
된다. while 루프는 조건과 본문, 두 가지 구성요소만 있기 때문에 for 루프보다
간단하다.

```
while (condition) {
  # 본문
}
```

while 루프는 for 루프보다 더 범용적이다. 어떤 for 루프도 while 루프로 다시
작성할 수 있지만, 모든 while 루프를 for 루프로 작성할 수 있는 것은 아니기 때
문이다.

```
for (i in seq_along(x)) {
  # 본문
}

# 위는 다음과 같음
i <- 1
while (i <= length(x)) {
  # 본문
  i <- i + 1
}
```

연속으로 앞면을 세 번 얻을 때까지 걸린 시도 횟수를 while 루프를 사용하여 구
하는 방법은 다음과 같다.

```
flip <- function() sample(c("T", "H"), 1)

flips <- 0
nheads <- 0
```

```
while (nheads < 3) {
  if (flip() == "H") {
    nheads <- nheads + 1
  } else {
    nheads <- 0
  }
  flips <- flips + 1
}
flips
#> [1] 3
```

while 루프를 간략하게만 이야기했는데, 개인적으로 거의 사용하지 않기 때문이다. 시뮬레이션할 때 가장 자주 사용되는데, 이는 이 책의 범위를 벗어난다. 하지만 이런 것이 있다는 것을 알아두면 반복 수를 미리 알지 못하는 문제에 대비할 수 있어서 좋다.

17.3.5 연습문제

1. 읽으려고 하는 CSV 파일들로 가득 찬 디렉터리가 있다고 하자. 벡터 files <-
   dir("data/", pattern = "\\.csv$", full.names = TRUE)에 경로가 있으므로, 각
   경로를 read_csv()로 읽으려고 한다. 이들을 단일 데이터프레임으로 불러오
   는 for 루프를 작성하라.

2. for (nm in names(x))를 사용할 때 x가 이름이 없으면 어떻게 되는가? 일부 요
   소만 이름이 있으면 어떻게 되는가? 이름이 고유하지 않으면 어떻게 되는가?

3. 데이터프레임의 각 수치형 열의 평균을 이름과 함께 인쇄하는 함수를 작성
   하라. 예를 들어 show_mean(iris)는 다음과 같이 인쇄해야 한다.

```
show_mean(iris)
#> Sepal.Length: 5.84
#> Sepal.Width:  3.06
#> Petal.Length: 3.76
#> Petal.Width:  1.20
```

(심화문제: 변수 이름의 길이가 다르더라도, 숫자들이 잘 정렬되도록 하기
위해 어떤 함수를 사용했는가?)

4. 다음의 코드는 어떤 일을 하는가? 어떤 방법으로 하는가?

```
trans <- list(
  disp = function(x) x * 0.0163871,
  am = function(x) {
    factor(x, labels = c("auto", "manual"))
  }
)
for (var in names(trans)) {
  mtcars[[var]] <- trans[[var]](mtcars[[var]])
}
```

17.4 For 루프 vs 함수형

R이 함수형 프로그래밍 언어이기 때문에, R에서 for 루프는 다른 언어에서만큼 중요하지는 않다. 즉, for 루프를 직접 사용하는 대신, 이를 함수에 포함시키고 이 함수를 호출할 수 있다.

이것이 중요한 이유를 보기 위해 다음의 간단한 데이터프레임을 (다시) 보자.

```
df <- tibble(
  a = rnorm(10),
  b = rnorm(10),
  c = rnorrm(10),
  d = rnorm(10)
)
```

각 열의 평균을 연산한다고 가정하자. for 루프로 할 수 있다.

```
output <- vector("double", length(df))
for (i in seq_along(df)) {
  output[[i]] <- mean(df[[i]])
}
output
#> [1]  0.2026 -0.2068  0.1275 -0.0917
```

모든 열의 평균을 자주 계산해야 해서 다음과 같이 함수로 추출한다.

```
col_mean <- function(df) {
  output <- vector("double", length(df))
  for (i in seq_along(df)) {
    output[i] <- mean(df[[i]])
  }
  output
}
```

그러고 나면 이제 중앙값과 표준편차를 계산할 수 있다면 편리하겠다고 생각할 것이다. col_mean() 함수를 복사하여 붙여넣고, mean()을 median() 및 sd()로 바꾼다.

```
col_median <- function(df) {
  output <- vector("double", length(df))
  for (i in seq_along(df)) {
    output[i] <- median(df[[i]])
  }
  output
}
col_sd <- function(df) {
  output <- vector("double", length(df))
  for (i in seq_along(df)) {
    output[i] <- sd(df[[i]])
  }
```

```
  output
}
```

이런! 복사하여 붙여넣기를 두 번 했으므로 일반화를 고민해야 할 시점이다. 이
코드의 대부분은 for 루프 상용구이며 함수들 사이에 다른 부분(mean(), median(),
sd())을 알아보기가 쉽지 않다.

다음과 같은 함수군이 있다면 어떻게 할 것인가?

```
f1 <- function(x) abs(x - mean(x)) ^ 1
f2 <- function(x) abs(x - mean(x)) ^ 2
f3 <- function(x) abs(x - mean(x)) ^ 3
```

아마도 중복이 많다는 것을 알아채고 이를 추가 인수로 추출할 것이다.

```
f <- function(x, i) abs(x - mean(x)) ^ i
```

버그가 발생할 가능성을 줄였고(코드가 1/3로 짧아짐) 새로운 상황에 맞추어 일
반화하기 쉬워졌다.

똑같은 작업을 col_mean(), col_median(), col_sd()에 할 수 있다. 각 열에 적용
시킬 함수를 인수로 제공하자.

```
col_summary <- function(df, fun) {
  out <- vector("double", length(df))
  for (i in seq_along(df)) {
    out[i] <- fun(df[[i]])
  }
  out
}
col_summary(df, median)
#> [1]  0.237 -0.218  0.254 -0.133
col_summary(df, mean)
#> [1]  0.2026 -0.2068  0.1275 -0.0917
```

함수를 다른 함수로 전달하는 것은 매우 강력한 개념이며, R이 함수형 프로그래
밍 언어가 되는 동작 중 하나이다. 이 개념에 대해 잘 이해하는 데 시간이 좀 걸
리겠지만, 노력해볼 가치가 있다. 이 장의 남은 부분에서는 purrr 패키지에 대해
배우고 사용해볼 것인데, 이 패키지의 함수들을 사용하면 일반적인 for 루프를
사용할 필요가 없다. 베이스 R의 apply 함수 계열(apply(), lapply(), tapply() 등)
도 비슷한 문제를 해결하지만, purrr은 좀 더 일관성이 있고 이로 인해 배우기도
더 쉽다.

for 루프 대신 purrr 함수들을 사용하면 리스트 조작 문제를 독립적인 조각들
로 나눌 수 있다.

- 리스트의 단일 요소에 대해서만 문제를 푼다면 어떻게 해결하겠는가? 이 문제를 해결했다면 리스트의 모든 요소들에 이 해답을 일반화하는 것은 purrr이 해결해준다.
- 복잡한 문제를 해결하는 경우, 해결책으로 한 걸음 나아가기 위해 문제를 쉬운 크기로 분해하는 방법은 무엇일까? purrr을 사용하면 파이프와 함께 작성할 수 있는 작은 조각 여러 개로 만들 수 있다.
- 이 구조를 사용하면 새로운 문제를 쉽게 해결할 수 있다. 또한 이전 코드를 다시 읽을 때 문제를 어떻게 해결했는지 더 쉽게 이해할 수 있다.

17.4.1 연습문제

1. apply()에 대한 문서를 읽어라. 두 번째 예제에서 이 함수가 일반화하는 for 루프 두 가지는 무엇인가?
2. 수치형 열에만 col_summary()를 적용해보라. 각 수치형 열에 TRUE를 갖는, 논리형 벡터를 반환하는 is_numeric()으로 시작해보라.

17.5 맵 함수

벡터를 따라 루프를 돌며, 각 요소에 어떤 작업을 하고, 결과를 저장하는 패턴은 매우 일반적이다. purrr 패키지에는 이런 작업을 수행하는 함수 모음이 있다. 각 출력 형식마다 함수가 있다.

- map()은 리스트를 출력한다.
- map_lgl()은 논리형 벡터를 출력한다.
- map_int()는 정수형 벡터를 출력한다.
- map_dbl()는 더블형 벡터를 출력한다.
- map_chr()은 문자형 벡터를 출력한다.

각 함수는 벡터를 입력으로, 각 조각에 함수를 적용한 후, 입력과 길이가 같고 이름들이 같은 새로운 벡터를 반환한다. 반환 벡터의 유형은 맵(map) 함수의 접미사에 의해 결정된다.

이러한 함수들을 습득하면 반복 문제들을 해결하는 데 시간이 훨씬 적게 걸리는 것을 알 수 있다. 그러나 맵 함수 대신 for 루프를 사용하는 것에 대해 부끄러워해서는 안 된다. 맵 함수들은 추상화로 한 단계 나아간 것이다. 이들이 작동하는 방식에 대해 충분히 이해하려면 오랜 시간이 걸릴 수도 있다. 가장 간결하고 우아하게 코드를 작성하고 싶겠지만, 중요한 점은 이것이 아니라 작업하고 있는 문제를 해결하는 것이다.

for 루프는 느리기 때문에 피해야 한다고 이야기하는 사람도 있다. 틀린 이야기이다! (for 루프는 느리지 않게 된 것이 벌써 수 년 전의 일이기 때문에, 이러한 이야기는 최소한 옛날 이야기이다.) map()과 같은 함수들을 사용하는 주된 이점은 속도가 아니라 명확성이다. 즉, 이 함수들은 코드를 쓰고 읽기 쉽게 만든다.

이 함수들을 사용하여 마지막으로 보았던 for 루프와 동일한 계산을 수행할 수 있다. 요약 함수들은 더블형을 반환했으므로 map_dbl()을 사용해야 한다.

```
map_dbl(df, mean)
#>       a       b       c       d
#>  0.2026 -0.2068  0.1275 -0.0917
map_dbl(df, median)
#>      a      b      c      d
#>  0.237 -0.218  0.254 -0.133
map_dbl(df, sd)
#>     a     b     c     d
#> 0.796 0.759 1.164 1.062
```

for 루프를 사용했을 때와 비교하면 모든 요소를 따라 반복하고 결과를 저장하는 단순작업이 아닌, 수행되는 연산(예, mean(), median(), sd())이 부각된다.

```
df %>% map_dbl(mean)
#>       a       b       c       d
#>  0.2026 -0.2068  0.1275 -0.0917
df %>% map_dbl(median)
#>      a      b      c      d
#>  0.237 -0.218  0.254 -0.133
df %>% map_dbl(sd)
#>     a     b     c     d
#> 0.796 0.759 1.164 1.062
```

map_*()과 col_summary() 사이에 차이점이 몇 가지 있다.

- 모든 purrr 함수는 C로 구현되었다. 가독성이 희생되었지만, 약간 빨라지게 되었다.
- 적용할 함수를 나타내는 두 번째 인수 .f로 공식, 문자형 벡터나 정수형 벡터를 지정할 수 있다. 다음 절에서 이러한 편리한 단축어들을 배울 것이다.
- map_*()은 .f가 호출이 될 때마다 추가 인수를 ...(271쪽의 '점-점-점 (...)')을 사용하여 전달할 수 있다.

```
map_dbl(df, mean, trim = 0.5)
#>      a      b      c      d
#>  0.237 -0.218  0.254 -0.133
```

• 맵함수는 또한 이름을 유지한다.

```
z <- list(x = 1:3, y = 4:5)
map_int(z, length)
#> x y
#> 3 2
```

17.5.1 단축어

타이핑을 약간 줄이기 위해 .f와 함께 사용할 수 있는 단축어가 몇 개 있다. 데이터셋 각 그룹에 선형 모형을 적합하고 싶다고 하자. 다음 예제에서는 mtcars 데이터셋을 (각 cylinder 값마다 하나씩) 세 조각으로 나누어 각 조각마다 선형 모형을 동일하게 적합한다.

```
models <- mtcars %>%
  split(.$cyl) %>%
  map(function(df) lm(mpg ~ wt, data = df))
```

R에서 익명 함수를 생성하는 문법은 장황하다. 따라서 purrr에는 편리한 단축어인 한쪽 공식(one-sided formula)[1]이 있다.

```
models <- mtcars %>%
  split(.$cyl) %>%
  map(~lm(mpg ~ wt, data = .))
```

여기에서 .을 대명사로 사용했는데, 현재 리스트 요소를 가리킨다. for 루프에서 i가 현재 지수를 가리키는 것과 같다.

많은 모형을 보다 보면 R^2와 같은 요약 통계량을 추출하고 싶은 경우가 있다. 이를 위해서는 먼저 summary()를 실행한 뒤 r.squared라는 요소를 추출해야 한다. 익명 함수를 위한 단축어를 사용해서 할 수도 있다.

```
models %>%
  map(summary) %>%
  map_dbl(~.$r.squared)
#>     4     6     8
#> 0.509 0.465 0.423
```

그러나 명명된 구성요소를 추출하는 것은 자주하는 연산이므로 purrr에 있는 더

---

1 (옮긴이) 공식의 왼쪽 부분이 없이, ~와 오른쪽 부분으로만 이루어진 공식을 말한다.

짧은 단축어가 있는데, 바로 문자열을 사용할 수 있다.

```
models %>%
  map(summary) %>%
  map_dbl("r.squared")
#>     4     6     8
#> 0.509 0.465 0.423
```

정수형을 사용하여 위치로 요소를 선택할 수도 있다.

```
x <- list(list(1, 2, 3), list(4, 5, 6), list(7, 8, 9))
x %>%
map_dbl(2)
#> [1] 2 5 8
```

17.5.2 베이스 R

베이스 R의 apply 함수 계열에 익숙하다면 purrr 함수들과 다음과 같은 유사점이 있음을 발견했을 것이다.

- lapply()는 map()과 기본적으로 같다. 차이점은 map()은 purrr의 다른 모든 함수와 일관성이 있고 .f에 단축어를 사용할 수 있다는 것이다.
- 베이스 sapply()는 lapply()의 출력을 자동으로 단순하게 만드는 래퍼이다. 이 함수는 대화식 작업에서는 유용하지만, 함수 안에서는 다음과 같이 어떤 출력을 얻게 될지 모르기 때문에 문제가 된다.

```
x1 <- list(
  c(0.27, 0.37, 0.57, 0.91, 0.20),
  c(0.90, 0.94, 0.66, 0.63, 0.06),
  c(0.21, 0.18, 0.69, 0.38, 0.77)
)
x2 <- list(
  c(0.50, 0.72, 0.99, 0.38, 0.78),
  c(0.93, 0.21, 0.65, 0.13, 0.27),
  c(0.39, 0.01, 0.38, 0.87, 0.34)
)

threshold <- function(x, cutoff = 0.8) x[x > cutoff]
x1 %>% sapply(threshold) %>% str()
#> List of 3
#>  $ : num 0.91
#>  $ : num [1:2] 0.9 0.94
#>  $ : num(0)
x2 %>% sapply(threshold) %>% str()
#>  num [1:3] 0.99 0.93 0.87
```

- vapply()는 유형을 정의하는 추가 인수를 제공하기 때문에 sapply()의 안전한 대체함수이다. vapply()의 유일한 문제는 타이핑을 길게 해야 한다는 것이

다. vapply(df, is.numeric, logical(1))은 map_lgl(df, is.numeric)과 동일하다. vapply()가 purrr의 맵 함수보다 좋은 점은 행렬을 만들 수도 있다는 것이다. 맵 함수는 벡터만 만들 수 있다.

purrr 함수들에 대해 살펴보았는데, 이름과 인수가 좀 더 일관성이 있고 편리한 단축어가 있다. 앞으로는 용이한 병렬처리, 진행률 막대가 제공될 예정이다.

17.5.3 연습문제

1. 맵 함수들 중 하나를 사용하여 다음을 수행하는 코드를 작성하라.

   a. mtcars 모든 열의 평균을 계산하라.
   b. nycflights13::flights 각 열의 유형을 확인하라.
   c. iris 각 열에서 유일한 값의 개수를 계산하라.
   d. 각 μ = -10, 0, 10, 100에 대해 10개의 랜덤 정규분포 샘플을 생성하라.

2. 데이터프레임의 각 열이 팩터형인지 여부를 나타내는 벡터를 생성하는 방법은 무엇인가?

3. 리스트가 아닌 벡터에 맵 함수를 사용하면 어떻게 되는가? map(1:5, runif)가 하는 작업은 무엇인가? 이유는?

4. map(-2:2, rnorm, n = 5)을 하면 어떻게 되는가? map_dbl(-2:2, rnorm, n = 5)는 어떻게 되는가? 이유는?

5. map(x, function(df) lm(mpg ~wt, data = df))의 익명 함수를 제거하여 다시 작성하라.

17.6 실패 다루기

맵 함수를 사용해 많은 연산을 반복할 때, 연산 중 하나가 실패할 확률이 매우 높다. 이 경우 오류 메시지가 표시되고 출력은 표시되지 않는다. 이는 성가신 일이다. 한번 실패했다고 해서 왜 다른 모든 성공 결과에 접근하지 못하게 되는가? 썩은 사과 한 개가 통 전체를 망치지 않는다고 어떻게 확신할 수 있겠는가?

이 절에서는 새로운 함수인 safely()를 사용하여 이러한 상황을 다루는 법을 배울 것이다. safely()는 부사이다. 함수(동사)를 사용하고 수정된 버전을 반환한다. 이 경우 수정된 버전은 오류를 발생시키지 않는다. 대신 항상 다음의 두 요소로 이루어진 리스트를 반환한다.

result

원 결과. 오류가 있다면 이는 NULL이 될 것이다.

error

오류 객체. 연산이 성공적이었다면 이는 NULL이 될 것이다.

(베이스 R의 try() 함수에 익숙한 사람도 있을 것이다. 유사하지만 이 함수는 원 결과를 반환하기도 하고 오류 객체를 반환하기도 하기 때문에 작업하기 더 힘들다.)

단순한 예제인 log()로 이를 살펴보자.

```
safe_log <- safely(log)
str(safe_log(10))
#> List of 2
#> $ result: num 2.3
#> $ error : NULL
str(safe_log("a"))
#> List of 2
#>  $ result: NULL
#>  $ error :List of 2
#>   ..$ message: chr "non-numeric argument to mathematical ..."
#>   ..$ call : language log(x = x, base = base)
#>   ..- attr(*, "class")= chr [1:3] "simpleError" "error" ...
```

함수가 성공한 경우 result 요소는 결과를 포함하게 되고 error 요소는 NULL이 된다. 함수가 실패한 경우, result 요소는 NULL이 되고 error 요소는 오류 객체를 포함하게 된다.

safely()는 다음과 같이 map과 함께 수행되도록 설계되었다.

```
x <- list(1, 10, "a")
y <- x %>% map(safely(log))
str(y)
#> List of 3
#>  $ :List of 2
#>   ..$ result: num 0
#>   ..$ error : NULL
#>  $ :List of 2
#>   ..$ result: num 2.3
#>   ..$ error : NULL
#>  $ :List of 2
#>   ..$ result: NULL
#>   ..$ error :List of 2
#>   .. ..$ message: chr "non-numeric argument to mathematical function"
#> .. ..$ call : language log(x = x, base = base)
#>   .. ..- attr(*, "class")= chr [1:3] "simpleError" "error" "condition"
```

리스트가 두 개(모든 오류를 담는 하나와 모든 출력을 담는 하나) 있으면 작업하기가 더 쉬울 것이다. purrr::transpose()를 사용하면 쉽게 얻을 수 있다.

```
y <- y %>% transpose()
str(y)
#> List of 2
#>  $ result:List of 3
#>   ..$ : num 0
#>   ..$ : num 2.3
#>   ..$ : NULL
#>  $ error :List of 3
#>   ..$ : NULL
#>   ..$ : NULL
#>   ..$ :List of 2
#>   .. ..$ message: chr "non-numeric argument to mathematical function"
#>   .. ..$ call : language log(x = x, base = base)
#>   .. ..- attr(*, "class")= chr [1:3] "simpleError" "error" "condition"
```

나름대로 오류를 처리하는 법이 있겠지만, 일반적으로 y 값이 오류인 x 값을 보거나, 정상인 y 값을 살펴볼 것이다.

```
is_ok <- y$error %>% map_lgl(is_null)
x[!is_ok]
#> [[1]]
#> [1] "a"
y$result[is_ok] %>% flatten_dbl()
#> [1] 0.0 2.3
```

purrr에는 이 밖에도 유용한 형용사 두 개가 있다.

- safely()와 같이 possibly()는 항상 성공한다. 오류 시 반환할 기본값을 지정할 수 있기 때문에 safely()보다 단순하다.

```
x <- list(1, 10, "a")
x %>% map_dbl(possibly(log, NA_real_))
#> [1] 0.0 2.3 NA
```

- quietly()는 safely()와 비슷한 역할을 수행하지만 오류를 캡처하는 대신 인쇄되는 출력, 메시지, 경고를 캡처한다.

```
x <- list(1, -1)
x %>% map(quietly(log)) %>% str()
#> List of 2
#> $ :List of 4
#>  ..$ result : num 0
#>  ..$ output : chr ""
#>   ..$ warnings: chr(0)
#>   ..$ messages: chr(0)
#>  $ :List of 4
#>   ..$ result  : num NaN
#>   ..$ output  : chr ""
#>   ..$ warnings: chr "NaNs produced"
#>   ..$ messages: chr(0)
```

17.7 다중 인수로 매핑

지금까지 우리는 단일 입력을 따라 반복했다. 그런데 다중의 연관된 인풋을 따라가며 병렬로 반복해야 하는 경우가 종종 있다. map2()와 pmap이 바로 이 작업을 한다. 예를 들어 다른 평균을 가진 랜덤 정규분포 샘플을 생성하고 싶다고 하자. map()으로 하는 법은 알고 있다.

```
mu <- list(5, 10, -3)
mu %>%
  map(rnorm, n = 5) %>%
  str()
#> List of 3
#>  $ : num [1:5] 5.45 5.5 5.78 6.51 3.18
#>  $ : num [1:5] 10.79 9.03 10.89 10.76 10.65
#>  $ : num [1:5] -3.54 -3.08 -5.01 -3.51 -2.9
```

표준편차도 변경시키고 싶다면 어떻게 할까? 한 가지 방법은 다음과 같이 지수를 따라 반복하고, 평균과 표준편차 벡터에 인덱싱하는 것이다.

```
sigma <- list(1, 5, 10)
seq_along(mu) %>%
  map(~rnorm(5, mu[[.]], sigma[[.]])) %>%
  str()
#> List of 3
#>  $ : num [1:5] 4.94 2.57 4.37 4.12 5.29
#>  $ : num [1:5] 11.72 5.32 11.46 10.24 12.22
#>  $ : num [1:5] 3.68 -6.12 22.24 -7.2 10.37
```

그러나 코드의 의도가 모호하게 되었다. 대신 map2()를 사용할 수 있다. 이는 두 개의 벡터를 따라 병렬로 반복한다.

```
map2(mu, sigma, rnorm, n = 5) %>% str()
#> List of 3
#>  $ : num [1:5] 4.78 5.59 4.93 4.3 4.47
#>  $ : num [1:5] 10.85 10.57 6.02 8.82 15.93
#>  $ : num [1:5] -1.12 7.39 -7.5 -10.09 -2.7
```

map2()는 다음과 같은 일련의 함수를 호출했다.

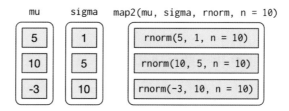

매 호출마다 변하는 인수는 함수 앞에 오고, 매 호출마다 동일한 인수는 뒤에 온다는 것을 주목하라.

map()과 같이 map2()는 for 루프를 감싸는 래퍼일 뿐이다.

```
map2 <- function(x, y, f, ...) {
  out <- vector("list", length(x))
  for (i in seq_along(x)) {
    out[[i]] <- f(x[[i]], y[[i]], ...)
  }
  out
}
```

마찬가지로 map3(), map4(), map5(), map6() 등을 생각해볼 수도 있겠지만 금방 귀찮아질 것이다. 대신 purrr에는 인수 리스트를 취하는 pmap()이 있다. 평균, 표준편차, 표본의 개수를 변경하려는 경우 사용할 수 있다.

```
n <- list(1, 3, 5)
args1 <- list(n, mu, sigma)
args1 %>%
  pmap(rnorm) %>%
  str()
#> List of 3
#>  $ : num 4.55
#>  $ : num [1:3] 13.4 18.8 13.2
#>  $ : num [1:5] 0.685 10.801 -11.671 21.363 -2.562
```

다음과 같게 된다.

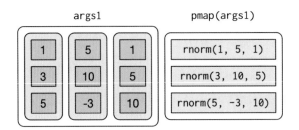

리스트 요소의 이름이 없다면 pmap()이 호출될 때, 위치 매칭을 사용할 것이다. 이 경우 오류가 발생하기 쉽게 되고 코드를 읽기 더 어렵게 만들기 때문에, 인수를 명명하는 것이 좋다.

```
args2 <- list(mean = mu, sd = sigma, n = n)
args2 %>%
  pmap(rnorm) %>%
  str()
```

호출문이 더 길어지지만 더 안전하게 된다.

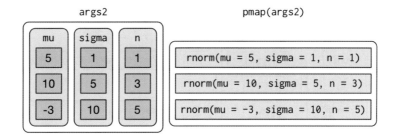

인수의 길이가 모두 같기 때문에 데이터프레임으로 저장하는 것이 좋다.

```
params <- tribble(
  ~mean, ~sd, ~n,
      5,    1,  1,
     10,    5,  3,
     -3,   10,  5
)
params %>%
  pmap(rnorm)
#> [[1]]
#> [1] 4.68
#>
#> [[2]]
#> [1] 23.44 12.85  7.28
#>
#> [[3]]
#> [1]  -5.34 -17.66   0.92   6.06   9.02
```

코드가 복잡해지기 시작하면 바로 데이터프레임을 사용하는 것이 더 좋은 방법일 것이다. 각 열에 이름이 있고 모든 열의 길이가 같기 때문이다.

17.7.1 다른 함수 불러오기

한 단계 더 복잡한 것도 있다. 인수를 변경하는 것뿐만 아니라 함수 자체도 변경하고 싶을 수 있다.

```
f <- c("runif", "rnorm", "rpois")
param <- list(
  list(min = -1, max = 1),
  list(sd = 5),
  list(lambda = 10)
)
```

invoke_map()을 사용하여 이 경우를 다룰 수 있다.

```
invoke_map(f, param, n = 5) %>% str()
#> List of 3
#>  $ : num [1:5] 0.762 0.36 -0.714 0.531 0.254
#>  $ : num [1:5] 3.07 -3.09 1.1 5.64 9.07
#>  $ : int [1:5] 9 14 8 9 7
```

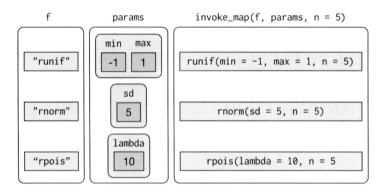

첫 번째 인수는 함수의 리스트 또는 함수 이름의 문자형 벡터이다. 두 번째 인수는 각 함수마다 변경되는 인수 리스트의 리스트이다. 그 다음 인수는 모든 함수에 전달된다.

또한, 이번에도 tribble()을 사용하여 이렇게 일치하는 쌍을 좀 더 쉽게 만들 수 있다.

```
sim <- tribble(
  ~f,      ~params,
  "runif", list(min = -1, max = 1),
  "rnorm", list(sd = 5),
  "rpois", list(lambda = 10)
)
sim %>%
  mutate(sim = invoke_map(f, params, n = 10))
```

17.8 워크

워크(walk)는 반환값이 아닌 부작용을 위해 함수를 호출하고자 할 경우 맵 함수의 대안으로 사용할 수 있다. 결과를 스크린에 렌더링하거나 디스크에 파일을 저장하는 것과 같이, 반환값이 아니라 동작이 중요하기 때문에 이를 사용한다. 다음은 매우 간단한 예제이다.

```
x <- list(1, "a", 3)

x %>%
  walk(print)
#> [1] 1
#> [1] "a"
#> [1] 3
```

walk()는 walk2()나 pwalk()에 비해 일반적으로 그다지 유용하지 않다. 예를 들어 플롯 리스트와 파일명 벡터가 있는 경우 pwalk()를 사용하여 디스크의 해당 위치에 각 파일을 저장할 수 있다.

```
library(ggplot2)
plots <- mtcars %>%
  split(.$cyl) %>%
  map(~ggplot(., aes(mpg, wt)) + geom_point())
paths <- stringr::str_c(names(plots), ".pdf")

pwalk(list(paths, plots), ggsave, path = tempdir())
```

walk(), walk2(), pwalk()는 모두 첫 번째 인수 .x를 보이지 않게 반환한다. 따라서 이 함수들을 파이프라인 중간에서 사용하기 적절하다.

17.9 For 루프의 기타 패턴

purrr에는 for 루프의 기타 유형을 추상화하는 함수들이 많이 있다. 이 함수들은 맵 함수보다 드물게 사용되지만 알고 있으면 유용하다. 여기서의 목표는 각 함수를 간략히 설명하여, 비슷한 문제를 볼 경우 기억날 수 있게 하는 것이다. 그러면 설명서에서 자세한 내용을 찾아보면 된다.

17.9.1 논리서술자 함수

많은 함수는 단일 TRUE나 FALSE를 반환하는 논리서술자(predicate) 함수와 함께 작동한다.

keep()과 discard()는 입력에서 논리서술이 각각 TRUE이거나 FALSE인 요소를 반환한다.

```
iris %>%
  keep(is.factor) %>%
  str()
#> 'data.frame':    150 obs. of  1 variable:
#>  $ Species: Factor w/ 3 levels "setosa","versicolor",..: ...

iris %>%
  discard(is.factor) %>%
  str()
#> 'data.frame':    150 obs. of  4 variables:
#>  $ Sepal.Length: num  5.1 4.9 4.7 4.6 5 5.4 4.6 5 4.4 4.9 ...
#>  $ Sepal.Width : num  3.5 3 3.2 3.1 3.6 3.9 3.4 3.4 2.9 3.1 ...
#>  $ Petal.Length: num  1.4 1.4 1.3 1.5 1.4 1.7 1.4 1.5 1.4 1.5 ...
#>  $ Petal.Width : num  0.2 0.2 0.2 0.2 0.2 0.4 0.3 0.2 0.2 0.1 ...
```

some()과 every()는 논리서술이 일부 혹은 모든 요소가 참인지를 확인한다.

```
x <- list(1:5, letters, list(10))

x %>%
  some(is_character)
#> [1] TRUE

x %>%
  every(is_vector)
#> [1] TRUE
```

detect()는 논리서술이 참인 첫 번째 요소를 찾는다. detect_index()는 해당 위치를 반환한다.

```
x <- sample(10)
x
#>  [1]  8  7  5  6  9  2 10  1  3  4

x %>%
  detect(~ . > 5)
#> [1] 8

x %>%
  detect_index(~ . > 5)
#> [1] 1
```

head_while()과 tail_while()은 벡터의 시작 혹은 끝에서부터 논리서술자가 참인 요소들을 반환한다.

```
x %>%
  head_while(~ . > 5)
#> [1] 8 7

x %>%
  tail_while(~ . > 5)
#> integer(0)
```

17.9.2 리듀스와 누적

쌍을 객체 하나로 줄이는 함수를 반복 적용하여, 복잡한 리스트를 간단한 리스트로 줄이고 싶을 때도 있을 것이다. 테이블 두 개를 입력으로 하는 dplyr 동사를 여러 테이블에 적용할 때 유용하다. 예를 들어 데이터프레임 리스트가 있을 때, 리스트의 요소를 조인해서 하나의 데이터프레임으로 만들려면 다음과 같이 하면 된다.

```
dfs <- list(
  age = tibble(name = "John", age = 30),
  sex = tibble(name = c("John", "Mary"), sex = c("M", "F")),
  trt = tibble(name = "Mary", treatment = "A")
)
```

```
dfs %>% reduce(full_join)
#> Joining, by = "name"
#> Joining, by = "name"
#> # A tibble: 2 × 4
#>    name   age   sex treatment
#>   <chr> <dbl> <chr>     <chr>
#> 1  John    30     M      <NA>
#> 2  Mary    NA     F         A
```

또는 벡터의 리스트가 있을 때, 교집합을 구하는 방법은 다음과 같다.

```
vs <- list(
  c(1, 3, 5, 6, 10),
  c(1, 2, 3, 7, 8, 10),
  c(1, 2, 3, 4, 8, 9, 10)
)

vs %>% reduce(intersect)
#> [1]  1  3 10
```

reduce 함수는 '이진' 함수(즉, 기본 입력이 두 개인 함수)를 입력으로, 이를 하나의 요소만 남아있을 때까지 반복적으로 리스트에 적용한다.

누적은 비슷하지만 중간 결과를 모두 유지한다. 누적 합계를 구현할 때 사용할 수 있다.

```
x <- sample(10)
x
#> [1]  6  9  8  5  2  4  7  1 10  3
x %>% accumulate('+')
#> [1]  6 15 23 28 30 34 41 42 52 55
```

17.9.3 연습문제

1. for 루프를 사용하여 직접 every()를 구현하라. purrr::every()와 비교하라. purrr 버전은 수행하지만 직접 구현한 버전은 수행하지 않는 것은 무엇인가?

2. summary 함수를 데이터프레임의 모든 수치형 열에 적용하는 col_sum()의 향상된 버전을 작성하라.

3. col_sum()에 해당하는 베이스 R은 다음과 같을 수 있다.

```
col_sum3 <- function(df, f) {
  is_num <- sapply(df, is.numeric)
  df_num <- df[, is_num]

  sapply(df_num, f)
}
```

하지만 이 함수는 다음 입력에서 발생한 것 같이 버그가 많이 있다.

```
df <- tibble(
  x = 1:3,
  y = 3:1,
  z = c("a", "b", "c")
)
# OK
col_sum3(df, mean)
# 문제점: 항상 수치형 벡터를 반환하지는 않음
col_sum3(df[1:2], mean)
col_sum3(df[1], mean)
col_sum3(df[0], mean)
```

버그는 왜 발생했는가?

4부

모델

이제 강력한 프로그래밍 도구를 갖추었으므로 드디어 모델링으로 돌아갈 수 있다. 데이터 정제 및 프로그래밍 도구를 사용하여 다양한 모델을 적합해보고 그 모델이 어떻게 동작하는지 이해할 것이다. 이 책에서는 확인이나 형식적인 추론이 아닌 탐색에 초점을 맞추고 있다. 그렇지만 모델 내 변동을 이해하는 데 도움이 되는 몇 가지 기본 도구에 대해서는 배우게 될 것이다.

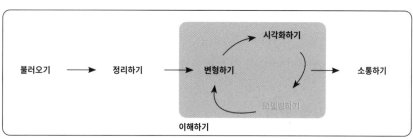

모델의 목표는 데이터셋에 대한 낮은 차원의 간단한 요약을 제공하는 것이다. 이상적으로 모델은 '신호'(즉, 관심 있는 현상에 의해 생성된 패턴)를 포착하고 '노이즈'(즉, 관심을 두지 않는 랜덤한 변동)는 무시한다. 이름에서 알 수 있듯이 여기서는 예측값을 생성하는 '예측' 모델만을 다룬다. 이 책에서 다루지 않는 또 다른 유형의 모델인 '데이터 발견' 모델도 있다. 이 모델은 예측값을 생성하지는 않지만, 데이터 내의 흥미로운 관계를 발견하는 데 도움을 준다. (이 2가지 종류의 모델은 때때로 지도학습(supervised)과 비지도학습(unsupervised)으로 불리지만 이러한 용어들이 특별히 이해를 돕는다고 생각하지는 않는다.)

이 책에서는 모델의 기초가 되는 수리적 이론에 대해 깊이 다루지는 않는다. 그렇지만 통계 모형의 작동 방식에 대한 직관을 쌓고 모델을 이용하여 데이터를 더 잘 이해할 수 있도록 하는 유용한 도구 모음을 제공한다.

- 18장에서는 중요한 선형 모형 모음에 초점을 맞춰 모델이 역학적으로 어떻게 동작하는지 배울 것이다. 간단한 시뮬레이션 데이터셋에 대해서 예측 모델을 활용하여 데이터에서 통찰력을 발견할 수 있는 일반적인 도구에 대해 배울 것이다.
- 19장에서는 실제 데이터에서 이미 알고 있는 패턴을 추출하기 위해 모델을 활용하는 방법에 대해 배운다. 일단 중요한 패턴을 인식하고 나면 감지하기 어려운 나머지 신호는 파악하기가 쉬워지므로 모형에서 패턴을 명확하게 만드는 데 유용하다.
- 20장에서는 간단한 여러 개의 모델을 사용하여 복잡한 데이터셋을 이해하는 방법을 배운다. 이 방법은 강력한 기술이며 이를 활용하기 위해서는 모델링과 프로그래밍 도구를 결합해야 한다.

18~20장에서는 모델을 정량적으로 평가하는 방법에 대해서는 다루지 않기 때문에 주의할 필요가 있다. 정교하게 모델을 평가하기 위해서는 다양한 아이디어가 필요하며, 이 책에서 다룰 수 있는 분량은 한정되어 있기 때문에 의도적으로 제외하였다. 우선은 정성적 평가와 자연스러운 의심에 의존할 것이다. 379쪽의 '모델에 대해 더 학습하기'에서 더 많은 것을 배울 수 있는 다른 자료를 소개할 것이다.

가설 생성 vs 가설 확인

이 책에서는 1부에서 소개한 EDA를 위한 3가지 도구를 완성하기 위해 탐색을 위한 도구로 모델을 사용할 것이다. 일반적으로 이는 모델을 설명하는 방식은 아니지만 모델이 탐색을 위한 중요한 도구라는 것을 앞으로 확인하게 될 것이다. 전통적으로 모델링의 초점은 추론하거나 가설이 사실임을 확인하는 데 있다. 이 작업을 올바르게 수행하는 일은 복잡하지는 않지만 어렵다.

추론을 올바르게 수행하기 위해서 반드시 알아야 하는 개념이 있다.

- 각 관측값은 탐색 또는 검증에 사용할 수 있으며 두 가지 모두에 사용할 수는 없다.
- 탐색을 할 때는 원하는 만큼 관측값을 사용할 수 있지만 검증에는 단 한 번만

사용할 수 있다. 관측값을 두 번 사용하게 되면 검증에서 탐색으로 전환된다.

가설을 검증하기 위해서는 가설 생성에 사용한 데이터와 독립적인 데이터를 사용해야 하므로 위의 개념은 필수적이다. 위의 개념을 따르지 않는다면 분석 결과를 신뢰할 수 없을 것이다. 데이터 탐색에는 전혀 문제가 없지만 분석이 근본적으로 잘못되었기 때문에 탐색적 분석을 확인 분석으로 활용하지 못할 것이다.

확인 분석에 관심이 있다면 분석을 시작하기에 앞서 데이터를 세 부분으로 나누는 접근 방식을 이용할 수 있다.

- 데이터의 60%는 학습용(training)(또는 탐색) 셋으로 분리한다. 이 데이터로 원하는 모든 작업(시각화 및 다양한 모델 적합하기)을 수행할 수 있다.
- 20%는 쿼리(query) 셋으로 분리한다. 이 데이터로 모델이나 시각화를 수작업으로 비교할 수 있지만, 이 데이터를 자동화된 프로세스의 일부로 사용할 수는 없다.
- 남은 20%는 검증용(test) 셋으로 사용된다. 이 데이터는 최종 모델을 테스트하는 목적으로 단 한 번만 사용할 수 있다.

데이터를 분리하여 학습용 데이터를 탐색하고 때때로 쿼리셋을 사용하여 확인해볼 수 있는 후보 가설들을 생성할 수 있다. 올바른 모델을 만들었다는 확신이 들면 검증용 데이터를 사용하여 확인해볼 수 있다.

(확증적 모델링을 수행하는 경우도 여전히 EDA 작업은 필요하다. EDA 작업을 전혀 수행하지 않는다면 데이터의 품질에 대해서 파악하지 못할 것이다.)

18장

modelr을 이용한 모델의 기초

18.1 들어가기

모델의 목표는 데이터셋에 대한 낮은 차원의 간단한 요약을 제공하는 것이다. 이 책에서는 모델을 사용하여 데이터를 패턴과 잔차로 분리할 것이다. 강한 패턴은 미묘한 추세를 숨기게 되므로 데이터셋을 탐색하며 구조의 층을 벗겨내기 위해 모델을 사용할 것이다.

그러나 흥미로운 실제 데이터셋에 대해 모델을 적용해보기 전에 모델의 기본 작동 방식을 먼저 이해해야 한다. 이 장은 책 전체에서 시뮬레이션된 데이터셋만을 사용하는 유일한 부분이다. 시뮬레이션 데이터셋은 매우 간단하지만 그다지 흥미롭지는 않다. 그렇지만 이 장은 다음 장에서 실제 데이터에 대해 동일한 기법을 적용해보기 이전에 모델링의 본질을 이해하는 데 도움이 될 것이다.

모델에는 2가지 부분이 있다.

1. 먼저 수집하고자 하는 정확하면서 일반적인 패턴을 표현하는 모델 모음을 정의한다. 예를 들어 패턴이 직선 또는 2차 곡선이라고 하면 $y = a\_1 * x + a\_2$ 또는 $y = a\_1 * x \char`\^ a\_2$와 같은 방정식으로 모델 모음을 표현할 것이다. 여기서 x와 y는 데이터에서 명시된 변수이며 a_1과 a_2는 포착된 패턴들에 따른 다양한 파라미터 값이다.

2. 다음으로 모델 모음에서 데이터와 가장 가까운 모델을 찾아 적합한 모델 (fitted model)을 생성한다. 일반적인 모델 모음에서 $y = 3 * x + 7$ 또는 $y = 9 * x \char`\^ 2$과 같이 구체적으로 만든다.

적합한 모델은 모델 모음에서 가장 가까운 모델이라는 것을 이해하는 것이 중요하다. 그것은 (어떤 기준에 따라) 가장 '좋은' 모델을 선택했음을 의미한다. 그것은 여러분이 좋은 모델을 보유했음을 의미하지는 않으며 그 모델이 '정확'하다는 것을 의미하지도 않는다. 조지 박스(George Box)의 유명한 격언은 이를 잘 나타낸다.

> 모든 모델은 잘못되었다. 그렇지만 일부 모델은 유용하다.

이 인용문은 전체적인 맥락을 파악할 가치가 있다.

> 실제 세계에 존재하는 시스템이 어떤 단순한 모델로 정확하게 표현될 수 있다면 매우 놀랄 것이다. 그러나 교묘하게 뽑힌 간략한 모델은 종종 매우 유용한 근사치를 제공한다. 예를 들어 (상수 R하에서 '이상적'인 기체의 압력 P, 부피 V 및 온도 T와 관련된) PV = RT 규칙은 특정한 실제 기체에 대해서 정확한 진짜값은 아니지만 유용한 근사치를 제공하며 그 규칙이 기체 분자 작용의 물리적 관점에서 비롯되었기 때문에 규칙의 구조 또한 유용하다.
>
> 그러한 모델의 경우 '모델이 사실인가?'라는 질문을 할 필요가 없다. '사실'이 '있는 그대로의 사실'이라면 대답은 '아니오'가 틀림없다. 흥미를 끄는 유일한 질문은 '모델이 이해하는 데 도움을 주며 유용한가?'이다.

모델의 목표는 진실을 알아내는 것이 아니라 유용하면서 간단한 근사치를 알아내는 것이다.

18.1.1 준비하기

이 장에서는 파이프에서 자연스럽게 작동하기 위해 베이스 R의 모델링 함수를 둘러싸는 modelr 패키지를 사용할 것이다.

```
library(tidyverse)

library(modelr)
options(na.action = na.warn)
```

18.2 간단한 모델

시뮬레이션된 데이터셋 sim1을 살펴보자. 이 데이터셋에는 두 개의 연속 변수 x와 y가 포함되어 있다. 변수들의 관계를 살펴보기 위해 플롯을 나타내보자.

```
ggplot(sim1, aes(x, y)) +
  geom_point()
```

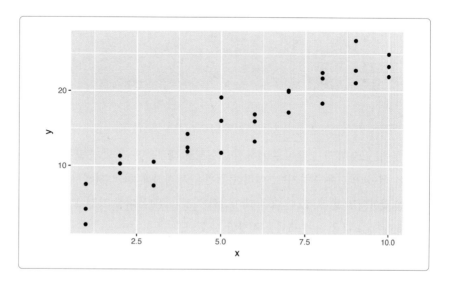

플롯에서 데이터의 강한 패턴을 확인할 수 있다. 패턴을 포착하고 명확하게 만들기 위해 모델을 사용해보자. 모델의 기본 형태를 제공하는 것이 우리의 임무이다. 위 예제는 선형관계(즉, y = a_0 + a_1 * x)인 것으로 보인다. 우선 무작위로 몇 개의 선을 데이터 위에 겹치게 그려보면서 어떤 모델이 적합해보이는지 살펴보자. 이처럼 간단한 경우에는 기울기와 y 절편을 파라미터로 사용하는 geom_abline()을 사용할 수 있다. 뒷부분에서는 모든 모델에 동작하는 좀 더 일반적인 기법에 대해 배울 것이다.

```
models <- tibble(
  a1 = runif(250, -20, 40),
  a2 = runif(250, -5, 5)
)

ggplot(sim1, aes(x, y)) +
  geom_abline(
    aes(intercept = a1, slope = a2),
    data = models, alpha = 1/4
  ) +
  geom_point()
```

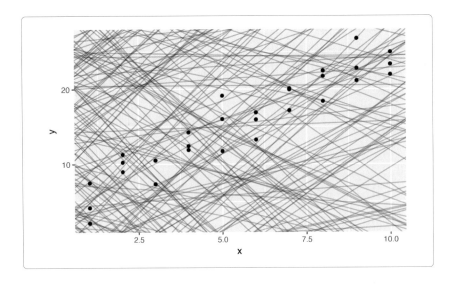

이 플롯에는 250개의 모델이 존재하지만 실제로 대부분은 잘 맞지 않는다. 좋은 모델은 데이터와 '유사'하기에, 이러한 직관을 명확하게 하기 위해서라도 좋은 모델을 찾아야만 한다. 그런 다음 데이터와 가장 작은 차이를 가진 모델을 생성하는 a_0과 a_1 값을 찾아 모델을 적합할 수 있다.

이를 위한 한 가지 쉬운 방법은 아래 도표에서처럼 각 점과 모델 사이의 수직 거리를 계산하는 것이다. (x 값을 조금씩 이동하여 개별 거리를 확인할 수 있도록 하였다.)

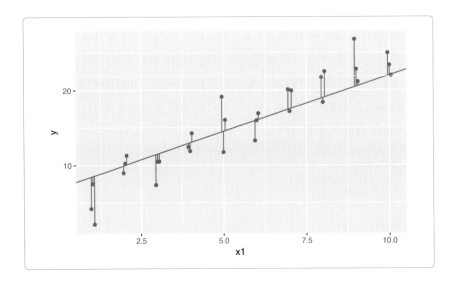

이 차이는 모델에 의해 주어진 y 값(예측값)과 데이터의 실제 y 값(반응값) 간의 차이일 뿐이다.

이 차이를 계산하기 위해 먼저 모델 모음을 R 함수로 변환해야 한다. 이것은 모델 파라미터와 데이터를 입력값으로 사용하고 모델에 의해 예측된 값을 출력값으로 제공한다.

```
model1 <- function(a, data) {
  a[1] + data$x * a[2]
}
model1(c(7, 1.5), sim1)
#>  [1]  8.5  8.5  8.5 10.0 10.0 10.0 11.5 11.5 11.5 13.0 13.0
#> [12] 13.0 14.5 14.5 14.5 16.0 16.0 16.0 17.5 17.5 17.5 19.0
#> [23] 19.0 19.0 20.5 20.5 20.5 22.0 22.0 22.0
```

다음으로 예측된 값과 실제 값 사이의 전체 차이를 계산하는 방법이 필요하다. 다시 말하자면 플롯에서 나타내는 30개의 차이 값을 어떻게 하면 하나의 값으로 합칠 수 있을까?

통계학에서 이를 수행하는 일반적인 방법은 '평균제곱근 편차'를 사용하는 것이다. 실제 값과 예측값의 차이를 제곱한 후 이 값들의 평균에 제곱근을 취한다. 이 값은 여러 가지의 흥미로운 수학적 속성을 가지고 있지만 여기서는 다루지 않을 것이다. 이 책에서는 설명한 내용을 그대로 받아들여야 할 것이다.

```
measure_distance <- function(mod, data) {
  diff <- data$y - model1(mod, data)
  sqrt(mean(diff ^ 2))
}
measure_distance(c(7, 1.5), sim1)
#> [1] 2.67
```

이제 이전에 정의된 모든 모델의 차이를 계산하기 위해 purrr를 사용할 수 있다. 거리 차이를 계산하는 함수에서는 모델이, 길이가 2인 수치형 벡터 형식으로 입력되어야 하므로 도우미 함수가 필요하다.

```
sim1_dist <- function(a1, a2) {
  measure_distance(c(a1, a2), sim1)
}
models <- models %>%
  mutate(dist = purrr::map2_dbl(a1, a2, sim1_dist))
models
#> # A tibble: 250 × 3
#>       a1      a2    dist
#>    <dbl>   <dbl>   <dbl>
#> 1 -15.15  0.0889   30.8
#> 2  30.06 -0.8274   13.2
#> 3  16.05  2.2695   13.2
#> 4 -10.57  1.3769   18.7
```

```
#> 5 -19.56 -1.0359  41.8
#> 6   7.98  4.5948  19.3
#> # ... with 244 more rows
```

다음으로 최적의 10가지 모델을 데이터에 겹쳐서 나타내보자. -dist를 사용해서 모델별로 색상을 지정했다. 이는 최적의 모델(즉, 가장 차이가 적은 모델)을 가장 밝은 색상으로 나타낼 수 있는 쉬운 방법이다.

```
ggplot(sim1, aes(x, y)) +
  geom_point(size = 2, color = "grey30") +
  geom_abline(
    aes(intercept = a1, slope = a2, color = -dist),
    data = filter(models, rank(dist) <= 10)
  )
```

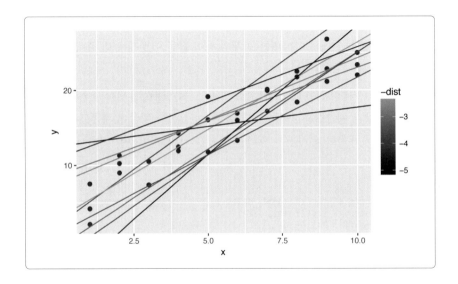

또한, 모델을 관측값으로 간주하면 -dist로 동일하게 색상을 나타낸 a1과 a2의 산점도로 시각화할 수 있다. 데이터와 직접 비교한 모델은 확인할 수 없지만 한 번에 여러 모델을 확인할 수 있다. 다시 말해 이전에는 가장 좋은 10개 모델만을 나타냈지만, 지금은 빨간색 원으로 10개의 모델을 강조했다.

```
ggplot(models, aes(a1, a2)) +
  geom_point(
    data = filter(models, rank(dist) <= 10),
    size = 4, color = "red"
  ) +
  geom_point(aes(colour = -dist))
```

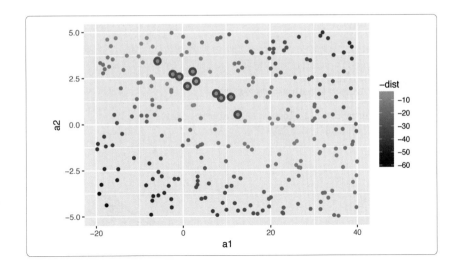

랜덤한 모델을 많이 시도해 보는 대신 체계적이고 균등하게 배치된 격자무늬의 점(그리드 서치(grid search)라고 함)을 생성할 수 있다. 앞의 플롯에서 가장 좋은 모델이 어디에 있는지 대략 살펴보며 그리드 파라미터를 선택한다.

```
grid <- expand.grid(
   a1 = seq(-5, 20, length = 25),
   a2 = seq(1, 3, length = 25)
   ) %>%
   mutate(dist = purrr::map2_dbl(a1, a2, sim1_dist))

grid %>%
   ggplot(aes(a1, a2)) +
   geom_point(
      data = filter(grid, rank(dist) <= 10),
      size = 4, colour = "red"
   ) +
   geom_point(aes(color = -dist))
```

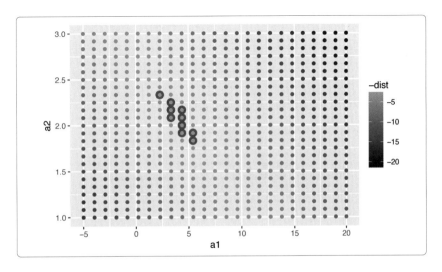

다음과 같이 원 데이터에 최적의 10개 모델을 겹쳐 그리면 모두 잘 맞는 것처럼
보인다.

```
ggplot(sim1, aes(x, y)) +
  geom_point(size = 2, color = "grey30") +
  geom_abline(
    aes(intercept = a1, slope = a2, color = -dist),
    data = filter(grid, rank(dist) <= 10)
  )
```

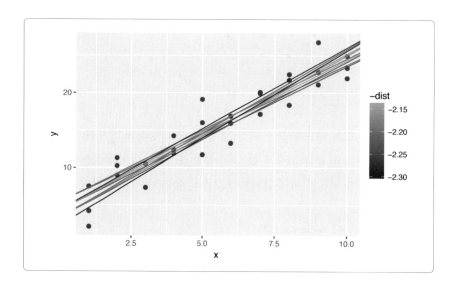

최적의 모델을 선택할 때까지 그리드를 반복적으로 더욱 세밀하게 만드는 작업
을 생각해볼 수 있다. 하지만 이 문제를 해결할 수 있는 더 좋은 방법인 뉴턴 랩
슨 기법(Newton-Raphson search)이라 불리는 수치 최소화 도구가 있다. 뉴턴
랩슨 기법의 직관은 매우 간단하다. 시작점을 선택하고 가장 가파른 기울기를
찾기 위해 탐색한다. 그런 다음 가장 작은 값으로 갈 수 없을 때까지 기울기를
약간씩 기울이는 작업을 반복한다. R에서는 optim()을 사용하여 이 작업을 수행
할 수 있다.

```
best <- optim(c(0, 0), measure_distance, data = sim1)
best$par
#> [1] 4.22 2.05

ggplot(sim1, aes(x, y)) +
  geom_point(size = 2, color = "grey30") +
  geom_abline(intercept = best$par[1], slope = best$par[2])
```

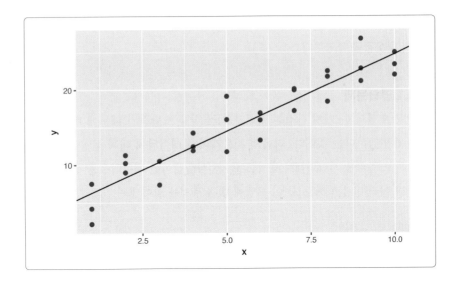

optim()의 세부적인 작동 방식에 대해서는 고려하지 않아도 된다. 여기서 중요한 것은 바로 직관이다. 모델과 데이터셋 간의 차이를 정의하는 함수와 모델의 파라미터를 변경함에 따라 거리를 최소화할 수 있는 알고리즘이 있다면 최적의 모델을 찾을 수 있다. 이 접근법의 훌륭한 점은 방정식을 작성할 수 있는 모든 모델 모음에 작동한다는 것이다.

이 모델은 일반적인 모델 모음(즉, 선형 모델)의 특별한 경우이므로 이 모델에 적용할 수 있는 접근법이 한 가지 더 있다. 선형 모델은 y = a_1 + a_2 * x_1 + a_3 * x_2 + … + a_n * x_(n - 1)과 같은 일반적인 형식을 가진다. 따라서 이 간단한 모델은 n이 2이고 x_1이 x인 일반 선형 모델과 같다. R에는 lm()이라는 선형 모델을 적합하기 위해 특별히 고안된 툴이 있다. lm()에는 모델 집합을 지정하는 특별한 방법인 '수식'이 들어있다. 수식은 y ~ x와 같은 형태이며 lm()은 y = a_1 + a_2 * x와 같은 함수로 변환해준다. 다음과 같이 모델을 적합하여 결과를 확인할 수 있다.

```
sim1_mod <- lm(y ~ x, data = sim1)
coef(sim1_mod)
#> (Intercept)        x
#>        4.22     2.05
```

위 값은 optim()을 사용해서 얻은 값과 정확히 일치하는 값이다. lm()의 이면에서는 optim()을 사용하지 않는 대신, 선형 모델의 수학적 구조의 이점을 사용한다. 기하학, 미적분학, 선형대수학 간의 연결을 기반으로 한 lm()은 정교한 알고리즘을 사용하여 개별 단계에서 가장 가까운 모델을 찾는다. 이 접근법은 더 빠르며 전체의 최솟값을 보장한다.

18.2.1 연습문제

1. 선형 모델의 한 가지 단점은 거리가 제곱 항을 포함하기 때문에 비정상적인 값에 민감하다는 것이다. 다음의 시뮬레이션 데이터에 대해 선형 모형을 적합하고 결과를 시각화해보자. 서로 다른 시뮬레이션 데이터셋을 생성해보기 위해 여러 번 실행해보자. 이 모델에 대해 무엇을 알아낼 수 있는가?

```
sim1a <- tibble(
    x = rep(1:10, each = 3),
    y = x * 1.5 + 6 + rt(length(x), df = 2)
)
```

2. 선형 모형을 더 로버스트(robust)하게 만드는 한 가지 방법은 차이를 다른 방법으로 측정하는 것이다. 예를 들어 평균제곱근 편차 대신 절대 평균 편차를 사용할 수 있다.

```
measure_distance <- function(mod, data) {
    diff <- data$y - model1(mod, data)
    mean(abs(diff))
}
```

optim()을 사용하여 이전의 시뮬레이션 데이터에 대해 모델을 적합해 본 후, 선형 모형과 비교해보자.

3. 수치적 최적화에 발생할 수 있는 한 가지 문제점은 단 한 개의 국소 최적값을 찾는다는 것이다. 다음과 같은 3개의 파라미터를 가진 모델을 최적화할 때 발생하는 문제점은 무엇인가?

```
model1 <- function(a, data) {
    a[1] + data$x * a[2] + a[3]
}
```

18.3 모델 시각화하기

이전 절과 같은 간단한 모델의 경우, 모델 집합과 적합된 계수를 주의 깊게 살펴보면 모델이 포착하는 패턴을 파악할 수 있다. 모델링에 관한 통계 과정을 수강하게 된다면 이 작업을 수행하는 데 많은 시간을 할애하게 될 것이다. 그러나 여기서는 다른 방침을 취할 것이다. 즉, 모델의 예측값을 탐색함으로써 모델을 이해하는 데 초점을 맞출 것이다. 이 방법은 큰 장점을 가지고 있다. 모든 유형의 예측 모델은 예측값을 생성하므로 (그렇지 않으면 어떤 용도로 사용되겠는가?) 모든 유형의 예측 모델을 이해하기 위해 같은 기법을 사용할 수 있다.

또한, 모델에서 포착하지 못한 것(데이터에서 예측값을 뺀 나머지 부분으로 흔히 잔차라고 함)을 확인할 때 유용하다. 잔차는 눈에 띄는 패턴을 제거하여 감지하기 어려운 나머지 추세를 분석할 수 있도록 해주므로 중요하다고 할 수 있다.

18.3.1 예측값

모델의 예측값을 시각화하기 위해 데이터가 존재하는 영역을 포함하는 균일한 간격의 그리드를 생성한다. 가장 쉬운 방법은 modelr::data_grid()를 사용하는 것이다. 첫 번째 인수는 데이터프레임이며, 그다음 인수에 대해서는 고유한 값에 대한 모든 조합을 생성한다.

```
grid <- sim1 %>%
  data_grid(x)
grid
#> # A tibble: 10 × 1
#>       x
#>    <int>
#> 1     1
#> 2     2
#> 3     3
#> 4     4
#> 5     5
#> 6     6
#> # ... with 4 more rows
```

(모델에 더 많은 변수를 추가하기 시작하면 더욱 흥미로워질 것이다.)

다음은 예측값을 추가한다. 데이터프레임과 모델을 인수로 갖는 modelr::add_predictions()을 사용한다. 이 함수는 모델의 예측값을 데이터 프레임의 새로운 열로 추가한다.

```
grid <- grid %>%
  add_predictions(sim1_mod)
grid
#> # A tibble: 10 × 2
#>       x  pred
#>    <int> <dbl>
#> 1     1  6.27
#> 2     2  8.32
#> 3     3 10.38
#> 4     4 12.43
#> 5     5 14.48
#> 6     6 16.53
#> # ... with 4 more rows
```

(또한, 이 함수를 사용하여 원 데이터셋에 예측값을 추가할 수 있다.)

다음으로 예측값을 플롯에 나타낸다. geom_abline()을 사용하는 것과 비교하였을 때 다음의 추가 진행 작업에 어떤 차이점이 있는지 궁금할 것이다. 이 접근법의 장점은 가장 간단한 모델부터 복잡한 모델까지 R의 모든 모델에 동작한다는 것이다. 오직 시각화 기술에 의해서만 제한된다. 더 복잡한 모델 유형을 시각화하는 방법에 대해 알고 싶다면 *http://vita.had.co.nz/papers/model-vis.html*을 참고하자.

```
ggplot(sim1, aes(x)) +
  geom_point(aes(y = y)) +
  geom_line(
    aes(y = pred),
    data = grid,
    colour = "red",
    size=1
  )
```

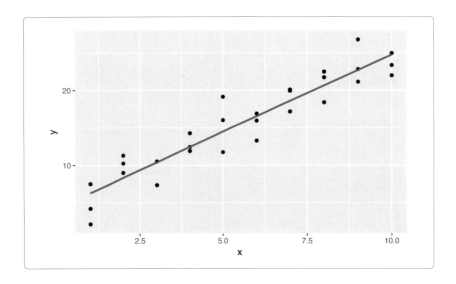

18.3.2 잔차

예측값의 다른 측면에는 잔차가 있다. 예측값은 모델이 포착한 패턴을 나타내고, 잔차는 모델이 놓친 것을 알려준다. 잔차는 이전에 계산한 예측값과 관측값 사이의 차이값이다.

add_predictions()와 유사한 기능을 하는 add_residuals()을 사용해서 데이터에 잔차를 추가한다. 주의: 만들어진 그리드가 아니라 원래의 데이터셋을 사용한다. 이는 잔차를 계산하는 데 실제 y 값이 필요하기 때문이다.

```
sim1 <- sim1 %>%
  add_residuals(sim1_mod)
sim1
#> # A tibble: 30 × 3
#>       x     y  resid
#>   <int> <dbl>  <dbl>
#> 1     1  4.20 -2.072
#> 2     1  7.51  1.238
#> 3     1  2.13 -4.147
#> 4     2  8.99  0.665
#> 5     2 10.24  1.919
#> 6     2 11.30  2.973
#> # ... with 24 more rows
```

잔차가 모델에 대해 전달해주는 것을 이해하기 위한 몇 가지 방법이 있다. 한 가지는 단순히 잔차의 분포를 이해할 수 있도록 하는 빈도 다각형을 그리는 것이다.

```
ggplot(sim1, aes(resid)) +
  geom_freqpoly(binwidth = 0.5)
```

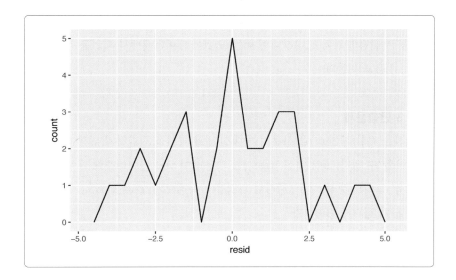

이는 모델의 품질을 보정하는 데 도움이 되며 다음과 같이 '관측값과 예측값이 얼마나 멀리 떨어져 있는가?'라는 질문에 답할 수 있다. 또한 잔차의 평균값은 항상 0이다.

본래의 예측 변수 대신 잔차를 사용하여 플롯을 다시 그리고 싶을 수도 있다. 다음 장에서 많은 부분을 확인하게 될 것이다.

```
ggplot(sim1, aes(x, resid)) +
    geom_ref_line(h = 0) +
    geom_point()
```

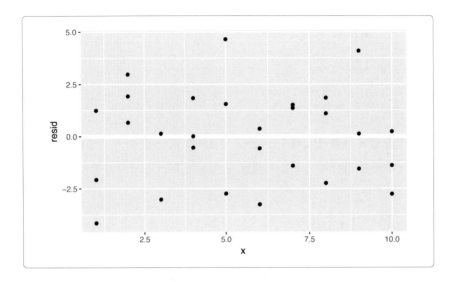

위 플롯은 랜덤한 잔차를 나타내며 이는 모델이 데이터셋에서 패턴을 잘 포착하였다는 것을 의미한다.

18.3.3 연습문제

1. 직선을 적합하는 lm()을 사용하는 대신 평활 곡선을 적합하기 위해 loess()를 사용할 수 있다. lm() 대신 loess()를 사용하여 sim1 데이터셋에 대해서 모델 적합, 그리드 생성, 예측, 시각화 과정을 반복해보자. geom_smooth()와 비교하였을 때 결과가 어떠한가?

2. add_predictions()는 gather_predictions() 및 spread_predictions()와 쌍을 이룬다. 이 함수들은 어떻게 다른가?

3. geom_ref_line()은 무슨 기능을 하는가? 어떤 패키지에서 비롯되었는가? 잔차가 유용하고 중요하다는 것을 나타내주는 플롯에 참조선을 표시하는 이유는 무엇인가?

4. 잔차 절댓값의 빈도 다각형을 보려고 하는 이유는 무엇인가? 원래의 잔차값을 탐색하는 것과 비교하면 장단점은 무엇인가?

18.4 수식과 모델 모음

이전에 facet_wrap()과 facet_grid()를 사용할 때 수식을 본 적이 있다. R에서 수식은 '특수한 동작'을 하도록 하는 일반적인 방법을 제공한다. 변수의 값을 즉시 평가하기보다는 함수에 의해 해석될 수 있도록 수식을 보유한다.

R의 모델링 함수 대부분은 수식에서 함수로의 표준 전환을 사용한다. 이미 간단한 전환 한 가지는 보았다. y ~ x는 y = a_1 + a_2 * x로 전환된다. R에서 실제로 전환하는 것을 보고 싶다면 model_matrix() 함수를 이용할 수 있다. 데이터프레임과 수식을 이용하여 모델 방정식을 정의하는 티블을 반환한다. 출력값의 각 열은 모델 하나의 계수와 연결되며 함수는 항상 y = a_1 * out1 + a_2 * out_2 형식이다. 가장 간단한 케이스인 y ~ x1을 통해 흥미로운 사실을 알아본다.

```
df <- tribble(
  ~y, ~x1, ~x2,
  4,2,5,
  5,1,6
)
model_matrix(df, y ~ x1)
#> # A tibble: 2 × 2
#> '(Intercept)'     x1
#>         <dbl> <dbl>
#> 1             1     2
#> 2             1     1
```

R이 모델에 y 절편을 추가하는 방법은 값이 1인 열을 추가하는 것이다. 기본적으로 R은 항상 1인 열을 추가한다. 만약 이를 원하지 않는다면 -1을 사용하여 제거해야 한다.

```
model_matrix(df, y ~ x1 - 1)
#> # A tibble: 2 × 1
#>       x1
#>     <dbl>
#> 1     2
#> 2     1
```

모델에 변수를 추가할 때마다 모델 매트릭스는 증가한다.

```
model_matrix(df, y ~ x1 + x2)
#> # A tibble: 2 × 3
#>   '(Intercept)'    x1    x2
#>           <dbl> <dbl> <dbl>
#> 1             1     2     5
#> 2             1     1     6
```

때때로 이 수식의 표기법은 '윌킨슨-로저스(Wilkinson-Rogers) 표기법'이라고 불리며, 윌킨슨(G. N. Wilkinson)과 로저스(C. E. Rogers)의 Symbolic Description of Factorial Models for Analysis of Variance[1]에 처음 설명되었다. 모델링 대수학의 모든 세부사항을 이해하고 싶다면 원 논문을 자세히 읽어볼 가치가 있다.

다음 절에서는 이러한 수식 표기법이 범주형 변수, 상호작용 및 변형에 적용되는 방식을 설명한다.

18.4.1 범주형 변수

수식에서 함수를 생성하는 것은 예측 변수가 연속형일 때는 간단하지만, 예측변수가 범주형일 때는 조금 복잡해진다. y ~ sex(sex는 남성 혹은 여성을 나타내는 변수)와 같은 함수가 있다고 가정해보자. sex는 숫자가 아니어서 곱할 수 없으므로 y = x_0 + x_1 * sex와 같은 수식으로 변환하는 것은 맞지 않다. 대신 R은 수식을 y = x_0 + x_1 * sex_male로 변환하며 여기서 sex_male은 sex가 남성이면 1, 그렇지 않으면 0을 의미한다.

```
df <- tribble(
  ~ sex, ~ response,
  "male", 1,
  "female", 2,
  "male", 1
)
model_matrix(df, response ~ sex)
#> # A tibble: 3 × 2
#>   '(Intercept)' sexmale
#>           <dbl>   <dbl>
#> 1             1       1
#> 2             1       0
#> 3             1       1
```

왜 R이 sexfemale 열은 만들지 않는지 궁금할 것이다. 그렇게 하면 다른 열(즉, sexfemale = 1 - sexmale)을 기반으로 완전히 예측할 수 있는 열을 만들게 되기 때문이다. 안타깝게도 이것이 왜 문제인지에 대한 정확한 세부 내용은 이 책의 범위를 벗어난다. 간략하게 말하자면 너무 유연한 모델 모음이 생성되어 데이터와 유사한 무한히 많은 모델을 생성하게 된다.

그렇지만 다행히 예측값을 시각화하는 데 초점을 맞추면 정확한 매개 변수화에 대해서 걱정할 필요가 없다. 구체적인 데이터와 모델에 대해 살펴보자. 다음과 같이 modelr의 sim2 데이터셋이 존재한다.

---

1 *https://www.jstor.org/stable/2346786?seq=1#page_scan_tab_contents*

```
ggplot(sim2) +
  geom_point(aes(x, y))
```

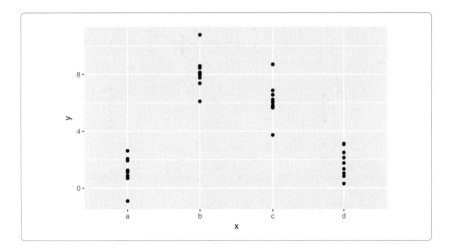

이 데이터에 대해 모델을 적합하고 예측값을 생성할 수 있다.

```
mod2 <- lm(y ~ x, data = sim2)

grid <- sim2 %>%
  data_grid(x) %>%
  add_predictions(mod2)
grid
#> # A tibble: 4 × 2
#>   x     pred
#>   <chr> <dbl>
#> 1 a     1.15
#> 2 b     8.12
#> 3 c     6.13
#> 4 d     1.91
```

사실상 범주형 변수 x를 포함한 모델은 각 범주의 평균값을 예측한다. (그 이유는 각 범주의 평균값이 평균제곱근 편차를 최소화하기 때문이다.) 이는 원 데이터 위에 예측값을 겹쳐서 그려보면 쉽게 확인할 수 있다.

```
ggplot(sim2, aes(x)) +
  geom_point(aes(y = y)) +
  geom_point(
    data = grid,
    aes(y = pred),
    color = "red",
    size=4
  )
```

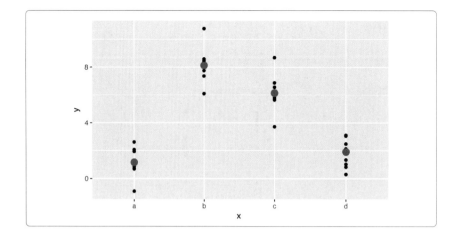

관측하지 못한 값에 대해서는 예측할 수 없다. 실수로 이 작업을 수행하게 되면 다음과 같은 에러 메시지가 나타날 것이다.

```
tibble(x = "e") %>%
    add_predictions(mod2)
#> Error in model.frame.default(Terms, newdata, na.action =
#> na.action, xlev = object$xlevels): factor x has new level e
```

18.4.2 연속형과 범주형 변수의 상호작용

연속형 변수와 범주형 변수를 결합하면 어떻게 되는가? sim3는 범주형 예측 변수와 연속형 예측 변수를 포함한 데이터셋이다. 이 변수들은 간단한 플롯으로 시각화할 수 있다.

```
ggplot(sim3, aes(x1, y)) +
    geom_point(aes(color = x2))
```

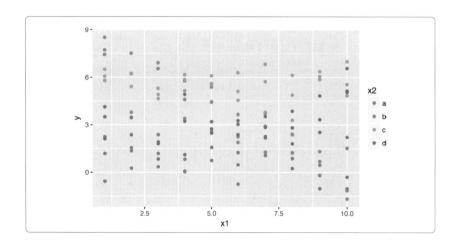

이 데이터에 적용할 수 있는 두 가지 모델이 있다.

```
mod1 <- lm(y ~ x1 + x2, data = sim3)
mod2 <- lm(y ~ x1 * x2, data = sim3)
```

+를 사용하여 변수를 추가하면 모델은 다른 모든 변수와 독립적인 각 효과를 추정한다. *을 사용하면 상호작용이라 불리는 항을 적합할 수 있다. 예를 들어 y ~ x1 * x2는 y = a_0 + a_1 * a1 + a_2 * a2 + a_12 * a1 * a2로 변환된다. *를 사용하면 상호작용과 개별 구성요소 모두 모델에 포함된다.

이 모델을 시각화하려면 새로운 두 가지 수법이 필요하다.

- 두 개의 예측 변수에 대해 data_grid()를 적용해야 한다. 이 함수는 x1과 x2의 고유한 값에 대한 모든 조합을 생성한다.
- 두 모델로 동시에 예측값을 생성하기 위해서 행으로 각 예측값을 추가하는 gather_predictions()를 사용할 수 있다. gather_predictions()를 보완하는 함수는 각각의 예측값을 새로운 열로 추가하는 spread_predictions()이다.

위 함수를 함께 사용하면 다음과 같은 결과를 얻을 수 있다.

```
grid <- sim3 %>%
  data_grid(x1, x2) %>%
  gather_predictions(mod1, mod2)
grid
#> # A tibble: 80 × 4
#>   model    x1    x2  pred
#>   <chr> <int> <fctr> <dbl>
#> 1 mod1     1     a  1.67
#> 2 mod1     1     b  4.56
#> 3 mod1     1     c  6.48
#> 4 mod1     1     d  4.03
#> 5 mod1     2     a  1.48
#> 6 mod1     2     b  4.37
#> # ... with 74 more rows
```

면분할을 사용해서 두 모델의 결과를 하나의 플롯에 시각화할 수 있다.

```
ggplot(sim3, aes(x1, y, color = x2)) +
  geom_point() +
  geom_line(data = grid, aes(y = pred)) +
  facet_wrap(~ model)
```

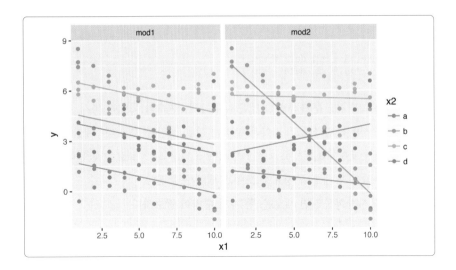

+를 사용한 모델은 각 라인의 기울기는 같지만 y 절편값은 서로 다르다. *를 사용한 모델은 기울기와 y 절편값이 모두 다르다.

어떤 모델이 이 데이터에 잘 맞을까? 이는 잔차를 통해 확인할 수 있다. 여기서는 각 그룹 내의 패턴을 쉽게 확인하기 위해 모델과 x2로 면분할하였다.

```
sim3 <- sim3 %>%
    gather_residuals(mod1, mod2)

ggplot(sim3, aes(x1, resid, color = x2)) +
    geom_point() +
    facet_grid(model ~ x2)
```

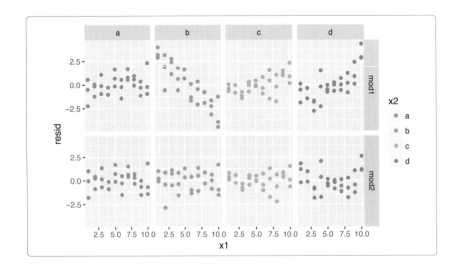

mod2의 잔차에서는 확실한 패턴이 거의 보이지 않는다. mod1의 잔차는 분명하게

모델이 b에서 어떤 패턴을 놓쳤다는 것을 나타내주며 b보다는 덜하지만 c와 d에서도 여전히 패턴이 존재하는 것을 알 수 있다. mod1 또는 mod2 둘 중 어떤 모델이 더 좋은지 알 수 있는 정확한 방법이 있는지 궁금할 것이다. 다방면의 수학적 배경지식이 필요한 방법이 있긴 하지만 그 방법에 대해서는 고려하지 않을 것이다. 여기서는 모델이 관심 있는 패턴을 포착하였는지와 관련된 질적 평가에 집중할 것이다.

18.4.3 연속형 변수의 상호작용

두 개의 연속 변수로 이루어진 같은 모델을 살펴보자. 초반에는 이전 예제와 거의 유사하게 진행된다.

```
mod1 <- lm(y ~ x1 + x2, data = sim4)
mod2 <- lm(y ~ x1 * x2, data = sim4)

grid <- sim4 %>%
  data_grid(
    x1 = seq_range(x1, 5),
    x2 = seq_range(x2, 5)
  ) %>%
  gather_predictions(mod1, mod2)
grid
#> # A tibble: 50 × 4
#>    model    x1    x2   pred
#>    <chr> <dbl> <dbl>  <dbl>
#> 1  mod1  -1.0  -1.0   0.996
#> 2  mod1  -1.0  -0.5  -0.395
#> 3  mod1  -1.0   0.0  -1.786
#> 4  mod1  -1.0   0.5  -3.177
#> 5  mod1  -1.0   1.0  -4.569
#> 6  mod1  -0.5  -1.0   1.907
#> # ... with 44 more rows
```

data_grid() 안에 seq_range()를 사용한다. x의 고유한 모든 값을 사용하는 대신 최솟값과 최댓값 사이를 균일하게 간격을 나눈 5개의 값을 사용할 것이다. 여기서는 이 부분이 매우 중요하지는 않지만, 일반적으로는 유용한 기법이다. seq_range() 함수에는 3개의 유용한 인수가 있다.

- pretty = TRUE는 '보기 좋은' 시퀀스, 즉 사람의 눈에 보기 좋은 시퀀스를 생성한다. 이는 테이블로 결과물을 생성하려는 경우에 유용하다.

  ```
  seq_range(c(0.0123, 0.923423), n = 5)
  #> [1] 0.0123 0.2401 0.4679 0.6956 0.9234
  seq_range(c(0.0123, 0.923423), n = 5, pretty = TRUE)
  #> [1] 0.0 0.2 0.4 0.6 0.8 1.0
  ```

• trim = 0.1은 꼬리 값의 10%를 제거한다. 변수가 꼬리가 긴 분포를 가지고 있으며, 중심 근처의 값을 생성하고자 하는 경우에 유용하다.

```
x1 <- rcauchy(100)
seq_range(x1, n = 5)
#> [1] -115.9 -83.5 -51.2 -18.8 13.5
seq_range (x1, n = 5, trim = 0.10)
#> [1] -13.84 -8.71 -3.58 1.55 6.68
seq_range (x1, n = 5, trim = 0.25)
#> [1] -2.1735 -1.0594 0.0547 1.1687 2.2828
seq_range (x1, n = 5, trim = 0.50)
#> [1] -0.725 -0.268 0.189 0.647 1.104
```

• expand = 0.1은 어떤 의미에서는 trim()의 반대이다. 즉, 범위를 10% 확장한다.

```
x2 <- c(0, 1)
seq_range(x2, n = 5)
#> [1] 0.00 0.25 0.50 0.75 1.00
seq_range(x2, n = 5, expand = 0.10)
#> [1] -0.050 0.225 0.500 0.775 1.050
seq_range(x2, n = 5, expand = 0.25)
#> [1] -0.125 0.188 0.500 0.812 1.125
seq_range(x2, n = 5, expand = 0.50)
#> [1] -0.250 0.125 0.500 0.875 1.250
```

다음으로 모델을 시각화해보자. 2개의 연속형 예측 변수를 가지고 있으므로 3D 표면과 같은 모델을 상상해볼 수 있다. geom_tile()을 사용하여 이를 나타낼 수 있다.

```
ggplot(grid, aes(x1, x2)) +
  geom_tile(aes(fill = pred)) +
  facet_wrap(~ model)
```

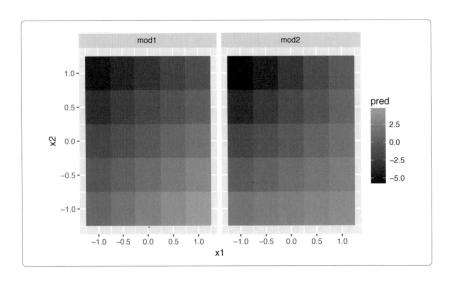

위 플롯은 두 모델이 매우 다르지 않다는 것을 나타낸다. 하지만 어느 정도는 우리의 착각일 수 있다. 우리의 눈과 뇌는 색채의 농도를 정확하게 비교하는 데 그리 좋지 않다. 위에서부터 표면을 살펴보는 대신에 한 변수를 여러 조각으로 나누어 살펴볼 수 있다.

```
ggplot(grid, aes(x1, pred, color = x2, group = x2)) +
  geom_line() +
  facet_wrap(~ model)

ggplot(grid, aes(x2, pred, color = x1, group = x1)) +
  geom_line() +
  facet_wrap(~ model)
```

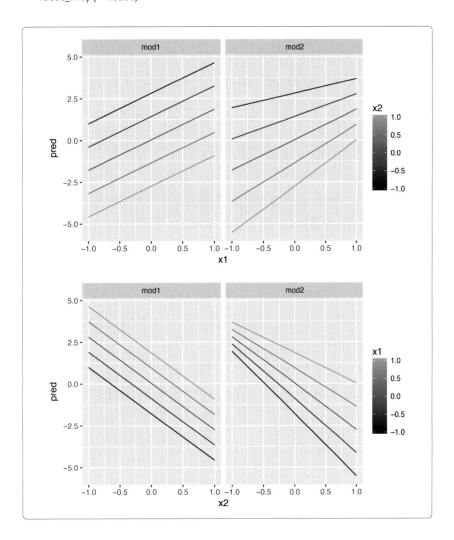

위 플롯은 두 개의 연속 변수 사이의 상호작용이 기본적으로 범주형과 연속형 변수의 상호작용과 같은 방식으로 동작함을 보여준다. 또한 이 플롯에서의 상호작용은 고정된 오프셋이 없다는 것을 나타낸다. 즉, y를 예측하기 위해서는 x1과 x2를 동시에 고려해야 한다.

단 두 개의 연속 변수만으로 좋은 시각화는 어렵다는 것을 알 수 있다. 하지만 그것은 합리적이다. 세 개 또는 그 이상의 변수들이 동시에 상호작용하는 방식에 대해서 이해하기가 쉬울 거라 예상하지는 않을 것이다. 다시 말하자면 모델을 탐색에 사용하면 시간을 조금 절약할 수 있고, 모델의 성능은 점점 개선할 수 있다. 모델은 완벽해야 할 필요가 없으며 단지 데이터를 더 잘 나타내는 데 도움을 주면 된다.

'mod2가 mod1보다 더 좋은지'에 대해 확인해보기 위해 잔차를 탐색해보았다. 그 결과, 차이가 발생하기는 하지만 미묘하다. 연습문제에서 이를 확인해볼 수 있을 것이다.

18.4.4 변환

모델의 수식 내에서 변환할 수도 있다. 예를 들어 log(y) ~ sqrt(x1) + x2는 y = a_1 + a_2 * x1 * sqrt(x) + a_3 * x2로 변환된다. 변환에 +, *,^ 또는 -가 포함되어 있으면 R에서는 모델의 열거한 부분으로 처리하지 않게 하도록 I()로 묶어야 한다. 예를 들어 y ~ x + I(x ^ 2)은 y = a_1 + a_2 * x + a_3 * x^2으로 변환된다. 만약 I()를 쓰지 않고 y ~ x ^ 2 + x로 명시한다면 R은 y ~ x * x + x로 계산할 것이다. x * x는 x 자체의 상호작용을 의미한다. R은 자동으로 중복 변수를 제외하므로 x + x는 x가 되며 y ~ x ^ 2 + x는 y = a_1 + a_2 * x 함수가 된다. 이는 분석가가 의도한 것이 아니다.

다시 말하자면 모델이 변환되는 방식이 헷갈린다면 model_matrix()를 사용하여 lm()이 모델을 적합하는 수식이 무엇인지 정확하게 확인할 수 있다.

```
df <- tribble(
  ~y, ~x,
    1, 1,
    2, 2,
    3, 3
)
model_matrix(df, y ~ x^2 + x)
#> # A tibble: 3 × 2
#>   '(Intercept)'     x
#>          <dbl> <dbl>
#> 1             1     1
```

```
#> 2          1    2
#> 3          1    3
model_matrix(df, y ~ I(x^2) + x)
#> # A tibble: 3 × 3
#>  '(Intercept)' 'I(x^2)'    x
#>          <dbl>    <dbl> <dbl>
#> 1          1        1    1
#> 2          1        4    2
#> 3          1        9    3
```

변환은 비선형 함수를 근사하는 데 유용하게 사용할 수 있다. 만약 미적분 수업을 들었다면 '어떤 평활 함수도 다항식의 무한한 합으로 근사시킬 수 있다'라는 테일러 정리(Taylor's theorem)에 대해 들어봤을 것이다. 즉, y = a_1 + a_2 * x + a_3 * x^2 + a_4 * x ^ 3과 같은 방정식을 적합하여 선형 함수를 임의의 평활 함수에 가깝게 만들 수 있다는 것을 의미한다. 손으로 시퀀스를 타이핑하는 것은 번거롭기 때문에 R에서는 도우미 함수인 poly()를 제공한다.

```
model_matrix(df, y ~ poly(x, 2))
#> # A tibble: 3 × 3
#>  '(Intercept)' 'poly(x, 2)1' 'poly(x, 2)2'
#>          <dbl>         <dbl>         <dbl>
#> 1          1      -7.07e-01         0.408
#> 2          1      -7.85e-17        -0.816
#> 3          1       7.07e-01         0.408
```

그러나 poly()를 사용하는 데는 한 가지 주요한 문제가 있다. 데이터의 범위를 벗어나면 다항식은 급격하게 양의 무한대 또는 음의 무한대로 발산하게 된다. 한 가지 안전한 대안은 본연의 스플라인(spline, 매끄러운 곡선)인 splines::ns()를 사용하는 것이다.

```
library(splines)
model_matrix(df, y ~ ns(x, 2))
#> # A tibble: 3 × 3
#>  '(Intercept)' 'ns(x, 2)1' 'ns(x, 2)2'
#>          <dbl>       <dbl>       <dbl>
#> 1          1       0.000       0.000
#> 2          1       0.566      -0.211
#> 3          1       0.344       0.771
```

비선형 함수를 근사할 때 어떻게 표현되는지 살펴보자.

```
sim5 <- tibble(
x = seq(0, 3.5 * pi, length = 50),
y = 4 * sin(x) + rnorm(length(x))
)
ggplot(sim5, aes(x, y)) +
  geom_point()
```

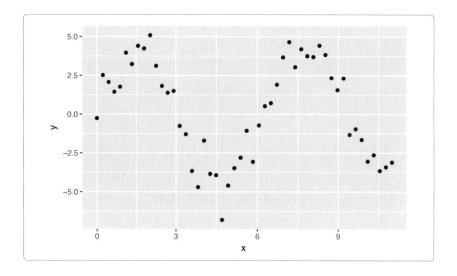

이 데이터에 다섯 가지 모델을 적용해볼 것이다.

```
mod1 <- lm(y ~ ns(x, 1), data = sim5)
mod2 <- lm(y ~ ns(x, 2), data = sim5)
mod3 <- lm(y ~ ns(x, 3), data = sim5)
mod4 <- lm(y ~ ns(x, 4), data = sim5)
mod5 <- lm(y ~ ns(x, 5), data = sim5)

grid <- sim5 %>%
    data_grid(x = seq_range(x, n = 50, expand = 0.1)) %>%
    gather_predictions(mod1, mod2, mod3, mod4, mod5, .pred = "y")

ggplot(sim5, aes(x, y)) +
    geom_point() +
    geom_line(data = grid, color = "red") +
    facet_wrap(~ model)
```

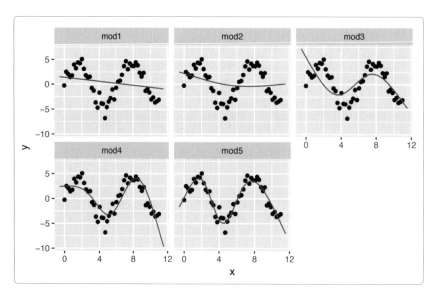

데이터 범위를 벗어나 추정하는 것은 명백히 좋지 않다. 이는 다항식으로 함수를 근사하는 방법에서 좋지 않은 부분이지만, 모든 모델에서 발생할 수 있는 실질적인 문제이다. 데이터의 범위 밖에서 추정을 시작하면 변화하는 추정값이 맞는지에 대한 여부를 모델에서 알려줄 수 없다. 이론과 과학에 의존해야 한다.

18.4.5 연습문제

1. sim2 데이터셋에 대해서 y 절편이 없는 모델을 사용하여 분석 과정을 되풀이하면 어떻게 되는가? 모델 방정식은 어떻게 되는가? 예측값은 어떻게 되는가?

2. model_matrix()를 사용해서 sim3와 sim4 데이터셋에 적합한 모델에 생성된 방정식을 탐색해보자. *이 상호작용을 표현하기 위해 괜찮은 줄임말인 이유는 무엇인가?

3. 기본 원칙을 이용하여 아래 두 모델의 수식을 함수로 변환해보자. (힌트: 범주형 변수를 0-1 변수로 변환하여 시작한다.)

```
mod1 <- lm(y ~ x1 + x2, data = sim3)
mod2 <- lm(y ~ x1 * x2, data = sim3)
```

4. sim4 데이터셋에 대해 mod1과 mod2 중 어떤 모델이 더 좋은가? mod2 모델이 패턴을 제거하는 측면에서 좀 더 좋아 보이지만 그리 큰 차이가 나지는 않는다. 나의 주장을 뒷받침할 플롯을 그릴 수 있는가?

18.5 결측값

결측값은 변수 간의 관계에 대해 어떤 정보도 전달할 수 없으므로 모델링 함수는 결측값이 포함된 행을 삭제한다. R의 기본 동작은 자동으로 제거하는 것이지만 (전제조건에서 실행한) options(na.action = na.warn)은 경고문을 표시해준다.

```
df <- tribble(
  ~x, ~y,
  1, 2.2,
  2, NA,
  3, 3.5,
  4, 8.3,
  NA, 10
)

mod <- lm(y ~ x, data = df)
#> Warning: Dropping 2 rows with missing values
```

경고문을 표시하지 않으려면 na.action = na.exclude로 설정한다.

mod <- lm(y ~ x, data = df, na.action = na.exclude)

nobs()를 사용하면 얼마나 많은 관측값이 사용되었는지 정확하게 알 수 있다.

```
nobs(mod)
#> [1] 3
```

18.6 다른 모델 모음

이 장에서는 y = a_1 * x1 + a_2 * x2 + ... + a_n * xn 형식으로 된 관계를 가정하는 선형 모형 종류에 대해서만 다룬다. 또한 이 책에서는 다루지 않았지만 선형 모형은 잔차가 정규분포를 따른다고 가정한다. 여러 흥미로운 방법으로 선형 모델을 확장한 모델의 종류는 다양하며 일부 모델을 다음에서 소개한다.

- 일반화 선형 모형(Generalized linear model): 예, stats::glm()
  선형 모형에서는 반응 변수가 연속형이며 오차가 정규분포를 따른다고 가정한다. 일반화 선형 모형은 연속형이 아닌 반응 변수(예, 이항 데이터 또는 빈도수 데이터)를 포함할 수 있도록 선형 모형을 확장한다. 일반화 선형 모형은 우도(likelihood)의 통계적 아이디어를 기반으로 거리 메트릭을 정의하여 동작한다.
- 일반화 가법 모형(Generalized additive model): 예, mgcv::gam()
  일반화 선형 모형을 확장하여 임의의 평활 함수를 포함하도록 한다. 즉, y = f(x) 형식의 방정식으로 변환되는 y ~ s(x) 형식의 수식을 작성한 후, gam()을 이용하여 그 함수가 무엇인지 추정한다. (문제를 다루기 쉽게 만들기 위해 평활도를 제한조건으로 설정해야 한다.)
- 벌점 선형 모형(Penalized linear model): 예, glmnet::glmnet()
  복잡한 모델에 벌점을 부과하는 패널티 항을 (모수 벡터와 원점 사이의 거리로 정의되는) 차이도에 추가한다. 이 방법은 같은 모집단의 새로운 데이터셋을 좀더 일반화할 수 있는 모델을 만드는 경향이 있다.
- 로버스트 선형 모형(Robust linear model): 예, MASS::rlm()
  매우 멀리 떨어져 있는 가중치가 적은 점과의 차이를 조정한다. 이 모형은 이상치가 없을 때는 크게 효과가 없지만 이상값이 존재한다면 덜 민감하도록 만든다.

- 트리 모형(Trees): rpart::rpart()

  선형 모형과 완전히 다른 방식으로 문제를 다룬다. 트리 모형은 데이터를 계속해서 작은 부분으로 분리하며 조각별 상수 모델을 적합한다. 트리 모형 그 자체로는 매우 효과적이지는 않지만 랜덤 포레스트(random forests)(예, randomForest::randomForest())나 그레이디언트 부스팅(gradient boosting machines)(예, xgboost::xgboost)과 같은 모델로 결합하여 사용하면 매우 강력해진다.

이 모델들은 프로그래밍 관점에서 모두 유사하게 동작한다. 일단 선형 모형을 완전히 익히고 나면 다른 모델 종류의 메커니즘을 쉽게 이해할 수 있다. 숙련된 모델러(modeler)가 된다는 것은 몇 가지 괜찮은 원칙의 결합과 기법들이 담긴 큰 도구 상자를 가진다는 것이다. 이제 일반적인 도구와 한 가지의 유용한 모델 종류를 배웠으므로 다른 자료를 통해 더 많은 내용을 배울 수 있을 것이다.

19장

모델 생성

19.1 들어가기

앞 장에서 선형 모델이 동작하는 방식과 모델을 이용하여 데이터를 파악하는 몇 가지 기본 도구에 대해 배웠다. 모델이 동작하는 방법을 배우는 데 도움이 되는 시뮬레이션 데이터셋에 중점을 둔 것이다. 이번 장에서는 실제 데이터에 중점을 두고 데이터에 대한 이해를 돕기 위해 점진적으로 모델을 생성하는 방법을 보여 준다.

데이터를 패턴과 잔차로 분리한 모델을 들여다보면서 생각해볼 수 있는 점들을 활용할 것이다. 시각화를 통해 패턴을 찾은 다음 모델을 사용하여 패턴을 구체적이고 정확하게 만들 것이다. 이 과정을 반복하며 이전의 반응 변수를 모델의 잔차로 대체할 것이다. 데이터와 머릿속의 내재적인 지식을 정량적 모델의 명시적인 지식으로 전환하는 것이 우리의 목표이다. 이는 새로운 도메인에 쉽게 적용할 수 있으며 다른 도메인에서 쉽게 사용하도록 해줄 것이다.

매우 크고 복잡한 데이터셋의 경우에는 많은 작업이 필요할 것이다. 그렇지만 분명한 개선 방안이 있다. 많은 기계학습 접근법은 단순히 모델의 예측력에 초점을 맞춘다. 이 접근 방식은 블랙박스 모델을 생성하는 경향이 있어 모델이 예측값을 생성하는 데는 훌륭하지만, 그 이유에 대해서는 알 수 없다. 이는 합리적인 접근 방식이지만 실제 지식을 모델에 적용하기에는 어렵다. 결과적으로 기본 원칙이 변함에 따라 장기적으로 모델이 계속 동작할 것인가를 평가하는 것이 어려워진다. 대부분의 실제 모델에서는 이 접근 방식에 더 일반적이고 자동화된 접근 방식을 조합하여 사용한다.

멈추어야 하는 순간을 아는 것은 쉽지 않다. 모델이 충분히 좋아지는 시점과 추가로 시도했을 때 성과가 발생하지 않는 시점을 알아내야 한다. 나는 레딧 (reddit) 유저인 Broseidon241의 다음 인용문[1]을 특히 좋아한다.

> 오래전 예술 수업에서 선생님은 다음과 같이 말했다. "예술가는 작품이 언제 끝나는지를 알아야 한다. 무언가를 비틀어서 완벽하게 만들 수 없다. 만약 그것이 싫다면 처음부터 다시 해보자. 아니면 아예 새로운 것을 시작해보자." 그리고 훗날 다음의 이야기도 들었다. "실력 없는 재봉사는 많은 실수를 저지른다. 괜찮은 재봉사는 그 실수를 바로 잡기 위해 열심히 노력한다. 훌륭한 재봉사는 옷을 버리고 처음부터 다시 시작하는 것을 두려워하지 않는다."
>
> - Broseidon241

19.1.1 준비하기

앞 장과 같은 도구를 사용하지만 실제 데이터셋(ggplot2 패키지의 diamonds, nycfights13 패키지의 flights)을 추가할 것이다. 또한 flights 데이터셋의 날짜 및 시간 변수를 사용하기 위해서는 lubridate 패키지가 필요하다.

```
library(tidyverse)
library(modelr)
options(na.action = na.warn)

library(nycflights13)
library(lubridate)
```

19.2 낮은 품질의 다이아몬드가 더 비싼 이유는 무엇인가?

앞 장에서 다이아몬드의 품질과 가격 사이의 놀라운 관계를 살펴보았다. 낮은 품질의 다이아몬드(좋지 않은 커팅과 색상, 낮은 투명도)가 더 높은 가격을 가진다는 것을 확인했다.

```
ggplot(diamonds, aes(cut, price)) + geom_boxplot()
ggplot(diamonds, aes(color, price)) + geom_boxplot()
ggplot(diamonds, aes(clarity, price)) + geom_boxplot()
```

---

1 *https://www.reddit.com/r/datascience/comments/4irajq*

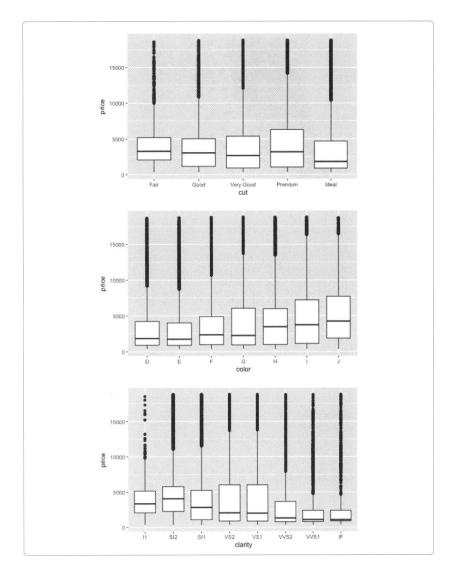

여기서 가장 좋지 않은 색상은 J이며 가장 좋지 않은 투명도는 I1이다.

19.2.1 가격과 캐럿

중요한 혼란 변수인 다이아몬드의 무게(carat)가 존재하기 때문에 품질이 낮은 다이아몬드가 가격이 더 높은 것처럼 보인다. 다이아몬드의 무게는 가격을 결정하는 가장 중요한 요소이며 품질이 낮은 다이아몬드가 더 무거운 경향이 있다.

```
ggplot(diamonds, aes(carat, price)) +
  geom_hex(bins = 50)
```

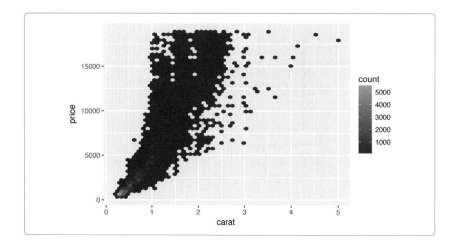

carat의 효과를 분리하는 모델을 적합하여 다이아몬드의 다른 속성이 상대적으로 price에 어떻게 영향을 주는지 쉽게 알 수 있다. 먼저 작업하기 쉽도록 만들기 위해 아래의 두 가지 항목으로 다이아몬드 데이터셋을 변경해보자.

1. 2.5캐럿보다 작은 다이아몬드(데이터의 99.7%에 해당)로 한정한다.
2. 캐럿과 가격 변수를 로그 변환한다.

```
diamonds2 <- diamonds %>%
  filter(carat <= 2.5) %>%
  mutate(lprice = log2(price), lcarat = log2(carat))
```

또한 이 변환은 carat과 price의 관계를 알기 쉽게 만들어준다.

```
ggplot(diamonds2, aes(lcarat, lprice)) +
  geom_hex(bins = 50)
```

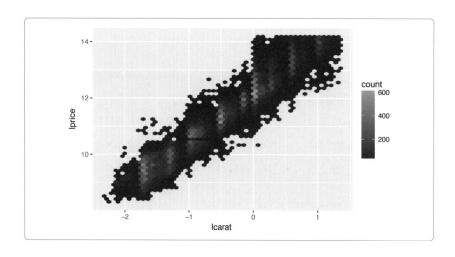

로그 변환은 해당 패턴을 작업하기에 가장 쉬운 선형 패턴으로 만들어주기 때문에 매우 유용하다. 다음 단계로 넘어가서 강한 선형 패턴을 제거해보자. 먼저 모델을 적합하여 패턴을 명확하게 만든다.

```
mod_diamond <- lm(lprice ~ lcarat, data = diamonds2)
```

그런 다음 모델이 데이터에 대해 말하는 내용을 살펴본다. 예측값에 대해 로그 변환을 되돌리는 역변환을 적용하면 원 데이터에 예측값을 겹쳐 그릴 수 있다.

```
grid <- diamonds2 %>%
  data_grid(carat = seq_range(carat, 20)) %>%
  mutate(lcarat = log2(carat)) %>%
  add_predictions(mod_diamond, "lprice") %>%
  mutate(price = 2 ^ lprice)

ggplot(diamonds2, aes(carat, price)) +
  geom_hex(bins = 50) +
  geom_line(data = grid, color = "red", size = 1)
```

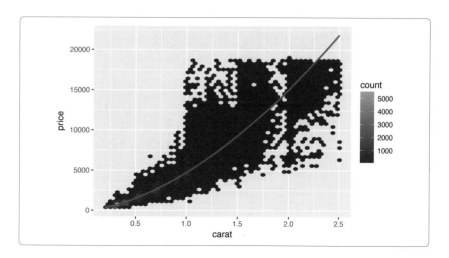

위 플롯은 데이터에 대해 흥미로운 사실을 알려준다. 우리의 모델을 신뢰한다면 크기가 큰 다이아몬드는 예측한 값보다 훨씬 저렴하다. 그것은 아마 이 데이터 셋에는 19,000달러가 넘는 다이아몬드가 존재하지 않기 때문일 것이다.

이제 강한 선형 패턴을 제대로 제거했는지 확인하기 위해 잔차를 살펴볼 수 있다.

```
diamonds2 <- diamonds2 %>%
  add_residuals(mod_diamond, "lresid")

ggplot(diamonds2, aes(lcarat, lresid)) +
  geom_hex(bins = 50)
```

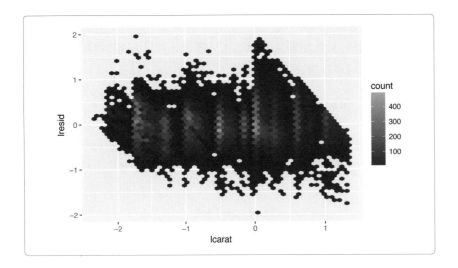

중요한 점은 price 대신 잔차를 사용하여 문제가 되었던 플롯을 다시 그릴 수 있다는 것이다.

```
ggplot(diamonds2, aes(cut, lresid)) + geom_boxplot()
ggplot(diamonds2, aes(color, lresid)) + geom_boxplot()
ggplot(diamonds2, aes(clarity, lresid)) + geom_boxplot()
```

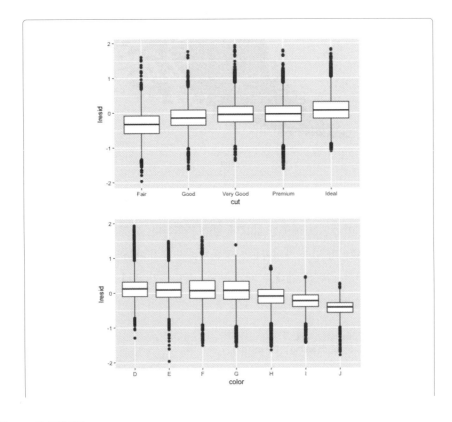

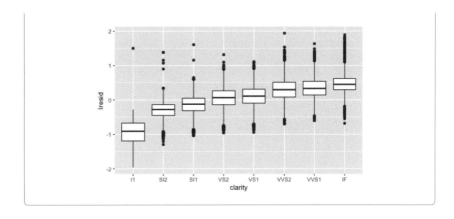

이제 예상했던 변수들의 관계를 확인할 수 있다. 다이아몬드의 품질이 좋아질수록 상대적인 가격도 높아진다. y 축을 해석하기 위해 잔차의 의미와 스케일의 값에 대해 생각해볼 필요가 있다. 잔차가 -1이라는 것은 해당 변수만을 이용한 예측값보다 lprice가 한 단위 더 작다는 것을 나타낸다. 2^{-1}은 1/2이므로 -1인 점은 예측한 가격의 절반에 해당하고, 잔차가 1인 점은 예측한 가격의 두 배를 나타낸다.

19.2.2 더 복잡한 모델

원한다면 모델을 명시적으로 만들기 위해 관측한 효과를 모델로 이동하여 계속해서 모델을 발전시킬 수 있다. 예를 들어 color, cut 및 clarity 변수를 모델에 포함하여 이 세 개의 범주형 변수의 효과를 나타낼 수 있다.

```
mod_diamond2 <- lm(
  lprice ~ lcarat + color + cut + clarity,
  data = diamonds2
)
```

이제 이 모델은 네 개의 예측 변수를 포함하므로 시각화하는 것은 더 어려워질 것이다. 그렇지만 다행히 모든 변수가 독립적이므로 네 개의 플롯으로 각각 그릴 수 있다. 이 과정을 좀 더 쉽게 만들기 위해 data_grid 함수에 .model 인수를 사용할 것이다.

```
grid <- diamonds2 %>%
  data_grid(cut, .model = mod_diamond2) %>%
  add_predictions(mod_diamond2)
grid
#> # A tibble: 5 × 5
#>        cut lcarat color clarity  pred
#>      <ord>  <dbl> <chr>   <chr> <dbl>
#> 1     Fair -0.515     G     SI1  11.0
#> 2     Good -0.515     G     SI1  11.1
```

```
#> 3  Very Good -0.515    G    SI1   11.2
#> 4    Premium -0.515    G    SI1   11.2
#> 5      Ideal -0.515    G    SI1   11.2
```

```
ggplot(grid, aes(cut, pred)) +
  geom_point()
```

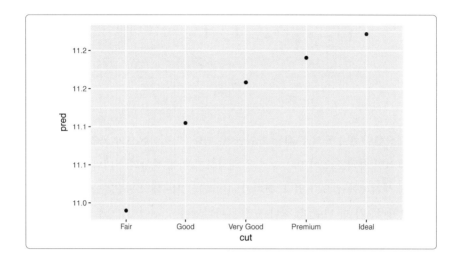

명시적으로 제공되지 않은 변수를 모델이 필요로 한다면 data_grid() 함수가 자동으로 '대표적인' 값으로 채울 것이다. 연속형 변수의 경우 중앙값을 사용하고, 범주형 변수의 경우 가장 빈번한 값(동점이면 여러 값)을 사용한다.

```
diamonds2 <- diamonds2 %>%
  add_residuals(mod_diamond2, "lresid2")

ggplot(diamonds2, aes(lcarat, lresid2)) +
  geom_hex(bins = 50)
```

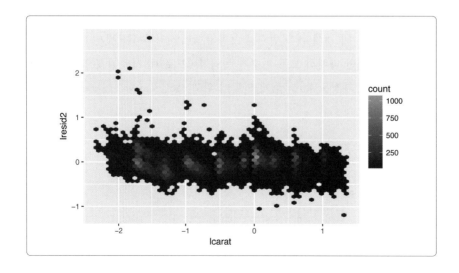

이 플롯은 잔차의 값이 큰 다이아몬드가 일부 존재한다는 것을 보여준다. 잔차가 2라는 것은 다이아몬드의 가격이 예상했던 가격의 4배라는 것을 나타낸다. 비정상적인 관측값을 개별적으로 탐색하면 유용할 때가 많다.

```
diamonds2 %>%
  filter(abs(lresid2) > 1) %>%
  add_predictions(mod_diamond2) %>%
  mutate(pred = round(2 ^ pred)) %>%
  select(price, pred, carat:table, x:z) %>%
  arrange(price)
#> # A tibble: 16 x 11
#>    price  pred carat         cut color clarity depth table     x     y     z
#>    <int> <dbl> <dbl>       <ord> <ord>   <ord> <dbl> <dbl> <dbl> <dbl> <dbl>
#> 1   1013   264  0.25        Fair     F     SI2  54.4    64   4.3  4.23  2.32
#> 2   1186   284  0.25     Premium     G     SI2    59    60  5.33  5.28  3.12
#> 3   1186   284  0.25     Premium     G     SI2  58.8    60  5.33  5.28  3.12
#> 4   1262  2644  1.03        Fair     E      I1  78.2    54  5.72  5.59  4.42
#> 5   1415   639  0.35        Fair     G     VS2  65.9    54  5.57  5.53  3.66
#> 6   1415   639  0.35        Fair     G     VS2  65.9    54  5.57  5.53  3.66
#> # ... with 10 more rows
```

여기서는 분명하게 눈에 띄는 것은 없지만, 모델에 문제가 있는지 혹은 데이터에 오류가 있는지 생각해보는 데 시간을 투자할 가치가 있다. 만약 데이터에 오류가 있다면 부정확하게 낮은 가격으로 가격이 매겨진 다이아몬드를 사게 될 수도 있다.

19.2.3 연습문제

1. lcarat vs lprice의 플롯에는 밝은색으로 표시된 세로로 된 줄이 존재한다. 이 줄은 무엇을 나타내는가?

2. log(price) = a_0 + a_1 * log(carat)라면 price와 carat 간의 관계에 대해 무엇을 말해주는가?

3. 매우 크거나 작은 잔차값을 가지는 다이아몬드를 찾아보자. 이 다이아몬드에는 특별한 점이 있는가? 특별히 나쁘거나 좋은 점이 있는가? 아니면 가격이 잘못 측정되었다고 생각하는가?

4. 최종 모델인 mod_diamonds2는 다이아몬드의 가격을 예측하는 데 도움이 되는가? 만약 다이아몬드를 산다면 모델이 예측하는 가격을 믿을 수 있겠는가?

19.3 일일 운항 횟수에 어떤 영향이 있는가?

더 간단해 보이는 데이터셋(매일 NYC를 출발하는 항공편의 수)에 대해 비슷한 과정을 진행해보자. 이 데이터셋은 365행과 2열만 있는 아주 작은 데이터이다. 완벽하게 구현된 모델은 아니지만, 앞으로 진행할 각 단계는 데이터를 더 잘 이해하는 데 도움이 될 것이다. 일자별 항공편의 빈도수를 세고, ggplot2로 시각화하는 것부터 시작해보자.

```
daily <- flights %>%
  mutate(date = make_date(year, month, day)) %>%
  group_by(date) %>%
  summarize(n = n())
daily
#> # A tibble: 365 × 2
#>         date      n
#>       <date> <int>
#> 1 2013-01-01    842
#> 2 2013-01-02    943
#> 3 2013-01-03    914
#> 4 2013-01-04    915
#> 5 2013-01-05    720
#> 6 2013-01-06    832
#> # ... with 359 more rows

ggplot(daily, aes(date, n)) +
  geom_line()
```

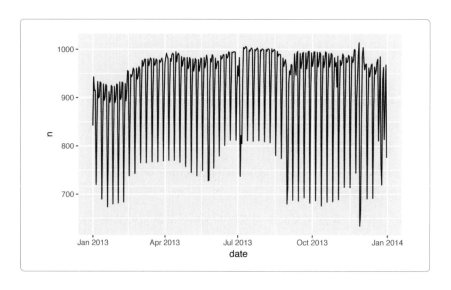

19.3.1 요일

요일 효과가 매우 강하게 존재하기 때문에 장기적인 트렌드를 이해하기 쉽지 않다. 요일별 항공편의 수에 대한 분포를 먼저 살펴보자.

```
daily <- daily %>%
  mutate(wday = wday(date, label = TRUE))
ggplot(daily, aes(wday, n)) +
  geom_boxplot()
```

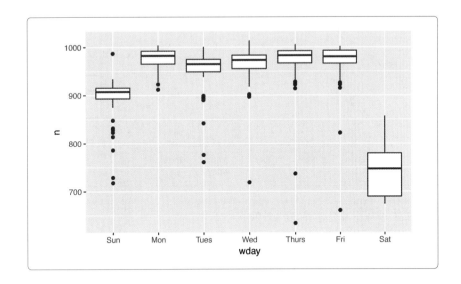

대부분 업무를 위해 비행기를 이용하므로 주말에는 항공편의 수가 적다. 그 효과는 특히 토요일에 두드러지게 나타난다. 월요일 아침 미팅을 위해 일요일에 떠나는 경우는 있지만, 토요일에는 가족과 함께 집에 있는 것을 택할 것이므로 토요일에 떠나는 경우는 거의 없다.

이 강력한 패턴을 제거하는 한 가지 방법은 모델을 사용하는 것이다. 먼저 모델을 생성하고 원 데이터에 예측값을 겹쳐서 나타낸다.

```
mod <- lm(n ~ wday, data = daily)

grid <- daily %>%
  data_grid(wday) %>%
  add_predictions(mod, "n")

ggplot(daily, aes(wday, n)) +
  geom_boxplot() +
  geom_point(data = grid, color = "red", size = 4)
```

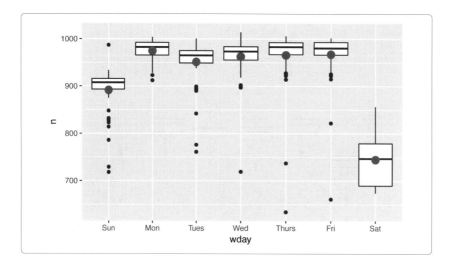

다음으로 잔차를 계산한 후 시각화한다.

```
daily <- daily %>%
  add_residuals(mod)
daily %>%
  ggplot(aes(date, resid)) +
  geom_ref_line(h = 0) +
  geom_line()
```

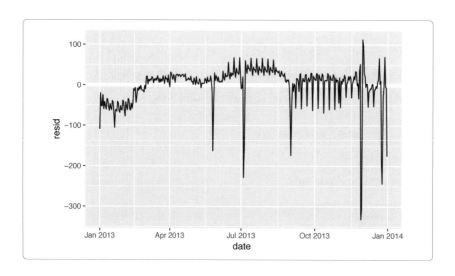

y 축의 변화에 주목해보자. 일자마다 예측한 비행 횟수의 편차를 확인할 수 있다. 요일 효과의 많은 부분을 제거하여 남아있는, 감지하기 어려운 패턴을 확인할 수 있으므로 이 플롯은 유용하다고 할 수 있다.

• 우리의 모델은 6월부터 잘 맞지 않는 것처럼 보인다. 여전히 모델이 포착하지

못한 규칙적이고 강한 패턴을 확인할 수 있다. 각 요일을 한 줄씩 플롯으로 그리면 그 원인을 쉽게 확인할 수 있다.

```
ggplot(daily, aes(date, resid, color = wday)) +
  geom_ref_line(h = 0) +
  geom_line()
```

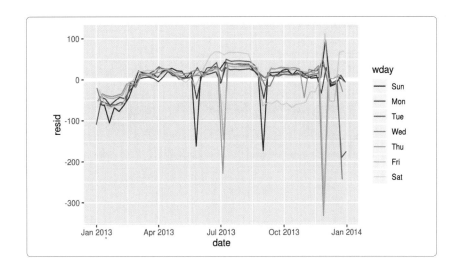

우리의 모델은 토요일의 비행 횟수를 정확하게 예측하지 못한다. 여름에는 예측한 값보다 많은 항공편이 있고, 가을에는 더 적은 항공편이 있다. 다음 절에서는 이러한 패턴을 포착하기 위한 더 나은 방법을 알아볼 것이다.

- 비행 횟수가 예측한 값보다 더 적은 날짜들이 있다.

```
daily %>%
  filter(resid < -100)

#> # A tibble: 11 × 4
#>         date     n  wday resid
#>       <date> <int> <ord> <dbl>
#> 1 2013-01-01   842  Tues  -109
#> 2 2013-01-20   786   Sun  -105
#> 3 2013-05-26   729   Sun  -162
#> 4 2013-07-04   737 Thurs  -229
#> 5 2013-07-05   822   Fri  -145
#> 6 2013-09-01   718   Sun  -173
#> # ... with 5 more rows
```

미국의 공휴일을 잘 알고 있다면 새해, 독립기념일, 추수감사절, 크리스마스를 발견했을 것이다. 공휴일과 일치하지 않는 것 같은 일부 날짜도 있다. 이는 연습문제 중 하나로 다룰 것이다.

- 1년에 걸친 장기간의 매끄러운 추세가 나타나는 것처럼 보인다. geom_smooth()를 사용하여 이러한 추세를 강조할 수 있다.

```
daily %>%
  ggplot(aes(date, resid)) +
  geom_ref_line(h = 0) +
  geom_line(color = "grey50") +
  geom_smooth(se = FALSE, span = 0.20)
#> `geom_smooth()` using method = 'loess' and formula 'y ~ x'
```

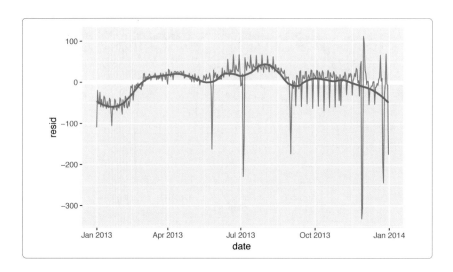

항공편의 수는 1월(그리고 12월)에 더 적고, 여름(5월~9월)에 더 많다. 데이터가 1년치밖에 없으므로 이 패턴을 정량적으로 많이 다룰 수 없다. 그렇지만 도메인 지식을 사용하여 잠재적인 이유를 생각해 낼 수 있다.

19.3.2 주기적인 토요일 효과

먼저 토요일의 비행 횟수를 정확하게 예측하지 못한 문제를 다뤄보자. 처음에는 토요일로 한정한 원 데이터로 돌아가는 것이 좋다.

```
daily %>%
  filter(wday == "Sat") %>%
  ggplot(aes(date, n)) +
    geom_point() +
    geom_line() +
    scale_x_date(
      NULL,
      date_breaks = "1 month",
      date_labels = "%b"
    )
```

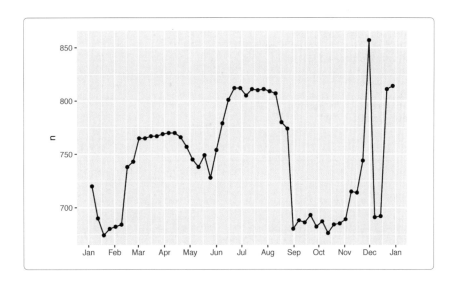

(데이터와 보간(interpolation)이 무엇인지 명확하게 하기 위해 점과 선을 모두 사용했다.)

이 패턴은 여름 휴가로 인해 발생된 것으로 추측한다. 사람들은 대부분 여름에 휴가를 가며 휴가를 위해 토요일에 출발하는 것을 개의치 않는다. 이 플롯을 보면 여름 휴가 기간은 6월 초에서 8월 말까지로 추측할 수 있다. 이 기간은 주립 학교의 여름방학 기간[2](2013년의 여름방학은 6월 26일부터 9월 9일까지)과 꽤 잘 맞는 것처럼 보인다

가을보다 봄에 토요일 비행이 더 많은 이유는 무엇인가? 미국인 친구들에게 물어보니 가을에는 추수감사절과 크리스마스가 있어 가족 휴가를 계획하는 것이 일반적이지 않다는 의견을 주었다. 확신할 수 있는 데이터는 없지만 그럴듯한 가설인 것 같다.

대략 세 개의 학기를 포함하는 '학기(term)' 변수를 만들고 플롯으로 확인해 보자.

```r
term <- function(date) {
  cut(date,
    breaks = ymd(20130101, 20130605, 20130825, 20140101),
    labels = c("spring", "summer", "fall")
  )
}

daily <- daily %>%
  mutate(term = term(date))
```

2 *http://schools.nyc.gov/Calendar/2013-2014+School+Year+Calendars.htm*

```
daily %>%
  filter(wday == "Sat") %>%
  ggplot(aes(date, n, color = term)) +
  geom_point(alpha = 1/3) +
  geom_line() +
  scale_x_date(
    NULL,
    date_breaks = "1 month",
    date_labels = "%b"
  )
```

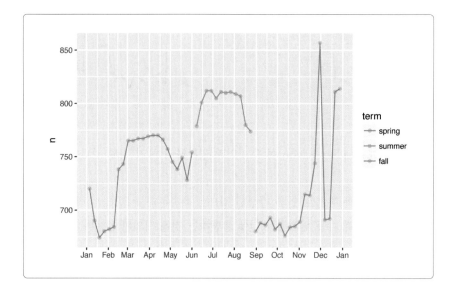

(이 플롯에서는 변화를 잘 나타내기 위해 날짜를 수동으로 조정했다. 시각화를 사용하여 함수의 역할을 이해하도록 도와주는 것은 매우 강력하고 일반적인 기술이다.)

이 새로운 변수가 다른 요일에 어떤 영향을 미치는지 확인하는 것은 유용하다.

```
daily %>%
  ggplot(aes(wday, n, color = term)) +
    geom_boxplot()
```

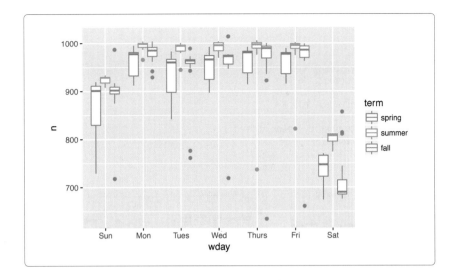

학기 전반에 걸쳐 상당한 변동이 있는 것처럼 보이므로 각 학기에 대해 별도의 요일 효과를 적용하는 것이 합리적이다. 요일 효과는 모델을 개선하기는 하지만 기대할 수 있는 만큼은 아니다.

```
mod1 <- lm(n ~ wday, data = daily)
mod2 <- lm(n ~ wday * term, data = daily)

daily %>%
  gather_residuals(without_term = mod1, with_term = mod2) %>%
  ggplot(aes(date, resid, color = model)) +
    geom_line(alpha = 0.75)
```

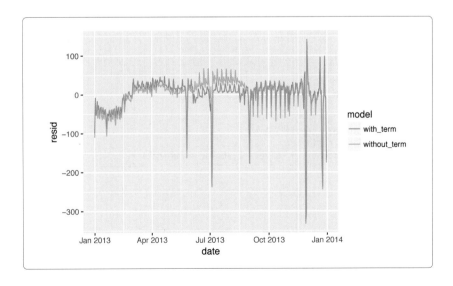

모델로 예측한 값을 원 데이터에 겹쳐 그리면 문제를 확인할 수 있다.

```
grid <- daily %>%
  data_grid(wday, term) %>%
  add_predictions(mod2, "n")

ggplot(daily, aes(wday, n)) +
  geom_boxplot() +
  geom_point(data = grid, color = "red") +
  facet_wrap(~ term)
```

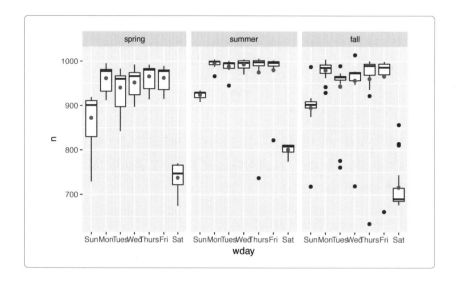

모델은 평균 효과를 찾지만, 값이 큰 이상값들이 많으므로 평균값은 일반적인 값과 멀어지는 경향이 있다. 이 문제는 이상값에 영향을 덜 받는(robust) 모델을 사용하여 완화할 수 있다. 바로 MASS::rlm()을 사용하는 것이다. 이 함수는 이상값이 추정값에 미치는 영향을 줄이고 요일 패턴을 제거하는 모델을 제공한다.

```
mod3 <- MASS::rlm(n ~ wday * term, data = daily)

daily %>%
  add_residuals(mod3, "resid") %>%
  ggplot(aes(date, resid)) +
  geom_hline(yintercept = 0, size = 2, color = "white") +
  geom_line()
```

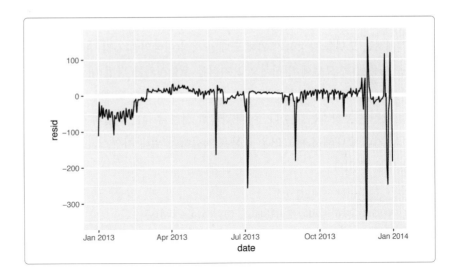

장기적인 추세와 양과 음의 이상값을 훨씬 쉽게 확인할 수 있다.

19.3.3 계산된 변수

많은 모델과 시각화를 경험해보고 있다면 변수 생성 과정을 함수로 묶어 항상 같은 변형을 적용하는 것이 좋다. 예를 들어 다음과 같이 작성할 수 있다.

```
compute_vars <- function(data) {
  data %>%
    mutate(
      term = term(date),
      wday = wday(date, label = TRUE)
    )
}
```

또 다른 옵션은 모델 수식에 변형을 바로 넣는 것이다.

```
wday2 <- function(x) wday(x, label = TRUE)
mod3 <- lm(n ~ wday2(date) * term(date), data = daily)
```

두 방법 모두 합리적이다. 변형된 변수를 명시적으로 만드는 것은 작업을 확인하거나 변수를 시각화에 사용하려는 경우 유용하다. 그러나 여러 열을 반환하는 변형(예: 스플라인)은 쉽게 사용할 수 없다. 모델 함수에 변형을 포함하면 모델 자체에서 변형되기 때문에 다양한 데이터셋으로 작업하는 경우에 좀 더 쉽게 사용할 수 있다.

19.3.4 연중 시각: 다른 접근법

이전 절에서는 모델을 향상하기 위해 도메인 지식(미국의 학기가 여행에 미치는 영향)을 사용했다. 모델에 명시적으로 지식을 포함시키는 방법 대신 다차원의 데이터를 포함하도록 하는 방식도 있다. 그것은 더 유연한 모델을 사용하여 관심 있는 패턴을 포착하는 것이다. 이때 간단한 선형 추세는 적합하지 않기 때문에 1년의 기간에 대해서 매끄러운 곡선을 적합하기 위해 자연스러운 스플라인을 적용해볼 수 있다.

```
library(splines)
 mod <- MASS::rlm(n ~ wday * ns(date, 5), data = daily)

daily %>%
  data_grid(wday, date = seq_range(date, n = 13)) %>%
  add_predictions(mod) %>%
  ggplot(aes(date, pred, color = wday)) +
    geom_line() +
    geom_point()
```

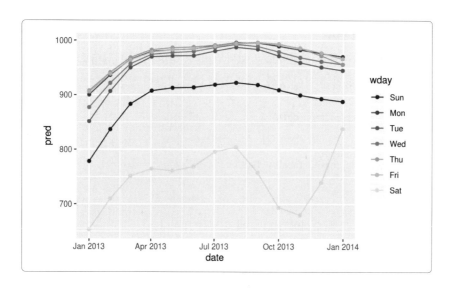

토요일의 비행 횟수에서 강한 패턴을 확인할 수 있다. 이는 원 데이터에서 보았던 패턴이므로 안심할 수 있는 결과이다. 서로 다른 접근법으로 같은 시그널을 얻는다면 그건 좋은 신호라 할 수 있다.

19.3.5 연습문제

1. 구글 검색을 사용하여 1월 20일, 5월 26일, 9월 1일의 항공편이 예측한 값보다 적은 이유에 대해 생각해보자. (힌트: 모두 똑같은 이유이다.) 어떻게 하

면 이 날짜들을 다른 연도로 일반화할 수 있는가?

2. 높은 양의 잔차값을 나타내는 세 개의 날짜는 언제인가? 이 날짜를 다른 연도로 일반화할 수 있는가?

```
daily %>%
  top_n(3, resid)
#> # A tibble: 3 × 5
#>         date     n wday resid   term
#>       <date> <int> <ord> <dbl> <fctr>
#> 1 2013-11-30   857   Sat 112.4   fall
#> 2 2013-12-01   987   Sun  95.5   fall
#> 3 2013-12-28   814   Sat  69.4   fall
```

3. wday 변수의 토요일만 학기로 분리(즉, Thurs, Fri, Sat-summer, Sat-spring, Sat-fall)하여 새로운 변수를 만들어보자. wday와 term의 모든 조합으로 이루어진 모델과 비교하면 이 모델은 무엇이 다른가?

4. 요일, (토요일에 대한) 학기 및 공휴일을 결합한 새로운 변수인 wday를 만들어보자. 이 모델의 잔차는 어떠한가?

5. 월별로 다른 요일 효과(즉, n ~ wday * month)를 적용하면 어떻게 되는가? 이 방법이 효과적이지 않은 이유는 무엇인가?

6. n ~ wday + ns(date, 5) 모델은 어떻게 예상하는가? 데이터에 대해 이미 알고 있는 경우 효과적이지 않을 것이라고 생각하는 이유는 무엇인가?

7. 일요일에 출발하는 사람들은 월요일엔 어딘가에 도착해야 하는 비즈니스 여행자일 가능성이 크다고 가정했다. 거리와 시간을 기반으로 이 가설이 어떻게 기각되는지 탐색해보자. 만약 이 가설이 사실이라면 비행 거리가 먼, 일요일 저녁 항공편이 많을 것이라고 예상할 것이다.

8. 플롯의 양끝에 일요일과 토요일이 위치하여 보기 약간 불편하다. 일주일이 월요일로 시작하도록 요인의 수준을 설정하는 간단한 함수를 작성해보자.

19.4 모델에 대해 더 학습하기

모델링의 겉 부분만을 살펴보았지만 스스로 데이터 분석 역량을 향상하는 데 사용할 수 있는 간단하면서도 범용적인 도구를 얻을 수 있었다. 또한 간단한 것부터 시작하는 것이 좋다. 이미 보았듯이 아주 단순한 모델조차도 변수 간의 관계를 알아내는 능력에 큰 변화를 가져올 수 있다.

모델링에 대한 이 장은 책의 다른 부분에 비해 다른 방식을 고수한다. 대부분의 책들과 다른 관점으로 모델링에 접근하였으며 모델링에 대한 분량이 상대적으로 거의 없다. 실제로 모델링은 그 내용만으로 책 한 권을 채울 수 있기 때문에 다음 세 권의 책 중 적어도 하나는 읽기를 추천한다.

- 대니 캐플란(Danny Kaplan)의 *Statistical Modeling: A Fresh Approach*.[3] 직관력, 수학적 도구 및 R 기술을 동시에 배울 수 있는, 모델링에 대한 친절한 소개를 담은 책이다. 이 책은 전통적인 '통계학 입문' 과정을 대신하며 데이터 과학과 관련된 최신 커리큘럼을 제공한다.
- 가레스 제임스(Gareth James), 다니엘라 위튼(Daniela Witten), 트레버 해스티(Trevor Hastie)와 로버트 팁시라니(Robert Tibshirani)의 *An Introduction to Statistical Learning*[4](온라인에서 무료로 이용 가능). 이 책에서는 통계 학습으로 알려진 최신 모델링 기술을 총체적으로 소개한다. 모델 너머의 수학에 대해 더 깊게 이해하기 위해서는 트레버, 로버트와 제롬 프리드만(Jerome Friedman)의 대표적인 책인 *Elements of Statistical Learning*[5](온라인에서 무료로 이용 가능)을 읽어보는 것이 좋다.
- 맥스 쿤(Max Kuhn)과 키엘 존슨(Kjell Johnson)의 *Applied Predictive Modeling*.[6] 이 책은 caret 패키지의 안내서이며 실제 예측 모델링 문제를 다루는 실용적인 도구를 제공한다.

---

3 (옮긴이) *http://project-mosaic-books.com/?page_id=13*에서 확인할 수 있다.
4 (옮긴이) 번역서로 『가볍게 시작하는 통계학습: R로 실습하는』(2016, 루비페이퍼)이 있으며 *http://www-bcf. usc.edu/~gareth/ISL*에서 확인할 수 있다.
5 (옮긴이) *https://web.stanford.edu/~hastie/ElemStatLearn*에서 확인할 수 있다.
6 (옮긴이) 번역서로 『실전 예측 분석 모델링: 예측 모델 과정을 여행하는 데이터 분석가를 위한 안내서』(2017, 에이콘)가 있으며 *http://appliedpredictivemodeling.com*에서 확인할 수 있다.

20장

purrr와 broom을 이용한 많은 모델

20.1 들어가기

이 장에서는 많은 양의 모델을 쉽게 작업할 수 있도록 하는 세 가지 아이디어에 대해 학습할 것이다.

- 간단한 모델을 여러 개 사용하여 복잡한 데이터셋을 잘 이해한다.
- 리스트-열(리스트 형식의 열)을 사용하여 임의의 데이터 구조를 데이터프레임에 저장한다. 예를 들어 리스트-열은 선형 모델을 포함하는 열을 가질 수 있다.
- 데이비드 로빈슨(David Robinson)의 broom 패키지를 사용하여 모델을 타이디 데이터로 변환한다. 타이디 데이터가 존재한다면 이전에 배운 기법들을 적용할 수 있으므로 이는 많은 양의 모델을 작업할 수 있는 좋은 기법이다.

전 세계의 기대 수명에 대한 데이터를 사용하는 흥미로운 예제로 시작해볼 것이다. 데이터셋의 크기는 작지만, 시각화 기술을 향상하기 위해 모델링이 얼마나 중요한지 보여준다. 간단한 모델을 많이 사용하면 강한 신호 중 일부를 분리하여 남아있는 미묘한 신호를 확인할 수 있다. 또한 모델을 요약하여 이상값과 비정상적인 추세를 찾아내는 방법도 확인할 수 있다.

　다음 절에서는 개별 기법에 대해 자세히 설명할 것이다.

- 382쪽의 'gapminder 데이터'에서는 세계 경제 데이터에 국가 단위의 모델을 적합하기 위해 리스트-열을 적용해보는 흥미로운 예제에 대해 다룰 것이다.

- 393쪽의 '리스트-열(List-Column)'에서는 리스트-열 데이터 구조와 데이터프 레임에 리스트를 넣는 게 왜 효율적인지 그 이유에 대해 자세히 배울 것이다.
- 394쪽의 '리스트-열 생성하기'에서는 리스트-열을 만드는 세 가지 주요 방법 에 대해 배울 것이다.
- 399쪽의 '리스트-열 단순화하기'에서는 리스트-열을 일반 원자 벡터(또는 원 자 벡터의 집합)로 재변환하여 더 쉽게 작업할 수 있는 방법에 대해 배울 것 이다.
- 402쪽의 'broom으로 타이디 데이터 만들기'에서는 broom이 제공하는 모든 도구 세트에 대해 배우고 다른 유형의 데이터 구조에 어떻게 적용할 수 있는 지 살펴볼 것이다.

이 책이 첫 번째로 읽는 R 입문서라면 이 장의 내용은 다소 어려울 수 있다. 이 장을 이해하려면 모델링, 데이터 구조 및 반복작업에 대해 깊이 있게 알고 있어 야 한다. 하지만 그렇지 않더라도 걱정하지 않아도 된다. 몇 달 동안 이 장은 제 쳐놓고 두뇌를 확장하고 싶을 때 다시 읽어보자.

20.1.1 준비하기

많은 모델을 작업하려면 (데이터 탐색, 정제 및 프로그래밍을 위한) tidyverse의 많은 패키지와 모델링을 위한 modelr 패키지가 필요하다.

```
library(modelr)
library(tidyverse)
```

20.2 gapminder 데이터

많은 수의 간단한 모델의 위력을 보여주기 위해 'gapminder' 데이터를 살펴볼 것이 다. 이 데이터는 스웨덴의 의사이자 통계학자인 한스 로슬링(Hans Rosling)에 의해 대중화되었다. 한스 로슬링에 대해 들어본 적이 없다면 잠시 멈추고 그의 영상 중 하나를 보는 것이 좋다. 그는 훌륭한 데이터 발표자이며 흥미로운 이야 기를 발표하기 위한 데이터 활용 방법을 설명해준다. 첫 시작으로는 BBC와 공 동 제작한 짧은 영상[1]을 보는 것이 좋다.

gapminder 데이터는 기대 수명과 GDP와 같은 통계값을 통해 시간의 경과

---

1 (옮긴이) *https://www.youtube.com/watch?reload=9&v=jbkSRLYSojo&feature=youtu.be*에서 확인할 수 있다.

에 따른 국가의 변천을 요약해준다. gapminder 패키지를 개발한 제니 브라이언 (Jenny Bryan) 덕분에 이 데이터는 R에서 쉽게 접근할 수 있다.

```
library(gapminder)
gapminder
#> # A tibble: 1,704 × 6
#>        country continent  year lifeExp       pop gdpPercap
#>         <fct>     <fct> <int>   <dbl>     <int>     <dbl>
#>  1 Afghanistan      Asia  1952    28.8   8425333      779.
#>  2 Afghanistan      Asia  1957    30.3   9240934      821.
#>  3 Afghanistan      Asia  1962    32.0  10267083      853.
#>  4 Afghanistan      Asia  1967    34.0  11537966      836.
#>  5 Afghanistan      Asia  1972    36.1  13079460      740.
#>  6 Afghanistan      Asia  1977    38.4  14880372      786.
#>  7 Afghanistan      Asia  1982    39.9  12881816      978.
#>  8 Afghanistan      Asia  1987    40.8  13867957      852.
#>  9 Afghanistan      Asia  1992    41.7  16317921      649.
#> 10 Afghanistan      Asia  1997    41.8  22227415      635.
#> # ... with 1,694 more rows
```

이 사례 연구에서는 '각 국가(country)별 기대 수명(lifeExp)은 시간(year)에 따라 어떻게 변하는가'라는 질문에 대답하기 위해 세 가지 변수에 초점을 맞출 것이다. 먼저 플롯을 그려보는 것이 좋다.

```
gapminder %>%
  ggplot(aes(year, lifeExp, group = country)) +
    geom_line(alpha = 1/3)
```

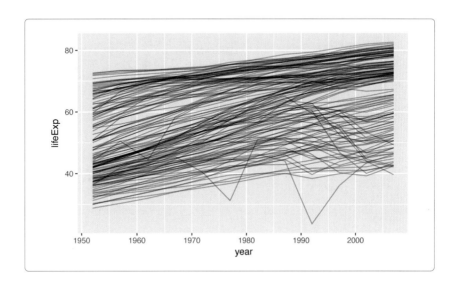

이 데이터는 약 1,700개의 관측값과 3개의 변수로 이루어진 작은 데이터셋이다. 그렇지만 무슨 일이 일어나고 있는지 파악하는 것은 여전히 어렵다. 전반적으로 는 기대 수명이 꾸준히 증가하고 있는 것처럼 보인다. 그러나 자세히 살펴보면 이 패턴을 따르지 않는 국가들이 일부 존재하는 것을 알 수 있다. 어떻게 하면 이 국가들을 보기 쉽게 만들 수 있겠는가?

한 가지 방법은 이전 장과 같은 접근 방식을 사용하는 것이다. 숨겨진 추세를 확인하기 어렵게 만드는 강한 신호(전반적인 선형 추세)가 존재할 때, 선형 추세 모델을 적합하여 이 요소들을 구분할 것이다. 모델은 시간에 따라 꾸준히 증가하는 추세를 포착하고 잔차는 남아있는 추세를 보여줄 것이다.

만약 한 개의 국가만 존재한다면 그 방법에 대해 이미 알고 있을 것이다.

```r
nz <- filter(gapminder, country == "New Zealand")
nz %>%
  ggplot(aes(year, lifeExp)) +
  geom_line() +
  ggtitle("Full data = ")

nz_mod <- lm(lifeExp ~ year, data = nz)
nz %>%
  add_predictions(nz_mod) %>%
  ggplot(aes(year, pred)) +
  geom_line() +
  ggtitle("Linear trend + ")

nz %>%
  add_residuals(nz_mod) %>%
  ggplot(aes(year, resid)) +
  geom_hline(yintercept = 0, color = "white", size = 3) +
  geom_line() +
  ggtitle("Remaining pattern")
```

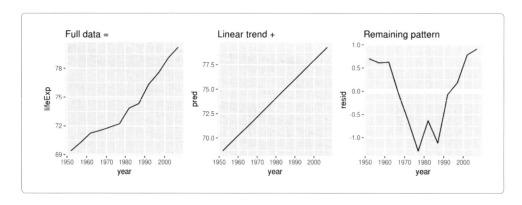

어떻게 하면 모든 국가에 대해 손쉽게 모델을 적합할 수 있겠는가?

20.2.1 중첩된 데이터(Nested Data)

위 코드를 여러 번 복사하여 붙여넣는 것을 생각해볼 수 있다. 그렇지만 우리는 이미 더 나은 방법을 배웠다. 함수로 공통 코드를 추출하고 purrr의 map 함수를 사용하여 반복해보자. 이 문제는 이전에 보았던 것과는 약간 다르게 구성된다. 각 변수에 대해 동작을 반복하는 대신, 행의 하위 집합인 국가에 대해 동작을 반복한다. 그렇게 하기 위해서는 새로운 데이터 구조인 중첩된 데이터프레임이 필요하다. 중첩된 데이터프레임을 만들기 위해서는 먼저 그룹화된 데이터프레임을 생성한 후 '중첩'한다.

```
by_country <- gapminder %>%
  group_by(country, continent) %>%
  nest()

by_country
#> # A tibble: 142 x 3
#>        country continent              data
#>          <fct>     <fct>            <list>
#>  1 Afghanistan      Asia <tibble [12 x 4]>
#>  2     Albania    Europe <tibble [12 x 4]>
#>  3     Algeria    Africa <tibble [12 x 4]>
#>  4      Angola    Africa <tibble [12 x 4]>
#>  5   Argentina  Americas <tibble [12 x 4]>
#>  6   Australia   Oceania <tibble [12 x 4]>
#>  7     Austria    Europe <tibble [12 x 4]>
#>  8     Bahrain      Asia <tibble [12 x 4]>
#>  9  Bangladesh      Asia <tibble [12 x 4]>
#> 10     Belgium    Europe <tibble [12 x 4]>
#> # ... with 132 more rows
```

(여기서는 continent와 country를 그룹화하는 약간의 편법을 사용한다. country에 대해 continent는 고정되므로 더 이상의 그룹은 추가하지 않으면서 추가 변수를 가져갈 수 있는 쉬운 방법이다.)

이렇게 하면 그룹별(국가별)로 하나의 행과 다소 특이한 열을 가진 데이터프레임인 data가 생성된다. data는 데이터프레임(또는 정확하게 말하자면 티블)의 리스트이다. 또 다른 데이터프레임의 리스트가 열로 이루어진 데이터프레임은 조금 이상하게 보일 수 있다. 이것이 좋은 아이디어인 이유에 대해 간략하게 설명할 것이다.

data 열은 다소 복잡한 리스트이므로 보기에 약간 까다롭지만, 이러한 개체를 탐색할 수 있는 좋은 도구를 가지고 있다. 슬프게도 str()을 사용하는 것은 매우 긴 출력을 생성하기 때문에 추천하지 않는다. 그러나 data 열에서 하나의 요소를 추출하면 해당 국가(다음 코드의 경우 아프가니스탄)의 모든 데이터가 포함되어 있다는 것을 알 수 있다.

```
by_country$data[[1]]
#> # A tibble: 12 × 4
#>     year lifeExp       pop gdpPercap
#>    <int>   <dbl>     <int>     <dbl>
```

```
#> 1  1952   28.8  8425333       779
#> 2  1957   30.3  9240934       821
#> 3  1962   32.0 10267083       853
#> 4  1967   34.0 11537966       836
#> 5  1972   36.1 13079460       740
#> 6  1977   38.4 14880372       786
#> # ... with 6 more rows
```

일반적인 그룹화된 데이터프레임과 중첩된 데이터프레임 사이에는 차이점이 존재한다. 그룹화된 데이터프레임의 각 행은 관측값이고, 중첩된 데이터프레임의 각 행은 그룹을 나타낸다. 중첩된 데이터셋에 대해 생각해볼 수 있는 또 다른 방식으로 메타 관찰값이 있다. 여기서 행은 시간에 따른 한 시점이라기보다 한 국가의 전체 시간을 나타낸다.

20.2.2 리스트-열

이제 중첩된 데이터프레임을 생성했으므로 모델을 적합해볼 수 있다. 다음과 같이 모델을 적합하는 함수가 있다.

```
country_model <- function(df) {
    lm(lifeExp ~ year, data = df)
}
```

또한 함수를 모든 데이터프레임에 적용하려고 한다. 데이터프레임이 리스트 안에 있으므로 purrr::map()을 사용하여 각 요소에 대해 country_model 함수를 적용할 수 있다.

```
models <- map(by_country$data, country_model)
```

그러나 모델의 리스트를 자유로운 객체로 두기보다는 by_country 데이터프레임의 열로 저장하는 것이 좋다. 연관된 객체를 열로 저장하는 것은 데이터프레임의 중요한 부분이며, 이는 리스트-열이 좋은 아이디어라고 생각하는 이유이기도 하다. 여러 국가를 분석하는 과정에서 국가별로 한 개의 요소를 가진 많은 리스트를 보유하게 될 것이다. 그런데 하나의 데이터프레임에 모든 객체를 저장하지 않는 이유는 무엇일까?

다시 말하자면 글로벌 환경에서 새로운 객체를 생성하지 않고 by_country 데이터프레임에서 새로운 변수를 생성할 것이다. dplyr::mutate()를 활용하여 이 작업을 수행한다.

```
by_country <- by_country %>%
    mutate(model = map(data, country_model))
by_country
#> # A tibble: 142 x 4
#>       country continent            data      model
#>        <fct>     <fct>           <list>     <list>
#>  1 Afghanistan      Asia <tibble [12 x 4]> <S3: lm>
#>  2     Albania    Europe <tibble [12 x 4]> <S3: lm>
#>  3     Algeria    Africa <tibble [12 x 4]> <S3: lm>
#>  4      Angola    Africa <tibble [12 x 4]> <S3: lm>
#>  5   Argentina  Americas <tibble [12 x 4]> <S3: lm>
#>  6   Australia   Oceania <tibble [12 x 4]> <S3: lm>
#>  7     Austria    Europe <tibble [12 x 4]> <S3: lm>
#>  8     Bahrain      Asia <tibble [12 x 4]> <S3: lm>
#>  9  Bangladesh      Asia <tibble [12 x 4]> <S3: lm>
#> 10     Belgium    Europe <tibble [12 x 4]> <S3: lm>
#> # ... with 132 more rows
```

이 방법에는 큰 장점이 있다. 모든 관련 객체가 함께 저장되므로 필터링하거나 정렬할 때 수동으로 동기화할 필요가 없다. 데이터프레임의 의미는 다음과 같이 처리된다.

```
by_country %>%
    filter(continent == "Europe")
#> # A tibble: 30 × 4
#>               country continent            data    model
#>                 <fct>     <fct>          <list>   <list>
#>  1             Albania    Europe <tibble [12 x 4]> <S3: lm>
#>  2             Austria    Europe <tibble [12 x 4]> <S3: lm>
#>  3             Belgium    Europe <tibble [12 x 4]> <S3: lm>
#>  4 Bosnia and Herzegovina Europe <tibble [12 x 4]> <S3: lm>
#>  5            Bulgaria    Europe <tibble [12 x 4]> <S3: lm>
#>  6             Croatia    Europe <tibble [12 x 4]> <S3: lm>
#>  7      Czech Republic    Europe <tibble [12 x 4]> <S3: lm>
#>  8             Denmark    Europe <tibble [12 x 4]> <S3: lm>
#>  9             Finland    Europe <tibble [12 x 4]> <S3: lm>
#> 10              France    Europe <tibble [12 x 4]> <S3: lm>
#> # ... with 20 more rows
by_country %>%
  arrange(continent, country)
#> # A tibble: 142 × 4
#>       country continent            data      model
#>        <fct>     <fct>           <list>     <list>
#>  1     Algeria    Africa <tibble [12 x 4]> <S3: lm>
#>  2      Angola    Africa <tibble [12 x 4]> <S3: lm>
#>  3       Benin    Africa <tibble [12 x 4]> <S3: lm>
#>  4    Botswana    Africa <tibble [12 x 4]> <S3: lm>
#>  5 Burkina Faso    Africa <tibble [12 x 4]> <S3: lm>
#>  6     Burundi    Africa <tibble [12 x 4]> <S3: lm>
#> # ... with 136 more rows
```

데이터프레임의 리스트와 모델의 리스트가 분리된 객체인 경우, 하나의 벡터를 재정렬하거나 하위 집합으로 만들 때마다 동기화하기 위해 다른 모든 것을 재정렬하거나 하위 집합으로 만들어야 한다. 만약 이 부분을 놓치게 된다면 코드는 계속 작동하지만 잘못된 결과를 제공할 것이다.

20.2.3 중첩 해제하기(Unnesting)

이전에는 하나의 데이터셋의 단일 모델에 대한 잔차를 계산하였지만, 이제는 142개의 데이터프레임과 142개의 모델을 보유하고 있다. 잔차를 계산하기 위해 각 모델과 데이터 쌍에 대해 add_residuals()를 적용해야 한다.

```
by_country <- by_country %>%
  mutate(
    resids = map2(data, model, add_residuals)
  )
by_country
#> # A tibble: 142 × 5
#>       country continent           data     model
#>        <fctr>    <fctr>          <list>    <list>
#> 1 Afghanistan      Asia <tibble [12 x 4]> <S3: lm>
#> 2     Albania    Europe <tibble [12 x 4]> <S3: lm>
#> 3     Algeria    Africa <tibble [12 x 4]> <S3: lm>
#> 4      Angola    Africa <tibble [12 x 4]> <S3: lm>
#> 5   Argentina  Americas <tibble [12 x 4]> <S3: lm>
#> 6   Australia   Oceania <tibble [12 x 4]> <S3: lm>
#> # ... with 136 more rows, and 1 more variable:
#> #   resids <list>
```

그런데 데이터프레임 리스트를 어떻게 하면 플롯으로 나타낼 수 있을까? 이 질문에 답하기 위해 고민하는 대신 데이터프레임 리스트를 일반 데이터프레임으로 되돌려보자. 이전에는 nest()를 사용하여 일반 데이터프레임을 중첩된 데이터프레임으로 바꿨지만, 이제는 unnest()를 사용하여 반대로 작업한다.

```
resids <- unnest(by_country, resids)
resids
#> # A tibble: 1,704 x 7
#>       country continent  year lifeExp       pop gdpPercap
#>        <fct>    <fct> <int>  <dbl>    <int>    <dbl>
#> 1 Afghanistan      Asia  1952    28.8  8425333       779
#> 2 Afghanistan      Asia  1957    30.3  9240934       821
#> 3 Afghanistan      Asia  1962    32.0 10267083       853
#> 4 Afghanistan      Asia  1967    34.0 11537966       836
#> 5 Afghanistan      Asia  1972    36.1 13079460       740
#> 6 Afghanistan      Asia  1977    38.4 14880372       786
#> # ... with 1,698 more rows, and 1 more variable: resid <dbl>
```

보통의 열은 중첩된 열의 행으로 한 번씩 반복된다.

이제 일반적인 데이터프레임을 가지고 있으므로 잔차를 플롯으로 나타낼 수 있다.

```
resids %>%
  ggplot(aes(year, resid)) +
    geom_line(aes(group = country), alpha = 1 / 3) +
    geom_smooth(se = FALSE)
#> `geom_smooth()` using method = 'gam' and formula 'y ~ s(x, bs = "cs")'
```

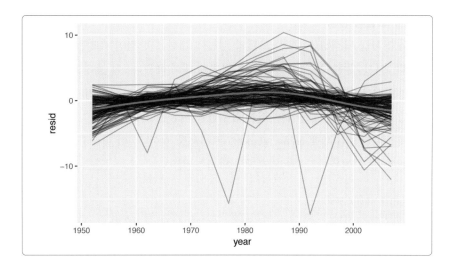

플롯을 대륙으로 면분할하면 더 잘 나타난다.

```
resids %>%
  ggplot(aes(year, resid, group = country)) +
    geom_line(alpha = 1 / 3) +
    facet_wrap(~continent)
```

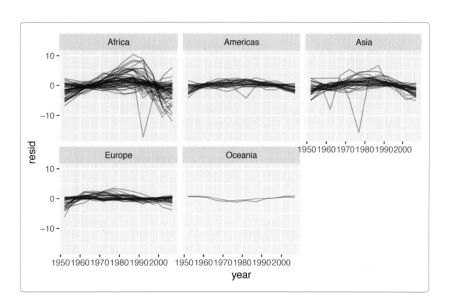

플롯을 보면 가벼운 패턴은 포착하지 못한 것처럼 보인다. 또한, 아프리카 대륙의 플롯에서는 매우 큰 잔차값을 일부 볼 수 있으며, 이는 그 값에 대해 우리의 모델이 잘 맞지 않는다는 흥미로운 점을 발견할 수 있다. 다음 절에서는 조금 다른 관점에서 이 부분을 더 탐색해볼 것이다.

20.2.4 모델의 성능

모델의 잔차를 탐색하는 대신, 모델의 성능에 대한 일반적인 측정값을 살펴볼
수 있다. 이전 장에서는 구체적인 측정 방법에 대해 배웠다. 이 장에서는 broom
패키지를 사용하는 다른 접근법에 대해 설명할 것이다. broom 패키지는 모델을
타이디 데이터로 전환하는 일반적인 함수들을 제공한다. 여기서는 모델의 성능
메트릭을 추출하기 위해 broom::glance()를 사용할 것이다. 이 함수를 모델에 적
용하면 한 줄로 이루어진 데이터프레임이 생성된다.

```
broom::glance(nz_mod)
#>    r.squared adj.r.squared sigma statistic  p.value df  logLik
#>    AIC  BIC
#> 1     0.954         0.949 0.804       205 5.41e-08  2   -13.3
#>    32.6 34.1
#>    deviance df.residual
#> 1      6.47          10
```

mutate()와 unnest()를 사용하여 국가별로 하나의 행이 존재하는 데이터프레임을
만들 수 있다.

```
by_country %>%
    mutate(glance = map(model, broom::glance)) %>%
    unnest(glance)
#> # A tibble: 142 × 16
#>       country continent            data    model
#>         <fct>     <fct>          <list>   <list>
#> 1 Afghanistan      Asia <tibble [12 × 4]> <S3: lm>
#> 2     Albania    Europe <tibble [12 × 4]> <S3: lm>
#> 3     Algeria    Africa <tibble [12 × 4]> <S3: lm>
#> 4      Angola    Africa <tibble [12 × 4]> <S3: lm>
#> 5   Argentina  Americas <tibble [12 × 4]> <S3: lm>
#> 6   Australia   Oceania <tibble [12 × 4]> <S3: lm>
#> # ... with 136 more rows, and 12 more variables:
#> #   resids <list>, r.squared <dbl>, adj.r.squared <dbl>,
#> #   sigma <dbl>, statistic <dbl>, p.value <dbl>, df <int>,
#> #   logLik <dbl>, AIC <dbl>, BIC <dbl>, deviance <dbl>,
#> #   df.residual <int>
```

그렇지만 여전히 모든 리스트-열을 포함하고 있으므로 이는 우리가 원하는 결과
물이 아니다. 이것은 unnest()를 단일 행의 데이터프레임에 적용했을 때의 기본
동작이다. 이 열을 숨기기 위해서는 .drop = TRUE를 사용하면 된다.

```
glance <- by_country %>%
mutate(glance = map(model, broom::glance)) %>%
   unnest(glance, .drop = TRUE)
glance
#> # A tibble: 142 × 13
#>       country continent  r.squared adj.r.squared sigma
#>         <fctr>     <fctr>     <dbl>         <dbl> <dbl>
#> 1 Afghanistan      Asia     0.948         0.942 1.223
```

```
#> 2      Albania     Europe      0.911           0.902  1.983
#> 3      Algeria     Africa      0.985           0.984  1.323
#> 4       Angola     Africa      0.888           0.877  1.407
#> 5    Argentina  Americas       0.996           0.995  0.292
#> 6    Australia    Oceania      0.980           0.978  0.621
#> # ... with 136 more rows, and 8 more variables:
#> #   statistic <dbl>, p.value <dbl>, df <int>, logLik <dbl>,
#> #   AIC <dbl>, BIC <dbl>, deviance <dbl>, df.residual <int>
```

유용한 정보가 많이 포함되었지만 인쇄되지 않은 변수에 주목해보자.

이 데이터프레임을 사용하면 잘 맞지 않는 모델을 찾을 수 있다.

```
glance %>%
  arrange(r.squared)
#> # A tibble: 142 × 13
#>     country continent r.squared adj.r.squared sigma
#>       <fct>     <fct>     <dbl>         <dbl> <dbl>
#> 1    Rwanda    Africa    0.0172       -0.0811  6.56
#> 2  Botswana    Africa    0.0340       -0.0626  6.11
#> 3  Zimbabwe    Africa    0.0562       -0.0381  7.21
#> 4    Zambia    Africa    0.0598       -0.0342  4.53
#> 5 Swaziland    Africa    0.0682       -0.0250  6.64
#> 6   Lesotho    Africa    0.0849      -0.00666  5.93
#> # ... with 136 more rows, and 8 more variables:
#> #   statistic <dbl>, p.value <dbl>, df <int>, logLik <dbl>,
#> #   AIC <dbl>, BIC <dbl>, deviance <dbl>, df.residual <int>
```

가장 좋지 않은 모델은 아프리카 대륙에서 나타난다. 이를 플롯으로 다시 확인
해보자. 상대적으로 적은 수의 관측값과 이산형 변수가 존재하기 때문에 geom_
jitter() 함수가 효과적일 것이다.

```
glance %>%
  ggplot(aes(continent, r.squared)) +
    geom_jitter(width = 0.5)
```

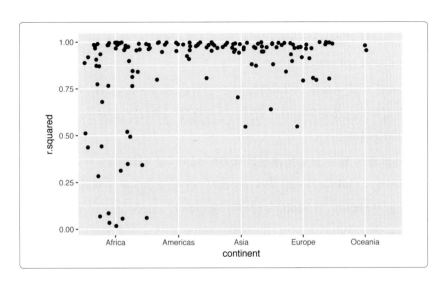

R^2 값이 작은 국가를 제거한 데이터를 플롯으로 나타낼 수 있다.

```
bad_fit <- filter(glance, r.squared < 0.25)

gapminder %>%
  semi_join(bad_fit, by = "country") %>%
  ggplot(aes(year, lifeExp, color = country)) +
    geom_line()
```

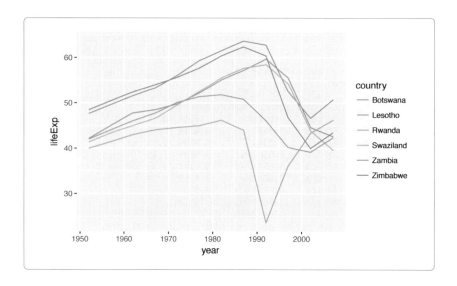

여기서는 HIV/AIDS 전염병과 르완다 집단 학살의 비극이라는 두 가지 주요 효과를 확인할 수 있다.

20.2.5 연습문제

1. 선형 추세는 전체적인 추세에 비해 너무 단순해 보인다. 이를 2차 다항식으로 개선할 수 있는가? 2차 식의 계수는 어떻게 해석할 수 있는가? (힌트: year를 평균이 0이 되도록 변환할 수 있다.)

2. 대륙별 R^2의 분포를 시각화하는 다른 방법을 탐색해보자. jitter와 같이 점들이 겹쳐지는 것을 피하면서 결정론적 방법을 사용하는 ggbeeswarm 패키지를 사용해볼 수 있다.

3. (가장 좋지 않은 모델이 생성된 국가의 데이터를 나타내는) 마지막 플롯을 생성하기 위해 두 가지 단계가 필요하다. 먼저 국가마다 한 행의 데이터프레임을 생성한 후, 원 데이터셋에 내부 조인한다. unnest(.drop = TRUE) 대신에 unnest()를 사용하면 이 조인을 피할 수 있다. 이를 어떻게 할 수 있을까?

20.3 리스트-열(List-column)

많은 모델을 관리하기 위한 기본 워크플로를 살펴보았으므로 몇 가지 세부사항
으로 들어가보자. 이 절에서는 리스트-열 데이터 구조에 대해 좀 더 자세히 살펴
볼 것이다. 최근에서야 리스트-열의 아이디어에 고마움을 느끼게 되었다. 데이
터프레임은 같은 길이의 벡터로 명명된 리스트로 이루어져 있으며, 이는 리스
트-열이 데이터프레임의 정의에 내재되어 있다는 것이다. 리스트는 벡터이므로
리스트를 데이터프레임의 열로 사용하는 것은 타당한 방법이다. 그러나 베이스
R에서는 리스트-열을 쉽게 만들 수 없으며 data.frame()은 리스트를 열의 리스트
로 처리한다.

```
data.frame(x = list(1:3, 3:5))
#>   x.1.3 x.3.5
#> 1     1     3
#> 2     2     4
#> 3     3     5
```

I()를 사용하면 data.frame()에서 이를 막을 수는 있지만, 다음과 같이 제대로 출
력되지 않는다.

```
data.frame(
  x = I(list(1:3, 3:5)),
  y = c("1, 2", "3, 4, 5")
)
#>         x       y
#> 1 1, 2, 3    1, 2
#> 2 3, 4, 5 3, 4, 5
```

tibble()은 입력값을 수정하지 않고도 더 나은 출력 방법을 제공하여 이 문제를
해결할 수 있다.

```
tibble(
  x = list(1:3, 3:5),
  y = c("1, 2", "3, 4, 5")
)
#> # A tibble: 2 × 2
#>   x         y
#>   <list>    <chr>
#> 1 <int [3]> 1, 2
#> 2 <int [3]> 3, 4, 5
```

tribble()은 필요한 리스트를 자동으로 생성할 수 있는 더 간단한 방법이다.

```
tribble(
  ~x, ~y,
  1:3, "1, 2",
```

```
   3:5, "3, 4, 5"
)
#> # A tibble: 2 × 2
#>        x          y
#>    <list>     <chr>
#> 1 <int [3]>    1, 2
#> 2 <int [3]> 3, 4, 5
```

리스트-열은 중급 데이터 구조로 가장 유용하다. 대부분의 R 함수가 원자 벡터 또는 데이터프레임에서 동작하기 때문에 리스트-열로 직접 작업하기는 어렵다. 데이터프레임에서 연관된 항목을 유지하는 장점을 누리려면 약간의 번거로움이 따를 수밖에 없다.

일반적으로 리스트-열 파이프 라인에는 효과적인 측면이 세 가지이다.

1. 394쪽의 '리스트-열 생성하기'에서 설명하는 내용과 같이 nest(), summarize() + list() 또는 mutate() + map 함수 중 하나를 사용하여 리스트-열을 생성한다.

2. 기존의 리스트-열을 map(), map2() 또는 pmap()으로 변형하여 다른 중간 리스트-열을 만든다. 예를 들어 이전 사례에서 데이터프레임의 리스트-열을 변형하여 모델의 리스트-열을 생성하였다.

3. 399쪽의 '리스트-열 단순화하기'의 내용과 같이 리스트-열을 데이터프레임 또는 원자 벡터로 다시 단순화한다.

20.4 리스트-열 생성하기

늘 하는 식으로 tibble()을 사용하여 리스트-열을 생성하지 않을 것이다. 대신 다음의 세 가지 방법 중 한 가지를 사용하여 일반 열에서 리스트-열을 생성할 것이다.

1. tidyr::nest()를 사용하여 그룹화된 데이터프레임을 데이터프레임의 리스트-열을 포함하는 중첩된 데이터로 변환한다.
2. 리스트를 반환하는 mutate()와 벡터화 함수를 사용한다.
3. 여러 결과를 반환하는 summarize()와 요약 함수를 사용한다.

또는 tibble::enframe()를 사용하여 명명된 리스트에서 생성할 수도 있다.

일반적으로 리스트-열을 생성할 때는 각 요소가 같은 종류를 포함했는지 확인해야 한다. 이를 확인하는 방법은 없지만, purrr을 사용하고 안정된 함수에 대해 배운 내용을 기억한다면 자연스럽게 확인하게 될 것이다.

20.4.1 중첩을 사용하여 생성하기

nest() 함수는 중첩된 데이터프레임(즉, 데이터프레임의 리스트-열로 이루어진 데이터프레임)을 생성한다. 중첩된 데이터프레임의 각 행은 메타 관측값을 나타낸다. 다른 열은 관측값을 정의하는 변수(예: 국가와 대륙)를 제공하고 데이터프레임의 리스트-열은 메타 관측값을 구성하는 개별 관측값을 제공한다.

nest()를 사용하는 두 가지 방법이 있다. 지금까지는 그룹화된 데이터프레임에 사용하는 방법을 살펴보았다. 그룹화된 데이터프레임에 적용할 때 nest()는 그룹화된 열은 그대로 유지하고 그 외의 모든 항목은 리스트-열로 묶는다.

```
gapminder %>%
    group_by(country, continent) %>%
    nest()
#> # A tibble: 142 × 3
#>        country continent             data
#>         <fctr>    <fctr>           <list>
#> 1 Afghanistan       Asia <tibble [12 × 4]>
#> 2     Albania     Europe <tibble [12 × 4]>
#> 3     Algeria     Africa <tibble [12 × 4]>
#> 4      Angola     Africa <tibble [12 × 4]>
#> 5   Argentina   Americas <tibble [12 × 4]>
#> 6   Australia    Oceania <tibble [12 × 4]>
#> # ... with 136 more rows
```

그룹화되지 않은 데이터프레임에서도 중첩하고자 하는 열을 지정하면 사용할 수 있다.

```
gapminder %>%
    nest(year:gdpPercap)
#> # A tibble: 142 × 3
#>        country continent             data
#>          <fct>     <fct>           <list>
#> 1 Afghanistan       Asia <tibble [12 x 4]>
#> 2     Albania     Europe <tibble [12 x 4]>
#> 3     Algeria     Africa <tibble [12 x 4]>
#> 4      Angola     Africa <tibble [12 x 4]>
#> 5   Argentina   Americas <tibble [12 x 4]>
#> 6   Australia    Oceania <tibble [12 x 4]>
#> # ... with 136 more rows
```

20.4.2 벡터화 함수에서 생성하기

몇 가지 유용한 함수는 원자 벡터를 입력하여 리스트를 반환한다. 예를 들어 11장에서는 문자형 벡터를 사용하여 문자형 벡터의 리스트를 반환하는 stringr:: str_split()에 대해 배웠다. mutate 함수 안에서 이를 사용하면 리스트-열을 얻을 수 있다.

```
df <- tribble(
  ~x1,
  "a,b,c",
  "d,e,f,g"
)

df %>%
  mutate(x2 = stringr::str_split(x1, ","))
#> # A tibble: 2 × 2
#>      x1        x2
#>   <chr>    <list>
#> 1  a,b,c <chr [3]>
#> 2 d,e,f,g <chr [4]>
```

unnest() 함수는 벡터 리스트 다루는 방법을 알고 있다.

```
df %>%
  mutate(x2 = stringr::str_split(x1, ",")) %>%
  unnest()
#> # A tibble: 7 × 2
# A tibble: 7 x 2
#>      x1    x2
#>   <chr> <chr>
#> 1  a,b,c     a
#> 2  a,b,c     b
#> 3  a,b,c     c
#> 4 d,e,f,g     d
#> 5 d,e,f,g     e
#> 6 d,e,f,g     f
#> # ... with 136 more rows
```

(이 패턴을 많이 사용하는 경우에는 공통 패턴을 포함하는 tidyr:separate_rows()
를 반드시 확인한다.)

  이 패턴의 또 다른 예제는 purrr의 map(), map2(), pmap() 함수를 사용하는 것이
다. 예를 들어 319쪽의 '다른 함수 불러오기'의 마지막 예제를 활용하여 mutate()
함수를 사용하도록 다시 작성해볼 수 있다.

```
sim <- tribble(
  ~f,         ~params,
  "runif", list(min = -1, max = -1),
  "rnorm", list(sd = 5),
  "rpois", list(lambda = 10)
)

sim %>%
  mutate(sims = invoke_map(f, params, n = 10))
#> # A tibble: 3 × 3
#>      f    params      sims
#>   <chr>    <list>    <list>
#> 1 runif <list [2]> <dbl [10]>
#> 2 rnorm <list [1]> <dbl [10]>
#> 3 rpois <list [1]> <int [10]>
```

sim은 더블형과 정수형 벡터 둘 다 포함하므로 기술적으로 똑같지 않다. 그러나 정수형과 더블형 벡터 모두 수치형 벡터이므로 많은 문제가 발생하지는 않는다.

20.4.3 다중값 요약에서 생성하기

summarize()의 한 가지 제약은 단일 값을 반환하는 요약 함수로만 동작한다는 것이다. 즉, 임의 길이의 벡터를 반환하는 quantile()과 같은 함수와 함께 사용할수 없다는 것을 의미한다.

```
mtcars %>%
   group_by(cyl) %>%
   summarize(q = quantile(mpg))
#> Error in summarise_impl(.data, dots):
#> Column `q` must be length 1 (a summary value), not 5
```

그렇지만 결과를 리스트에 넣을 수 있다. 각각의 요약은 길이가 1인 리스트(벡터)이므로 summarize() 함수의 규칙을 따른다.

```
mtcars %>%
   group_by(cyl) %>%
   summarize(q = list(quantile(mpg)))
#> # A tibble: 3 × 2
#>     cyl          q
#>   <dbl>     <list>
#> 1     4 <dbl [5]>
#> 2     6 <dbl [5]>
#> 3     8 <dbl [5]>
```

unnest()를 사용하여 유용한 결과를 얻기 위해서는 확률값을 포착해야 한다.

```
probs <- c(0.01, 0.25, 0.5, 0.75, 0.99)
mtcars %>%
   group_by(cyl) %>%
   summarize(p = list(probs), q = list(quantile(mpg, probs))) %>%
   unnest()
#> # A tibble: 15 × 3
#>     cyl     p     q
#>   <dbl> <dbl> <dbl>
#> 1     4  0.01  21.4
#> 2     4  0.25  22.8
#> 3     4   0.5  26.0
#> 4     4  0.75  30.4
#> 5     4  0.99  33.8
#> 6     6   0.1  17.8
#> # ... with 9 more rows
```

20.4.4 명명된 리스트에서 생성하기

리스트-열이 있는 데이터프레임은 다음의 일반적인 문제에 대한 해결책을 제공한다. 리스트의 내용과 요소, 둘 다 반복하고자 할 때는 어떻게 할 것인가? 모든 것을 하나의 객체로 묶으려고 하는 대신 데이터프레임을 만드는 것이 더 쉽다. 하나의 열은 요소를 포함할 수 있고, 다른 하나의 열은 리스트를 포함할 수 있다. 리스트에서 이러한 데이터프레임을 만드는 쉬운 방법은 tibble::enframe()을 사용하는 것이다.

```
x <- list(
    a=1:5,
    b=3:4,
    c=5:6)

df <- enframe(x)
df
#> # A tibble: 3 × 2
#>    name    value
#>   <chr>    <list>
#> 1    a <int [5]>
#> 2    b <int [2]>
#> 3    c <int [2]>
```

이 구조의 장점은 간단한 방법으로 일반화한다는 것이다. 메타 데이터에 문자형 벡터가 있는 경우 이름(name)에는 유용하지만 다른 유형의 데이터 또는 여러 벡터가 있는 경우 유용하지 않다.

이제 이름(name)과 값(value)을 동시에 반복하고자 한다면 map2()를 사용할 수 있다.

```
df %>%
    mutate(
      smry = map2_chr(
        name,
        value,
        ~ stringr::str_c(.x, ": ", .y[1])
      )
    )
#> # A tibble: 3 × 3
#>    name    value smry
#>   <chr>    <list> <chr>
#> 1    a <int [5]>  a: 1
#> 2    b <int [2]>  b: 3
#> 3    c <int [2]>  c: 5
```

20.4.5 연습문제

1. 원자 벡터를 입력하여 리스트를 반환하는 모든 함수를 나열해보자.

2. quantile()처럼 여러 개의 값을 반환하는 유용한 요약 함수를 생각해보자.

3. 다음의 데이터프레임에는 무엇이 누락되었는가? quantile()은 누락된 부분을 어떻게 반환하는가? 왜 그것이 도움이 되지 않는가?

```
mtcars %>%
  group_by(cyl) %>%
  summarize(q = list(quantile(mpg))) %>%
  unnest()
#> # A tibble: 15 × 2
#>     cyl     q
#>   <dbl> <dbl>
#> 1     4  21.4
#> 2     4  22.8
#> 3     4  26.0
#> 4     4  30.4
#> 5     4  33.9
#> 6     6  17.8
#> # ... with 9 more rows
```

4. 다음의 코드는 무엇을 하는가? 이것은 왜 유용한가?

```
mtcars %>%
  group_by(cyl) %>%
  summarize_each(funs(list))
```

20.5 리스트-열 단순화하기

이 책에서 배운 데이터 처리 및 시각화 기술을 적용하기 위해서는 리스트-열을 일반 열(원자 벡터) 또는 열의 집합으로 다시 단순화해야 한다. 더 간단한 구조로 축소하기 위해 사용할 기법은 요소당 하나의 값을 사용하는지 또는 여러 값을 사용하는지에 따라 달라진다.

- 단일 값을 원하는 경우 map_lgl(), map_int(), map_dbl(), map_chr()에 mutate()를 사용하여 원자 벡터를 생성한다.
- 많은 값을 원하는 경우 unnest()를 사용하여 리스트-열을 일반 열로 다시 변환하고 필요한 만큼 행을 반복한다.

  자세한 내용은 다음 절에서 설명할 것이다.

20.5.1 리스트를 벡터로 만들기

리스트 열을 원자 벡터로 줄일 수 있다면 리스트 열은 일반 열이 될 것이다. 예를 들어 타입과 길이를 가진 객체는 항상 요약할 수 있으므로 다음 코드는 리스트 열의 종류에 관계없이 작동할 것이다.

```
df <- tribble(
  ~x,
  letters[1:5],
  1:3,
  runif(5)
```

```
)
df %>% mutate(
    type = map_chr(x, typeof),
    length = map_int(x, length)
)
#> # A tibble: 3 × 3
#>           x      type length
#>      <list>     <chr>  <int>
#> 1 <chr [5]> character      5
#> 2 <int [3]>   integer      3
#> 3 <dbl [5]>    double      5
```

이는 기본 `tbl` `print` 방법에서 얻은 것과 같은 기본 정보지만, 여기에서는 필터링 용도로 사용할 수 있다. 다차원적인 리스트에 대해서 작동하지 않는 부분을 필터링하고자 할 때 유용한 기법이다.

`map_*()` 단축어를 기억하자. 예를 들어 `map_chr(x, "apple")`를 사용하여 x의 각 요소에 대해 apple에 저장된 문자열을 추출할 수 있다. 이는 중첩된 리스트를 일반 열로 분리할 때 유용하다. 리스트의 요소가 누락된 경우 (NULL을 반환하는 대신) 사용할 값을 제공하는 `.null` 인수를 사용하자.

```
df <- tribble(
    ~x,
    list(a=1,b=2),
    list(a=2,c=4)
)
df %>% mutate(
    a = map_dbl(x, "a"),
    b = map_dbl(x, "b", .null = NA_real_)
)
#> # A tibble: 2 × 3
#>            x     a     b
#>       <list> <dbl> <dbl>
#> 1 <list [2]>     1     2
#> 2 <list [2]>     2    NA
```

20.5.2 중첩 해제하기

`unnest()`는 리스트-열의 각 요소를 한 줄씩 일반 열로 반복하며 동작한다. 예를 들어 다음의 아주 간단한 예제에서는 (y의 첫 번째 요소 길이가 4이므로) 첫 번째 행은 4번 반복하고 두 번째 행은 한 번만 반복한다.

```
tibble(x = 1:2, y = list(1:4, 1)) %>% unnest(y)
#> # A tibble: 5 × 2
#> x y
#>   <int> <dbl>
#> 1     1     1
#> 2     1     2
#> 3     1     3
#> 4     1     4
#> 5     2     1
```

즉, 이는 다른 수의 요소가 포함된 두 개의 열을 동시에 중첩 해제할 수 없다는 것을 의미한다.

```
# 모든 행에 대해서 y와 z는 같은 수의 요소를 포함하므로 동작한다
df1 <- tribble(
  ~x, ~y,         ~z,
  1, c("a", "b"), 1:2,
  2, "c",          3
)
df1
#> # A tibble: 2 × 3
#>       x         y         z
#>   <dbl>    <list>    <list>
#> 1     1 <chr [2]> <int [2]>
#> 2     2 <chr [1]> <dbl [1]>
df1 %>% unnest(y, z)
#> # A tibble: 3 × 3
#>       x     y     z
#>   <dbl> <chr> <dbl>
#> 1     1     a     1
#> 2     1     b     2
#> 3     2     c     3

# y와 z가 가진 요소의 개수가 다르므로 동작하지 않는다
df2 <- tribble(
  ~x, ~y,          ~z,
  1, "a",          1:2,
  2, c("b","c"),    3
)
df2
#> # A tibble: 2 × 3
#>       x         y         z
#>   <dbl>    <list>    <list>
#> 1     1 <chr [1]> <int [2]>
#> 2     2 <chr [2]> <dbl [1]>
df2 %>% unnest(y, z)
#> Error: All nested columns must have
#> the same number of elements.
```

데이터프레임의 리스트-열을 중첩 해제할 때도 같은 원칙이 적용된다. 각 행의 모든 데이터프레임이 같은 개수의 행을 가지고 있다면 여러 개의 리스트-열을 중첩 해제할 수 있다.

20.5.3 연습문제

1. 리스트-열에서 원자 벡터 열을 만들 때 lengths() 함수가 유용한 이유는 무엇인가?
2. 데이터프레임에서 발견되는 가장 일반적인 유형의 벡터를 나열해보자. 어떤 점이 이 리스트를 다르게 만드는가?

20.6 broom으로 타이디 데이터 만들기

broom 패키지는 모델을 타이디 데이터프레임으로 변환할 수 있는 세 가지의 일반적인 도구를 제공한다.

- broom::glance(model)은 각 모델에 대한 행을 반환한다. 각 열에는 모델 요약(모델 성능 척도 또는 복잡성 또는 둘의 조합)이 표시된다.
- broom::tidy(model)은 모델의 각 계수에 대한 행을 반환한다. 각 열은 추정값 또는 변동성에 대한 정보를 제공한다.
- broom::augment(model, data)는 data의 각 행에 잔차와 같은 영향 통계량을 추가하여 반환한다.

Broom은 가장 인기 있는 모델링 패키지로 생성한 다양한 종류의 모델을 다룬다. 현재 지원되는 모델의 목록은 *https://github.com/tidyverse/broom*을 참고해보자.

5부

의사소통

지금까지 R로 데이터를 불러와서 분석에 편리한 형식으로 정리하고 변형, 시각화 및 모델링을 통해 데이터를 이해하는 도구를 배웠다. 하지만 다른 사람에게 설명할 수 없다면 분석이 얼마나 훌륭한지는 아무 의미가 없다. 결과를 가지고 의사소통해야 한다.

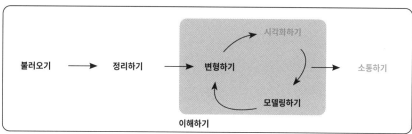

프로그래밍하기

다음 네 개 장에서 의사소통을 주제로 다룰 것이다.

* 21장에서는 설명글, 코드, 결과를 통합하는 도구인 R 마크다운에 대해 배울 것이다. 분석가 사이의 소통은 노트북 모드로, 그리고 분석가와 의사결정권자 사이의 소통은 리포트 모드로 R 마크다운을 사용할 수 있다. R 마크다운 포맷의 강력함 덕분에 두 가지 용도에 같은 문서를 사용할 수 있다.
* 22장에서는 새로운 사람이 여러분의 분석을 가능한 한 빠르고 쉽게 이해할 수 있도록, 탐색적 그래프를 해설적 그래프로 바꾸는 법을 배운다.
* 23장에서는 R 마크다운을 사용하여 생성할 수 있는 다양한 출력물(대시보드,

웹사이트, 서적 포함)에 대해 알아본다.

- 마지막으로 24장에서는 '분석 노트북'을 배우고, 성공과 실패를 체계적으로 기록하여 이로부터 배울 수 있는 점에 대해 다룰 것이다.

안타깝게도 이 장에서는 의사소통 기술에만 주로 초점을 맞추고 있고, 정말로 어려운 문제인 다른 사람들에게 생각을 전하는 문제를 다루지는 않는다. 그러나 의사소통에 대한 훌륭한 책이 많이 있다. 각 장의 마지막 부분에서 알아보자.

21장

R f o r D a t a S c i e n c e

R 마크다운

21.1 들어가기

R 마크다운은 '데이터 과학을 위한 통합 저작 프레임워크'이며 코드, 결과, 설명 글로 구성되어 있다. R 마크다운 문서는 완벽하게 재현 가능하며 PDF, 워드 파일, 슬라이드쇼 등을 포함한 수십 가지 출력 형식을 지원한다.

R 마크다운 파일은 다음 세 가지 방법으로 사용하도록 설계되었다.

- 분석 코드보다는 분석 결과에 관심이 있을 의사결정권자와 의사소통을 위해.
- 분석 결론과 그 과정(즉, 코드)에 관심이 있는 다른 데이터 과학자들(미래의 여러분 포함!)과 협업을 위해.
- 데이터 과학을 수행하는 환경으로써. 즉, 실행한 것 외에 생각한 것까지 남길 수 있는 현대식 실험실 노트와 같은 용도로.

R 마크다운에는 수많은 R 패키지와 외부 도구가 통합되어 있다. 따라서 ?를 통해 도움말 문서를 보기 힘들다. 대신 이번 장을 읽을 때 그리고 나중에 R 마크다운을 사용할 때 다음의 자료를 자주 참고하는 것이 좋다.

- R Markdown 치트시트: RStudio IDE에서 Help → Cheatsheets → R Markdown Cheat Sheet
- R Markdown 참조 안내서: Help → Cheatsheets → R Markdown Reference Guide

위 두 개의 치트시트는 다음에서도 볼 수 있다. *http://rstudio.com/cheatsheets*

21.1.1 준비하기

rmarkdown 패키지가 필요하지만, 명시적으로 설치하거나 로드할 필요는 없다.
RStudio가 필요에 따라 자동으로 이를 수행하기 때문이다.

21.2 R 마크다운 기초

다음은 R 마크다운 파일, 즉 확장자가 .Rmd인 포맷이 없는 텍스트 파일이다.

```
---
title: "다이아몬드 크기"
date: 2016-08-25
output: html_document
---

```{r setup, include = FALSE}
library(ggplot2)
library(dplyr)

smaller <- diamonds %>%
  filter(carat <= 2.5)
```

`r nrow(diamonds)`개의 다이아몬드에 관한 데이터가 있다. `r nrow(diamonds) -
nrow(smaller)`개만 2.5캐럿보다 크다. 나머지 다이아몬드의 분포는 다음과 같다.

```{r, echo = FALSE}
smaller %>%
  ggplot(aes(carat)) +
  geom_freqpoly(binwidth = 0.01)
```
```

위 파일에는 세 가지 중요한 내용이 포함되어 있다.

1. ---으로 둘러싼 YAML 헤더(선택항목).
2.  ```으로 둘러싼 R 코드 청크(Chunk, 코드 묶음).
3. # heading 및 _italic_과 같은 간단한 텍스트 서식과 텍스트.

확장자 .Rmd 파일을 열면 코드와 출력이 번갈아 표시되는 노트북 인터페이스가
나온다. Run 아이콘(청크 상단에 재생 버튼처럼 생김)을 클릭하거나 Cmd/Ctrl +
Shift + Enter를 눌러 각 코드 청크를 실행할 수 있다. RStudio에서 코드가 실행되
고, 실행 결과가 코드와 함께 인라인(inline)으로 표시된다.

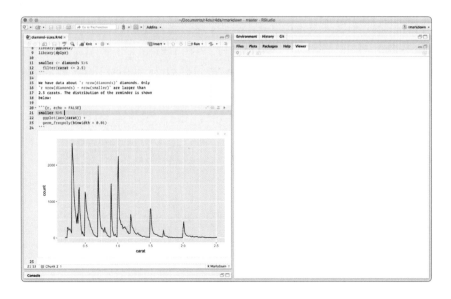

텍스트, 코드와 실행 결과 모두가 포함된 최종 보고서를 작성하려면 'Knit'을 클릭하거나 Cmd/Ctrl + Shift + K를 입력하면 된다. 혹은 rmarkdown::render("1-example.Rmd")으로 프로그램화할 수도 있다. 이렇게 하면 뷰어 창에 보고서가 나타나고, 다른 사용자와 공유할 수 있는 온전한 HTML 파일이 만들어진다.

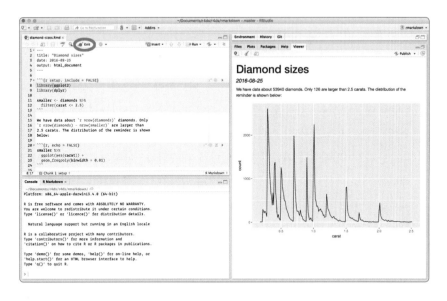

문서를 니트(knit)하면 R 마크다운은 .Rmd 파일을 knitr로 보내는데, knitr은 코드 청크를 모두 실행하고 코드와 그 출력을 포함하는 새로운 마크다운 문서(.md)

를 생성한다.[1] 이렇게 생성된 마크다운 파일은 이후 pandoc이 처리하는데, pandoc은 완성 파일을 생성하는 역할을 한다. 이와 같이 작업이 두 단계로 나누어져서, 다양한 출력 형식을 만들 수 있다는 장점이 있다. 23장에서 이를 배우도록 하겠다.

이제 .Rmd 파일을 만들어보자. 메뉴 모음에서 File → New File → R Markdown...을 선택하라. RStudio는 파일에 콘텐츠를 미리 채우는 마법사를 실행시키는데, 이 콘텐츠들은 R 마크다운의 주요 기능이 어떻게 작동하는지를 보여준다.

다음 절에서는 R 마크다운 문서의 세 가지 구성요소인 마크다운 텍스트, 코드 청크 및 YAML 헤더에 대해 자세히 설명한다.

21.2.1 연습문제

1. File → New File → R Notebook을 클릭하여 새 노트북을 생성하라. 안내문을 읽어보라. 청크 실행을 연습하라. 코드를 수정하고 재실행하고 수정된 출력을 볼 수 있는지 확인하라.

2. File → New File → R Markdown...을 클릭하여 새로운 R 마크다운 문서를 생성하라. 해당 버튼을 클릭하여 문서를 니트하라. 적절한 키보드 단축키를 사용하여 니트하라. 입력을 수정하고 출력 변경을 볼 수 있는지 확인하라.

3. 위에서 만든 R 노트북 및 R 마크다운 파일을 비교 대조하라. 출력은 얼마나 비슷한가? 어떻게 다른가? 입력은 얼마나 비슷한가? 어떻게 다른가? YAML 헤더를 서로 다른 것으로 복사하면 어떻게 되는가?

4. 새로운 R 마크다운 문서를 HTML, PDF 및 워드의 세 가지 기본 제공 형식으로 만들어라. 세 문서를 각각 니트하라. 출력은 어떻게 다른가? 입력값은 어떻게 다른가? (PDF 출력물을 만들기 위해 LaTeX을 설치해야 할 수도 있다. 이 경우 설치할 것인지 RStudio가 물어볼 것이다.)

---

1 (옮긴이) 이 책에서 '니트하다'는 이런 과정을 의미한다.

21.3 마크다운으로 텍스트 서식 지정하기

확장자 .Rmd 파일 내부의 문장은 마크다운 문법으로 작성되는데, 마크다운은 일반 텍스트 파일에서 서식을 지정하기 위한 간단한 규칙이다. 마크다운은 읽고 쓰기 쉽도록 설계되었다. 또한 배우기도 쉽다. 다음의 가이드는 R 마크다운에서도 실행되는 마크다운의 소폭 확장 버전인 Pandoc 마크다운을 사용하는 방법을 보여준다.

```
텍스트 서식
------------------------------------------------------------

*이탤릭체*    또는 _이탤릭체_
**볼드**      __볼드__
`코드`
위첨자^2^와 아래첨자~2~

헤더
------------------------------------------------------------

# 첫 번째 레벨 헤더

## 두 번째 레벨 헤더

### 세 번째 레벨 헤더

리스트
------------------------------------------------------------

*    글머리 아이템 1

*    아이템 2

    * 아이템 2a

    * 아이템 2b

1.    번호가 달린 아이템 1

1.    아이템 2. 번호는 결과물에서 자동으로 증가된다.

링크 및 이미지
------------------------------------------------------------

<http://example.com>

[링크 구문](http://example.com)

![선택적 캡션 텍스트](이미지/경로.png)

표
------------------------------------------------------------

첫 번째 헤더 | 두 번째 헤더
---------  | -------------
셀 내용     | 셀 내용
셀 내용     | 셀 내용
```

이것들을 익히는 가장 좋은 방법은 한번 만들어 보는 것이다. 며칠이 걸리겠지만 곧 익숙해질 것이며 일부러 생각해 낼 필요도 없게 될 것이다. 잊어버린 경우 Help → Markdown Quick Reference를 사용하여 편리한 참조 시트를 찾아볼 수 있다.

21.3.1 연습문제

1. 배운 것을 실습하기 위해 이력서를 간단하게 작성하라. 제목은 여러분의 이름이어야 하며, (적어도) 학력사항이나 경력사항 헤더가 포함되어야 한다. 각 절에는 글머리 목록으로 경력사항·학위가 포함되어야 한다. 연도는 굵게 강조하라.

2. R 마크다운 빠른 참조를 사용하여 다음을 수행하는 방법을 파악하라.

   a. 각주 추가.

   b. 가로 실선 추가.

   c. 블록 인용 추가.

3. *https://github.com/hadley/r4ds/tree/master/rmarkdown*에서 *diamond-sizes.Rmd*의 내용물을 로컬 R 마크다운 문서에 복사하여 붙여넣어라. 이 문서를 실행할 수 있는지 확인 후, 가장 눈에 띄는 특징을 빈도 다각형 뒤에 텍스트로 추가하라.

21.4 코드 청크

R 마크다운 문서에서 코드를 실행하려면 청크를 삽입해야 한다. 세 가지 방법이 있다.

1. 키보드 단축키 Cmd/Ctrl + Alt + I
2. 편집기 툴바의 'Insert' 버튼 아이콘
3. 청크 구분 기호 ```` ```{r} ```` 과 ```` ``` ````를 수동으로 타이핑

물론 키보드 단축키를 외울 것을 추천한다. 결국에는 많은 시간을 절약해줄 것이다!

코드를 실행하기 위해, 앞에서 배워서 아마 지금쯤이면 애용하고 있을, 키보드 단축키 Cmd/Ctrl + Enter를 계속 이용해도 된다. 그러나 새로운 키보드 단축

키인 Cmd/Ctrl + Shift + Enter를 사용하여 청크의 모든 코드를 실행할 수 있다. 청크를 함수라고 생각하라. 청크는 상대적으로 자립(self-contained)해야 하며 단일 작업에 중점을 두어야 한다.

다음 절에서는 ```{r, 그 뒤에 옵션인 청크 이름, 그 뒤에 쉼표로 구분된 옵션, 그 뒤에 }로 구성된 청크 헤더를 설명한다. 그 다음에는 R 코드가 위치하고, ``` 로 청크 끝을 표시한다.

21.4.1 청크 이름

다음과 같이 청크에 옵션으로 이름을 줄 수 있다. ```{r 청크 이름}. 청크 이름을 사용하면 세 가지 이점이 있다.

- 스크립트 편집기의 왼쪽 하단에 있는 드롭 다운 코드 탐색기를 사용하여 특정 청크로 쉽게 옮겨갈 수 있다.

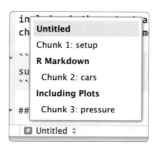

- 청크에 의해 생성된 그래프가 유용한 이름을 갖게 되어, 다른 곳에서 쉽게 사용할 수 있다. 450쪽 '기타 중요한 옵션'에서 이에 대해 자세히 다룰 것이다.
- 캐시된 청크 네트워크를 설정해서, 실행할 때마다 오래 걸리는 계산이 재수행되는 것을 피할 수 있다. 자세한 내용은 곧 나온다.

특별한 동작을 하게 하는 청크 이름이 하나 있는데 바로 setup이다. 노트북 모드에 있을 때 setup 이름의 청크는 다른 코드가 실행되기 전에 자동으로 한 번 실행된다.

21.4.2 청크 옵션

청크 헤더의 인수 중 하나인 옵션을 사용하면 출력을 사용자 정의할 수 있다. knitr에는 코드 청크를 사용자 정의하는 데 사용하는 옵션이 60여 개나 있다. 여기에서는 자주 사용되는 중요한 청크 옵션들에 대해 다룬다. 전체 목록은 *http://*

*yihui.name/knitr/options/*에서 볼 수 있다.

코드 블록의 실행 여부와 완성된 보고서에 삽입되는 결과 선택을 제어하는 옵션들이 가장 중요하다.

- eval = FALSE를 하면 코드가 실행(evaluate)되는 것이 방지된다(물론 코드가 실행되지 않으면 결과도 생성되지 않는다). 예제 코드를 표시하거나, 각 라인마다 주석 처리하지 않고 큰 코드 블록을 비활성화하는 데 유용하다.
- include = FALSE를 사용하면 코드는 실행하지만 코드나 결과가 최종 문서에 표시되지 않는다. 설정 코드에 사용하면 보고서가 복잡해지지 않는다.
- echo = FALSE를 사용하면 완성된 파일에 코드는 보이지 않지만, 결과는 보인다. R 코드를 보고 싶지 않은 사람들을 대상으로 한 보고서를 작성할 때 사용하라.
- message = FALSE 또는 warning = FALSE를 하면 완성된 파일에 메시지나 경고가 나타나지 않는다.
- results = 'hide'를 사용하면 출력이 보이지 않고, fig.show = 'hide'를 사용하면 플롯이 보이지 않는다.
- error = TRUE를 사용하면 코드가 오류를 반환하더라도 렌더링이 계속된다. 보고서의 최종 버전에 이 옵션이 포함되는 경우는 거의 없겠지만 .Rmd 내에서 수행되는 작업을 정확하게 디버깅해야 하는 경우 매우 유용할 수 있다. R을 교육하거나 의도적으로 오류를 포함하려는 경우에도 유용하다. 기본값인 error = FALSE에서는 문서에 오류가 하나라도 있으면 니트가 제대로 작동하지 않는다.

각 옵션의 출력 유형이 제약하는 항목을 다음 표에 정리하였다.

옵션	코드 실행	코드 표시	출력	플롯	메시지	경고
eval = FALSE	×		×	×	×	×
include = FALSE		×	×	×	×	×
echo = FALSE		×				
results = "hide"			×			
fig.show = "hide"				×		
message = FALSE					×	
warning = FALSE						×

21.4.3 표

기본적으로 R 마크다운은 데이터프레임과 행렬을 콘솔에서 보이는 대로 인쇄한다.

```
mtcars[1:5, ]
#>
#>                     mpg cyl disp  hp drat   wt qsec vs am gear carb
#> Mazda RX4          21.0   6 160 110 3.90 2.62 16.5  0  1    4    4
#> Mazda RX4 Wag      21.0   6 160 110 3.90 2.88 17.0  0  1    4    4
#> Datsun 710         22.8   4 108  93 3.85 2.32 18.6  1  1    4    1
#> Hornet 4 Drive     21.4   6 258 110 3.08 3.21 19.4  1  0    3    1
#> Hornet Sportabout  18.7   8 360 175 3.15 3.44 17.0  0  0    3    2
```

추가 서식으로 데이터를 표시하려면 knitr::kable 함수를 사용하면 된다. 표 21-1은 다음 코드로 생성되었다.

```
knitr::kable(
  mtcars[1:5, ],
  caption = "A knitr kable."
)
```

	mpg	cyl	disp	hp	drat	wt	qsec	vs	am	gear	carb
Mazda RX4	21.0	6	160	110	3.90	2.62	16.5	0	1	4	4
Mazda RX4 Wag	21.0	6	160	110	3.90	2.88	17.0	0	1	4	4
Datsun 710	22.8	4	108	93	3.85	2.32	18.6	1	1	4	1
Hornet 4 Drive	21.4	6	258	110	3.08	3.21	19.4	1	0	3	1
Hornet Sportabout	18.7	8	360	175	3.15	3.44	17.0	0	0	3	2

표 21-1 knitr kable

표를 사용자 정의할 수 있는 다른 방법을 보려면 ?knitr::kable를 통해 도움말 문서를 읽어라. 더 자세한 내용을 원한다면 xtable, stargazer, pander, tables, ascii 패키지를 고려하라. 각각에는 R 코드로 서식화된 표를 반환하는 도구들이 있다. 또한 그림 삽입 방식을 제어하는 옵션도 풍부하다. 447쪽 '플롯 저장하기'에서 이것들에 대해 배울 것이다.

21.4.4 캐싱

일반적으로 문서의 각 니트는 완전히 깨끗한 슬레이트에서부터 시작된다. 이는 코드 안에서 중요한 계산 모두가 호출되었다는 것을 확인할 수 있어서 재현성 측면에서는 바람직하다. 그러나 시간이 오래 걸리는 계산이 있다면 처음부터 하는 게 쉽지 않을 것이다. 해결 방법은 cache = TRUE이다. 이렇게 설정하면 청크 출력이 특별한 이름의 파일로 디스크에 저장된다. 후속 실행에서 knitr은 코드가 변경되었는지 확인하고 변경되지 않았다면 캐시된 결과를 재사용한다.

기본적으로 캐싱 시스템은 종속 코드가 아닌, 본 코드에만 기반하므로 주의해서 사용해야 한다. 예를 들어 다음에서 processed_data 청크는 raw_data 청크에 의존한다.

```{r raw_data}
rawdata <- readr::read_csv("a_very_large_file.csv")
```

```{r processed_data, cache = TRUE}
processed_data <- rawdata %>%
  filter(!is.na(import_var)) %>%
  mutate(new_variable = complicated_transformation(x, y, z))
```

processed_data 청크를 캐싱 후 dplyr 파이프라인이 변경되면 재실행되지만 read_csv() 호출이 변경되면 재실행되지 않을 것이다. 이 문제는 dependson 청크 옵션으로 피할 수 있다.

```{r processed_data, cache = TRUE, dependson = "raw_data"}
processed_data <- rawdata %>%
  filter(!is.na(import_var)) %>%
  mutate(new_variable = complicated_transformation(x, y, z))
```

dependson 옵션은 캐시된 청크가 의존하는 모든 청크의 문자형 벡터를 포함해야 한다. knitr은 종속 청크 중 하나가 변경되었음을 감지하면 캐시된 청크의 결과를 업데이트한다.

knitr 캐싱은 .Rmd 파일 내의 변경 사항만 추적하기 때문에 a_very_large_file.csv가 변경되어도 청크가 업데이트되지 않다. 해당 파일의 변경 사항을 추적하고자 한다면 cache.extra 옵션을 사용하면 된다. 이는 임의의 R 표현식인데, 이 옵션이 변경될 때마다 캐시를 없앤다. 함께 사용하기 좋은 함수는 file.info()인데, 마지막으로 수정한 시간 등 파일에 대한 정보를 반환한다. 다음과 같이 작성할 수 있다.

```{r raw_data, cache.extra = file.info("a_very_large_file.csv")}
rawdata <- readr::read_csv("a_very_large_file.csv")
```

캐싱 전략이 점차 복잡해지게 되면 정기적으로 knitr::clean_cache()를 사용하여 모든 캐시를 지우는 것이 좋다.

나는 데이빗 로빈슨(David Robinson)의 조언[2]을 따라 청크 이름을 지었다. 각 청크에서 생성되는 주요 객체의 이름을 따서 명명한다. 이렇게 하면 dependson으로 지정된 것을 더 쉽게 이해할 수 있다.

21.4.5 전역 옵션

knitr로 작업하다 보면 일부 기본 청크 옵션은 필요에 맞지 않아 변경하고자 할 것이다. 코드 청크에서 knitr::opts_chunk$set()을 호출하면 된다. 예를 들어 책과 튜토리얼을 작성할 때 나는 다음과 같이 설정한다.

```
knitr::opts_chunk$set(
  comment = "#>",
  collapse = TRUE
)
```

이는 내가 선호하는 주석 형식을 사용하고 코드와 출력이 밀접하게 붙어있게 하는 설정이다. 반면에 보고서를 준비하고 있다면 다음과 같이 설정할 수 있다.

```
knitr::opts_chunk$set(
  echo = FALSE
)
```

이는 기본값으로 코드를 숨기며, 표시하도록 의도적으로 선택(echo = TRUE)한 청크만 보여주는 설정이다. message = FALSE 및 warning = FALSE 설정도 생각해볼 수 있으나, 이 경우 최종 문서에서 아무 메시지도 볼 수 없기 때문에 디버그하기가 더 어려워진다.

21.4.6 인라인 코드

R 코드를 R 마크다운 문서에 삽입하는 다른 방법도 있다. 텍스트 앞에 `r `이라고 입력하는 것이다. 이것은 텍스트에서 데이터의 속성을 언급할 때 매우 유용할 수 있다. 예를 들어 이번 장 시작 부분에 사용한 예제 문서에서 다음과 같이 썼다.

`r nrow(diamonds)`개의 다이아몬드에 관한 데이터가 있다. `r nrow(diamonds) - nrow(smaller)`개만 2.5캐럿보다 크다. 나머지 다이아몬드의 분포는 다음과 같다.

---

2   https://twitter.com/drob/status/738786604731490304

이 보고서가 니트되면 다음과 같이 계산 결과가 텍스트에 삽입된다.

> 53940개의 다이아몬드에 관한 데이터가 있다. 126개만 2.5캐럿보다 크다. 나머지 다이아몬드의 분포는 다음과 같다.

숫자를 텍스트에 삽입할 때 format()은 친구 같은 함수이다. 엄청난 정확도로 출력되지 않도록 유효숫자 개수를 설정하며, 숫자를 읽기 쉽게 하기 위해 big.mark를 설정한다. 나는 이것을 종종 도우미 함수로 결합하곤 한다.

```
comma <- function(x) format(x, digits = 2, big.mark = ",")
comma(3452345)
#> [1] "3,452,345"
comma(.12358124331)
#> [1] "0.12"
```

21.4.7 연습문제

1. 절단면, 색상 및 투명도에 따라 다이아몬드 크기가 어떻게 다른지 탐색하는 절을 추가하라. R을 모르는 사람을 위해 보고서를 작성한다고 가정하고, 각 청크에 echo = FALSE를 설정하는 대신 전역 옵션을 설정하라.

2. 다음에서 diamond-sizes.Rmd를 다운로드하라(*https://github.com/hadley/r4ds/tree/master/rmarkdown*). 가장 큰 20개의 다이아몬드에 대해 기술하는 절을 추가하라. 가장 중요한 속성들을 표시하는 표가 포함되어야 한다.

3. comma()를 사용하여 멋지게 포맷된 출력을 생성하도록 diamonds-sizes.Rmd를 수정하라. 또한 2.5캐럿보다 큰 다이아몬드 백분율을 포함하라.

4. d가 c와 b에 의존하고 b와 c 모두 a에 의존하는 청크 네트워크를 설정하라. 각 청크에서 lubridate::now()를 인쇄하고 cache = TRUE를 설정한 다음 캐싱에 대해 잘 이해했는지 확인하라.

21.5 문제 해결

R 마크다운 세션은 대화식 R 환경이 아니기 때문에, 문제 해결이 어려울 수 있으며, 따라서 새로운 트릭을 배워야 한다. 대화식 세션에서 문제를 다시 만드는 것부터 시도해 보아야 한다. "R을 재시작한 다음 'Run all chunks(모든 청크 실행)'을 하라(Code 메뉴의 Run 영역 아래에서 하거나, 키보드 단축키 Ctrl + Alt + R로 할 수 있음). 운이 좋으면 문제가 재현될 것이다.

이 방법이 도움되지 않는다면 대화형 환경과 R 마크다운 환경 간에 무언가 다른 점이 있다는 이야기이다. 이 경우 옵션을 체계적으로 탐색할 필요가 있다. 작업 디렉터리가 다른 경우가 가장 일반적이다. R 마크다운 문서의 작업 디렉터리는 문서가 있는 디렉터리이다. 청크에 getwd()를 넣어 작업 디렉터리가 생각하고 있는 곳과 같은지 확인하라.

그런 다음, 버그를 일으킬 만한 모든 것에 대해 브레인스토밍하라. 이것들이 R 세션과 R 마크다운 세션에서 동일한지를 체계적으로 점검해야 한다. 가장 쉬운 방법은 문제를 일으킨 청크에 error = TRUE를 설정한 다음, print() 및 str()을 사용하여 설정이 예상대로인지 확인하는 것이다.

21.6 YAML 헤더

YAML 헤더의 파라미터를 조정하여 기타 '전체 문서' 설정을 제어할 수 있다. YAML이 무엇을 의미하는지 궁금할 텐데 이는 '또 다른 마크업 언어(yet another markup language)'이다. 이는 계층적 데이터를 사람이 읽고 쓸 수 있는 방식으로 표현하도록 설계되었다. R 마크다운은 이를 사용하여 출력과 관련된 세부 정보를 제어한다. 여기서는 문서 파라미터와 참고문헌 두 가지를 논의할 것이다.

21.6.1 파라미터

R 마크다운 문서에는 보고서를 렌더링할 때 값을 설정할 수 있는 파라미터가 하나 이상 포함될 수 있다. 주요 입력들에 다른 값들을 넣어서 동일한 보고서를 다시 렌더링하려는 경우에 파라미터는 유용하다. 예를 들어 지점별 판매 보고서, 학생별 시험 결과 또는 국가별 인구통계 요약값을 만들 수 있다. 하나 이상의 파라미터를 선언하려면 params 필드를 사용하라. 다음 예제는 my_class 파라미터를 사용하여, 어떤 차종(class)을 보여줄지 결정한다.

```
---
output: html_document
params:
  my_class: "suv"
---

```{r setup, include = FALSE}
library(ggplot2)
library(dplyr)

class <- mpg %>% filter(class == params$my_class)
```
```

```
# `r params$my_class`별 연비

```{r, message = FALSE}
ggplot(class, aes(displ, hwy)) +
  geom_point() +
  geom_smooth(se = FALSE)
```
```

위와 같이 코드 청크 내에서 파라미터를 params라는 이름의 읽기 전용 리스트로 사용할 수 있다.

원자 벡터를 YAML 헤더에 직접 적을 수 있다. 또한 파라미터값 앞에 !r을 붙여서 임의의 R 표현식을 실행시킬 수도 있다. 이는 날짜·시간 파라미터를 지정할 때 좋은 방법이다.

```
params:
  start: !r lubridate::ymd("2015-01-01")
  snapshot: !r lubridate::ymd_hms("2015-01-01 12:30:00")
```

RStudio에서는 니트 드롭 다운 메뉴에서 'Knit with Parameters(파라미터와 함께 니트)' 옵션을 클릭하여 파라미터를 설정하고, 보고서 렌더링 및 미리보기를 한 단계로 할 수 있다. 헤더의 다른 옵션을 설정하여 대화 상자를 사용자 정의할 수 있다.[3]

또는 여러 개의 '파라미터 변경 보고서'를 생성하려면 rmarkdown::render()를 params 리스트와 함께 호출할 수 있다.

```
rmarkdown::render(
  "fuel-economy.Rmd",
  params = list(my_class = "suv")
)
```

이것은 purrr:pwalk()와 함께 사용하면 강력해진다. 다음 예제는 mpg에 있는 각 class 값에 대해 보고서를 생성한다. 먼저 클래스마다 보고서의 filename과 params를 포함한 행이 하나씩 있는 데이터프레임 하나를 만든다.

```
reports <- tibble(
  class = unique(mpg$class),
  filename = stringr::str_c("fuel-economy-", class, ".html"),
  params = purrr::map(class, ~ list(my_class = .))
)
reports
#> # A tibble: 7 × 3
#>    class                 filename        params
#>    <chr>                    <chr>       <list>
```

---

3 *http://rmarkdown.rstudio.com/developer_parameterized_reports.html#parameter_user_interfaces*

```
#> 1 compact fuel-economy-compact.html <list [1]>
#> 2 midsize fuel-economy-midsize.html <list [1]>
#> 3    suv    fuel-economy-suv.html <list [1]>
#> 4 2seater fuel-economy-2seater.html <list [1]>
#> 5 minivan fuel-economy-minivan.html <list [1]>
#> 6  pickup  fuel-economy-pickup.html <list [1]>
#> # ... with 1 more rows
```

그런 다음 열 이름을 render()의 인수 이름과 일치시키고 purrr의 병렬 워크(parallel walk)를 사용하여 각 행마다 render()를 한 번 호출한다.

```
reports %>%
  select(output_file = filename, params) %>%
  purrr::pwalk(rmarkdown::render, input = "fuel-economy.Rmd")
```

21.6.2 참고문헌 및 인용정보

Pandoc은 여러 가지 스타일의 참고문헌과 인용정보를 자동으로 생성할 수 있다. 이 기능을 사용하려면 파일 헤더의 bibliography 필드를 사용하여 참고문헌 파일을 지정하라. 이 필드에는 .Rmd 파일이 들어있는 디렉터리로부터 참고문헌 파일이 포함된 디렉터리까지의 경로가 있어야 한다.

```
bibliography: rmarkdown.bib
```

BibLaTeX, BibTeX, endnote, medline 등 많은 공통 서지 형식을 사용할 수 있다. .Rmd 파일 내에 인용 표시를 하려면 참고문헌 파일에서 '@'과 인용 식별자로 구성된 키를 사용하라. 그런 다음 대괄호 안에 인용정보를 넣어라. 다음은 몇 가지 예이다.

```
Separate multiple citations with a `;`: Blah blah [@smith04; @doe99].

You can add arbitrary comments inside the square brackets:
Blah blah [see @doe99, pp. 33-35; also @smith04, ch. 1].

Remove the square brackets to create an in-text citation: @smith04
says blah, or @smith04 [p. 33] says blah.

Add a `-` before the citation to suppress the author's name:
Smith says blah [-@smith04].
```

R 마크다운이 파일을 렌더링할 때, 참고문헌이 빌드되고 문서 마지막에 추가된다. 추가된 참고문헌에는 참고문헌 파일에서 인용된 문헌이 포함되지만 섹션 헤더는 포함되지 않는다. 따라서 # 참고문헌과 같이 참고문헌의 섹션 헤더를 끝으로 파일을 끝내는 것이 일반적이다.

csl 필드에 CSL(citation style language, 인용 스타일 언어) 파일을 참조하여 인용 및 참고문헌 스타일을 변경할 수 있다.

```
bibliography: rmarkdown.bib
csl: apa.csl
```

bibliography 필드와 마찬가지로 CSL 파일에는 파일에 대한 경로가 있어야 한다. 여기서는 CSL 파일이 .Rmd 파일과 동일한 디렉터리에 있다고 가정한다. 공통 서지 스타일에 대한 CSL 스타일 파일들은 다음에서 찾아볼 수 있다. *http://github.com/citation-style-language/styles*

21.7 더 배우기

R 마크다운은 아직 비교적 젊은 편이고 빠르게 성장하고 있다. 최신의 변화를 따라갈 수 있는 가장 좋은 곳은 R 마크다운 공식 웹사이트[4]이다.

여기서 다루지 않은 중요한 주제가 두 가지 있다. 하나는 협업이고, 다른 하나는 아이디어를 다른 사람과 정확하게 의사소통하는 방법에 대한 세부사항이다. 협업은 현대 데이터 과학에서 중요한 부분이며, 깃(Git)과 깃허브(Github)와 같은 버전 제어 도구를 사용하면 훨씬 쉽게 작업을 수행할 수 있다. 깃에 대해 배울 수 있는 무료 자료 두 개를 추천한다.

- *Happy Git with R*: 제니 브라이언(Jenny Bryan)과 다른 R 이용자들이 쓴 깃과 깃허브에 대한 사용자 친절한 소개. 이 책은 온라인[5]에서 무료로 이용할 수 있다.
- 해들리 저서인 *R Packages*의 'Git and GitHub'장. 온라인[6]에서 무료로도 읽을 수 있다.

분석 결과를 명확하게 전달하기 위해 실제로 무엇을 작성해야 하는지에 대해서도 다루지 않았다. 글쓰기를 향상시키려면 조셉 윌리엄스(Joseph M. Williams)와 조셉 비즈업(Joseph Bizup)의 *Style: Lessons in Clarity and Grace*[7] 또는 조지 고펜(George Gopen)의 *The Sense of Structure: Writing from the Reader's Perspective*

---

4 *http://rmarkdown.rstudio.com*
5 *http://happygitwithr.com*
6 *http://r-pkgs.had.co.nz/git.html*
7 (옮긴이) 번역서로『Style 문체: 명확하고 우아한 영어 글쓰기의 원칙』(2010, 홍문관)이 있다.

를 강력 추천한다. 두 책은 문장과 단락의 구조를 이해하고 글을 더 명확하게 작성하는 데 도움이 된다. (이 책들은 새로 구매하면 가격이 비싸지만 영어 수업에서 많이 사용되므로 저렴한 중고책도 많다.) 조지는 글쓰기에 관한 짧은 글[8]을 많이 작성했다. 변호사를 대상으로 쓰였지만 데이터 과학자에게도 대부분 적용된다.

8 *http://georgegopen.com/articles/litigation*

22장

그래프를 통한 의사소통

22.1 들어가기

5장에서 우리는 플롯을 탐색 도구로 사용하는 방법을 배웠다. 탐색용 플롯을 만들 때는 어떤 변수가 플롯에 표시될지 (플롯을 보기도 전에) 알고 있다. 우리는 목적에 따라 플롯을 하나씩 만들었고, 빨리 파악하고, 다음 플롯으로 넘어갔다. 대부분의 분석 과정에서 수십 또는 수백 개의 플롯을 그려보고, 즉시 대부분을 폐기할 것이다.

데이터를 이해했다면 이제 이해한 바를 다른 사람들과 의사소통해야 한다. 의사소통 대상자들은 배경 지식이 없고 해당 데이터를 깊이 살펴보지 않는 경우가 많다. 다른 사람들이 데이터의 구조를 신속하게 이해할 수 있게 하려면, 플롯이 최대한 스스로 설명 가능할 수 있게 노력을 많이 기울여야 한다. 이 장에서는 ggplot2가 제공하는 도구에 대해 학습한다.

이번 장에서는 좋은 그래픽을 만드는 데 필요한 도구를 중점적으로 살펴본다. 나는 여러분이 자신이 하고자 하는 바가 무엇인지는 알고 있지만, 어떻게 하는지를 모른다고 가정한다. 이런 경우, 시각화 개론 책을 이 장과 함께 읽는 것이 좋다. 나는 특히 앨버트 카이로(Albert Cairo)의 *The Truthful Art*를 좋아한다. 이 책은 시각화를 만드는 메커니즘을 가르쳐 주지 않지만 효과적인 그래프를 만들기 위해 무엇을 생각해야 하는지를 중점적으로 다룬다.

22.1.1 준비하기

이 장에서는 다시 한번 ggplot2를 집중해서 볼 것이다. 또한 dplyr을 사용하여 데이터를 처리하고 ggrepel과 viridis를 포함한 몇 가지 ggplot2 확장 패키지를 사용할 것이다. 이 확장 패키지들을 여기에서 로드하지 않고, :: 표기법을 사용하여 함수를 명시적으로 참조할 것이다. 이렇게 하면 어떤 함수가 ggplot2에 내장되어 있는지, 또 어떤 함수가 다른 패키지에서 온 것인지를 명확히 알 수 있다. 설치되지 않은 패키지는 install.packages()로 설치해야 한다는 것을 기억하라.

```
library(tidyverse)
```

22.2 라벨

탐색 그래프를 해설 그래프로 만들 때는 적절한 라벨부터 시작하는 것이 좋다. labs() 함수로 라벨을 추가한다. 다음은 플롯 제목(title)을 추가하는 예제[1]이다.

```
ggplot(mpg, aes(displ, hwy)) +
  geom_point(aes(color = class)) +
  geom_smooth(se = FALSE) +
  labs(
    "엔진 크기가 증가할수록 일반적으로 연비는 감소함"
  )
```

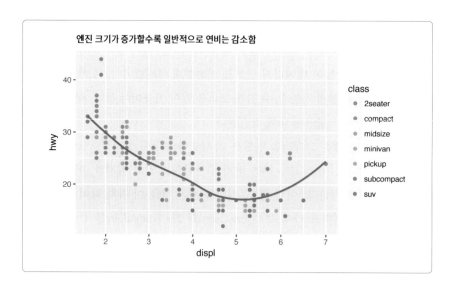

---

1 (옮긴이) MacOS에서 한글이 바로 보이지 않을 수 있다. 이 경우 extrafont 패키지를 설치하고 다음을 먼저 실행해보자.

```
library(extrafont)
ggplot2::theme_set(theme_gray(base_family='NanumBarunGothic'))
```

플롯 제목의 목적은 주요 발견 사항을 요약하는 것이다. 플롯이 무엇인지 설명하는 제목(예: '배기량 대 연비의 산점도')은 피하라.

더 많은 텍스트를 추가하려면 ggplot2 2.2.0 이상에서 사용할 수 있는 라벨 두 개가 유용하다.

- subtitle은 제목 아래에 작은 글꼴로 세부사항을 추가한다.
- caption은 플롯의 오른쪽 하단에 텍스트를 추가한다. 이 텍스트는 종종 데이터 소스를 설명하는 데 사용된다.

```
ggplot(mpg, aes(displ, hwy)) +
  geom_point(aes(color = class)) +
  geom_smooth(se = FALSE) +
  labs(
    title = "엔진 크기가 증가할수록 일반적으로 연비는 감소함",
    subtitle = "2인승 차(스포츠카)는 중량이 작아서 예외",
    caption = "출처 fueleconomy.gov"
  )
```

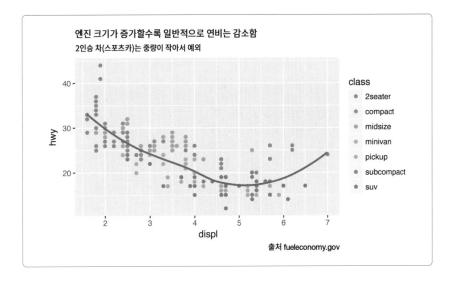

또한 labs()를 사용하여 축과 범례 제목을 바꿀 수 있다. 짧은 변수 이름을 좀 더 자세한 설명으로 바꾸고, 단위를 포함하는 것이 좋다.

```
ggplot(mpg, aes(displ, hwy)) +
  geom_point(aes(color = class)) +
  geom_smooth(se = FALSE) +
  labs(
    x = "배기량 (L)",
    y = "고속도로 연비 (mpg)",
    color = "차종"
  )
```

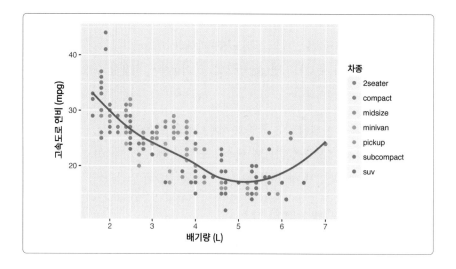

텍스트 문자열 대신 수식을 사용할 수 있다. ""를 quote()로 바꾸고 옵션에 대해서는 ?plotmath를 하여 읽어보라.

```
df <- tibble(
  x = runif(10),
  y = runif(10)
)
ggplot(df, aes(x, y)) +
  geom_point() +
  labs(
    x = quote(sum(x[i] ^ 2, i == 1, n)),
    y = quote(alpha + beta + frac(delta, theta))
  )
```

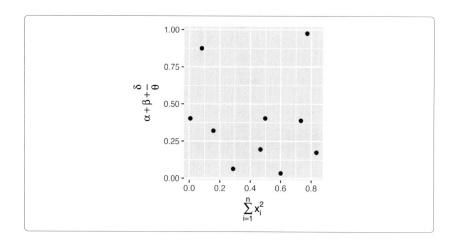

22.2.1 연습문제

1. title, subtitle, caption, x, y, color 라벨을 사용하여 연비 데이터에 대한

플롯을 만들어라.

2. 엔진이 큰 경량 스포츠카가 포함되어, hwy가 위쪽으로 기울어졌기 때문에 geom_smooth()는 다소 오해를 불러올 수 있다. 모델링 도구를 사용하여 더 나은 모델을 적합하고 표시하라.

3. 지난 달에 만든 탐색 그래픽에 다른 사람들이 더 쉽게 이해할 수 있는 유익한 제목을 추가하라.

22.3 주석

플롯의 주요 구성요소에 라벨을 붙이는 것 외에도 개별 관측값이나 관측값 그룹에 라벨을 붙이면 유용한 경우가 많다. 첫 번째 도구는 geom_text()이다. geom_text()는 geom_point()와 비슷하지만 추가 심미성인 label이 있다. 이를 이용하여 플롯에 텍스트 라벨을 추가할 수 있다.

라벨의 출처로는 두 가지가 있다. 첫째, 티블이 라벨을 제공할 수 있다. 다음 그림은 매우까지는 아니지만 유용한 접근법을 보여준다. 각 차종에서 가장 경제적인 모델을 dplyr로 뽑은 다음 라벨로 지정한다.

```
best_in_class <- mpg %>%
  group_by(class) %>%
  filter(row_number(desc(hwy)) == 1)

ggplot(mpg, aes(displ, hwy)) +
  geom_point(aes(color = class)) +
  geom_text(aes(label = model), data = best_in_class)
```

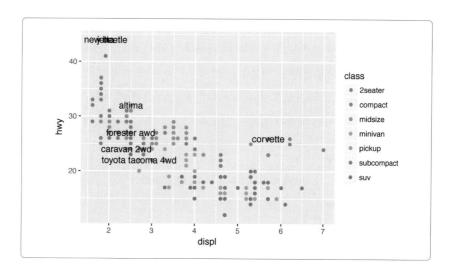

이 방법은 라벨이 서로 겹치거나 점들과 겹치기 때문에 읽기가 어렵다. geom_
label()로 전환하면 텍스트 뒤에 사각형이 그려져서 조금 나아진다. 또한 nudge_
y 파라미터를 사용하여 라벨을 해당 점의 위치보다 약간 위로 이동시킨다.

```
ggplot(mpg, aes(displ, hwy)) +
  geom_point(aes(color = class)) +
  geom_label(
    aes(label = model),
    data = best_in_class,
    nudge_y = 2,
    alpha = 0.5
  )
```

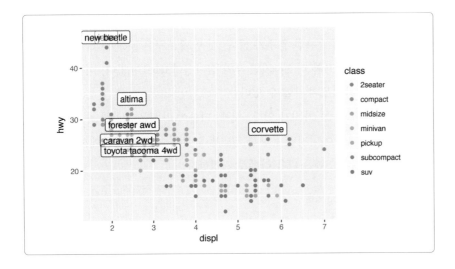

이 방법으로 약간 나아졌지만 맨 위 왼쪽 모서리를 면밀히 살펴보면 사실은 두
개의 라벨이 겹쳐 있음을 알 수 있다. 소형(compact)과 경차(subcompact) 범주
에서 각각 뽑힌 차의 고속도로 연비와 배기량이 정확히 같기 때문에 발생했다.
모든 라벨에 대해 같은 변형을 적용하는 방법으로는 이를 바로잡을 수 없다. 대
신 카밀 슬로비코프스키(Kamil Slowikowski)의 ggrepel 패키지를 사용할 수 있
다. 이 유용한 패키지는 라벨이 겹치지 않도록 라벨을 자동으로 조정한다.

```
ggplot(mpg, aes(displ, hwy)) +
  geom_point(aes(color = class)) +
  geom_point(size = 3, shape = 1, data = best_in_class) +
  ggrepel::geom_label_repel(
    aes(label = model),
    data = best_in_class
  )
```

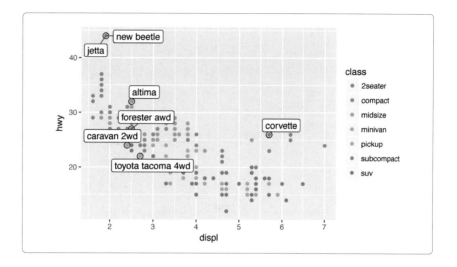

여기에 다음의 편리한 기술이 추가로 사용된 것을 주목하라. 라벨이 붙은 점을 강조하기 위해 속이 빈, 큰 점의 레이어를 추가했다.

같은 방식으로 플롯에 라벨을 직접 위치시켜 범례를 대체할 수 있다. 이 플롯에서는 썩 훌륭하지 않지만 그렇게 나쁘지는 않다. (theme(legend.position = "none")은 범례를 없애는데 이에 관해서는 곧 살펴본다.)

```
class_avg <- mpg %>%
  group_by(class) %>%
  summarize(
    displ = median(displ),
    hwy = median(hwy)
  )

ggplot(mpg, aes(displ, hwy, color = class)) +
  ggrepel::geom_label_repel(aes(label = class),
    data = class_avg,
    size = 6,
    label.size = 0,
    segment.color = NA
  ) +
  geom_point() +
  theme(legend.position = "none")
```

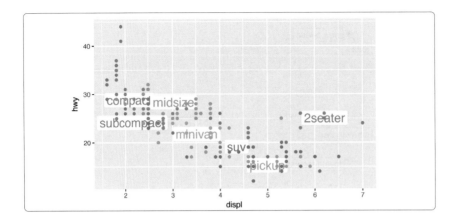

하나의 라벨을 플롯에 추가하고 싶을 수도 있지만 여전히 데이터프레임을 만들어야 한다. 플롯의 모서리에 라벨을 위치시키고자 하는 경우가 많은데 이 경우 summarize()를 사용하여 x와 y의 최댓값을 계산하는 데이터프레임을 새로 만드는 것이 편리하다.

```
label <- mpg %>%
  summarize(
    displ = max(displ),
    hwy = max(hwy),
    label = paste(
      "IIncreasing engine size is \nrelated to decreasing fuel economy"
    )
  )

ggplot(mpg, aes(displ, hwy)) +
  geom_point() +
  geom_text(
    aes(label = label),
    data = label,
    vjust = "top",
    hjust = "right"
  )
```

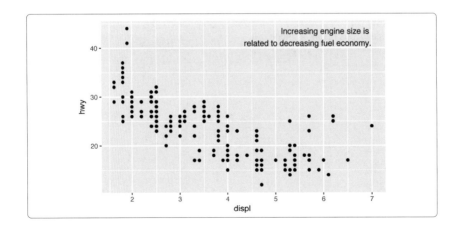

텍스트를 플롯의 테두리에 정확히 배치하려면 +Inf와 -Inf를 사용하면 된다. mpg에서 위치를 더는 계산하지 않으므로 tibble()을 사용하여 데이터프레임을 만들 수 있다.

```
label <- tibble(
  displ = Inf,
  hwy = Inf,
  label = paste(
    "Increasing engine size is \nrelated to"
    "decreasing fuel economy"
  )
)

ggplot(mpg, aes(displ, hwy)) +
  geom_point() +
  geom_text(
    aes(label = label),
    data = label,
    vjust = "top",
    hjust = "right"
  )
```

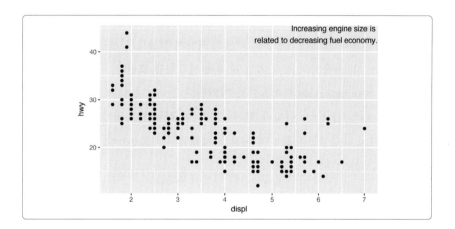

이 예제에서는 "\n"을 사용하여 라벨을 수동으로 줄바꿈했다. 또 다른 방법은 stringr::str_wrap()을 사용하여 한 줄에 원하는 문자 수만큼 줄바꿈을 자동으로 추가하는 것이다.

```
"Increasing engine size is related to decreasing fuel economy." %>%
  stringr::str_wrap(width = 40) %>%
  writeLines()
#> Increasing engine size is related to
#> decreasing fuel economy.
```

hjust와 vjust를 사용해서 라벨 정렬을 제어하는 것을 주목하여 보라. 그림 22-1에서 가능한 9가지 조합 전체를 볼 수 있다.

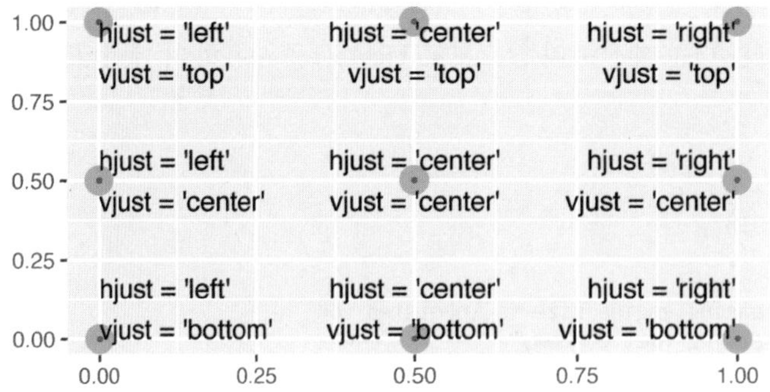

그림 22-1 hjust와 vjust의 9가지 조합

geom_text() 외에도 ggplot2의 여러 지옴을 사용하여 플롯에 주석을 달 수 있음을 기억하라. 몇 가지 아이디어는 다음과 같다.

- geom_hline() 및 geom_vline()을 사용하여 참조선을 추가하라. 참조선을 두껍게(size = 2) 흰색(color = white)으로 만들어 기본 데이터 레이어 아래에 그린다. 이렇게 하면 데이터로부터 시선을 빼앗지 않고도 쉽게 눈에 띈다.
- geom_rect()를 사용하여 관심 지점 주위에 사각형을 그린다. 직사각형의 경계는 xmin, xmax, ymin, ymax 심미성으로 정의된다.
- geom_segment()를 arrow 인수와 함께 사용하여 화살표로 점에 주의를 집중시킨다. x와 y 심미성을 사용하여 시작 위치를 정의하고 xend와 yend로 끝 위치를 정의한다.

유일한 한계는 상상력(그리고 심미적으로 만족할 때까지 주석을 위치시키는 끈기)이다!

22.3.1 연습문제

1. geom_text()와 무한대값 위치를 사용하여 플롯의 네 모서리에 텍스트를 위치시켜라.
2. annotate()의 도움말을 읽어라. 어떻게 이를 이용하여 티블을 생성하지 않고 플롯에 텍스트 라벨을 추가하겠는가?
3. geom_text()와 라벨이 어떻게 면분할과 상호작용하는가? 어떻게 단일 facet에 라벨을 추가하는가? 어떻게 facet마다 다른 라벨을 주겠는가? (힌트: 기반 데이터를 생각해보라.)

4. geom_label()의 어떤 인수가 배경 상자의 외관을 제어하는가?

5. arrow()의 네 가지 인수는 무엇인가? 어떻게 작동하는가? 가장 중요한 선택 사항들을 보여주는 플롯 여러 개를 생성하라.

22.4 스케일

의사소통을 위해 플롯을 더 잘 만들 수 있는 세 번째 방법은 스케일을 조정하는 것이다. 스케일은 데이터값에서 인식할 수 있는 것으로의 매핑을 조정한다. 일반적으로, ggplot2는 자동으로 스케일을 추가한다. 예를 들어 다음을 작성했다고 하자.

```
ggplot(mpg, aes(displ, hwy)) +
  geom_point(aes(color = class))
```

ggplot2는 다음과 같이 뒤에서 기본 스케일들을 추가한다.

```
ggplot(mpg, aes(displ, hwy)) +
  geom_point(aes(color = class)) +
  scale_x_continuous() +
  scale_y_continuous() +
  scale_color_discrete()
```

스케일의 명명 규칙을 주목하라. scale_ 다음에 심미성의 이름, 그다음 _, 그다음엔 스케일의 이름이 온다. 기본 스케일은 정렬되는 변수의 유형(연속형(continuous), 이산형(discrete), 데이트-타임형(date-time), 데이트형(date))에 따라 명명된다. 기본이 아닌 스케일이 많이 있는데, 다음에서 배워보자.

기본 스케일은 다양한 입력에 맞추어 잘 작동하도록 신중하게 선택되었다. 그럼에도 불구하고 두 가지 이유로 기본값을 덮어쓰고자 할 것이다.

• 기본 스케일의 파라미터 일부를 조정하고자 할 수 있다. 이렇게 하면 축의 눈금이나 범례의 키 라벨을 바꾸는 것과 같은 일을 할 수 있다.

• 스케일을 완전히 대체하고 완전히 다른 알고리즘을 사용하고자 할 수 있다. 데이터에 대해 더 많이 알고 있기 때문에 기본값보다 더 잘 할 수 있는 경우가 종종 있다.

22.4.1 축 눈금, 범례 키

축의 눈금(tick)과 범례의 키 모양에 영향을 주는 두 가지 주요 인수는 breaks와

labels이다. breaks는 눈금의 위치 또는 키와 관련된 값을 제어한다. labels는 각 눈금·키와 연관된 텍스트 라벨을 제어한다. breaks는 기본 선택을 무시하는 데 가장 일반적으로 사용된다.

```
ggplot(mpg, aes(displ, hwy)) +
  geom_point() +
  scale_y_continuous(breaks = seq(15, 40, by = 5))
```

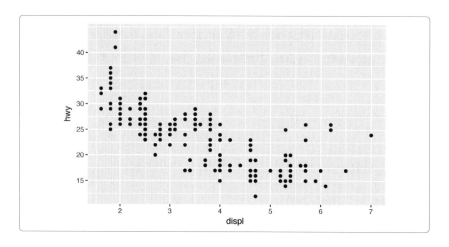

labels를 같은 방법으로 사용할 수 있지만(breaks와 같은 길이의 문자형 벡터) NULL로 설정하여 라벨을 모두 표시하지 않을 수도 있다. 지도 또는 절대 숫자를 공유할 수 없는 플롯을 그릴 때 유용하다.

```
ggplot(mpg, aes(displ, hwy)) +
  geom_point() +
  scale_x_continuous(labels = NULL) +
  scale_y_continuous(labels = NULL)
```

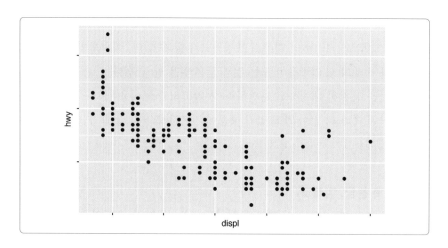

breaks와 labels를 사용하여 범례의 외관을 조정할 수도 있다. 축과 범례를 가이드라고 부른다. 축은 x와 y 심미성에 사용되고, 범례는 다른 모든 것에 사용된다.

데이터 포인트가 상대적으로 적은 경우 관측값이 발생한 정확한 위치를 강조하고 싶을 때도 breaks를 사용할 수 있다. 예를 들어 각 미국 대통령의 임기가 시작하고 끝난 때를 보여주는 다음의 플롯을 보자.

```
presidential %>%
  mutate(id = 33 + row_number()) %>%
  ggplot(aes(start, id)) +
    geom_point() +
    geom_segment(aes(xend = end, yend = id)) +
    scale_x_date(
      NULL,
      breaks = presidential$start,
      date_labels = "'%y"
    )
```

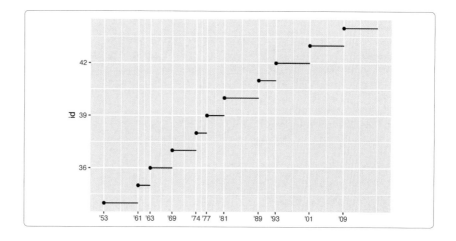

데이트형과 데이트-타임형의 breaks와 labels의 명세가 약간 다른 것을 주의하라.

• date_labels는 parse_datetime()과 같은 형식으로 형식지정을 사용한다.

• (여기에 사용되지 않은) date_breaks는 '2일'이나 '1개월'과 같은 문자열을 받아들인다.

22.4.2 범례 레이아웃

축을 조정하는 데 breaks와 labels를 가장 자주 이용할 것이다. 이 둘은 범례에도 적용할 수 있지만, 사용하기 쉬운 다른 기술 몇 가지가 있다.

범례의 전체 위치를 제어하려면 theme() 설정을 사용해야 한다. 이 장의 마지막 부분에서 다시 돌아와 테마를 보겠지만 간단히 말하면, 이는 플롯의 데이터가 아닌 부분을 조정한다. legend.position theme 설정은 범례가 배치될 위치를 조정한다.

```
base <- ggplot(mpg, aes(displ, hwy)) +
  geom_point(aes(color = class))

base + theme(legend.position = "left")
base + theme(legend.position = "top")
base + theme(legend.position = "bottom")
base + theme(legend.position = "right") # 기본값
```

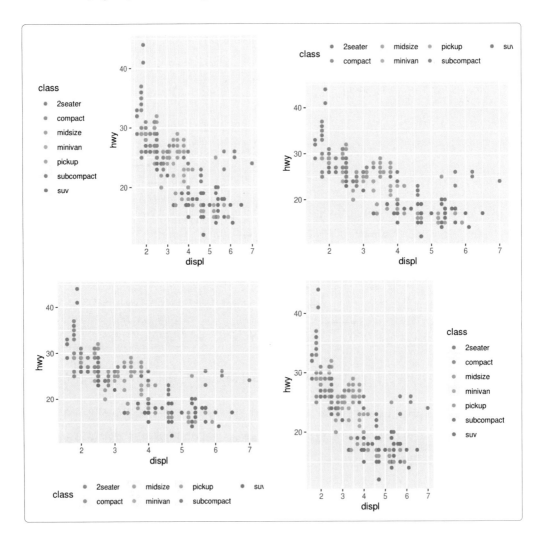

legend.position = "none"을 사용하여 범례 표시를 모두 취소할 수도 있다.

개별 범례 표시를 제어하려면 guide_legend()나 guide_colorbar()와 함께 guides()를 사용하면 된다. 다음 예제에서는 nrow로 범례가 사용하는 열의 개수를

조정하는 것과 점을 크게 하기 위해 심미성 하나를 재정의하는 것을 보여준다.

```
ggplot(mpg, aes(displ, hwy)) +
  geom_point(aes(color = class)) +
  geom_smooth(se = FALSE) +
  theme(legend.position = "bottom") +
  guides(
    color = guide_legend(
      nrow = 1,
      override.aes = list(size = 4)
    )
  )
#> `geom_smooth()` using method = `loess`
```

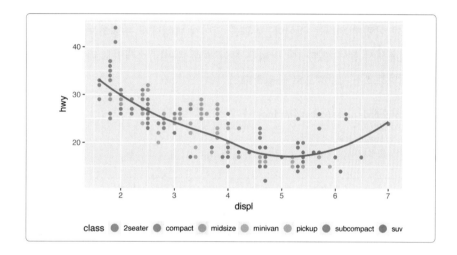

22.4.3 스케일 교체하기

세부사항을 조금만 조정하는 대신 스케일을 모두 교체할 수 있다. 자주 교체되는 두 가지 유형의 스케일은 연속형 위치 스케일과 색상 스케일이다. 다행히도 다른 모든 심미성에 같은 원칙이 적용되므로 위치와 색상을 배우면 다른 스케일 대체물을 신속하게 이해할 수 있다.

변수를 변형 후 플롯하면 매우 유용하다. 예를 들어 360쪽의 저품질 다이아몬드 가격이 더 비싼 이유에서 보았듯이, carat과 price를 로그 변환하면 이들의 정확한 관계를 확인하기 쉽다.

```
ggplot(diamonds, aes(carat, price)) +
  geom_bin2d()

ggplot(diamonds, aes(log10(carat), log10(price))) +
  geom_bin2d()
```

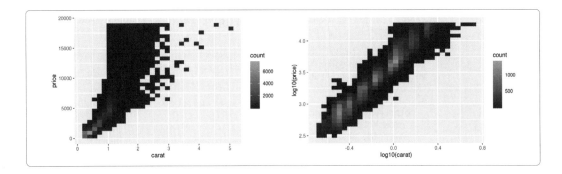

그러나 이 변환의 단점이 있는데, 축의 라벨이 변환된 값으로 지정되어 플롯을 해석하기 어렵게 된다는 것이다. 변환을 심미성 매핑에서 수행하는 대신, 스케일을 이용해서 할 수 있다. 이 방법은 축이 원래 데이터 스케일로 라벨링된다는 점을 제외하고는 시각적으로 동일하다.

```
ggplot(diamonds, aes(carat, price)) +
  geom_bin2d() +
  scale_x_log10() +
  scale_y_log10()
```

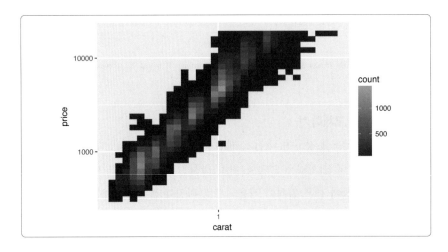

자주 사용자 정의되는 또 다른 스케일은 색상이다. 기본 범주형 스케일에서는 컬러휠 주위에 등간격에 위치한 색상이 선택된다. 흔히 나타나는 유형의 색맹인 사람들도 볼 수 있도록 조정된 ColorBrewer 스케일도 유용한 대안이다.

```
ggplot(mpg, aes(displ, hwy)) +
  geom_point(aes(color = drv))

ggplot(mpg, aes(displ, hwy)) +
  geom_point(aes(color = drv)) +
  scale_color_brewer(palette = "Set1")
```

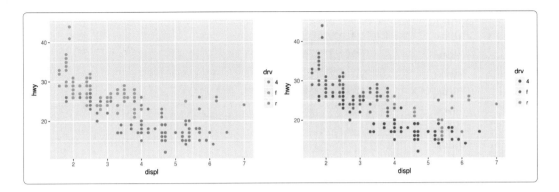

더 간단한 기술을 잊으면 안 된다. 색상의 개수가 많지 않으면 모양(shape) 매핑을 중복 추가할 수 있다. 이 방법은 플롯이 흑백에서도 구분될 수 있도록 도와주기도 한다.

```
ggplot(mpg, aes(displ, hwy)) +
  geom_point(aes(color = drv, shape = drv)) +
  scale_color_brewer(palette = "Set1")
```

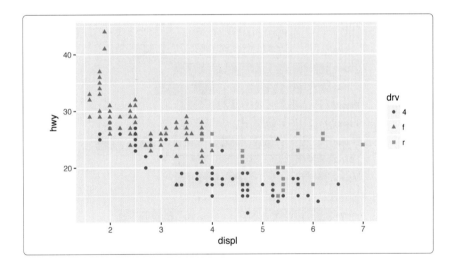

ColorBrewer 스케일은 온라인 문서화[2]되어 있으며 이리히 노얼스(Erich Neuwirth)의 RColorBrewer 패키지를 통해 R에서 제공된다. 그림 22-2는 팔레트 전체 목록을 보여준다. 점진적(상단) 및 발산적(하단) 팔레트는 범주형 값이 정렬되거나 '중간'이 있는 경우에 특히 유용하다. 연속 변수를 범주형 변수로 만들기 위해 cut()을 사용했을 때 자주 이 같은 경우가 된다.

2 *http://colorbrewer2.org*

그림 22-2 모든 ColorBrewer 스케일

값과 색상 사이에 미리 정의된 매핑이 있다면 scale_color_gradient()를 사용하라. 예를 들어 대통령 소속 정당을 색상에 매핑한다면 빨간색을 공화당, 파란색을 민주당으로 하는 표준 매핑을 사용하고자 할 것이다.

```
presidential %>%
  mutate(id = 33 + row_number()) %>%
  ggplot(aes(start, id, color = party)) +
    geom_point() +
    geom_segment(aes(xend = end, yend = id)) +
    scale_color_manual(values = c(Republican = "red", Democratic = "blue"))
```

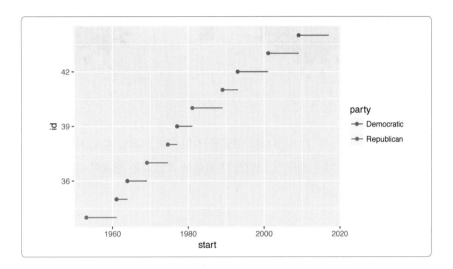

연속형 색상의 경우, 기본적으로 제공된 scale_color_gradient()나 scale_fill_gradient()를 사용할 수 있다. 발산 스케일이 있다면 scale_color_gradient2()를 사용할 수 있다. 이 방법으로, 예를 들어 양수와 음수에 다른 색깔을 줄 수 있다. 이는 평균 이상이나 이하 점을 구분하고자 할 때 사용할 수 있는 유용한 방법이다.

　　viridis 패키지에서 제공하는 scale_color_viridis()도 또 다른 방법이다. 이는 범주형 ColorBrewer의 연속형 버전이다. 두 디자이너, 내서니얼 스미스(Nathaniel Smith)와 슈테판 반 더 발트(Stéfan van der Walt)는 인지 속성이 좋은 연속형 색상 구성표를 신중하게 만들었다. 다음은 viridis 비네트에 가져온 예시이다.

```
df <- tibble(
  x = rnorm(10000),
  y = rnorm(10000)
)
ggplot(df, aes(x, y)) +
  geom_hex() +
  coord_fixed()

ggplot(df, aes(x, y)) +
```

```
geom_hex() +
viridis::scale_fill_viridis() +
coord_fixed()
```

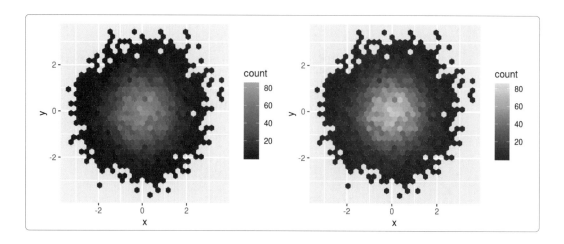

모든 색상 스케일은 두 가지 형태가 있음을 기억하라. scale_color_x()와 scale_fill_x()는 각각 색상과 채우기 심미성이다(색상 스케일은 영국식 스펠링과 미국식 스펠링이 가능하다).

22.4.4 연습문제

1. 다음 코드가 기본 스케일을 덮어쓰지 않는 이유는?

```
ggplot(df, aes(x, y)) +
  geom_hex() +
  scale_color_gradient(low = "white", high = "red") +
  coord_fixed()
```

2. 모든 스케일에 첫 번째 인수는 무엇인가? labs()와 어떻게 비교되는가?

3. 대통령 재임기간 그래프에서 다음을 수정하라.

   a. 위에서 본 두 색상 스케일 형태를 결합하기.

   b. y축 표시를 개선하기.

   c. 대통령 이름으로 각 기간을 라벨링하기.

   d. 정보성 있는 플롯 라벨을 추가하기.

   e. 4년마다 눈금(break)을 배치하기(생각보다 까다롭다!).

4. override.aes를 이용하여 다음 플롯의 범례를 더 보기 쉽게 만들어라.

```
ggplot(diamonds, aes(carat, price)) +
  geom_point(aes(color = cut), alpha = 1/20)
```

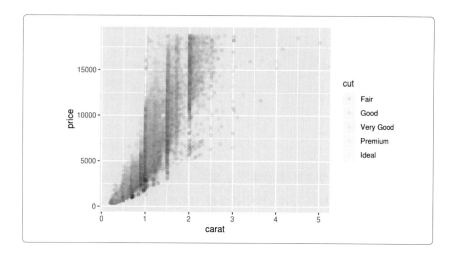

22.5 확대·축소

플롯 범위를 조정하는 방법은 세 가지가 있다.

- 플롯할 데이터 조정하기.
- 각 스케일에서 범위 설정하기.
- coord_cartesian()의 xlim()과 ylim() 설정하기.

플롯 영역을 확대·축소하려면 coord_cartesian()을 사용하는 것이 일반적으로 제일 좋다. 다음의 두 플롯을 비교해서 보라.

```
ggplot(mpg, mapping = aes(displ, hwy)) +
  geom_point(aes(color = class)) +
  geom_smooth() +
  coord_cartesian(xlim = c(5, 7), ylim = c(10, 30))

mpg %>%
  filter(displ >= 5, displ <= 7, hwy >= 10, hwy <= 30) %>%
  ggplot(aes(displ, hwy)) +
  geom_point(aes(color = class)) +
  geom_smooth()
```

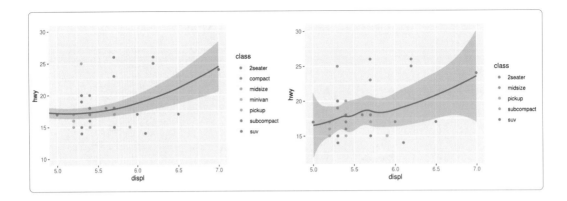

개별 스케일에 대한 범위를 설정할 수도 있다. 범위를 줄이는 방식은 기본적으로 데이터를 서브셋하는 것과 같다. 플롯들 사이에 스케일을 일치시키는 등의 목적으로 범위를 확장하려는 경우에 일반적으로 유용하다. 예를 들어 두 차종을 추출하여 각각 플롯을 그리면 세 가지 스케일(x축, y축, 색상 심미성)의 범위가 서로 다르기 때문에 플롯을 비교하기가 어렵다.

```
suv <- mpg %>% filter(class == "suv")
compact <- mpg %>% filter(class == "compact")

ggplot(suv, aes(displ, hwy, color = drv)) +
  geom_point()

ggplot(compact, aes(displ, hwy, color = drv)) +
  geom_point()
```

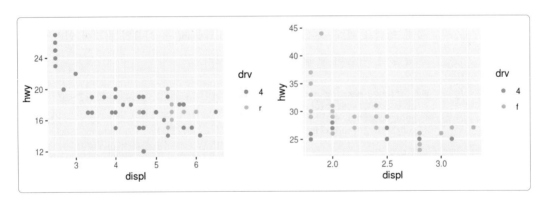

이 문제를 극복하는 방법 중 하나는, 여러 플롯 사이에 스케일을 공유하고, 전체 데이터의 limits로 스케일을 학습하는 것이다.

```
x_scale <- scale_x_continuous(limits = range(mpg$displ))
y_scale <- scale_y_continuous(limits = range(mpg$hwy))
col_scale <- scale_color_discrete(limits = unique(mpg$drv))
```

```
ggplot(suv, aes(displ, hwy, color = drv)) +
  geom_point() +
  x_scale +
  y_scale +
  col_scale

ggplot(compact, aes(displ, hwy, color = drv)) +
  geom_point() +
  x_scale +
  y_scale +
  col_scale
```

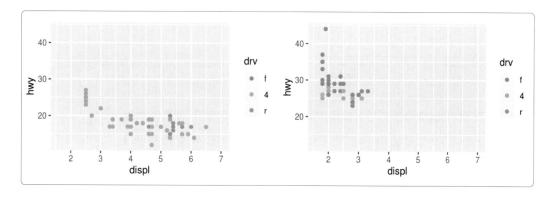

이 예제에서는 간단히 면분할을 사용할 수도 있지만, 위의 방법은 플롯이 보고서의 여러 페이지에 걸쳐 있는 경우 등에서 일반적으로 더 편리하다.

22.6 테마

마지막으로, 테마를 사용하여 플롯의 데이터가 아닌 요소를 사용자 정의할 수 있다.

```
ggplot(mpg, aes(displ, hwy)) +
  geom_point(aes(color = class)) +
  geom_smooth(se = FALSE) +
  theme_bw()
```

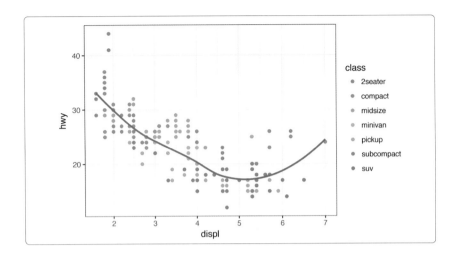

그림 22-3과 같이 ggplot2는 기본적으로 8개의 테마를 가지고 있다. 제프리 아놀 드(Jeffrey Arnold)가 만든 ggthemes[3]와 같은 애드온 패키지에는 더 많은 테마가 포함되어 있다.

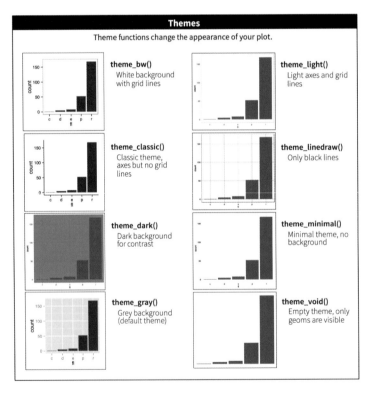

그림 22-3 ggplot2에 내장된 8가지 테마

3　 https://github.com/jrnold/ggthemes

기본 테마의 배경이 회색인 이유를 궁금해 하는 사람들이 많다. 격자선은 표시되면서 데이터는 앞으로 놓여지기 때문에, 의도적으로 선택한 방법이다. 격자선은 흰색으로 표시되는데, 이는 위치 판단을 크게 도와주기 때문에 중요하다. 하지만 시각적 효과는 거의 없어서 거슬리지 않는다. 회색 바탕을 사용하면 플롯이 텍스트와 유사한 색상을 갖기 때문에 문서의 흐름에 녹아들게 된다. 밝은 흰색 배경에서는 그래프가 튀어나온다. 마지막으로 회색 배경은 이어진 색상 공간을 생성하여 플롯이 하나의 시각적 요소로 인식되게 만든다.

또한 각 테마의 개별 구성요소(예: y축에 쓰인 글꼴의 크기와 색상)를 조정할 수도 있다. 안타깝게도 이와 같은 세부사항은 이 책의 범위를 벗어나므로 ggplot2 책[4]을 읽어봐야 할 것이다. 사내 스타일이나 학술지 스타일을 따르려고 하는 경우, 자신만의 테마를 만들 수도 있다.

22.7 플롯 저장하기

플롯을 R 외부에 최종적으로 저장하는 방법은 크게 두 가지가 있다. ggsave()와 knitr이다.

```
ggplot(mpg, aes(displ, hwy)) + geom_point()
```

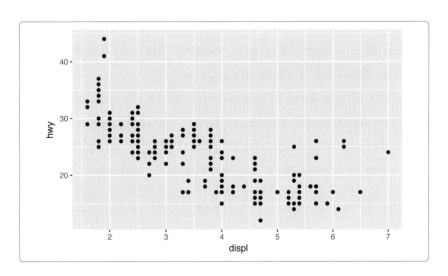

```
ggsave("my-plot.pdf")
#> Saving 6 x 3.7 in image
```

4 http://ggplot2.org/book

너비(width)와 높이(height)를 지정하지 않았다면 현재 플롯 장치의 치수에서 가져올 것이다. 코드가 재현 가능하려면 너비와 높이를 지정하는 것이 좋다.

그러나 일반적으로 최종 보고서를 R 마크다운을 이용하여 조합해야 한다고 생각한다. 따라서 그래프에 관해 알아야 하는 중요한 코드 청크에 대해 집중하고자 한다. 도움말에서 ggsave()에 대해 찾아볼 수 있다.

22.7.1 그림 크기 조정

R 마크다운 그래프에서 가장 어려운 점은 그림이 올바른 크기와 모양을 갖도록 하는 것이다. 다음은 그림 크기를 조정할 수 있는 다섯 가지 주요 옵션이다. fig.width, fig.height, fig.asp, out.width, out.height. 두 가지의 크기(R이 생성한 그림의 크기와 출력문서에 삽입되는 크기)가 있고 이 크기를 지정하는 방법은 여러 개가 있으므로(즉 높이, 너비, 가로세로 비율, 이 세 개 중 두 개 선택) 이미지 크기 조정은 쉬운 문제가 아니다.

나는 다섯 가지 옵션 중 세 가지만 사용한다.

- 플롯의 너비를 일정하게 했더니 미적으로 가장 보기 좋았다. 이렇게 강제하기 위해, 기본값으로 fig.width = 6(6인치)과 fig.asp = 0.618(황금율)을 설정한다. 그리고 나서 개별 청크에서 fig.asp만 조정한다.
- out.width로 출력 크기를 조정하고 줄너비에 대한 비율로 설정한다. 기본값으로 out.width = "70%"와 fig.align = "center"로 한다. 이렇게 하면 플롯이 너무 많은 공간을 차지하지 않고 여백을 갖도록 한다.
- 하나의 행에 여러 플롯을 넣기 위해서는 두 개의 플롯은 out.width를 50%, 세 개는 33%, 네 개는 25%로 설정하고, fig.align = "default"로 설정하면 된다. 설명하려는 것에 따라(예: 데이터를 보여주기 위한 것인지 아니면 분산을 플롯하기 위한 것인지) fig.width도 다음에서 설명하는 것처럼 조정한다.

플롯에서 텍스트가 잘 안 보이면 fig.width를 조정해야 한다. fig.width가 최종 문서에서 렌더링되는 크기보다 크면 텍스트가 너무 작을 것이고, 반대로 fig.width가 더 작으면 텍스트가 더 클 것이다. fig.width와 문서에서 최종 너비 사이에 올바른 비율을 찾기 위해 실험을 좀 해봐야 한다. 이 원칙을 설명하기 위해 다음 세 플롯의 fig.width를 각각 4, 6, 8로 설정했다.

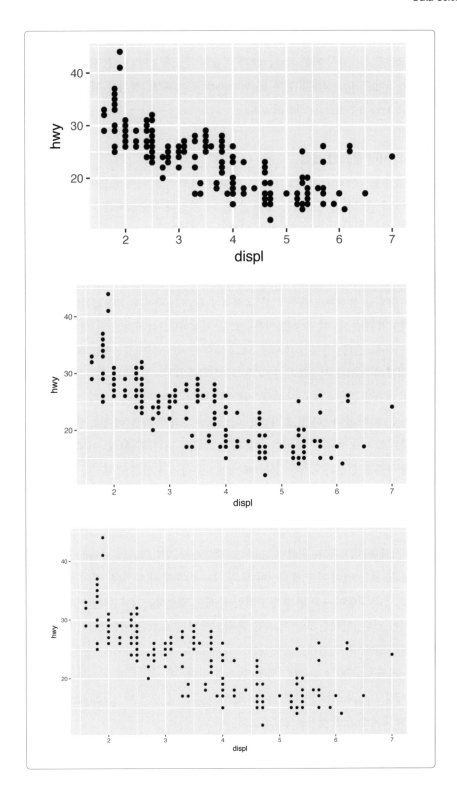

글꼴 크기가 모든 그림에서 일정한지 확인하려면 out.width를 설정할 때마다 fig.width를 조정하여 기본 out.width와 비율이 같도록 해야 한다. 예를 들어 fig. width가 6이고 out.width가 0.7이면 out.width = "50%"로 설정할 때, fig.width를 4.3 (6 * 0.5 / 0.7)으로 설정해야 한다.

22.7.2 기타 중요한 옵션

이 책에서와 같이 코드와 텍스트가 섞여있을 경우 코드 뒤에 플롯이 표시되도록 fig.show = "hold"로 설정하는 것이 좋다. 이 설정의 부수효과를 이용하여 코드 블록과 코드 설명을 강제로 나눌 수 있어서 유용하다.

플롯에 캡션을 추가하려면 fig.cap을 사용하면 된다. R 마크다운에서 인라인 그림으로부터 '떠다니는' 그림으로 바뀌게 된다.

PDF 출력을 생성하는 경우 기본 그래픽 유형은 PDF이다. PDF는 고품질 벡터 그래픽이기 때문에, 이 유형은 기본값으로 적절하다. 하지만 수천 개의 점을 표시하는 경우 PDF는 플롯들이 매우 크고 느릴 수 있다. 이 경우에는 dev = "png"로 설정하여 PNG를 사용하라. PNG는 약간 저품질이지만 훨씬 컴팩트하다.

보통 청크에 라벨을 붙이지 않는 사람도 그림을 생성하는 코드 청크에는 이름을 붙이는 것이 좋다. 이 청크 라벨은 디스크에 그래프 파일 이름을 생성하는 데 사용되므로 청크 이름을 붙이면 플롯을 선택하여 다른 환경(예: 이메일이나 트위터에 플롯을 첨부하고 싶은 경우)에서 재사용하기가 훨씬 쉬워진다.

22.8 더 배우기

좀 더 자세한 내용을 배우려면 ggplot2 책인 *ggplot2: Elegant graphics for data analysis*를 보는 것이 가장 좋다. 이 책은 기본 이론에 대해 훨씬 깊이 들어가고, 개별 요소를 결합하여 어떻게 실제적인 문제를 해결하는지에 대한 예제가 많이 포함되어 있다. 안타깝게도 이 책은 온라인에서 무료로 볼 수 없지만 다음에서 소스 코드를 구할 수 있다. *https://github.com/hadley/ggplot2-book*

다른 훌륭한 자료는 ggplot2 확장 갤러리[5]이다. 이 사이트에서는 새로운 지옴과 스케일로 ggplot2를 확장한 패키지들의 목록을 볼 수 있다. ggplot2로 원하는 것이 잘 되지 않으면 찾아볼 수 있는 곳이다.

---

5 *https://exts.ggplot2.tidyverse.org/gallery/*

23장

R f o r D a t a S c i e n c e

R 마크다운 유형들

23.1 들어가기

지금까지 본 R 마크다운은 HTML 문서를 생성하는 것이었다. 이 장에서는 R 마크다운으로 생성할 수 있는 그 외의 출력 유형들에 대해 간략하게 설명한다. 출력 문서를 설정하는 방법은 두 가지이다.

1. 영구적 방법은 YAML 헤더를 수정하는 것이다.

   ```
   title: "Viridis Demo"
   output: html_document
   ```

2. 일시적 방법은 직접 rmarkdown::render()를 호출하는 것이다.

   ```
   rmarkdown::render("diamond-sizes.Rmd", output_format = "word_document")
   ```

여러 출력 유형을 생성하는 것을 프로그래밍하고자 할 때 유용한 방법이다.

RStudio의 knit 버튼을 클릭하면 output 필드의 첫 번째 형식으로 파일을 렌더링한다. knit 버튼 옆의 드롭다운 메뉴를 클릭하여 다른 형식으로 렌더링할 수 있다.

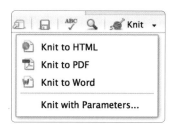

23.2 출력 옵션

각 출력 형식은 R 함수와 연관되어 있다. foo 혹은 pkg::foo로 작성할 수 있다. pkg를 생략하면 rmarkdown이 기본값이다. 출력을 만드는 함수 이름을 아는 것은 중요하다. 도움말을 얻을 수 있는 곳이기 때문이다. 예를 들어 html_document 와 함께 설정할 수 있는 파라미터가 무엇인지를 알아보기 위해서는 ?rmarkdown ::html_document를 해야 한다.

기본 파라미터 값을 무시하려면 확장된 출력 필드를 이용해야 한다. 예를 들어 떠다니는(floating, 위치가 고정되지 않은) 목차가 있는 html_document로 렌더링하고자 하면 다음 같이 하면 된다.

```
output:
  html_document:
    toc: true
    toc_float: true
```

포맷 리스트를 제공하여 다중 출력으로 렌더링할 수도 있다.

```
output:
  html_document:
    toc: true
    toc_float: true
  pdf_document: default
```

기본 옵션을 덮어쓰지 않으려면 특수 구문을 주의하라.

23.3 문서

이전 장에서는 기본 html_document 출력에 중점을 두었었다. 이 테마에는 여러 가지 변종이 있는데, 이들은 다양한 유형의 문서를 생성한다.

- pdf_document는 LaTeX(오픈 소스 문서 레이아웃 시스템)이 있는 PDF를 생성한다. LaTeX 설치가 필요한데, 하지 않았다면 RStudio가 안내할 것이다.
- word_document는 마이크로소프트 워드 문서(.docx)를 생성한다.
- odt_document는 오픈 문서 텍스트 문서(.odt)를 생성한다.
- rtf_document는 서식 있는 포맷(.rtf) 문서에 해당된다.
- md_document은 마크다운 문서에 해당된다. 일반적으로 유용하지 않은 유형이

지만, 예를 들어 회사의 CMS나 랩 위키[1]가 마크다운을 사용한다면 이용해볼 수 있다.

- github_document: 깃허브에서 공유할 수 있도록 설계된 md_document의 맞춤형 버전이다.

의사결정권자에게 공유할 문서를 생성할 경우, 설정 청크에서 전역 옵션을 설정하여 코드를 표시하지 않을 수 있음을 기억하라.

```
knitr::opts_chunk$set(echo = FALSE)
```

html_document의 기타 옵션으로는 코드 청크를 기본적으로 표시하지 않다가, 클릭해야 표시하는 것이 있다.

```
output:
  html_document:
    code_folding: hide
```

23.4 노트북

html_notebook(노트북)은 html_document의 변형이다. 렌더링된 출력은 서로 매우 유사하지만 목적이 다르다. html_document는 의사결정권자와 의사소통하는 데 맞춰져 있지만, 노트북은 다른 데이터 과학자들과의 공동작업에 초점을 맞춘다. 목적이 이렇게 다르기 때문에 HTML 출력이 다른 방식으로 사용된다. 두 HTML 출력물 모두 완전히 렌더링된 출력을 포함하지만 노트북은 소스 코드 전체도 포함한다. 이로 인해 노트북이 생성한 .nb.html을 다음의 두 가지 방식으로 사용할 수 있다.

- 웹 브라우저에서 이 파일을 보고 렌더링된 출력을 볼 수 있다. 렌더링을 생성한 소스 코드의 임베디드 복사본이 포함되는 것이 html_document과 다르다.
- RStudio에서 이 파일을 편집할 수 있다. .nb.html 파일을 열 때, RStudio는 이를 생성한 .Rmd 파일을 자동으로 다시 생성한다. 앞으로는 지원하는 파일들 (예: .csv 데이터 파일)도 포함할 수 있을 것인데, 이렇게 되면 필요할 때마다 이 파일들을 자동으로 불러올 수 있다.

동료들에게 분석 내용을 간단히 공유하려면 .nb.html 파일을 이메일로 보내면 된

---

1 (옮긴이) 실험 결과 등을 연구실 멤버 간에 공유할 목적으로 게시한 온라인 문서.

다. 그러나 동료들이 수정을 원하면 일이 매우 힘들어진다. 이런 일이 발생하기 시작한다면 이때가 깃과 깃허브를 배우기 좋은 순간이다. 깃과 깃허브를 배우는 것은 처음에는 정말 힘들지만 공동작업에서 얻는 활용도는 엄청나다. 앞서 이야기했듯이 깃과 깃허브는 이 책의 범위를 벗어나지만, 이를 사용하고 있다면 유용한 팁을 (하나) 알려주겠다. 다음과 같이 html_notebook과 github_document 출력을 모두 사용하라.

```
output:
  html_notebook: default
  github_document: default
```

html_notebook은 로컬 미리보기가 가능하고 이메일을 통해 공유할 수 있는 파일을 제공한다. github_document는 깃에서 확인할 수 있는 최소한의 md 파일을 생성한다. (코드뿐만 아니라) 분석 결과가 시간에 따라 어떻게 변하는지를 쉽게 볼 수 있다. 깃허브는 이를 온라인으로 멋지게 렌더링한다.

23.5 프리젠테이션

R 마크다운으로 프리젠테이션을 생성할 수도 있다. 키노트, 파워포인트와 같은 도구를 사용하는 것보다는 시각적인 제어에 제약이 있지만, R 코드 결과를 자동으로 프리젠테이션에 삽입하여 시간을 훨씬 절약할 수 있다. 내용이 슬라이드로 나누어지는데, 첫 번째(#) 혹은 두 번째(##) 레벨 헤더에서 새 슬라이드가 시작된다. 수평선(***)을 삽입하여 헤더 없는 새로운 슬라이드를 생성할 수도 있다.

R 마크다운에는 세 가지 프리젠테이션 형식이 내장되어 있다.

* ioslides_presentation

  ioslides를 이용한 HTML 프리젠테이션.

* slidy_presentation

  W3C Slidy를 이용한 HTML 프리젠테이션.

* beamer_presentation

  LaTeX Beamer를 이용한 PDF 프리젠테이션.

이 밖에 인기 있는 다음의 두 가지 형식은 패키지에 의해 제공된다.

- revealjs::revealjs_presentation

  reveal.js를 이용한 HTML 프리젠테이션. revealjs 패키지 필요.

- rmdshower[2]

  shower[3] 프리젠테이션 엔진의 래퍼를 제공.

23.6 대시보드

대시보드는 많은 양의 정보를 시각적으로 신속하게 전달할 수 있는 유용한 도구이다. flexdashboard를 사용하면 R 마크다운과 헤더의 레이아웃 표시 규칙을 이용하여 대시보드를 쉽게 생성할 수 있다.

- 레벨 1 헤더(#)에서 대시보드의 새로운 페이지가 시작된다.
- 레벨 2 헤더(##)에서 새로운 열이 시작된다.
- 레벨 3 헤더(###)에서 새로운 행이 시작된다.

예를 들어 아래와 같은 대시보드는,

다음과 같은 코드로 만든다.

```
---
title: "Diamonds distribution dashboard"
output: flexdashboard::flex_dashboard
---

```{r setup, include = FALSE}
library(ggplot2)
library(dplyr)
knitr::opts_chunk$set(fig.width = 5, fig.asp = 1/3)
```

Column 1

Carat

```{r}
ggplot(diamonds, aes(carat)) + geom_histogram(binwidth = 0.1)
```

Cut

```{r}
ggplot(diamonds, aes(cut)) + geom_bar()
```

Colour

```{r}
ggplot(diamonds, aes(color)) + geom_bar()
```

Column 2

The largest diamonds

```{r}
diamonds %>%
  arrange(desc(carat)) %>%
  head(100) %>%
  select(carat, cut, color, price) %>%
  DT::datatable()
```
```

flexdashboard에는 사이드바, 탭모음, 값상자, 게이지를 생성하는 간단한 도구들이 있다. flexdashboard에 대한 자세한 내용은 다음을 참고하라. *http://rmark down.rstudio.com/flexdashboard.*

23.7 대화형 동작

HTML 유형(문서, 노트북, 프리젠테이션, 대시보드)에는 대화형 구성요소가 포함될 수 있다.

23.7.1 html 위젯

HTML은 대화형 포맷이므로 html 위젯(htmlwidgets, 대화형 HTML 시각화를 생성하는 R 함수들)으로 이러한 대화형 동작을 이용할 수 있다. 예를 들어 다음의 leaflet 지도를 보자. 웹에서 이 페이지를 보고 있다면 지도를 이리저리 드래그하거나, 확대·축소 등을 할 수 있다. 책에서는 물론 그렇게 할 수 없으므로 rmark-down이 스크린샷을 자동으로 삽입한다.

```
library(leaflet)
leaflet() %>%
  setView(174.764, -36.877, zoom = 16) %>%
  addTiles() %>%
  addMarkers(174.764, -36.877, popup = "Maungawhau")
```

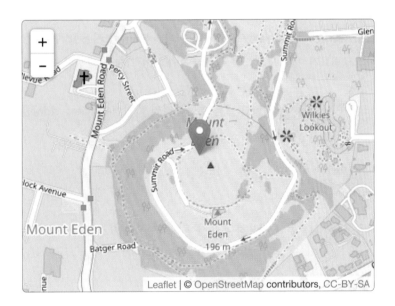

html 위젯은 HTML이나 자바스크립트를 몰라도 사용할 수 있다는 점에서 매우 좋다. 세부사항이 전부 패키지 안에 감추어져 있어서 이에 대해 신경 쓸 필요가 없다.

html 위젯을 제공하는 패키지들은 이 외에도 많으며, 일부는 다음과 같다.

- dygraphs[4]: 대화형 시계열 시각화 패키지.
- DT[5]: 대화형 테이블 패키지.

---

4 *http://rstudio.github.io/dygraphs*
5 *http://rstudio.github.io/DT*

- threejs[6]: 대화형 3d 플롯 패키지.
- DiagrammeR[7]: (플로 차트와 단순한 노드링크 다이어그램과 같은) 다이어그램 패키지.

html 위젯에 대해 더 알아보고, 제공하는 패키지의 전체 목록을 보려면 다음을 방문하라. *http://www.htmlwidgets.org.*

23.7.2 Shiny

html 위젯은 클라이언트측 대화형 기능을 제공한다. 즉, 모든 대화형 기능은 R과는 독립적으로 브라우저에서 일어난다. R에 연결하지 않고 HTML 파일을 배포할 수 있기 때문에 한편으로는 편리하다. 그러나 HTML과 자바스크립트로 구현된 것으로 해보려고 하면 제약사항이 많다. 대신 Shiny를 사용할 수 있는데, 이는 자바스크립트가 아닌 R 코드를 사용하여 대화형 기능을 생성할 수 있게 하는 패키지이다.

R 마크다운 문서에서 Shiny 코드를 호출하려면 헤더에 runtime: shiny를 추가하라.

```
title: "Shiny Web App"
output: html_document
runtime: shiny
```

그런 다음 '입력' 함수들을 이용하여 문서에 대화형 구성요소를 추가할 수 있다.

```
library(shiny)

textInput("name", "이름은 무엇입니까?")
numericInput("age", "나이는 몇 살입니까?", NA, min = 0, max = 150)
```

이름은 무엇입니까? _____

나이는 몇 살입니까? [   ]

이제 input$name과 input$age로 값들을 참조할 수 있고, 이 값들을 사용하는 코드는 값들이 변경될 때마다 자동으로 다시 실행된다.

Shiny 앱을 여기서는 보여줄 수 없는데, Shiny 대화형 기능은 서버측에서 작동하기 때문이다. 따라서 자바스크립트를 몰라도 대화형 앱을 작성할 수 있지

---

6 *https://github.com/bwlewis/rthreejs*
7 *http://rich-iannone.github.io/DiagrammeR*

만, 실행하기 위해서는 서버가 필요하다. 수송 문제가 생기는 것이다. 즉, Shiny 앱은 온라인으로 실행되기 위해서 Shiny 서버가 필요하다. 본인의 컴퓨터에서 Shiny 앱을 실행하면 Shiny는 직접 Shiny 서버를 자동으로 설정하지만, 온라인으로 이러한 대화형 기능을 공개하려면 퍼블릭 Shiny 서버가 필요하다.

Shiny에 대해서 다음에서 더 알아보라. *http://shiny.rstudio.com.*

23.8 웹사이트

추가 인프라를 좀 더 사용하면 R 마크다운을 이용하여 완전한 웹사이트를 생성할 수 있다.

- 단일 디렉터리에 .Rmd 파일들을 넣어라. index.Rmd가 홈페이지가 된다.
- _site.yml이라는 이름의 YAML 파일을 추가하면 사이트 탐색 기능이 제공된다. 예를 들면

```
name: "my-website"
navbar:
  title: "My Website"
  left:
    - text: "Home"
      href: index.html
    - text: "Viridis Colors"
      href: 1-example.html
    - text: "Terrain Colors"
      href: 3-inline.html
```

독립형 정적 웹사이트로 배포할 준비가 된 파일들의 디렉터리인 _site를 빌드하려면, 혹은 웹사이트 디렉터리로 RStudio 프로젝트를 사용하고 있다면 rmark down::render_site()를 실행하라. RStudio가 IDE에 Build 탭을 추가시키는데, 이 탭은 사이트를 빌드하고 미리보는 데 사용할 수 있다.

다음에서 더 알아보라. *http://rmarkdown.rstudio.com/rmarkdown_websites.html*

23.9 기타 유형

다른 패키지들은 더 많은 출력 유형을 제공한다.

- bookdown 패키지[8]를 사용하면 책을 저술하기가 쉬운데, 이 책도 이 패키지를 사용했다. 더 알아보려면 이후이 시에(Yihui Xie)의 *Authoring Books with R*

---

8 *https://github.com/rstudio/bookdown*

Markdown[9](물론 bookdown으로 작성됨)을 읽어보라. *https://bookdown.org*를 방문하여 R 커뮤니티에서 저술한 다른 bookdown 책을 보라.

- prettydoc 패키지[10]는 약식 문서 포맷들을 다양한 매력적인 테마와 함께 제공한다.
- rticles 패키지[11]는 선별된 과학 학술지들에 유형이 맞도록 컴파일한다.

더 많은 유형의 목록을 다음에서 확인하라. *http://rmarkdown.rstudio.com/formats. html*. 다음 사이트에 있는 설명서를 따라하여 본인의 유형을 생성할 수도 있다. *http://rmarkdown.rstudio.com/developer_custom_formats.html*

23.10 더 배우기

이러한 다양한 유형으로 효과적인 의사소통을 하는 법을 더 배우고 싶다면 다음의 자료들을 추천한다.

- 프리젠테이션 기술들을 개선하고 싶으면 닐 포드(Neal Ford), 매튜 맥컬러프(Matthew McCollough), 너새니얼 슈타(Nathaniel Schutta)의 *Presentation Patterns*[12]를 추천한다. 프리젠테이션을 개선하는 데 적용할 수 있는 효과적인 패턴들(낮은 수준과 높은 수준 모두)을 제공한다.
- 학술 발표를 한다면 릭(Leek) 그룹의 발표 가이드[13]를 읽어보자.
- 직접 수강하지는 않았지만, 맷 맥개러티(Matt McGarrity)의 대중 연설 온라인 수업[14]이 좋다는 이야기를 들었다.
- 대시보드를 많이 생성한다면 스티븐 퓨(Stephen Few)의 *Information Dashboard Design: The Effective Visual Communication of Data*를 읽어라. 보기에만 이쁜 것이 아니라 정말 유용한 대시보드들을 생성할 수 있게 도와줄 것이다.
- 그래픽 디자인 지식이 있으면 아이디어를 효과적으로 소통하는 데 도움이 되는 경우가 많다. *The Non-Designer's Design Book*[15]부터 시작하면 좋다.

---

9   *https://bookdown.org/yihui/bookdown*
10 *https://github.com/yixuan/prettydoc*
11 *https://github.com/rstudio/rticles*
12 (옮긴이) 번역서로 『프레젠테이션 교과서』(2014, 위키북스)가 있다.
13 *http://github.com/jtleek/talkguide*
14 *https://www.coursera.org/learn/public-speaking*
15 (옮긴이) 번역서로 『디자이너가 아닌 사람들을 위한 디자인북』(2016, 라의눈)이 있다.

## 24장

R f o r D a t a S c i e n c e

R 마크다운 워크플로

앞서 우리는 콘솔에서 대화형으로 작업하는 R 코드를 캡처하고, 또 스크립트 편집기에서 동작하는 것을 캡처하는 기본적인 워크플로에 대해 살펴보았다. R 마크다운은 콘솔과 스크립트 편집기를 통합하여 대화형 탐색과 장기 코드 캡처 간의 경계를 모호하게 만든다. 청크 내에서 반복적으로 빠르게 편집하고 Cmd/Ctrl + Shift + Enter로 재실행할 수 있다. 더 편집할 게 없으면 새로운 청크로 넘어가면 된다.

R 마크다운은 설명글과 코드를 긴밀하게 통합하기 때문에 중요하다. 코드를 개발하고 생각을 기록할 수 있기 때문에 훌륭한 분석 노트북이 된다. 분석 노트북의 목표는 물리학의 고전적 실험실 노트북의 그것과 상당 부분 같다. 그 목표는 다음과 같다.

- 여러분이 무엇을 했는지, 왜 그것을 했는지를 기록한다. 기억력이 얼마나 좋은지와 상관없이, 한 일을 기록하지 않으면 중요한 세부사항을 잊어버렸을 때가 온다. 잊지 않도록 적어두자!
- 엄격하게 사고할 수 있게 한다. 진행하면서 생각을 기록하고 반영하기를 계속한다면 강력한 분석을 내놓을 가능성이 크다. 또한 다른 사람들과 공유하기 위해 최종적으로 분석 내용을 작성할 때도 시간을 절약할 수 있다.
- 다른 사람이 작업 내용을 이해하도록 도와준다. 혼자 데이터 분석을 하는 것은 드물고, 팀의 일원으로 일하는 경우가 많다. 실험실 노트북을 사용하면 동료에게 여러분이 한 것뿐만 아니라 왜 했는지도 쉽게 공유할 수 있다.

실험실 노트북을 효과적으로 사용하기 위한 좋은 조언들은 분석 노트북에도 적용할 수 있다. 나의 경험과 콜린 퍼링턴(Colin Purrington)의 실험실 노트북에 대한 조언[1]을 통해 얻은 팁은 다음과 같다.

- 각 노트북에는 설명이 담긴 제목, 연상할 수 있는 파일 이름 및 분석 목적을 간략하게 설명하는 첫 번째 단락이 있도록 한다.
- YAML 헤더 날짜 필드를 이용하여 노트북에서 작업을 시작한 날짜를 기록하라.

  ```
  date: 2016-08-23
  ```

  모호성을 피하기 위해 ISO 8601 YYYY-MM-DD 형식을 사용하라. 개인적으로 날짜를 이런 식으로 쓰지 않는 사람이라도 이렇게 하라!
- 분석 아이디어에 많은 시간을 투자으나, 그게 막다른 골목으로 판명되더라도 삭제하지 말라! 간략하게 실패 이유에 대해 메모를 작성하여 노트북에 남기자. 그러면 향후, 분석을 다시 할 때 막다른 골목으로 똑같이 빠지는 것을 피할 수 있다.
- 데이터 입력을 R 외부에서 하는 것이 일반적으로 좋다. 하지만 소량의 데이터 조각을 기록해야 한다면 tibble:tribble()을 이용하여 명확하게 표시하라.
- 데이터 파일에서 오류를 발견했다면 절대로 직접 수정하지 말고, 코드를 작성하여 값을 수정하라. 왜 수정했는지를 설명하라.
- 업무를 마감하기 전에, 노트북이 니트가 되는지를 확인하라. (캐싱을 사용한다면 캐시들을 삭제하라.) 그렇게 하면 코드가 머릿속에서 생생할 때 문제를 해결할 수 있다.
- 코드를 장기 재생산성을 갖도록(즉, 다음 달이나 내년에 실행할 수 있도록) 하려면 코드가 사용하는 패키지들의 버전을 추적해야 한다. 엄격하게 하려면 packrat[2]을 사용하는 것인데, 이는 패키지들을 프로젝트 디렉터리나 체크포인트[3]에 저장한 뒤, 지정된 날짜에 가능한 패키지들을 재설치한다. 빠른 방법은 sessionInfo()를 실행하는 청크를 포함하는 것인데, 이렇게 하면 패키지를 현재 시점으로 재생성하지는 못하지만, 최소한 어떤 것이었는지를 알 수 있다.

---

1 *http://colinpurrington.com/tips/lab-notebooks*
2 *http://rstudio.github.io/packrat*
3 *https://github.com/RevolutionAnalytics/checkpoint*

- 여러분은 업무를 하면서 매우 매우 매우 많은 분석 노트북을 생성할 것이다. 어떻게 노트북들을 정리해야 미래에서도 다시 찾을 수 있을까? 노트북들을 개별 프로젝트에 저장하고 좋은 명명 스키마로 정리할 것을 추천한다.

찾아보기